北京高等教育精品教材
BEIJING GAODENG JIAOYU JINGPIN JIAOCAI

高等院校物流专业"互联网+"创新规划教材

国际物流管理（第2版）

柴庆春　主编

北京大学出版社
PEKING UNIVERSITY PRESS

内 容 简 介

本书在经济全球化的背景下，讨论每一个走向全球化的国际企业可能面临的物流管理的问题。本书共13章：第1~2章讨论了国际企业获利的途径以及面临的国际物流管理的挑战，阐述了国际物流管理的基本概念，介绍了国际贸易与国际物流的关联以及国际物流管理者必备的有关国际单证和贸易结算的知识；第3~10章全面分析了国际物流管理的各项职能，包括国际采购管理、国际货物运输管理、国际港口、国际货物保险管理、国际仓储管理、海关作业、国际货物的包装和检验检疫及国际物流信息系统等；第11~13章旨在培养国际物流管理者的综合管理能力，介绍了物流区域物流、战略规划以及国际物流发展的最新趋势等内容。

本书定位于管理专业的读者，运用管理学理论、市场营销理论分析国际物流管理中涉及的成本、收益、效率等问题，融合国际贸易理论、国际直接投资理论讨论企业国际化过程中的物流管理问题。本书既可作为物流管理专业本科生的教材，也可以作为管理学研究生或 MBA 相关专业的教学参考书。对于在企业从事国际物流管理实践的读者，本书提供的基本理论框架和丰富的案例可供其参考和学习。

图书在版编目 (CIP) 数据

国际物流管理 / 柴庆春主编. —2 版. —北京：北京大学出版社，2018.1
（高等院校物流专业"互联网+"创新规划教材）
ISBN 978-7-301-28927-3

Ⅰ. ①国… Ⅱ. ①柴… Ⅲ. ①国际贸易—物流—物资管理—高等学校—教材 Ⅳ. ① F252

中国版本图书馆 CIP 数据核字（2017）第 261792 号

书　　名	国际物流管理（第 2 版）
	GUOJI WULIU GUANLI（DI-ER BAN）
著作责任者	柴庆春　主编
策划编辑	刘　丽
责任编辑	李瑞芳
数字编辑	陈颖颖
标准书号	ISBN 978-7-301-28927-3
出版发行	北京大学出版社
地　　址	北京市海淀区成府路 205 号　100871
网　　址	http://www.pup.cn　新浪微博：@ 北京大学出版社
电子信箱	pup_6@163.com
电　　话	邮购部 010-62752015　发行部 010-62750672　编辑部 010-62750667
印刷者	北京飞达印刷有限责任公司
经销者	新华书店
	787 毫米 ×1092 毫米　16 开本　23 印张　576 千字
	2011 年 8 月第 1 版
	2018 年 1 月第 2 版　2022 年 9 月第 5 次印刷
定　　价	56.00 元

未经许可，不得以任何方式复制或抄袭本书之部分或全部内容。
版权所有，侵权必究
举报电话：010-62752024　电子信箱：fd@pup.pku.edu.cn
图书如有印装质量问题，请与出版部联系，电话：010-62756370

第 2 版前言

在过去的十年中，我们所处的经济社会中有两股风起云涌潮流是任何企业都不能等闲视之的。一个是方兴未艾的国际化浪潮；另一个是如火如荼的互联网虚拟世界。在国际化的浪潮中，中国的跨国公司迅速成长。商务部的数据显示，截至 2015 年年底，有 2.02 万家中国境内企业在全球 188 个国家或地区设立了对外直接投资企业 3.08 万家，年末境外企业资产总额达 4.37 万亿美元[①]。在全球大型公司的终极榜单《财富》世界 500 强排行榜上，2017 年有 109 家中国内地企业上榜，仅次于美国企业的上榜数量[②]。借助互联网的汹涌波涛，中国的跨境电子商务蓬勃发展。据中国电子商务研究中心统计，2016 年中国跨境电商规模达到 6.7 万亿元人民币，占中国进出口总额的 27%，预计三年后跨境电商还将保持高速增长态势[③]。利用全球资源，在全球安排生产活动，借助互联网技术，为全球市场服务，是经济全球化和互联网与信息技术带给国际企业的红利。那么，大踏步走向全球市场的中国跨国公司，将面临来自国际物流怎样的挑战？跨境电子商务的蓬勃发展，将对国际物流提出什么样的要求？国际化企业应该如何应对这些挑战，回应这些要求？这是摆在我们面前的任务。

本书第 1 版问世 6 年多来，受到了广大读者的支持和欢迎，我们收到了很多读者的反馈意见，这些意见大多数来自使用本书作为教材的授课教师和学生。本书也得到广大专家和同行的认可与肯定，2013 年，《国际物流管理》被认定为北京市高等教育精品教材。

本书的定位是，走向全球化的国际企业如何低成本、高效率地解决国际物流问题。目标读者是管理专业本科生和研究生。此次修订依然坚持这样的定位，运用管理学理论、市场营销理论来分析国际物流管理中涉及的成本、收益、效率等问题，融合国际贸易理论、国际直接投资理论讨论企业国际化过程中的物流管理问题。在此基础上，我们对中国跨国公司的实践和近年来中国学术界的研究进展给予了更多的关注，介绍中国企业"走出去"所面临的来自国际物流的机遇与挑战，增补了许多中国企业的案例，采纳了许多中国学者的最新研究成果。

在本次修订中，我们对大部分章节的内容都进行了完善和调整，篇幅较大的更新包括以下内容。

（1）更新了绝大部分案例，并增补了部分案例。更新的案例主要是各章的导入案例和章末的案例分析，增补的案例以专栏的形式穿插在正文相关理论知识处。新的案例突出了中国跨国公司的特色，而且大多数案例都是根据我们的教学实践自行编写的。这些案例与相关理论知识结合密切，目标明确、针对性强、逻辑清晰，有助于对相关理论问题的理解，培养理论联系实际的能力。

（2）采纳最新教学和科研的成果。伴随着中国企业"走出去"，关于中国跨国公司管理的研究渐入佳境。我们一直致力于中国跨国公司管理的研究与教学，也关注同行学者的

---

① 中华人民共和国商务部、国家统计局等，2015 年对外直接投资统计公报。
② 《财富》杂志，2017 年财富世界 500 强排行榜。
③ 中国电子商务研究中心，统计数据库。

研究动态，我们积极组织学生开展学术研究，努力做到教、研、学相生相长。同行学者、教师以及同学们的学术成果被吸收到教材当中，书中的一些案例和图表就引用自同学们的研究和课程报告。

（3）反映国际物流管理的最新动态。经济危机之后，全球经济进入了调整和变革期，国际物流管理出现了许多新的变化，诸如区域贸易便利化带来的域内物流的快速增长、需求不振引发的航运企业的联盟融合、旨在环境保护的绿色物流、高效的跨境电子商务等。修订版讨论了这些内容，增强了时效性。

（4）突出丰富生动的特点。修订版增加了案例、专栏以及图表，这些素材大都在教学过程中不断调整优化过，并得到学生们的认可和好评，把这些内容编写进教材，目的是让更多的读者分享我们的教学经验和体会。

此次修订工作由中央财经大学商学院柴庆春和邱娇娇老师执笔完成。

本书第1版的出版和随后的读者及专家意见反馈过程中，得到了北京大学出版社的编辑同志们的莫大支持与帮助，谨借修订之际对他们表示衷心谢意。本书的初版和修订，得到了编者所在单位以及家人的支持和帮助，在此一并表示感谢。

"千思万虑尽如空，只字半言出真情。"编写一本优秀的教材是作者一贯的追求。在修订过程中，我们认真分析了第1版的读者反馈意见，吸收了我们教学中的经验和体会，对全书的内容构成、文字表述进行了反复的斟酌，这个修订版是作者呈现给读者的答卷。中国跨国企业的对外投资方兴未艾，国际物流管理的理论和实践正处在快速的变化周期，书中的疏漏和瑕疵在所难免，欢迎广大读者一如既往地把您对本书的宝贵意见反馈给我们，让我们共同完成国际物流管理赋予我们的责任。

柴庆春
于中央财经大学
2017年3月

【资源索引】

目 录

第1章 国际物流概述 1
1.1 经济全球化中的国际物流 3
1.1.1 经济全球化 3
1.1.2 全球价值链与国际物流 7
1.2 国际物流的基本概念 11
1.2.1 物流与供应链 11
1.2.2 国际物流的概念及特点 13
1.2.3 国际物流的构成 15
1.3 国际物流的发展现状与未来趋势 18
1.3.1 国际物流的产生与发展 18
1.3.2 国际物流的发展趋势 19
本章小结 24
思考题 25

第2章 国际贸易与国际物流 27
2.1 国际贸易与国际物流概述 29
2.1.1 国际贸易的概念 29
2.1.2 国际贸易与国际物流的关系 30
2.2 国际贸易方式 33
2.2.1 租赁贸易方式 33
2.2.2 补偿贸易方式 34
2.2.3 包销贸易方式 35
2.2.4 代理贸易方式 36
2.2.5 寄售贸易方式 36
2.3 国际贸易条款和贸易单证 37
2.3.1 国际贸易条款术语 37
2.3.2 国际贸易单证的作用 39
2.3.3 国际贸易中的几种主要单证 39
2.4 国际贸易结算 42
2.4.1 国际贸易主要结算方式 42
2.4.2 国际贸易结算方式的比较分析 44
2.4.3 国际贸易结算方式的使用 45
本章小结 46
思考题 47

第3章 国际采购与供应链管理 49
3.1 全球供应链管理 51
3.1.1 全球供应链的形成 51
3.1.2 全球供应链的概念及特点 53
3.1.3 全球供应链管理的核心理念及关键问题 55
3.2 订单管理 57
3.2.1 订单管理的内容 57
3.2.2 订单管理策略 57
3.3 牛鞭效应及其控制 59
3.3.1 牛鞭效应的成因及机理分析 60
3.3.2 牛鞭效应的控制方法及策略 61
3.4 全球采购与生产 63
3.4.1 采购管理的意义与职能 63
3.4.2 物料需求计划与制造资源计划 64
3.4.3 准时生产制 67
3.4.4 精益生产 69
本章小结 72
思考题 72

第4章 国际货物运输管理 75
4.1 国际运输规划 77
4.1.1 国际运输规划概述 77
4.1.2 国际货物运输方式的选择 78
4.1.3 运输外包决策 79
4.1.4 承运商的管理 81
4.2 国际海洋运输 84
4.2.1 国际海运的特点 84
4.2.2 国际海运的运输方式 85
4.2.3 国际海运物流流程 87

4.2.4 国际海运单据 90
4.3 国际航空运输 91
　　4.3.1 国际航空运输的特点 92
　　4.3.2 国际航空运输的
　　　　　经营方式和组织方法 93
　　4.3.3 国际航空物流的流程及单据 ...95
　　4.3.4 国际航空货物运输费用 95
4.4 集装箱运输与国际多式联运 96
　　4.4.1 集装箱运输 97
　　4.4.2 国际多式联运 99
4.5 国际货运代理 103
　　4.5.1 国际货运代理人的含义与
　　　　　性质 103
　　4.5.2 国际货运代理的种类 104
　　4.5.3 国际货运代理的作用 105
　　4.5.4 国际货运代理人的
　　　　　责任和服务范围 106
　　4.5.5 国际货运代理人的
　　　　　选择和使用 108
本章小结 108
思考题 109

第 5 章　国际港口 112

5.1 国际海港 114
　　5.1.1 国内外港口发展概述 114
　　5.1.2 港口的概念 115
　　5.1.3 港口的功能 117
　　5.1.4 世界主要海港简介 119
5.2 国际空港 122
　　5.2.1 航空港的概念 123
　　5.2.2 发展空港物流应具备的条件 ...124
　　5.2.3 世界著名航空港简介 125
5.3 自由贸易港区 129
　　5.3.1 自由贸易区的概念及特征 ...130
　　5.3.2 自由贸易港的概念及特征 ...132
　　5.3.3 自由贸易港的类型 134
　　5.3.4 自由贸易港的作用及发展趋势 ...135
本章小结 137
思考题 138

第 6 章　国际货物运输保险管理 ...140

6.1 国际货物运输保险概述 142
　　6.1.1 国际货物运输保险的含义 ...142
　　6.1.2 保险的原则 143
　　6.1.3 可保风险和可保利益 146
6.2 国际货物运输保险的主要险别 ...147
　　6.2.1 海洋货运保险 147
　　6.2.2 航空运输的货物保险 151
6.3 国际货运保险的基本程序 152
　　6.3.1 选择投保险别 152
　　6.3.2 确定保险金额 152
　　6.3.3 填写投保单 153
　　6.3.4 支付保险费并取得保险单 ...154
　　6.3.5 被保险人的索赔 154
　　6.3.6 保险理赔 154
6.4 国际货运保险的策略 155
　　6.4.1 选择险别的要素 155
　　6.4.2 何时选用一切险 156
　　6.4.3 基本险与附加险的灵活使用 ...156
　　6.4.4 防险比保险更重要 156
本章小结 157
思考题 157

第 7 章　国际仓储与库存管理 ...159

7.1 需求响应 161
　　7.1.1 需求响应的概念 161
　　7.1.2 需求响应的策略 161
7.2 国际仓储管理 163
　　7.2.1 国际货物仓储的定义、特点与
　　　　　意义 164
　　7.2.2 国际物流仓库的分类 166
　　7.2.3 国际物流货物仓库的
　　　　　合理布局 168
　　7.2.4 保税仓库 169
7.3 库存管理 171
　　7.3.1 库存和库存管理 172
　　7.3.2 库存的种类 172
　　7.3.3 库存管理策略 174
　　7.3.4 生产管理与库存 181

本章小结……………………………184

　　思考题………………………………185

第8章 海关作业……………………187

- 8.1 海关与关税……………………188
  - 8.1.1 海关………………………188
  - 8.1.2 关税………………………192
- 8.2 进出口货物通关………………197
  - 8.2.1 进出口货物通关的概念……197
  - 8.2.2 进出口货物通关的时间和空间范围……………………197
  - 8.2.3 进出口货物通关的主体……199
  - 8.2.4 进出口货物通关的法律依据和基本制度……………………200
  - 8.2.5 进出口货物通关的程序……203
  - 8.2.6 电子口岸与无纸化通关……206
- 8.3 转运与联运通关………………207
  - 8.3.1 转运通关……………………207
  - 8.3.2 联运通关……………………208
- 8.4 保税物流中心…………………208
  - 8.4.1 保税物流中心的概念………208
  - 8.4.2 保税物流中心的主要功能和优惠政策…………………209
  - 8.4.3 保税物流中心的设立………210
  - 8.4.4 保税物流中心与其他保税形式的区别……………214

　　本章小结……………………………215

　　思考题………………………………216

第9章 国际货物的包装和检验检疫……218

- 9.1 国际货物包装…………………219
  - 9.1.1 包装的意义与目的…………219
  - 9.1.2 包装的种类…………………220
  - 9.1.3 包装容器……………………222
  - 9.1.4 包装技术……………………223
  - 9.1.5 合同中的包装条款…………225
- 9.2 出入境检验检疫概述…………227
  - 9.2.1 出入境检验检疫的概念……227
  - 9.2.2 出入境检验检疫的意义……228
  - 9.2.3 出入境检验检疫的作用……228
  - 9.2.4 进出口商品检验检疫证书的作用……………………230
- 9.3 出入境检验检疫机构…………231
  - 9.3.1 我国的进出口商品检验检疫机构……………………231
  - 9.3.2 国际上的检验检疫机构……232
- 9.4 出入境检验和检疫的内容……234
  - 9.4.1 质量检验……………………234
  - 9.4.2 数量和重量检验……………236
  - 9.4.3 包装检验……………………237
  - 9.4.4 装运技术检验………………237
  - 9.4.5 出入境动植物检疫…………238
  - 9.4.6 出入境卫生检疫……………239
  - 9.4.7 进出口商品鉴定……………240
- 9.5 出入境检验和检疫的流程……241
  - 9.5.1 报检…………………………241
  - 9.5.2 抽样…………………………243
  - 9.5.3 检验…………………………244
  - 9.5.4 签发证书……………………246

　　本章小结……………………………246

　　思考题………………………………247

第10章 国际物流信息管理……………249

- 10.1 物流信息技术…………………251
  - 10.1.1 主要的物流信息技术………251
  - 10.1.2 物流信息技术的作用………263
- 10.2 国际物流信息系统……………264
  - 10.2.1 国际物流信息系统概述……264
  - 10.2.2 物流信息系统的作用与功能……………………265
  - 10.2.3 企业物流信息系统的运作模式……………………268
- 10.3 电子商务下的国际物流信息系统……………………271
  - 10.3.1 电子商务概述………………271
  - 10.3.2 国际物流与电子商务管理…272
  - 10.3.3 电子商务下国际物流信息系统的应用………………277

　　本章小结……………………………278

思考题 279

第 11 章 国际区域物流 283

11.1 自由贸易区与区域物流 285
- 11.1.1 自由贸易区的概念 285
- 11.1.2 自由贸易区的发展 287
- 11.1.3 世界典型的自由贸易区 289
- 11.1.4 自由贸易区与区域物流的相互促进 292

11.2 国际区域物流的概念与特征 293
- 11.2.1 国际区域物流的概念 293
- 11.2.2 国际区域物流的特征 294

11.3 我国发展区域物流的意义与作用 295
- 11.3.1 我国发展区域物流的意义 295
- 11.3.2 我国发展区域物流的作用 296

本章小结 298
思考题 299

第 12 章 国际物流规划与管理 301

12.1 国际物流规划与战略 303
- 12.1.1 国际物流规划的层次 303
- 12.1.2 国际物流规划的领域 303
- 12.1.3 国际物流战略的目标 304
- 12.1.4 国际物流战略的框架 305

12.2 国际物流服务管理 306
- 12.2.1 国际物流服务的概念与内容 306
- 12.2.2 国际物流服务与成本、盈利 307
- 12.2.3 国际物流服务水平的确定 309
- 12.2.4 国际物流服务水平的改进 310

12.3 国际物流质量管理 310
- 12.3.1 国际物流质量管理的概念、特点与原则 311
- 12.3.2 国际物流质量管理的衡量指标 312
- 12.3.3 国际物流质量管理的分析方法 313
- 12.3.4 国际物流质量管理的途径 315

12.4 国际物流成本控制 316
- 12.4.1 国际物流成本控制的定义 317
- 12.4.2 国际物流成本控制的原则与方法 318
- 12.4.3 国际物流成本控制的策略 319
- 12.4.4 国际物流成本的影响因素及降低的途径 320

12.5 国际第三方物流 323
- 12.5.1 国际第三方物流概述 323
- 12.5.2 国际第三方物流的内容 324
- 12.5.3 国际第三方物流的模式 325
- 12.5.4 国际物流服务的中介商 327

本章小结 329
思考题 330

第 13 章 国际物流发展的新趋势 332

13.1 国际逆向物流 334
- 13.1.1 逆向物流的产生背景与内涵 334
- 13.1.2 逆向物流的分类 335
- 13.1.3 逆向物流的特征与环节 337
- 13.1.4 电子商务环境下的逆向物流 338
- 13.1.5 逆向物流的原则 339
- 13.1.6 国际物流中的逆向物流 340

13.2 国际绿色物流 341
- 13.2.1 绿色物流产生的背景 341
- 13.2.2 绿色物流的内涵 343
- 13.2.3 绿色物流的特点 343
- 13.2.4 绿色物流发展现状 345

13.3 国际精益物流 347
- 13.3.1 精益物流产生的背景与内涵 347
- 13.3.2 精益物流的目标与特点 348
- 13.3.3 精益物流系统的基本框架 349

13.4 国际电子物流 350
- 13.4.1 国际电子物流产生的背景与内涵 350
- 13.4.2 电子物流的优势与特征 351
- 13.4.3 电子物流的核心技术支持与发展模式 352
- 13.4.4 跨境电商与电子物流 353
- 13.4.5 电子物流发展现状 354

本章小结 355
思考题 356

参考文献 358

第1章 国际物流概述

【教学要点】

知识要点	掌握程度	相关知识	应用方向
经济全球化	了解	经济全球化 市场全球化 生产全球化	经济全球化对国际物流的影响
国际物流	掌握	全球价值链 国际物流的概念 国际物流的特征	中国在全球价值链中的地位 国际物流的意义和构成
发展与现状	了解	国际物流的发展 国际物流的现状	了解历史、掌握现状和预测趋势

谁制造了苹果 iPhone？

在全球智能手机日趋白热化的市场竞争中，安卓阵营和苹果公司都试图以更低的价格不断推出新产品。可是，降低成本的空间从何而来？2014年9月，苹果公司推出的 iPhone 6 给出了答案，即优化国际供应链管理。苹果公司在全球范围内寻找质优价廉的供应商，并在中国的组装工厂里采用更多的自动化设备，从而有效地降低了成本。

苹果公司是如何统治它的全球供应链的呢？

苹果手机的设计是由位于美国加利福尼亚的总部的工程师进行的，组装是在中国完成的。苹果公司的供应商分布在全球近20个国家和地区，其中330家来自中国，148家来自日本，而美国本土只有75家。即使是美国的供应商，他们的零部件也是在亚洲的工厂制造的。比如，苹果公司的独立供应商豪威科技 (Omni Vision)，为 iPhone 提供的照相机芯片，就是在中国台湾 TSMC 的工厂制造的。同样，苹果公司的主力供应商安华高 (Avago)、德州仪器 (Texas Instrument)、仙童半导体 (Fair Child)、高通 (Qualcomm) 等也都在日本、韩国、中国拥有制造工厂。这些位于亚洲的制造商制造了后端部件，它们被运到富士康 (Foxconn) 在中国深圳和烟台的工厂进行组装。

富士康是世界上规模最大的电子产品制造分包商，制造了全球40%的消费电子产品。中国拥有充裕且高效率的劳动力。在中国招聘8 700名工程师和20万名产业工人，只需要15天，而在美国完成这项任务需要9个月。一间富士康的工厂可以雇用23万名产业工人，一条生产线每天可以组装7.2万部 iPhone 5 手机。

或许有人会设想如果苹果公司把组装工作安排在美国进行将会是一种什么情况？据测算，如果在美国组装苹果手机，每一部 iPhone 的价格将上升4美元，全部人工费支出将增加6亿美元，再加上税收等费用的增长，在美国制造苹果手机将使苹果公司的制造成本上升42亿美元。乔布斯曾经说：这不仅仅是成本问题，在中国组装意味着更快、更具柔性。

在苹果公司推出 iPhone 6 的前几周，iPhone 5 系列手机的价格下调了数百美元，这些性能出色的但将很快被新型号替代的手机，立刻受到苹果手机拥趸者(年轻的苹果产品的忠实消费者喜欢被称作"果粉")的追捧。借助这股高涨的热情，iPhone 6 上市的第一周，苹果智能手机的新老型号共销售了900万部。

根据市场研究机构高德纳 (Gartner) 公布的信息，2013年，三星公司以2.99亿部的销售量，占据全球智能手机市场份额的30.9%，延续了从2011年起一直保持的冠军宝座，而苹果公司全年销售1.5亿部 iPhone 5，占全球市场的15.5%。得益于新发布的 iPhone 6 和 iPhone 6 Plus，苹果公司在2014年第四季度创下了单季度销售额最高值，共发售了7 483万部手机，以单季度市场份额20.4%超过三星，成为市场霸主。

由于苹果公司卓越的供应链管理能力，它已经连续多年高居高德纳《全球25大供应链厂商》排行榜首位。

【拓展图文】

(资料来源：根据 Gartner、Financesonline、Apple 公开信息整理。)

经济全球化的浪潮把越来越多的本土企业卷入全球市场。近年来中国企业纷纷实施"走出去"战略，积极开拓全球市场，海外直接投资规模不断扩大，跨国并购如火如荼。国际化的企业可以通过在全球范围内选择低成本供应商、低成本制造基地来降低企业的成本，另外，地理上分散的供应商、制造基地和分散的客户，给企业物流管理带来了成本上升的压力。提高国际化物流管理的能力，降低国际物流成本，提高国际物流效率和顾客服务水平，是国际化企业面临的任务。导入案例中介绍的苹果公司凭借其卓越的国际供应链管理能力，把设计、采购、分包制造以及组装等价值创造环节合理地分散到全球最具价值创造力的地区，从而实现了快速、低成本生产创新产品的战略目标。经济全球化给企业带来了更多的发展空间、更多的获利机会，也带来了更加激烈的竞争，采购、生产和市场地理范围的扩大给企业物流管理带来了新的课题。

1.1 经济全球化中的国际物流

1.1.1 经济全球化

1. 经济全球化的概念

经济全球化是指各个民族经济不断向互相依存的一体化世界经济转化的过程。经济全球化的突出表现在以下三个方面。

(1) 商品和服务贸易的自由化稳步深入，最终趋向于建立全球统一大市场。

(2) 包括资本、劳动力、技术等生产要素的全球化程度不断加深，尤其是资本的自由流动最终趋向全球金融市场的一体化。

(3) 第三，跨国公司在世界经济中的主导地位逐步确立，跨国公司通过全球投资逐步掌握了全球的生产、销售和贸易，最终趋向于建立全球的生产网络。

20世纪90年代中期以来，全球贸易和投资增长迅速，增长率超过全球生产的增长速度，这表明，经济全球化进入了一个快速发展时期。1995年，全球经济总量(Gross Domestic Product，GDP)为280 123亿美元，年增长率10.22%，全球贸易额为104 480亿美元，年增长率19.35%，全球对外直接投资3 312亿美元，年增长率36.29%，到了金融危机爆发前夕的2007年，全球经济总量为498 852亿美元，年增长率3.40%，全球贸易额为275 100亿美元，年增长率12.55%，全球对外直接投资18 330亿美元，年增长率40.37%。在这一个长达十余年的经济景气周期中，全球投资的增长速度大于贸易增长速度，而贸易增长速度又大于全球经济增长速度，而且差距越来越大。这说明，全球化投资和全球贸易对世界经济的贡献越来越大。2008年全球经济危机之后，全球生产、贸易和对外直接投资呈不同程度下降，总的趋势是对外直接投资下降的幅度大于全球贸易，全球贸易的下降幅度大于全球生产。图1.1以1995年为指数100，绘制了全球生产、贸易与对外直接投资的增长情况，从图中可以清晰地看出经济景气周期和震荡期中全球生产、贸易与对外直接投资的增速及变动幅度。

经济全球化的主要推动者是跨国公司。所谓跨国公司，是一个在投资、生产、销售及管理等方面具有统一的全球性观念、目标、战略、政策和行动的多国公司。据联合国贸易与发展会议(UNCTAD)的估算，全球跨国公司的数量在6.5万家左右，但是，这些跨国公司占有全球生产量的40%，全球货物贸易量的70%。全球技术贸易和对外直接投资的90%都是由跨国公司完成的。

跨国公司通过出口贸易、技术许可和对外直接投资三种基本形式来推动全球化的发展。出口带来了国际贸易量的增长，技术许可和对外直接投资带来产业内贸易的增长。

2. 市场全球化和生产全球化

经济全球化包括市场全球化和生产全球化。市场全球化可以定义为原本互相独立的、具有特色的各国市场向一个巨大而统一的全球市场转化的趋势和过程；生产全球化则可以定义为利用各国在生产要素(劳动力、土地、资本等)上的成本与质量差异，从全球各地区筹供商

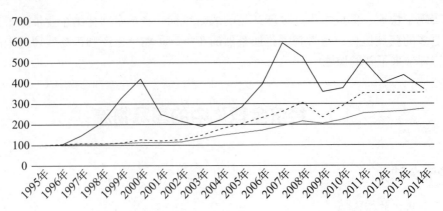

图 1.1　1995—2014 年全球生产、贸易与投资增长

注：——表示全球生产；---表示全球贸易；——表示对外直接投资。

[资料来源：国家统计局《国际统计年鉴》(历年)，WTO(World Trade Organization，世界贸易组织) *World Trade Report* (历年)，UNCTAD (United Nations Conference on Trade and Development，联合国贸易与发展会议) *World Investment Report* (历年)。]

品与服务的一种趋势。

市场的全球化表现为各国消费者的消费偏好趋于同样化，工业产品和原料市场的全球性普遍需求突出，以及同业公司在不同国家市场展开相同的竞争。各国消费者的消费偏好趋同给企业的全球扩张带来机会，企业可以在多个市场销售相同的产品。工业产品和原料市场的全球性普遍需求以及跨越国界的同质化竞争则给企业带来挑战。一个事实是全球初级原料如石油、天然气、粮食等随着发展中国家的需求增加，导致全球性价格上涨；另一个事实是，全球产业集中度越来越高，少数几家跨国巨头掌握着全球的竞争格局。比如，空中客车和波音公司几乎控制着全球大型客机的生产；再比如，全球的个人电脑生产能力也集中在惠普、戴尔、联想等几家跨国公司手中。

生产的全球化表现在价值创造过程的不同环节分散在不同的国家，和在贴近市场的地区从事生产活动以提高市场的响应能力和服务水平。虽然全球化迅速蔓延，但是世界各国的经济发展程度还存在差异，各个国家的生产要素还存在成本和质量的差异，企业可以通过把研发、营销等涉及产品和服务品质的生产环节配置在可以提供高质量要素的国家，而把制造加工等涉及成本压力的环节配置在低成本地区。通过这样的安排，企业获得质量成本的最优化。另外，在全球消费者消费偏好趋同的趋势下，个性化需求日益受到消费者的重视。企业需要敏锐地发现消费者的个性化需求，并迅速地满足这些需求，这就要求企业尽可能地在贴近市场的地方安排生产环节。

导入案例中介绍了高科技企业苹果公司在全球范围内安排生产的例子。不仅是制造业和高科技企业，传统行业同样可以利用管理国际供应链在全球范围内实现合理的生产组织。专栏 1-1 介绍了利丰集团的情况。在此案例中，一件成品服装的生产过程被分散到了多个国家(地区)，因为这些地区存在价格和质量差异，虽然最终的成衣生产者并不靠近美国客户，但是利丰出色的供应链管理能力保证他们能够及时满足客户的要求。或许，如果墨西哥成衣生产者的价格和质量能够符合利丰的要求，那么利丰就能够更及时敏锐地发掘美国市场的需求了。

全球化的动力来自贸易和投资障碍的减少以及信息处理技术与运输技术的进步。全球化的挑战来自各个国家文化和价值观的差异、物流系统的完善以及其他政治文化因素。

专栏 1-1

利丰集团的全球供应链

利丰集团成立于 1906 年，总部设在中国香港特别行政区，是当今发展中国家最大的一家跨国贸易公司，年销售额为 20 亿美元。公司现由创立者的第三代传人冯国经经营，他并不把企业视为传统的贸易公司，而是将其定位为向 350 家客户供货的供应链管理专家。这些客户都是分散的群体，包括纺织品零售商、家用电器公司等。利丰集团从客户处得到订货需求，然后从 37 个国家的 7 000 家独立供货商中筛选，从中找出最合适的制造企业生产最质优价廉的产品。实现这一效果通常要求公司打破价值链条，让分布在不同国家的制造商进行分散生产，这依赖劳动力成本、贸易壁垒程度和运输成本等要素。利丰集团再把整个过程协调起来，经营物流工作，安排成品到客户间的运货。

典型的客户是美国的有限品牌公司 (The Limited)，这是一家以美国为基地的大型服装零售连锁店。有限品牌公司把大量制衣和物流工作转包给利丰公司经营。首先由有限品牌公司给利丰公司带来下一时装季节的时装设计图。利丰公司选取最基本的产品概念，研究市场以确定最合适的棉纱、染料和纽扣等，把这些集合于一体，制作出样品给有限品牌公司审验。一旦有限品牌公司确定了样板，它就会向利丰订货，比如 10 万套服装，并要求 5 周内送货。订货和要求供货之间时间很短，因为在时装业产品淘汰速度很快。

利丰公司手里握着订货单，把整个制造程序分散为不同的部分，根据其能力和生产成本，分别交给不同的生产商。例如，利丰公司可能决定从韩国公司购买棉纱，而在中国织布、染色。利丰公司公安排棉纱从韩国运到中国。日本人有最好的拉锁和纽扣，但在中国生产。因此利丰公司找到日本最大的拉锁制造商吉田工业株式会社，从它的中国厂家订购所需的拉锁。因为受到出口配额的限制和劳动力成本的限制，最后的成衣工序的最佳地点在泰国，因而所有货物都运到泰国。另外，因为有限品牌公司要货很急，利丰会把订货量分散到泰国的 5 个厂。订货 5 周后，这些服装将摆在有限品牌公司的货架上，就像从一家工厂做出来的一样，颜色非常一致。结果是标着"泰国制造"标签的全球性产品。

利丰公司为更好地服务客户，划分出许多小的以客户为中心的业务部门。一个业务部门服务一群客户，如华纳兄弟和雨林咖啡公司。有一个部门是为美国有限品牌公司服务的，另有一个部门则是为美国的童装连锁店金宝贝 (Gymboree) 服务的。当你走进其中的一个部门，如金宝贝部门，你会看到该部门 40 位员工，每位员工都致力于满足金宝贝公司的需要。每张桌上的电脑都与金宝贝直接连网。员工的分工专业性很强，有设计、技术支持、机制运行、原材料采购、质量保证和运货。这些员工中也有直接与利丰公司在世界各国的分支机构的员工沟通的人员，金宝贝可以在中国、印尼和菲律宾购买大宗货物。因而利丰公司使用信息系统经营管理、协调及控制全球分散的设计、生产和运货过程，以保障生产时间是最短的，整体成本也是最少的。

【拓展视频】

(资料来源：[美] 查尔斯·希尔. 国际商务 [M]. 7 版. 北京：中国人民大学出版社，2009.)

3. 区域经济一体化

经济全球化进程中，一个值得关注的趋势是区域经济一体化的发展。所谓区域经济一体化，是指一个地理区域内各国一致同意减少并最终消除关税和非关税壁垒，以实现相互之间的商品、服务和生产要素的自由流动。

WTO 的目标是建立一个完整的、更具有活力的和永久性的多边贸易体制。它致力于消除贸易歧视，通过削减关税不断扩大市场准入程度，促进公平竞争，建立开放、公平、无扭曲竞争的"自由贸易"环境。然而，由于世贸组织的成员国众多，不同利益团体的诉求相差悬殊，使得这一组织的运行效率并不像想象中的那样有效。在这种情况下，地理上相邻的几个国家建立一种自由贸易和投资制度，要比在整个世界范围内建立类似制度要容易得多。区域经济一体化的动机就是各个国家尝试通过自由贸易和投资获得更多的利益。

根据一体化的程度，区域经济一体化可以划分出 5 个层次：自由贸易区、关税同盟、共同市场、经济联盟和完全经济一体化，如图 1.2 所示。

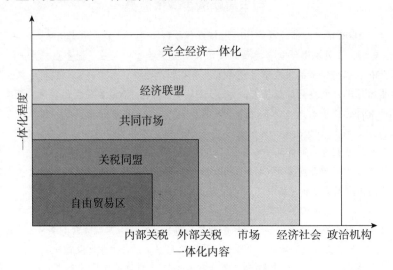

图 1.2 区域经济一体化层次

1) 自由贸易区

在一个理论上理想的自由贸易区内，不允许有任何扭曲成员国之间贸易的歧视性关税、配额、补贴或者行政干扰，以实现自由贸易区内的商品和服务的自由流动。但是，各个国家可以自行决定与非成员国之间的贸易政策，比如，各成员国对同一非成员国的商品征收的关税可能并不相同。

世界上持续时间最长的自由贸易区是欧洲自由贸易联盟(European Free Trade Association，EFTA)。该联盟创立于 1960 年 1 月，由奥地利、芬兰、瑞典、挪威、冰岛、列支敦士登和瑞士 7 国创立。1996 年 1 月 1 日，奥地利、芬兰和瑞典加入了欧盟，现在该联盟还有挪威、冰岛、列支敦士登和瑞士 4 个成员国。

北美自由贸易协定(North American Free Trade Agreement，NAFTA)是南北合作的典型代表。该自由贸易协定最初于 1988 年由美国和加拿大签署。1992 年，美国、加拿大、墨西哥三国签署了北美自由贸易协定，并于 1994 年 1 月 1 日生效。NAFTA 在消除商品和服务贸易壁垒方面效果卓然，但在劳动力流动方面依然有很多问题需要解决。

我国也积极推动自由贸易区的建设，以实施内地与香港更紧密经贸关系安排(Closer Economic Partnership Arrangement，CEPA)为开端，相继与东盟、巴基斯坦、智利、新西兰、新加坡等国家签署了自由贸易协定。2010 年 1 月 1 日，我国首个自由贸易区"中国 – 东盟自由贸易区"正式建成，标志着我国自由贸易区建设取得了阶段性成果。截至 2017 年 6 月，我国已经签署了 15 个自由贸易协定，还有一些正在谈判之中。关于自由贸易区的进一步讨论将在第 11 章展开。

2) 关税同盟

关税同盟消除了成员国之间的贸易壁垒，并采用统一的对外贸易政策，如统一的对非成员国的关税。关税同盟需要建立一个有效的管理机构来构建和管理统一的对外贸易政策。关税同盟比自由贸易区的一体化高了一个层次，同时也是迈向共同市场的一个必要的阶梯。欧盟最初就是一个关税同盟，现在已经超越了这个阶段。

3) 共同市场

加入共同市场的成员国之间不仅没有任何的贸易壁垒，实行统一的对外贸易政策，而且还允许生产要素在成员国之间的自由流动。可以看出共同市场比关税同盟在一体化的程度上又前进了一步。欧盟曾经作为一个共同市场存在，在成立了统一的协调统一机构，并确立统一的货币之后，欧盟进入经济联盟阶段。

4) 经济联盟

经济联盟比共同市场在经济一体化和合作方面更为紧密。与共同市场一样，一个经济联盟涉及成员国之间产品和生产要素的自由流动，以及采用统一的对外贸易政策。与共同市场不同的是，一个完全的经济联盟还需要一种统一的货币、成员国税率的协调，以及统一的财政和货币政策。欧盟现阶段就是一个经济联盟，它的三大组织机构(欧盟理事会、欧盟委员会和欧洲议会)负责协调组织工作，欧元作为统一货币已经得到广泛应用并确定了稳定地位。欧盟的下一个目标是实现完全的经济一体化，这种高度的一体化需要一个强有力的协调机构，各国要向这个机构作出巨大的主权方面的让步，并一件容易的事情。

5) 完全经济一体化

区域经济一体化再进一步就是出现统一的、对各成员国公民都负责的协调机构，这就是完全的经济一体化，也称作政治联盟。欧盟正在走向政治联盟。欧洲议会在欧盟内部正发挥着越来越重要的作用，它就由欧盟各国公民直接选举产生。另外，欧盟的部长理事会(欧盟的控制决策机构)由欧盟各成员国的政府部长组成。然而，走向完全经济一体化的道路并不顺畅，先是欧盟宪法条约草案在部分国家被否决，后有里斯本战略的执行不力，再到"欧盟2020战略"受到质疑，欧盟何时能够真正实现完全经济一体化尚需拭目以待。

1.1.2 全球价值链与国际物流

生产全球化使不同国家以专业化的生产进入全球价值链，从而带来产业内贸易的增长，以及全球原材料物流、全球半成品物流增加。区域经济一体化带动了区域内的货物贸易和服务贸易的增长，区域内物流增加。

1. 全球价值链

全球化生产的发展得益于信息技术和物流技术的进步。全球价值链理论是进入新世纪以来受关注程度日益高涨的新领域。全球价值链是指为实现商品或服务价值而连接生产、销售、回收处理等过程的全球性跨企业网络组织，网络组织中的企业分散在全球不同地理空间，从事价值链上从设计、产品开发、生产制造、营销、交货、消费、售后服务，到最后循环利用等各种增值活动。全球价值链理论关注价值创造的所有参与者的生产经营活动的组织及其价值增值和利润分配。

WTO、UNCTAD、经合组织(Organization for Economic Cooperation and Development, OECD)等国际组织相继开展全球价值链和贸易增加值的统计与研究，我国商务部从2012年起成立专项课题组着手我国在全球价值链中的地位及贸易增加值的核算与研究。

WTO的报告显示，从20世纪90年代开始，全球价值链为发展中国家参与全球经济提供了巨大的机会，发展中国家与发达国家的全球零件与中间产品的贸易在25年当中增长了4倍。在融入全球价值链的进程中，农业劳动力转向制造业和服务业，实现了生产率的提高，继而伴随着国际投资实现了技术转移。目前，全球工业品贸易中，大约1/4是零件及中间品的贸易。在零件及中间品的贸易中，发展中国家发挥着重要作用。如图1.3和图1.4所示。

【拓展图文】

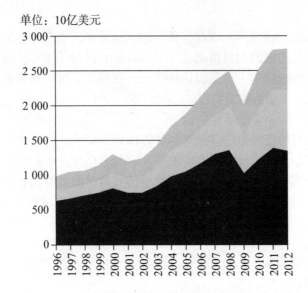

图1.3　1996—2012年全球零部件及中间品贸易增长情况(不同经济体)

注：▬表示发达国家；▬表示G20发展中经济体；▬表示其他发展中经济体。

(资料来源：世界贸易组织《世界贸易报告2014》。)

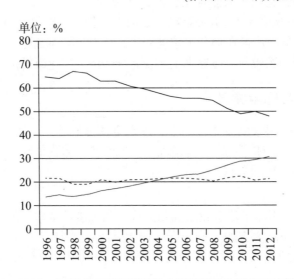

图1.4　1996—2012年全球零部件及中间品贸易份额(不同经济体)

注：——表示发达国家；---表示G20发展中经济体；——表示其他发展中经济体。

(资料来源：世界贸易组织《世界贸易报告2014》。)

我国商务部专项课题组的"全球价值链与我国贸易增加值"的研究结果显示，我国整体上仍处于全球价值链的中低端。2012年，我国每1 000美元货物出口的增加值为621美元，美国为850美元，欧盟、日本则介于700~800美元。特别是我国加工贸易出口增加值偏低，2012年每1 000美元加工贸易出口增加值385美元，不及一般贸易出口增加值780美元的一半(见表1-1)，这与我国参与全球价值链的路径和水平相关。改革开放前期，我国以货物贸易和吸收外资为融入全球价值链的主渠道，后期大力发展服务贸易，鼓励开展对外直接投资，逐步推动我国全方位参与全球价值链并向全球价值链高端攀升。随着服务贸易与对外投资比重的提高，同时受益于我国制造业创新升级战略的促进，我国在全球价值链上的位置将会稳步提高，我国经济增长、结构升级和物流业都将得到发展。

表 1-1 2012 年中国货物和服务出口拉动国内增加值

	总出口	货物出口			服务贸易出口
		货物总出口	加工贸易出口	一般贸易出口	
每 1 000 美元出口拉动国内增加值 / 美元	640	621	386	792	848
总出口 / 亿美元	22 391.5	20 487.1	8 626.7	11 860.5	1 904.4
占比 / (%)		91.5	38.5	53.0	8.5
国内增加值 / 亿美元	14 335.8	12 720.7	3 327.4	9 393.3	1 615.1
占比 / (%)		88.7	23.2	65.5	11.3

[资料来源：中国全球价值链课题组《全球价值链与中国贸易增加值核算研究报告 (2014 年度)》。]

2. 产业内贸易的增长

跨国公司通过在本国以外的国家和地区投资建立全球性生产网络。跨国公司的对外直接投资通常有两种形式——水平对外直接投资和垂直对外直接投资。所谓水平对外直接投资，是指跨国公司在海外投资的分支机构与本国经营相同产业的对外直接投资。所谓垂直对外直接投资，是指跨国公司在海外投资于本国经营产业的上游产业或者下游产业的对外直接投资。投资于上游产业的称为后向垂直投资，如石油化工企业在海外投资石油开采业务、汽车企业在海外投资汽车零部件制造业等；投资于下游产业的称为前向垂直投资，比如石油化工企业在海外投资加油站、汽车企业在海外投资汽车零售和维修业务等。

垂直对外直接投资促进了产业内贸易的增长。在进行垂直对外直接投资时，跨国公司既要考虑保持本国的技术优势 (如研发能力)，又要利用东道国的有利经济条件 (如丰富的劳动力)，致力于保持本国的技术水平和生产效率，从而促进产业内贸易的发展。图 1.5 显示了 OECD 国家和新兴经济体国家的产业内贸易的情况。

相对于一般贸易，对外直接投资的特点是企业对海外分支机构有较强的控制能力，因而，产业内贸易为跨国公司在全球范围内实施诸如适时制 (Just in Time, JIT)、精益制造 (Lean Production) 等生产组织方式提供了可能。这样的生产组织方式对国际物流提出了更高的要求，诸如库存控制、交货时间管理等，需要更高的管理能力。

产业内贸易增长也反映了全球价值链的进步情况，对于国际物流的意义在于：第一，中间产品和零部件物流增长，这将会产生产业化的物流需求和物流企业；第二，国家间物流运输的增长，这将会产生规模效益，专业的物流企业可能承担双向的物流，增强业务集中度，从而降低成本。

3. 区域内贸易

区域经济一体化的迅猛发展，直接促进区域贸易的增长。图 1.6 显示了世界主要国家和地区间区域内部和外部贸易的构成情况。在地理位置相对紧密的特定区域的国际物流有着自身的特点，如以陆路运输和近洋运输为主、自由贸易区内通关便利、货物周转快等，这些内容都将在本书以后章节进一步讨论。

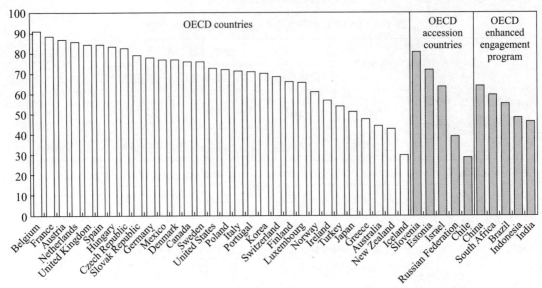

图1.5　1997—2008年OECD国家和新兴经济体国家的产业内贸易指数均值

(资料来源：OECD.Measuring Globalisation: OECD Economic Globalisation Indicators, 2010.)

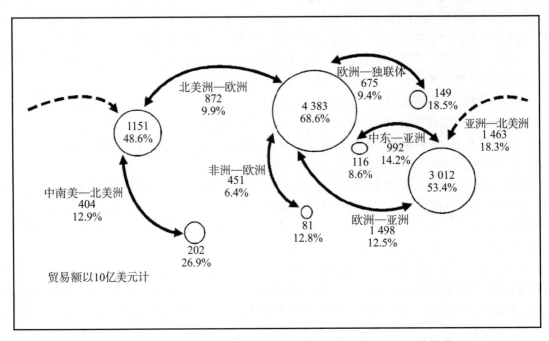

图1.6　2012年世界主要国家和地区间区域内部贸易和外部贸易构成

注：→表示区域外贸易；○表示区域内贸易。

(资料来源：根据WTO *International Trade Statistics*数据绘制。)

1.2 国际物流的基本概念

经济全球化促进了自由贸易的增长和生产要素的流动。这一方面带来了货物运输量的增长，另一方面促进了新的生产组织方式的发展。这些新的变化对物流提出了新的挑战。如 JIT 生产组织方式要求必须提供多品种、小批量、低库存、高周转的物流服务。当然，信息技术的进步和运输成本的降低也为新兴的国际物流提供了技术保证。

1.2.1 物流与供应链

1. 物流的概念

物流 (Logistics)，关注价值创造过程中的实体物品的流动，通常包括企业组织原材料的筹供、生产环节的物流配置以及产成品的配送。

物流的概念于 20 世纪 50 年代产生于美国。美国供应链管理专业委员会 (Council of Supply Chain Management Professionals，CSCMP) 对物流的定义是："物流是供应链活动的一部分，专注于物品、服务及相关信息从起源点到消费点的有效流动和存储的企划、执行与控制过程，以达成顾客的要求。"

物流的概念经过 20 世纪七八十年代在日本的发展后传入我国。日本日通综合研究所对物流的定义是："将货物由供应者向需求者送达的物理性位移，是创造时间价值和场所价值的经济活动。包括包装、搬运、保管、库存管理、流通加工、运输、配送等活动的领域。"

物流的概念在 80 年代后期传入我国后，恰逢世界物流借助信息革命的动力进入了新的发展阶段。我国直接学习物流领先的欧美各国的最新进展，确立了符合我国实际情况的物流概念。《中华人民共和国国家标准 物流术语》(GB/T 18354—2006) 中对物流的定义是："物品从供给地向接收地的实体流动过程。根据实际需要，将运输、储存、装卸、搬运、包装、流通加工、配送、信息处理等基本功能实施有机结合。"

2. 物流系统

根据价值链理论，物流是企业创造价值的主要活动，与生产运作、市场营销等共同构成企业价值链的主要环节。在企业内部，物流包括运入物流、场内物流、运出物流以及回收物流等环节。而物流活动本身由运输、储存、装卸、搬运、包装、流通加工、配送、信息处理等基本功能组成。从本质上说，物流属于服务性生产活动，通过交货效率、等候时间等为其他生产环节或者顾客提供服务。

这样，物流活动构成了一个与其他生产活动有机结合的物流系统。这个系统通过为顾客提供空间价值和时间价值，来实现企业的价值创造。图 1.7 显示了一个典型的制造型企业的综合物流系统的构成。一个跨国企业，它的国际物流活动还应该包括海关作业、商品检验检疫等活动。

3. 供应链的概念

供应链 (Supply Chain) 是指围绕着核心企业，从采购原料开始，到制成中间产品和最终产品，最后由销售网络把产品送到消费者手中的，由供应商、制造商、分销商、零售商，直至最终用户连接成的一个整体功能的链条。当物流不仅要考虑一个企业内部而是关注到供应链上相关企业的时候，物流的概念就上升为供应链的概念了。

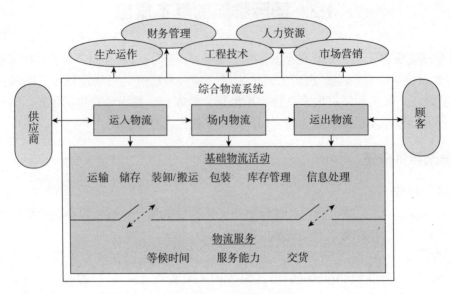

图1.7 综合物流系统

供应链管理(Supply Chain Management)是以提高企业个体和供应链整体的长期绩效为目标,对特定公司内部跨职能部门边界的运作,或在供应链成员中跨公司边界的运作,进行战术控制。从这个定义可以得知,供应链管理关注跨公司边界整合供给与需求。以核心企业为中心,以跨公司组织为框架,从价值链上有的原材料到价值链终端的顾客,综合企业的产品设计、物流管理、生产运作和产品配送等主要价值创造活动,同时处理物品、信息和资金的流动,与供应链上相关企业协作,形成供应链全体高效率的、低成本的顺利运行。图1.8显示了涉及供应链管理各个环节的各项活动。

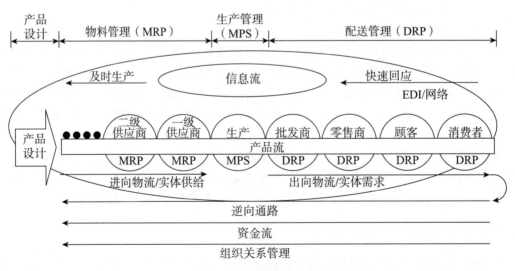

图1.8 供应链管理示意图

(资料来源:林正章.国际物流[M].北京:机械工业出版社,2007:7.)

1.2.2 国际物流的概念及特点

1. 国际物流的概念

国际物流 (International Logistics)，关注不同国家或地区之间的物品的流动。所谓国际物流是指物品的供给地和接收地分别位于不同国家或地区的实体流动过程。由此可见，国际物流是相对于国内物流而言的，是跨越国境的物流活动方式，是国内物流的延伸。

国际物流是伴随国际贸易和国际生产分工而产生的，以贸易自由化和投资自由化为特征的全球经济一体化促进了国际物流的迅猛发展。从狭义上理解，国际物流就是指为完成国际商品交易的最终目的而进行的物流活动。由于物流跨越国境，因此国际物流的职能就要包括为物品通过海关而发生的作业，如报关、商品检验检疫、国际货物保险等职能。而一般的物流职能也会因为国际上的流动而发生一定的变化，如包装需要适应远洋海运的需要，包装的尺寸规格需要符合国际通行标准，木质包装需要灭害处理并提供证书等。因此，我们可以把国际物流的职能归纳为：仓储、运输、包装、配送、装卸搬运、流通加工以及报关、商检、国际货物保险和国际物流单证等。

实际上，国际物品流动并不仅限于国际贸易和国际生产而出现的物流活动。比如，国际展览和国际援助就伴随着大量的国际物流活动。从广义上理解，国际物流包括了各种形式的物品在国际上的流动。通常包括：进出口商品转关进境运输货物；加工装配业务进口的料件设备、国际展品等暂时进口物资、捐赠、援助物资及邮品等在不同国家和地区之间所进行的物理性移动。

2. 国际物流的特点

与国内物流相比，国际物流表现出许多不同的特点。

(1) 国际物流的参与者众多，专业领域差异巨大。由于国际物流的供给地和接受地分处不同国家(或地区)，由此产生相应的物品跨越国境的业务，这些业务专业性强，而且业务性质差别大，很难由物品的供给方或者接受方单独完成，通常需要借助中介机构来操作。比如，实现货物所有权转移需要通过贸易代理商、货物运输需要通过海运承运人(船运公司)、海关清关需要通过报关代理人、运输的订舱需要通过货运代理人、国际物流单证需要通过银行等。如果国内物流还存在着在自营物流和第三方物流之间选择，那么国际物流基本都是通过第三方物流来完成的。

(2) 国际物流环境差异巨大，物流作业复杂程度高。由于世界各国的经济发展程度存在差别，由此也带来了物流基础设施等方面的差异。比如发达地区的公路、铁路、航空等各种运输方式都很先进，而经济落后地区连基本公路都难以保证。即使是经济水平相近的地区，由于固有基础设施系统的不同，也会带来物流作业的不便。比如有的国家公路发达，而有的国家铁路发达，再比如有的国家的铁路是宽轨，有的国家的铁路是窄轨，当然多数国家的铁路是标准轨距。物流环境的差异除了运输设施以外，还表现在信息传递、风险意识、组织管理、政府法令和语言文化上。比如，语言的差别会增加物流的复杂性，从地理上看西欧的土地面积比美国小得多，但由于它包括的国家众多，使用多种语言，如德语、英语、法语等，货物的工业包装标识虽然大多统一使用英语，但是，货物的商品包装往往需要使用多种语言。专栏1-2便体现了国际物流环境的差异。

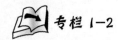

专栏1-2

瑞士和乍得的物流环境比较

当提到评价不同国家的物流环境的时候，就不得不提到瑞士和乍得，两者的差异有助于更好地说明地理条件、基础设施、制度所承担的角色。乍得是非洲中部被众多国家所包围着的内陆国，饱受运输差、政局不稳和资金短缺之苦。拥有50万平方英里的土地，却只有200英里的全天候公路，人均GDP为600美元，是非洲也是世界最穷困的国家之一。乍得拥有丰富的矿产资源，比如石油、铀、黄金和钻石以及5 000万英亩（1英亩=4 047平方米）的耕地，但是自20世纪80年代开始，国内冲突阻碍了经济的发展。乍得的发展依靠来自世界银行、欧盟、德国的石油输出国基金和法国的资金援助，并于2010年已开始使用，700英里的石油管道将大约9亿桶的石油引出，运送到喀麦隆的一个港口。

另一方面，瑞士所用的全部资源几乎都需要通过世界范围的物流才能获得，他们面临着一些特殊的难题。地理上，瑞士和乍得一样，也是内陆国。与乍得被无尽的沙漠包围所不同的是，瑞士被高山所包围。有利的方面是，瑞士的基础设施可能是世界上最好的，拥有广阔而且维护良好的公路网、铁路、空港以及其他设施。实际上，瑞士已经通过修建世界上最引人注目的隧道和世界上最陡的铁路克服了阿尔卑斯山脉的障碍。瑞士的基础结构条件包括对贸易和商业提供必要的服务，著名的瑞士银行就是其中之一。

但这并不意味着瑞士是世界上进行物流活动最容易的地方，瑞士也有很重的税收和很严格的法律。在瑞士，周日基本上是禁止工作的，这就意味着，穿行在欧洲的卡车经常中途停车，宿营在边境等待周日午夜的到来，以继续他们的行程。

这只是一个对区域物流进行对比和评价的例子。很多公司需要决策在哪里设立仓库或从哪里进入市场，因此这种评价在战略规划阶段是十分有用的。

（资料来源：[美] 道格拉斯·朗. 国际物流：全球供应链管理 [M]. 刘凯，译. 北京：电子工业出版社，2006：10-11.）

（3）国际物流系统构成复杂，物流节点众多，包括运输、仓储、包装、港口作业、货物保险、海关、检验检疫、信息管理等众多的物流节点。复杂系统的管理带来高成本和高风险。保证和提高顾客服务水平，降低国际物流成本和规避物流风险是国际物流管理的艰巨课题。比如，长距离的运输不仅增加了在途时间和装卸搬运的频度，更是直接导致运输成本的增加和货物受损的风险，并且为了应对长时间在途而产生的较长的交货周期，企业需要增加库存的据点和库存数量，这同样会导致库存成本的增加和货物受损的风险，一旦风险出现将会影响顾客服务水平。

（4）运输形式多样化，物流作业复杂。由于国际物流货物运输距离长、成本高，所以运输单位成本相对低廉的海运往往是主要的运输形式，然而海运的缺陷是难以实现门到门的服务，通常需要接驳内陆运输。内陆运输又以铁路和公路为主，因此一笔货物的物流往往会利用多种运输形式。多种运输形式的接驳产生多次的装卸和搬运作业。而且，远洋运输需要更坚固的包装。这样，国际物流作业就变得比国内物流复杂得多。

随着航空运输成本的降低，国际货物运输中航空运输的比重不断增加。但是，国际航空运输以国际空港为节点，通常需要接驳内陆运输。为了保持国际航空运输带来的效率，内陆接驳的运输方式也必须考虑运输效率，这同样带来成本的上升。

边境相邻的国家，也可能选择管道运输的方式。尤其是在石油和天然气等资源性货物的运输方面，管道运输具有高效率、低成本的优势。

国际多式联运是国际物流中常选用的运输方式。国际多式联运，是由一个承运人使用一份多式联运的合同将至少两种不同的运输方式连接起来进行货物国际性转移，期间需经过多种运输方式的转换和货物的装卸搬运,与单一的运输方式相比具有更大的复杂性。

(5) 国际物流信息源多样,信息系统复杂。国际物流参与者众多,所产生信息的源头多、信息载体多样化、信息的传送方式多样,对信息编码、解码和传输提出了挑战,带来了国际物流信息管理的复杂性。因此,国际物流需要依赖高效的、统一的国际化信息系统的支持。建立国际物流信息系统是一项基础性的系统工程,建设成本和维护成本都是很可观的。电子数据交换(Electronic Data Interchange,EDI)技术的采用提高了信息传输的速度和准确性,但是保障信息安全尤其是有价单证的安全性仍然是一项艰巨的任务。

(6) 国际物流标准化要求严格,建设成本高。国际物流参与者多、节点多,对物流的标准化提出了更严格的要求。比如包装规格尺寸,如果参与运输的远洋运输、内陆运输以及装卸搬运各个环节都能够高效地作业,那么包装就必须确立一个统一的模数,然而事实上由于各个国家的基础设施不同,这个基础模数并不相同,要建设统一的基础模数需要很大的资金投入。再比如信息的标准化,一些领先的国家或企业率先提出更先进、更低成本的信息技术,但是在相当长的一段时间内,往往多种技术并存,这些技术都需要大量的基础设备的投入,将这些技术纳入统一的标准同样需要巨大的资金支持。而且标准化的推进,往往离不开政府相应机构的支持,各国政府的观点和态度也左右着标准化的进程。

表1-2 国内物流与国际物流的差异

项 目		国内物流	国际物流
运输工具		公路、铁路为主	海运、航空为主
信息传递		语音、文件与EDI信息	语音与文件效率低 EDI信息标准化高
文件		较少	高度的文件需求
风险	货物运输	较低	较长的运输时间与货物换手处理
	财务	较小	高风险,涉及不同的货币、汇率与通货膨胀
组织	外包组织	较少	依赖承揽业、流通商和报关行
	政府组织	危险品、重量、安全与货物税的管制	海关、农产品与交通运输
文化		相同	文化的差异产生产品与市场需求的不同

(资料来源:林正章. 国际物流[M]. 北京:机械工业出版社,2007:6.)

1.2.3 国际物流的构成

通过以上讨论,我们知道了国际物流系统是一个复杂的系统,国际物流的构成比国内物流要复杂得多。国际物流系统中,既包括了与国内物流有区别的订单管理、运输管理、仓储管理、货物包装、货物保险、信息管理、服务与质量管理以及成本控制,也包括了国际物流所独有的港口与海关作业、检验与检疫等环节。图1.9描绘了一个比较典型的企业国际物流系统的构成。

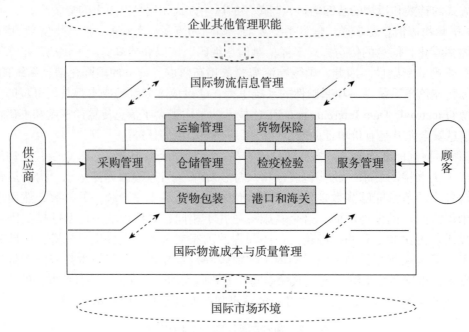

图1.9 国际物流系统构成

1. 国际贸易和采购管理

在国际市场采购原料和销售产品,要求掌握比较专业的贸易知识,因此往往需要借助代理商来实现贸易活动。国际企业的物流管理者需要了解一般贸易条款,掌握国际采购的规律,需要熟悉全球供应链管理的理论与方法,并了解全球生产运作的方式,准确把握需求规律和管理订单。这些内容将在第2章和第3章进行详细的介绍。

2. 国际货物运输管理

在国际物流活动中,长运距、中间环节多、不同的交通和海关的规定、基础设施、汇率、文化和语言的差异使得运输过程中遇到的问题变得复杂,物流管理者需要清楚地知道运输的服务、成本和各种运输方式的局限性,还要学会与货运代理商沟通。无论是国际海运还是空运,第三方承运人通常都会介入到国际货物运输环节中来,如何有效率地管理货运外包是国际物流管理的必要技能。集装箱运输和国际多式联运是国际货运的高效率运输方式,在全球环境和能源问题日益突出,绿色物流概念不断发展的趋势下,有效运用先进的运输方式显得格外必要。本书第4章将介绍国际货物运输。

3. 国际仓储管理

国际市场的地理距离导致仓储据点的分散,从而带来库存成本的上升和仓储管理难度的增加。为了提高顾客服务水平和保证生产,需要较高的安全库存以应对因国际货物运输环节所带来的不确定性,而较高的库存导致库存成本上升,因此,需要更高超的管理水平来寻求库存成本与需求响应之间的平衡。为了应对全球日益增长的多样化的个性需求,准时制生产、精益生产等先进生产方式不断普及,对全球范围内的仓储管理提出了更高的要求。本书第7章将详细介绍国际仓储管理。

4. 国际港口

国际港口是国际物流的重要节点,在现代国际生产、贸易和运输系统中处于十分重要的战略地位。随着经济全球化的进程,港口已经逐步由一个物流节点发展成为一个国际性增长活动和经济活动的节点,被誉为国际经贸活动的"后勤服务总站"。港口的功能由运输中转和仓储功能逐步向商业功能与服务功能转变。在国际港口发展的历程中,涌现出过不少的知名港口,对该国和该地区的经济发展都作出过巨大的贡献,如鹿特丹、安特卫普、洛杉矶等。中国作为崛起的世界制造中心,带动了港口的快速发展,上海、广州、天津港等迅速跃升为世界级大港口。

自由港由于在限定范围内不受海关手续和关税约束,极大地方便了物流各项职能的运作,因而也极大地带动了贸易和经济的发展。综合性自由港无论在数量上还是在功能上都将维持较快的增长。本书第5章将介绍国际港口。

5. 海关作业

与国内物流相比,海关作业是国际物流所独有的。海关是国家主权的象征,作为特定的管理和执法部门,对进出境的运输工具、货物、行李物品、邮递物和其他物品进行监管并征收关税和税费。海关作业是各项物流作业中专业性比较突出的一种,海关制度、关税税率、完税价格审定、关税减免、保税措施等,既涉及相关法律法规,也涉及制度和程序,同时还需要专业的技术和技能。虽然一些作业环节可以通过外包给专业人员来完成,但是作为物流管理人员必须对各个作业环节的一般规律有所了解,并学会如何同外包业者交往。本书第8章将对海关作业进行详细的介绍。

6. 国际货物包装与检验检疫

货物包装是国际贸易的主要条件之一,在国际贸易合同中订有包装条款对货物包装作出规定。在保证货物质量的同时,便于运输、装卸、搬运、储存、保管、分拣等作业的包装技术、方式和材料不断出现,旨在提高物流效率的专用包装得到广泛运用,包装标准化则是国际物流界的另一个共同课题。

商品检验是国际物流的重要环节。一般指委托第三方对商品的质量、重量、包装和装运等技术指标进行检验和证明。进出口货物在经过长时间、多环节的运输和仓储之后,很容易出现包装和运输方面的质量或安全问题,权威的第三方检验出具的检验证明是解决问题和处理纠纷的重要依据。

进出口动植物检疫是防止动植物疾病与病虫害跨国传播的重要手段,各国都非常重视进出口商品的动植物检疫,同时运输工具和包装材料的检疫也是进出口检疫的重要内容。本书将在第9章对国际货物包装和检验检疫进行详细介绍。

7. 国际货物保险

保险与水上运输几乎是密不可分的,这是由航运所包含的巨大风险所致。航运保险也因此成为最古老的险种之一。国际货物主要是通过海洋运输完成的,因此货物保险就成为国际物流的不可或缺的内容。投保国际货物保险是企业维持生产持续进行和获得预期利润的保障,种类繁复的险别,复杂而冗长的理赔程序,往往导致企业成本的增加,既稳妥又经济地管理国际货物保险通常需要专业的知识。本书将在第6章介绍国际货物保险的相关内容。

8. 国际物流信息管理

供应链上的各成员在物流的各个环节都发生和处理大量的信息,他们需要通过这些信息来了解货物的运输、跟踪、分拣、存储、配送以及包装等节点的状态。信息和物流是相伴相生的。信息技术的发展促进了物流技术的进步,现代信息技术在物流管理中的作用越来越重要。不断涌现的信息技术,如EDI、RFID等对于降低物流成本和提高物流效率具有重要的意义,MRP、ERP等信息系统在企业中得到越来越广泛的应用,构建物流信息系统对于完善企业信息系统和企业决策支持系统具有重要意义。本书将在第 10 章详细介绍物流信息系统的相关内容。

9. 国际物流的服务管理、质量管理和成本管理

物流活动所创造的产品表现为向顾客提供服务。运输、仓储、装卸搬运、包装、配送以及流通加工等所有物流活动，最终都表现是为下一级顾客提供服务，物流服务创造的价值体现为时间价值和空间价值。物流产品的质量最终表现为各项物流职能的服务质量。在全球化和信息化蓬勃发展的新经济环境中，企业及其供应链上的伙伴企业如何迅速地响应顾客多样化、个性化的需求是衡量服务水平的重要标志。顾客满意是衡量物流质量的重要指标，物流活动提供的效用价值超过顾客的期望，顾客就会感到满意。企业通过实施全面质量管理和六西格玛管理来提高物流服务质量。然而，无论是提高服务水平还是提高质量管理水平，企业都需要付出成本。提高服务和质量，意味着增加成本，而降低成本往往导致服务和质量的降低。如何通过物流综合成本控制来实现高水平的服务和质量管理，是摆在企业面前的重要课题。本书将在第 12 章介绍企业通过战略规划来制定国际物流的服务管理、质量管理和成本管理的目标。

10. 区域物流

蓬勃发展的经济全球化并没有阻挡区域经济一体化的脚步，相反，区域经济一体化表现出更迅猛的发展态势。从欧盟到北美自由贸易区再到东盟自由贸易区，都为发展区域经济作出了贡献。区域物流从规模上可以看做是缩小了的国际物流，但是，由于地理位置相邻、经济与市场的和谐性以及区域内贸易安排的灵活性等因素，使得区域物流呈现不同于国际物流的特征，本书第 11 章将介绍区域物流。

1.3 国际物流的发展现状与未来趋势

只要存在国家间的经济往来，就会产生国际物流。但是将国际物流真正作为一个管理领域来进行研究和实践则是跟经济全球化进程密不可分的。经济全球化的发展、信息与通信技术的进步以及运输技术的发展和成本的降低都是推动国际物流发展的动力。随着全球环境问题和能源制约问题日益突出，今后的国际物流的发展趋势必将是朝向节能、环保方向发展。

1.3.1 国际物流的产生与发展

国际物流是伴随着国家之间的经济往来而存在的。无论是两千多年前的"丝绸之路"还是"资本主义工业革命"的瓜分世界市场，都是国际物流活动活跃的时期。

第二次世界大战结束之后，全球经济百废待兴，各种现代管理理念和方法层出不穷。在物流管理概念的出现的同时，国际贸易往来也日益频繁。布雷顿森林货币体系的建立，稳定了各个国家之间的货币兑换率，降低了企业从事国际贸易的汇率风险，对国际贸易带来了巨大的促进作用。关贸总协定的诞生，降低了毛利壁垒，促进了市场开放，极大地促进了国际贸易的发展和货物的流动。国际物流管理作为促进贸易增长、降低贸易成本的手段，开始受到人们的关注。

20 世纪六七十年代，各种现代管理方法促进了全球经济的增长，国际贸易增长迅速，国际物流规模不断扩大。受石油危机的影响，降低物流成本、提高物流服务水平成为国际物流管理

的目标。这段时期，适应国际物流迅猛增长的物流技术和管理方法也应运而生，大型货运轮船、宽体客机、集装箱技术都发展起来。1976年，法国建造了55万吨的油轮，油轮、矿石船都朝向大型化进一步发展，运输成本进一步降低。集装箱、集装箱船、集装箱港口等集装箱运输技术提高了小件杂货的运输效率和安全性，成本降低的同时，物流服务水平提高到了新的层次。为了进一步开拓国际市场，为国际消费者提供更周到的服务，国际货物承运人开发出国际多式联运的服务模式，为消费者提供包括多种运输方式组合的一站式服务。

20世纪80年代，是国际开始物流真正作为一个独立的管理领域来研究和实践的关键时期。除了运输方式以外，国际物流开始关注新的生产组织方式、计算机技术和自动化技术以及新的信息通信手段。除了美国、英国等老牌的发达资本主义国家以外，德国、日本等国家的经济迅速发展壮大，国际贸易和投资进入一个高速增长的时期。德国和日本的崛起对欧美的经济发展模式提出了挑战，"小批量、多品种"的精益生产模式与"标准化、大规模"的生产模式抗衡，为消费者提供个性化的服务。物流技术为了应对新的生产运作模式，出现JIT等管理方式。EDI技术的发展，提高了物流信息传送的效率，降低了信息管理的成本，为构建全球信息管理系统提供了技术基础。计算机技术和自动化技术的发展，促进了物流作业的自动化发展，自动化仓库、自动化港口机械等设施大大地提高了物流作业效率，提高了作业的安全性，降低了作业成本。

20世纪90年代以来，全球经济一体化进入新的阶段，全球贸易和投资的壁垒不断降低，区域经济一体化发展迅猛，发展中国家的经济地位不断提高，世界经济格局出现新的变化。信息技术和互联网的日益完善为国际物流提供了技术支持，国际物流进入信息化时代。世界经济格局的变化带来了国际物流的变化，原来发达国家之间的物流向发达国家与发展中国家间转移，原来全球间的物流向区域内国家间转移。对外直接投资壁垒的降低，促进了国际产业分工，全球制造业纷纷向发展中国家转移，就像在导入案例中看到的那样，全球范围内的产业协作规模增加，除了产成品物流，中间产品的物流量增长迅速。精益生产、敏捷制造、虚拟制造等新的生产组织方式对国际物流提出了更高的要求。信息技术的进步、电子商务的发展，也使国际物流面临新的课题。信息技术、互联网、条码技术、卫星通信技术在国际物流中的应用越来越普及，极大地提高了物流的信息化和物流服务水平。建立全球物流信息系统，把国际物流推向全面信息化时代，是进入新世纪以来的一个明显特征。

1.3.2 国际物流的发展趋势

国际物流的发展趋势与全球经济的发展趋势是一脉相承的。今后相当长的一段时间内，从宏观角度来看，世界经济发展不平衡依然存在，发展中经济体的增长动力强劲，区域经济发展方兴未艾，石油煤炭等一次能源供给总体趋紧，环境保护问题日益突出；从微观角度来看，企业国际化进程加快，企业间的国际战略联盟来势迅猛，企业的价值链延伸、规模扩大，产业集中度提高；从技术进步角度来看，信息技术、互联网技术进一步发展，新型生产组织方式如敏捷制造、虚拟生产等将得到更广泛的应用。这些变化都会影响到国际物流的发展趋势。具体说来，国际物流的发展将会出现以下一些趋势。

1. 国际物流市场规模增长，国际物流企业朝向规模化、集约化方向发展

由于世界经济发展不平衡长期存在，各个经济利益集团内部和集团之间的贸易往来依然

高速增长。对于发展中国家来说，在经济全球化当中，越来越多的企业开始重视开拓国际市场，受益于经济的增长、技术的进步和国际产业的转移，迅速推进企业的国际化，而且经济成长中的发展中国家拥有强大的购买力，更增强了企业国际化的动力。另外，发达国家的在国际产业转移的格局当中，为了保持经济增长和领先地位，将会投入更多的精力发展高科技产业，他们将输出高科技产品而进口制造型产品。

伴随着各国企业的国际化进程，将产生越来越多的国际物流需求。前已述及，国际物流与国内物流首要的差别就是国际物流主要有物品的供给者和接受者以外的中介者来完成。而且，中介者的业务性质差异巨大，专业性很强。而这些需求将大部分转化为由专业的国际物流业者承担。

就物流企业而言，将会有一些物流企业专注于国际物流，形成专业化的、规模化的国际物流企业，为消费者提供全面的国际物流服务。根据规模经济理论，国际物流企业的集约化、规模化将会带来成本的降低。根据竞争理论，垄断竞争的行业能够促使企业有差别产品和服务，并且企业会尝试通过提高服务水平来满足顾客的需求。因此，规模化、集约化的国际物流企业将提供低成本和高水平的服务。

2. 全球国际物流增长的同时，区域物流增长迅猛

全球范围内贸易自由化发展的同时，区域经济一体化的进程速度更快。进入20世纪90年代以来，区域自由贸易协定的数量呈爆发式增长。资料显示，截至1997年，世贸组织(包括它的前身关贸总协定)共接到163个地区自由贸易协定，其中，1986—1991年的6年间只有5个地区自由贸易协定的通报，而1992—1996年的5年间，就达成了77个地区自由贸易协定[1]。另有资料显示，自1994年乌拉圭回合以来(至2005年)，世界贸易组织共确认107项商品协定和34项优惠服务协定[2]。自2003年世贸组织坎昆会议正式启动贸易便利化协定谈判以来，多边谈判一波三折，相反的是地区尤其是地理相邻的国家间的贸易协定迅速产生，极大地促进了区域内的贸易增长。图1.10显示了区域贸易便利化协定(Regional Trade Agreement, RTA)数量的增长情况。

图 1.10　区域贸易便利化协定(RTA)数量增长情况

注：---表示 RTAs with trade facilitation components；——表示 All RTAs。

(资料来源：WTO. 世界贸易报告2015。)

---

[1] [美]查尔斯·希尔. 国际商务：全球市场竞争[M]. 3版. 北京：中国人民大学出版社，2002：253.
[2] [澳]罗素·希尔伯利，《优惠贸易协定》近期实证研究，澳中自由贸易协定研讨会资料，2006年6月28—29日，深圳.

在这些区域经济一体化的组织中，比较有影响的有欧盟、北美自由贸易协定(NAFTA)、东南亚国家联盟(Association of Southeast Asian Nations，ASEAN)、亚太经合组织(Asia-Pacific Economic Cooperation，APEC)等，其中东盟正在朝向东盟自由贸易区方向发展。因此，世界经济格局逐步发展成为欧洲、美洲、环太平洋地区等三大贸易区域。各个贸易区域内的国家通过签署自由贸易协定、建设自由贸易区等形式，努力降低乃至消除关税壁垒，简化海关程序、建设公共基础设施，协调信息标准化，促进区域内跨国间的物流便利化，从而使区域物流成本降低、效率提高。

3. **物流企业朝国际化方向发展，国际供应链一体化趋势加强**

在经济全球化进程当中，从事国际物流业务的企业也朝国际化方向发展，在全球范围内整合资源，形成业务遍布全球的集国际物流各项职能为一身的综合性、多元化跨国物流公司。这是全球消费多样化、生产柔性化、流通高效化对国际物流提出的新要求。为了响应消费者全球多样化需求，生产企业需要尽可能地把生产设施设置在靠近消费者的地点，这样分散地配置生产设施降低了"标准化、大规模"生产组织方式的适用性，要求生产设施能够适应"小批量、多品种"的柔性生产组织方式，这种生产方式对物流提出了"精益物流"的要求，物流服务提供者需要能够满足生产企业"小批量、多品种、库存低、周转快"的要求。这对国际物流企业自身管理控制提出了更高的要求，虽然物流企业可以通过国际合作的方式来响应这些要求，但是，一体化、综合性、多元化的企业具有较高的控制力，能够较好地响应生产组织的变革。荷兰国际销售委员会(Holland International Distribution Council，HIDC)的一篇题为《全球物流业——供应连锁服务业的前景》的报告显示，目前许多大型制造部门正在朝着"扩展企业"的方向发展。这种所谓的"扩展企业"基本上包括了把全球供应链条上所有的服务商统一起来，并利用最新的计算机体系加以控制。制造业实行的"定制"服务，并不断加速其活动的全球化，对全球供应连锁服务业提出了一次性销售(即"一票到底"的直销)的需求。这种服务要求极其灵活机动的供应链，这也迫使物流服务商几乎采取了一种"一切为客户服务的解决办法"[①]。

随着精益制造、敏捷制造、虚拟制造等生产组织方式的蓬勃发展，国际战略联盟等观念的深入，将导致国际供应链一体化的发展。一个企业无论规模多么庞大，多元化程度多么高，国际市场分布多么广泛，总是无法满足所有顾客的需求的。而且，随着企业规模的扩大，会带来组织管理上的瓶颈效应，管理成本增加，管理效率降低。企业通过与产业链上下游的相关企业共同构建国际一体化的供应链将是应对这种趋势的有效方式。

供应链管理以核心企业为中心，关注跨公司边界整合供给与需求。原材料供应商、产成品分销商、物流提供商乃至最终消费者，都将纳入统一的全球供应链管理范畴。企业通过全球一体化供应链管理，为顾客提供高效率、低成本、高水平的产品和服务。在构建全球供应链一体化的进程当中，国际物流企业有着广阔的发展空间。

4. **全球经济的可持续发展，绿色物流得到发展**

全球气候问题、环境污染问题、再生能源问题越来越引起国际社会的普遍关注。在经济危机的冲击下，发达国家原有的粗放式消费方式难以为继，发展中国家在争取发展权的同时，不可能复制过去发达国家走过的高消耗、高产出的老路，节能环保、低排放零污染将是

---

① 逯宇铎. 国际物流管理[M]. 北京：机械工业出版社，2006：6.

大势所趋。全球制造业的耗能与污染已经引起了人们的重视,但是对物流环节的耗能与污染的关注还不够,远洋轮船和飞机都是高耗能与高污染的设施,不仅产生废气污染,还产生巨大的噪声污染。包装材料也是节能环保的难点,聚酯材料带来难降解高污染,木材、纸质材料消耗大量木材,破坏生态环境。所以,发展绿色物流任重道远。

在环保、可再生、可利用的观念深入人心的情况下,人们开始关注使用过的物品的回收、无害处理和循环再利用。工业和生活废弃物的无害处理和循环利用,正是逆向物流所关注的范畴。在过去的经济发展中,正向物流技术得到足够的开发,而逆向物流的规律还没有得到足够的研究和总结,逆向物流的高成本、低效率将会制约它的发展。研究和开发高效率、低成本的逆向物流技术和管理方法将是今后绿色物流的重要课题。

由于绿色物流还处在萌芽发展期,各个国家重视程度不一,发展水平参差不齐,发达国家可能会利用技术优势和先行优势来设置"绿色壁垒",这将会阻碍和制约国际物流朝向绿色物流发展的进程,应该引起足够的重视。

5. 物流新技术广泛应用,电子物流蓬勃兴起

以自动化、信息化、智能化为代表的新技术广泛应用于物流管理的各个环节。仓储系统、装卸搬运、包装、配送、检验检疫等环节实施自动化作业,自动采集信息纳入信息管理系统。无线射频识别技术(Radio Frequency Identification,RFID)、卫星定位系统(Global Position System,GPS)、地理信息系统(Geographic Information System,GIS)、互联网技术等先进技术在物流管理中逐步普及,促进了物流信息化进程。智能交通系统(Intelligent Transport System,ITS)、电子识别和电子跟踪技术、销售时点系统(Post of Sale,POS)等智能技术组成智能化的物流管理。

在此基础上,基于互联网、信息技术和电子商务的电子物流(e-Logistics)蓬勃兴起。互联网技术使消费者与制造商、制造商与供应商、制造商与分销商、各企业与政府和公众之间的联系达到了前所未有的便捷。企业和消费者、企业和企业之间不仅通过互联网获取商品和服务信息,还可以实现电子交易,基于客户订货的生产模式(Build to Order,BTO)改变了以往的消费和生产模式,也对物流提出了更高的要求。电子物流也将利用互联网和信息技术实现与传统物流有别的服务形式,通过互联网追踪订单信息、生产状态、库存信息、运输和配送信息,通过电子单证处理订单、运单、检验检疫、保管等业务,加快各种信息的传递,降低信息传递成本、提高顾客服务效率。事实上,国际物流的领先企业如联邦快递(FedEx)、联合包裹(UPS)等都已经率先开拓电子物流业务,并在全球范围内争夺市场。一些传统的行业如沃尔玛(Wal-mart)也是电子物流的积极实施者。电子物流将迎来重要的发展机遇。

6. 跨境电子商务蓬勃发展,跨境电商物流模式不断创新

随着信息技术、互联网技术和电子终端的不断发展,跨境电子商务在人们生活中扮演越来越重要的角色。据中国电子商务研究中心的统计,2016年我国跨境电商交易规模为6.7万亿元,占我国电子商务市场规模的25.67%,占全部进出口贸易总额的27.57%。跨境电商平台企业超过5 000家,境内通过各类平台开展跨境电子商务的企业超过20万家。据阿里研究院)预测,到2020年我国跨境电商交易规模将达到12万亿元,占进出口总额的比重37.6%,如图1.11所示。

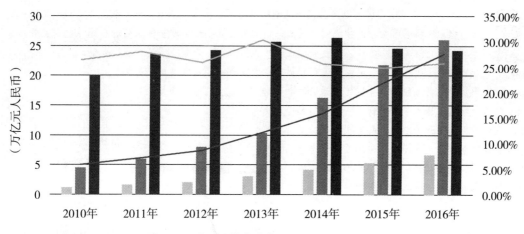

图 1.11 中国跨境电商发展状况 (2010—2016 年)

注：▨ 跨境电商交易规模；▨ 中国电子商务市场规模；■ 进出口总额；
—— 跨境电商占电商总规模的比重；—— 跨境电商占进出口总额的比重。

(资料来源：商务部数据库，中国电子商务研究中心数据库。)

跨境电商的发展给物流的发展带来了新的变化，提出了以下新要求。

(1) B2C 物流的增加。跨境电商的重要贡献者是网上商店，如亚马逊、阿里巴巴，物流用户是个人消费者，物流货物主要是快递包裹。UPS、顺丰等包裹快递企业迎来发展机遇，传统运输业者也纷纷开发 B2C 物流服务。

(2) "最后一公里"问题变得更加突出。根据国家邮政局统计数据，2016 年，中国快递业务总量达到 313.5 亿件，连续 6 年每年增长超过 50%。"最后一公里"的终端配送和交付服务已经成为行业技术创新和商业模式创新的集中领域。

(3) 时效性和服务水平要求提高。各个国家在通关、商检等环节上政策差异大、效率低下，已经成为跨境电商物流的瓶颈，全程可追踪、货件的差错率和延误率以及顾客投诉率都是衡量跨境电商物流的指标。

【拓展视频】

(4) O2O 线下配送体系的完善。餐饮及生活服务的 O2O 模式近年来备受投资者青睐，投资的重点转向为商家提供物流配送服务的重模式平台企业，云计算和大数据技术以及互联网和移动互联网技术在物流领域的应用，将提高快递服务的水平。①

未来几年将会是国际物流快速变化的周期，许多机构都对国际物流未来的发展作出展望，以下介绍著名管理咨询公司罗兰贝格针对中国电子商务的发展趋势提出的十点预测，见专栏 1-3。

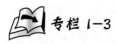

专栏 1-3

罗兰贝格：中国电商物流的十大趋势

罗兰贝格咨询公司于 2014 年 5 月发布了一份分析报告，预测了中国电商物流行业的最新趋势。该报告认为，在强劲消费需求拉动、政策利好、大规模资本涌入推动的合力作用下，国内电商物流和跨境电商物流将步入高速增长期，并领跑物流板块。

---

① 国家发改委经济运行调节局，南开大学现代物流研究中心. 中国现代物流发展报告 2015[M]. 北京：北京大学出版社，2015.

【拓展图文】

罗兰贝格对中国国内电商物流行业趋势有以下十大预测。

(1) 大型电商主导的物流网络模式已基本确立,将严重冲击快递商的全国性电商业务。

(2) 仓储现代化加速,催生仓储运营中性服务商,份额有望超过自营仓储。

(3) 干线物流商和电商快递商跨界竞争,提供一站式电商解决方案。

(4) 渠道下沉助推区域配送,全国性快递公司和区域配送型公司分食市场。

(5) 公路干线运输迈入甩挂时代,货箱和货站管理为成功关键。

(6) 国内航空快递运输仍将保持寡头竞争格局。

(7) 高铁有望成为快递干线运输的重要参与者。

(8) 跨境出口电商物流一家独大局面不复存在,遭多股力量分食市场份额。

(9) 保税网购呈爆发式增长,有望在跨境进口电商中占得半壁江山。

(10) 针对电商的新业务模式将成为新一轮投资热点。

(资料来源:罗兰贝格咨询公司 www.rolandberger.com.)

本章小结

经济全球化为本土企业提供了开拓国际市场的机会。提高国际化物流管理的能力,降低国际物流成本,提高国际物流效率和顾客服务水平,是国际化企业面临的任务。经济全球化是指各个民族经济不断向互相依存的一体化世界经济转化的过程。20世纪90年代中期以来,全球贸易和投资增长迅速,增长率超过全球生产的增长速度,经济全球化进入了一个快速发展时期。经济全球化包括市场全球化和生产全球化。市场全球化带来全球贸易量的增长,商品物流增加;生产全球化带来产业内贸易的增长,全球原材料物流、全球半成品物流增加。区域经济一体化带动了区域内的货物贸易和服务贸易的增长,区域内物流增加。

国际物流 (International Logistics) 关注不同国家或地区之间的物品的流动。所谓国际物流是指物品的供给地和接收地分别位于不同国家或地区的实体流动过程。国际物流是伴随国际贸易和国际生产分工而产生的,以贸易自由化和投资自由化为特征的全球经济一体化促进了国际物流的迅猛发展。国际物流的职能包括仓储、运输、包装、配送、装卸搬运、流通加工以及报关、商检、国际货物保险和国际物流单证等。与国内物流相比,国际物流表现出许多不同的特点,包括:参与者众多,专业领域差异巨大;环境差异巨大,物流作业复杂程度高;系统构成复杂,物流节点众多;运输形式多样化,物流作业复杂;信息源多样,信息系统复杂;标准化要求严格,建设成本高。

国际物流系统中,既包括了与国内物流有区别的订单管理、运输管理、仓储管理、货物包装、货物保险、信息管理、服务与质量管理以及成本控制,也包括了国际物流所独有的港口与海关作业、检验与检疫等环节。

国际物流是伴随着国家间的经济往来自古就存在着的。20世纪80年代,是国际物流真正作为一个独立的管理领域来研究和实践的关键时期。20世纪90年代以来,全球经济一体化进入新的阶段,全球贸易和投资的壁垒不断降低,区域经济一体化发展迅猛,发展中国家的经济地位不断提高,世界经济格局出现新的变化。信息技术和互联网的日益完善为国际物流提供的技术支持,国际物流进入信息化时代。随着企业国际化进程加快,企业间的国际战略联盟来势迅猛,企业的价值链延伸、规模扩大、产业集中度提高;从技术进步角度来看,信息技术、互联网技术进一步发展，新型生产组织方式诸如敏捷制造、虚拟生产将得到更广泛的应用。

经济全球化　　区域经济一体化　　市场全球化　　全球价值链　　跨国公司
国际物流

思 考 题

1. 什么是经济全球化？经济全球化表现在哪些方面？
2. 什么是区域经济一体化？举例说明区域经济一体化的意义。
3. 什么是全球价值链？我国在全球价值链中的地位如何？
4. 什么是产业内贸易？它对国际物流有什么意义？
5. 什么是国际物流？与国内物流相比，国际物流有哪些特点？
6. 简要叙述国际物流系统的构成。
7. 简要总结国际物流发展的历程以及各个发展阶段的特征。

波音公司全球供应链中的中国制造

20世纪90年代以来，以波音公司和欧洲空中客车公司为代表的世界民航飞机制造企业，建立起了全球化的供应链生产网络。波音公司最新投入运营的波音787飞机的生产制造，集中体现了全球化供应链生产网络的优势。波音787的研发、制造涉及10多个国家的40多家供应商，而且这些供应商不再仅限于按照波音公司设计好的规格加工制造零部件，而是从生产过程的早期阶段就开始参与设计、研发。借助于全球化的信息技术平台，波音公司和供应链网络中的合作伙伴能够做到实时合作、及时沟通、分享知识，以波音史上速度最快、造价最低、供应链全球化程度最高的纪录完成了波音787的设计和制造。按照工程量计算，波音仅承担整个工作量的35%，而日本的供应商则承担了35%、欧美的供应商承担26%，其余4%由其他供应商承担。另统计，在波音787的开发过程中，波音公司缩短了33%的进入市场的时间，并且节省了50%的研发费用。根据《西雅图时报》的估计，整个项目投资大致需要320亿美元，其中研发成本大约150亿美元，如图1.12所示。

中国的企业加入波音全球供应链当中，为波音787制造了方向舵、垂尾前缘、翼身整流罩等零部件。但是，中国在波音全球供应链中的地位仍有待提高，目前还不能在图1.12所示的波音787客机的全球供应链中找到中国企业的身影。

波音从20世纪90年代开始从中国采购飞机零部件。在目前全球运营的10 000多架波音民用飞机中，有30%的飞机配备有在中国生产的配件。波音公司将中国作为其全球供应链中的一环，不仅因为中国的高科技人才和低廉的劳动力成本可以有助于降低生产成本，更重要地是为了通过与中国业内企业的合作，提高在中国的影响力和扩大销售市场。目前，波音在中国主要的投资项目有三家，即天津波音复合材料有限公司、厦门太古飞机工程有限公司和上海波音航空改装维修工程有限公司。天津波音是波音公司在华重点投资建设零部件供应基地，波音在该项目的投资总额大约1亿美元。虽然这个投资额对于一家全球顶级飞机制造商来

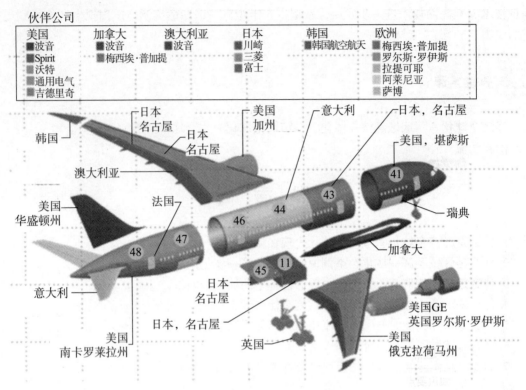

图1.12 波音787的全球供应链

说略显微不足道,但是波音民用飞机集团副总裁兼飞机项目总经理卡罗琳·科维表示,天津波音公司"是波音全球供应链不可缺少的一部分"。波音公司正在计划扩大在中国的零部件采购品种和数量(技术含量也在提高),中国在波音公司全球供应链中的地位正在上升,中国对波音的吸引力在进一步增强。而且中国正在开展的国产大飞机研制项目,可能也会采用全球采购和合作的方式,这对波音公司也有很大的吸引力,波音公司希望成为中国大飞机全球供应链中的一部分。

在波音787项目上的具体做法是,波音委托一级供应商设计、生产子系统,自己则承担系统集成者的角色。供应商承担初始的研发投入,降低了波音公司的投资风险。但是,这种高度外包的供应链模式,也带来了其他问题。比如波音787比计划延误达8次之多,成为媒体争相指责的焦点。2011年,历经8次延误,首架波音787终于交货了。波音也意识到外包过度的问题。在制造第二版787时,波音自己设计了很多以前外包的零部件,例如飞机的尾翼。与此同时,空客也意识到外包的好处,在A550上把外包份额提升到50%左右,而A320、A330和A380的外包份额介于25%和35%之间。中国正在加紧大客机C919的建设,也是遵循供应商外包和系统集成的思路。波音公司全球供应链管理模式值得我们仔细研究和借鉴。

(资料来源:根据多渠道资料编写,参考资料包括:中国机电工业国务院发展研究中心课题组.金融危机对全球供应链的影响与中国的战略 [M].北京:中国发展出版社,2013;波音官网 http://www.boeing.com/.)

思考题:
1. 波音供应链管理模式有哪些好处?如何评价?
2. 对于供应商延误、外包依赖过高等问题,波音应该如何应对?
3. 影响中国企业在波音全球供应链中地位的因素有哪些?
4. 中国大客机项目可以从波音的全球供应链管理中学到什么?

第 2 章　国际贸易与国际物流

【教学要点】

知识要点	掌握程度	相关知识	应用方向
国际贸易与国际物流	了解	国际贸易的概念 国际贸易与国际物流的关系	国际贸易与国际物流的区别与联系
国际贸易方式	掌握	租赁贸易方式 补偿贸易方式 包销贸易方式 代理贸易方式 寄售贸易方式	国际贸易方式的选择和应用
国际贸易条款和贸易单证	掌握	国际贸易条款术语 国际贸易单证的作用 国际贸易中的几种主要单证	国际贸易合同和制单
国际贸易结算	掌握	国际贸易主要结算方式 国际贸易结算方式的比较分析 国际贸易结算方式的使用	国际贸易结算方式的选择和应用

液化天然气的贸易与物流

2014年，在迎来液化天然气（Liquefied Natural Gas，LNG）产业诞生50周年之际，全球液化天然气贸易量创下2.46亿吨的纪录。得益于东亚国家的强劲需求，进入新世纪以来，全球LNG贸易量增长了一倍。全球LNG的最大消费国是日本，全球液化天然气交易量中的35%销往日本，15%销往韩国，8%销往中国。液化天然气的主要产出国是中东和东南亚，全球最大的LNG出口国是卡塔尔，占全球LNG贸易量的30%，马来西亚、澳大利亚和印度尼西亚各自占10%左右的份额，非洲的尼日利亚产量增长迅速，成为全球第五大LNG出口国。2010年发生在美国的页岩气革命，使得美国从LNG的进口国转变成为出口国。

液化天然气是一种高效清洁能源，主要成分是甲烷。超低温液化的甲烷，体积压缩比高达1/600，液态密度约0.45吨/立方米（重量相当于同样体积水的45%），具有很高的远距离运输的经济性，是一种非常适合液态长距离运输的燃料气体。世界上第一艘海上LNG运输船1964年下水，标志着规模化的LNG工业和贸易的诞生。目前，液化天然气从中东、太平洋和大西洋三大产区，经过海上运输运往东亚主要消费国。因此液化天然气造船和运输形成了相当大规模的产业。

目前，全球大约有1 600艘远洋LNG运输船，总运量4 700万DWT。近年来LNG运输船的造船工业也蓬勃发展。2014年，全球共有67艘LNG运输船完成签署订单合同，这是历史第二新高，仅次于2004年的75艘。韩国是LNG造船强国，造就了大宇造船、三星重工、现代重工等大型造船企业；日本也是造船强国，三菱重工、三井造船等都是知名企业；中国是后起之秀，沪东中华造船厂2008年建造了我国的第一艘LNG运输船，2014年的67艘订单中有4艘是沪东中华造船厂承接的。

得益于船队规模的扩大和大型船比重增加，全球LNG运输船的租船费率呈逐步减低的趋势。根据劳氏船级社的资料显示，2014年的全球LNG运输船的租船费率大约只有2011年的一半左右。

中国是快速增长的LNG消费市场。中国第一座液化天然气接收站——深圳大鹏LNG接收站2006年投入运营，截至2014年，中国共有12座LNG接收站正式运营，尚有8座正在建设之中。LNG接收站是海上运输到岸的液化天然气的终端设施，LNG在接收站经过再气化后就可以进入化工、发电和燃气市场了。目前天然气在中国的一次能源结构中占比较低，仅有8%，远低于全球平均水平24%。但是，中国天然气消费增速较快，2013年，中国消费1 616亿立方米天然气，过去5年消费量的年复合增速为15%。中国消费的天然气当中，70%国产，30%进口，进口天然气通过管道运输和海上运输，两者各占一半左右，根据在建的LNG接收站项目，海上运输LNG将有大幅度增长。

液化天然气的进口带动了LNG造船和运输业的发展。沪东中华造船厂建造的LNG运输船"大鹏昊"，于2008年4月交付使用，截至2014年已经建成交付6艘LNG运输船，同时握有14艘订单，进入全球最具实力的造船企业行列。

【拓展视频】

液化天然气的运输是集中度比较高的行业。国际上领先的LNG承运商有商船三井、Teekay LNG、GasLog以及HoeghLNG等，他们承担着大部分LNG的运输。截至2014年，中国只有1家专业的LNG船队——中国液化天然气运输有限公司，该公司拥有6艘LNG运输船，承担进口LNG的43%运输量。也就是说，中国LNG进口运输服务的对外依存度超过50%。待到正在建造的14艘LNG运输船投入运营之后，过度依赖国外运输船队的局面有望缓解。

（资料来源：根据克拉克森http://www.clarksons.com/、英国石油http://www.clarksons.com/、劳氏船级社http://www.lr.org/等机构组织的公开资料整理编写。）

本章内容是从国际贸易的视角来考察国际物流管理。导入案例非常典型，液化天然气的贸易催生了液化天然气运输船和海上运输两个产业，海上运输以及产业链两端的出口国液化装置和进口国的接收站都是资本高度密集的产业,海上运输与进出口两端需要通过长期的合同关系,才能获得投资回报。本章首先介绍国际贸易与国际物流之间相互依存发展的关系,接着分别介绍常用的国际贸易方式、国际贸易单证形式及国际贸易结算形式。国际贸易方式、条款、单证和结算是国际物流业务的贸易基础,也是与国内物流业务的主要区别之一。

2.1 国际贸易与国际物流概述

2.1.1 国际贸易的概念

国际贸易(International Trade)是指不同国家(和/或地区)之间的商品、服务和生产要素交换的活动。国际贸易是商品、服务和生产要素的国际转移,也叫世界贸易,是各国之间分工的表现形式,反映了世界各国在经济上的相互共存。从国家的角度可称对外贸易;从国际角度可称国际贸易。国际贸易在奴隶社会和封建社会就已发生,并随生产的发展而逐渐扩大。到资本主义社会,其规模已空前扩大,且具有世界性。

国际贸易对参与贸易的国家乃至世界经济的发展具有重要作用,不仅能够调节各国市场的供求关系,促进生产要素的充分利用,提高生产技术水平,优化国内产业结构,而且还能增加财政收入,提高国民福利水平。国际贸易的发展,能加强各国经济联系,促进经济发展。

与国内贸易相比,国际贸易要复杂得多,从每一个具体贸易业务来讲,为了明确交易双方各自承担的义务、责任,当事人在洽商与订立合同时,必须在很多方面进行明确、达成协议,必须解决以下问题。①卖方在什么地方,以什么方式交货,买方的货款如何支付。②货物发生损失或灭失的风险何时由卖方转移给买方。③由谁负责货物的运输、保险及通关过境的手续。④由谁负担上述事项所需的各项费用。⑤买卖双方需要交换哪些有关单据。

这些问题的解决离不开国际物流,同时也是国际物流服务的重要内容。所以,国际物流从业人员必须掌握国际贸易方面的基础知识,如进出口贸易的基本业务环节、外贸合同、信用证、贸易术语、国际惯例与公约等。

从不同的角度看国际贸易,可以有不同的分类方式。

1. 按商品移动的方向不同划分

(1) 进口贸易(Import Trade):将外国的商品或服务输入本国市场销售。

(2) 出口贸易(Export Trade):将本国的商品或服务输出到外国市场销售。

(3) 过境贸易(Transit Trade):甲国的商品经过丙国境内运至乙国市场销售,对丙国而言就是过境贸易。由于过境贸易对国际贸易具有阻碍作用,因此,目前 WTO 成员国之间互不从事过境贸易。

2. 按商品的形态不同划分

(1) 有形贸易(Visible Trade):有实物形态的商品的进出口。

(2) 无形贸易(Invisible Trade):没有实物形态的技术和服务的进出口。

例如,机器、设备、家具等都是有实物形态的商品,这些商品的进出口称为有形贸易;专利使用权的转让、旅游、金融保险企业跨国提供服务等都是没有实物形态的商品,其进出口称为无形贸易。

3. 按生产国和消费国在贸易中的关系不同划分

(1) 直接贸易 (Direct Trade)：指商品生产国与商品消费国不通过第三国进行买卖商品的行为。贸易的出口国方面称为直接出口，进口国方面称为直接进口。

(2) 间接贸易 (Indirect Trade) 和转口贸易 (Transit Trade)：指商品生产国与商品消费国通过第三国进行买卖商品的行为，间接贸易中的生产国称为间接出口国，消费国称为间接进口国，而第三国则是转口贸易国，第三国所从事的就是转口贸易。

例如，我国的有些企业在向伊拉克出口商品时，大多是先把商品卖给伊拉克的周边国家，再由伊拉克的周边国家转口到伊拉克。

2.1.2 国际贸易与国际物流的关系

国际物流是随着国际贸易的发展而发展起来的，同时国际物流也已成为影响和制约国际贸易进一步发展的重要因素。国际物流的发展极大地改善了国际贸易的环境，为国际贸易提供了各种便利的条件，世界贸易的飞速增长与国际物流的发展是分不开的。国际贸易的进一步发展需要国际物流的支持，如果国际物流的发展无法跟上国际贸易发展的脚步，将会大大阻碍国际贸易的纵深发展。

1. 国际贸易促进了国际物流的产生与发展

所谓国际物流，是国内物流的延伸和进一步扩展，是跨越国界的、流通范围扩大了的"物的流通"，是实现货物在两个或两个以上国家(或地区)之间的物理性移动而发生的国际贸易活动。从这个概念可以看到，国际物流实质上就是国际贸易活动的一部分，是为国际贸易活动服务的。因此，国际物流得以产生的前提就是国际贸易的存在。如果没有国际贸易，也就没有商品的国际贸易，因此也就不需要有国际物流。

1) 国际贸易促进了国际物流的产生

国际贸易是国际物流产生的前提，同时，国际物流也是国际贸易得以实现的必要条件。如果没有国际物流的支持，商品无法在国家间进行移动，国际贸易就无法完成。因此，国际贸易必然会推动国际物流的产生。随着国际贸易的发展，贸易双方对国际物流服务的专业化、一体化要求加强，使得国际物流由早期的仅指将货物由一国供应者向另一国需求者的物理性移动，发展成为今天的集采购、包装、运输、储存、搬运、流通加工、配送和信息处理等基本功能于一身的综合性系统。可以说，国际贸易产生了国际物流，并且促进了其向现代化国际物流的发展。

2) 国际贸易的发展促进了国际物流技术的进步

物流技术是指物流活动中所采用的自然科学与社会科学方面的理论、方法，以及设施、设备、装置与工艺的总称。国际贸易的发展给企业及社会的物流预测管理等技术方面提出了更高的要求，也是促使物流技术发展的主要动因之一。随着国际贸易的发展，世界各国、各大企业在世界市场上展开了激烈的竞争。虽然质量在消费者眼中越来越重要，但价格仍然是取胜的一个重要因素。国际贸易的发展要求从各个方面降低成本，如原材料价格、订单成本、运输价格、库存成本等。这就对国际物流的各个环节提出了新的挑战和要求。在国际贸易的这种推动下，国际物流从理论上到技术上都有了重大的创新和发展。

3) 国际贸易的发展不断对国际物流提出新的要求

随着全球经济的发展和人类需求层次的提高，一方面，使得国际贸易取得了长足的发展,一是贸易量的快速增长,二是可贸易商品种类极大丰富;另一方面,也使国际贸易的结构产生了巨大的变化,传统的初级产品、原料等贸易品种正逐步让位于高附加值、精密加工的产品。国际贸易的变化发展对国际物流的质量、效率、安全等提出了新的要求。

4) 国际贸易对国际物流发展趋势的影响

由于国际贸易发展到了买方市场,很多贸易商为迎合消费者日益精细化、个性化的产品需求,而采取多样、少量的贸易方式,因而高频度、小批量的配送需求也随之产生。在美国、日本和欧洲等经济发达国家和地区,这些专业的物流服务已形成规模,并有着广泛的发展前景。伴随着国际贸易商经营取向的变革,物流经营的专业化、集约化、电子物流和绿色物流等应运而生。

总之,国际贸易的发展必将推动国际物流在各个方面取得新的进展和突破。当今世界,各国间的联系越来越紧密,全球的贸易量也在不断上升,这必将给国际物流提供更大的发展空间,也会给国际物流的发展以更大的推动力。

2. 高效的国际物流系统成为国际贸易持续发展的保证

国际贸易导致了国际物流的诞生,但是,从其诞生之日起,国际物流就开始了自己独立发展的历程,不断发展壮大,并且,国际物流不断地进步与发展对国际贸易的发展也起到了深远的促进作用。

在大量跨越国境的贸易中,不可忽视的是货物跨国转移所带来的国际物流量的上升。贸易量势必带来更多的物流量,这就要求国际物流要在货物的运输、装卸、仓储、信息传输等各个环节都提供便利。现代物流运用科技手段,使信息快速、准确反馈,采用货物流通的最优渠道,将产品按消费者的需求生产出来,快速送到消费者手中,提高了服务质量,刺激了消费需求,加快了企业对市场的反应速度。在供应链联结的各企业间实现了资源共享,大大缩短了产品的流通周期,加快了物流配送速度。企业的物流渠道、物流功能、物流环节与制造环节集成化,使物流服务扩大化和系列化,并通过规范作业,使贸易过程中延迟交货、送货不及时或货物损坏灭失等不可控制风险大大降低,从而使各国企业间更为便利地完成贸易。低效率的物流体系会成为国际贸易发展的瓶颈,从事国际贸易带来的利益会被巨大的流通费用开支所抵消。

物流系统的功能要素一般有运输、储存保管、包装、装卸搬运、流通加工、配送、物流信息等,各要素充分发挥各自功能,从而合理、有效地实现物流系统的作用。

在货物的国际转移中,对物流各功能的要求更高。以运输为例,与国内运输相比,国际运输涉及的环节多、风险较大、线长面广、情况更为复杂。国际运输主要是供应及销售物流中的海运、陆运、空运、管道及多式联运等运输方式的选择,确定合理的运输路线,并对运输活动进行有效的管理。在整个运输过程中,使用多种运送工具,变化不同运输方式,中途还要经过多次装卸搬运,经过不同的国家和地区,与各国的货主、保险公司、银行、海关和各种中间代理人打交道。各国政治、法律、金融货币制度不同,可变的因素非常多,其中某个环节发生问题,会影响到整个物流的效率。所以,要符合国际贸易对于运输的要求,就必须充分发挥运输在整个国际物流系统中的作用,实现安全、迅速、准确、节省、方便的目标。

随着全球化市场竞争的加剧,很多产品完成了由卖方市场向买方市场的转变。贸易商竞争的重点是如何更好、更快地满足客户多样化、个性化的需求。国际贸易中的产品和服务趋向于多样化、定制化。生产商用标准化的零件实现规模经济,贸易商获知国际市场上客户的具体要求,通过物流的流通加工功能,对零部件按照多种方式进行组合,形成符合客户要求的个性化产品,再经过包装、运输、配送把产品送到消费者的手中,实现"门到门"的服务。

在全球供应链的管理中，利用电子商务技术优化供应链管理，首先完成企业内部业务流程一体化，然后再向企业外的合作伙伴延伸，达到生产、采购、库存、销售以及财务和人力资源管理的全面整合，使物流、信息流、资金流发挥最大效能，把理想的供应链运作变为现实。供应链中的全部物流管理可通过供应链所有成员之间的信息沟通、责任分配和相互合作来协调，这样就可以减少链上每个成员的不确定性，减少每个成员的营运成本。企业可以用较少的设备完成库存的周转，减少资金占用量、削减管理费用，从而降低成本，并提高运输、包装、标识和文书处理等活动的效率。

由此可见，国际物流也已成为影响和制约国际贸易进一步发展的重要因素。国际物流的发展极大地改善了国际贸易的环境，为国际贸易提供了各种便利的条件，世界贸易的飞速增长与国际物流的发展是分不开的。

3. 国际贸易与国际物流的相辅相成

由上述分析可以看出，国际贸易与国际物流存在相辅相成、互相促进的关系。国际贸易的进一步发展需要国际物流的支持，如果国际物流的发展无法跟上国际贸易发展的脚步，将会大大阻碍国际贸易的纵深发展。因此，除了政策支持、全球合作等促进国际贸易的传统方法以外，还必须大力发展国际物流，以适应国际贸易发展的需要，促进国际贸易的持久发展。

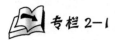

专栏 2-1

国际贸易促使香港物流业迅猛发展

中国香港特别行政区（以下简称香港）从开始从事国际贸易时起就是一个物流中心。长期以来，大量中小型贸易公司从事转口贸易活动，贸易代理、运输、保险等与贸易相关的服务业成为香港最重要的产业之一。

20世纪80年代，随着香港和珠江三角洲广大地区"前店后厂"关系的形成和迅速发展，香港制造业的范围和规模大为扩张，在珠江三角洲庞大腹地的支持下，香港成为生产、后勤和管理中心，原材料、零部件采购和产成品输出的枢纽，也是成衣、玩具、钟表等行业最重要的全球采购中心，近年来又成为电脑及其配套部件的转运中心，从而给物流业带来了巨大的发展空间。

20世纪90年代，特别是20世纪90年代后半期，随着经济全球化分工的深化，以互联网为核心的电子商务的发展以及美国新经济的出现，传统物流业逐步向现代物流业转化。这个转化过程，既包括20世纪80年代西方企业在学习日本企业的"及时生产"和"零库存"而兴起的"供应链管理"，又包括基于互联网的电子商务从信息产业领域扩展到制造业等传统产业领域。

20世纪90年代后期，在将大部分制造业外包到全球各地生产之后，产品和原材料、零部件的库存以及及时供应已经成为美国企业最大的风险来源，于是他们又在供应链管理的基础上，将产品和原材料、零部件的及时供应外包给独立的物流公司，以进一步减少风险和降低成本。

由于香港地处珠江三角洲和国际市场(特别是北美市场)的接点，在美国客户要求广泛转向新型物流服务的压力下，香港传统的以贸易代理为代表的中介角色便需要迅速转化为以供应链管理为代表的现代物流角色，将生产厂家(有很多是由香港企业在珠江三角洲投资的)、国际买家以及未来越来越多的内地买家连接成为一体。

物流业发展到现在，已经成为香港的支柱产业之一，可以说，物流业的兴衰在相当程度上关系到香港经济长远发展的潜力，关系到香港经济在全球经济分工中的定位。香港作为中国对外开放的一个重要门户和亚太地区的国际金融、贸易、航运、旅游、信息中心，其经济发展与内地经济有着越来越密切的依存关系。

(资料来源：江春雨，王春萍. 国际物流理论与实务 [M]. 北京：北京大学出版社，2008：29-31.)

2.2 国际贸易方式

国际贸易方式是指国际贸易中买卖双方所采用的各种交易的具体做法。在对外贸易活动中,每一笔交易都要通过一定的贸易方式来进行。贸易方式是在买卖双方交易过程中随着不同商品、不同地区和不同对象,根据双方的需要形成的。当前在国际贸易中流行着各种各样的贸易方式,各种贸易方式也可交叉进行,随着国际贸易的发展,新的贸易方式不断涌现。

国际贸易中常见的贸易方式按其组织形式可分为协定贸易方式、有固定组织形式的贸易方式、无固定组织形式的贸易方式。

(1) 协定贸易。协定贸易是根据缔约国之间签订的贸易协定进行的贸易,可分为双边贸易协定和多边贸易协定,政府间的贸易协定和民间团体签署的贸易协定。

(2) 有固定组织形式的贸易方式。有固定组织形式的贸易方式是按照一定的规章和交易条件,在特定地点进行交易的贸易方式,主要有商品交易所、国际拍卖、招标与投标、国际博览会等,在国际贸易中,对某些商品特别是大宗商品的买卖,通常采用有固定组织形式的贸易方式。

(3) 无固定组织形式的贸易方式。无固定组织形式的贸易方式是指不按照固定的规章和交易条件,在非特定的地点进行交易的较为灵活的贸易方式,大体可分为两类:一是单纯的商品购销方式,如单边出口和单边进口;二是与其他因素结合的复合的购销方式,主要包括代理、包销、定销、寄售、补偿贸易、易货贸易、加工贸易、租赁贸易等,这种方式具有很大的灵活性,能够适应国际贸易中各种不同的需要。

本节主要介绍与其他因素结合的复合的购销方式。

2.2.1 租赁贸易方式

租赁贸易是指企业之间较长期的动产租赁,是当代经济交易中最为活跃的一种贸易方式。发达国家的固定资产投资,有三分之一以上是通过租赁贸易方式实现的,无论在国内或国际贸易中,租赁市场是一个对供需双方均有吸引力的市场。

租赁对象主要是指资本货物,包括机电设备、运输设备、建筑机械、医疗器械、飞机船舶,直至各种大型成套设备和设施等。

租赁贸易往往是三边贸易,即有三个当事人:出租人、承租人和供货商。出租人一般为准金融机构,即附属于银行或信托投资公司的租赁公司,也有专业租赁公司或生产制造商兼营自己产品的租赁业务。承租人通常为生产或服务企业。租赁贸易是在信贷基础上进行的。出租人向承租人提供所需设备,承租人则按租赁合同向出租人定期支付租金,设备的所有权属于出租人,承租人取得的是使用权。租赁期一般较长,是一种以融物的形式实现中长期资金融通的贸易方式。承租人选定所需设备和供应商后,由租赁公司洽谈购买。一般程序如图 2.1 所示。

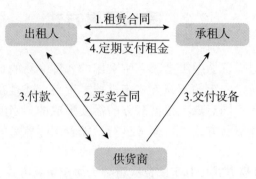

图 2.1 租赁贸易流程图

在租赁贸易中,除非承租人自身有足够好的信誉,经租赁公司评估后,可在一定额度内实现租赁。通常租赁公司要求承租人提供经济担保人,如银行、投资信托公司、保险公司等出具的保函。

以下租赁贸易包括融资租赁、经营租赁、转租租赁和回租租赁四种方式。

以融资租赁为例说明国际租赁贸易的一般做法。

(1) 委托租赁。用户企业将已选定的租赁物品向租赁公司提示,并填写租赁委托书。租赁委托书中应包括企业资产负债状况及经营指标。如有必要,应表明可以提供的担保。

(2) 洽购标的物。由用户企业或租赁公司或双方联合,与租赁标的物的制造厂或供应商磋商购买标的物的贸易条件。

(3) 签订租赁合同。当购买标的物的贸易条件已商定,租赁公司即出具租赁费估价单。然后双方就租期、租金、租赁标的物的交接验收、维修保养以及保险等条件达成一致,并签署租赁合同。

(4) 签订购货合同。租赁公司与制造商就事先谈妥的贸易条件,正式签订购货合同。

(5) 交货验收。制造商按合同规定直接向用户企业交货。我国企业以租赁方式引进设备,其手续等同于一般进口贸易。用户企业验收合格,以承租人身份向租赁公司出具验收收据。

(6) 支付租金和履行合同义务。承租人应按合同规定定期支付租金,并履行合同中规定的其他义务。租赁公司亦应按合同规定,承担保险和维修责任。在融资租赁中,一般由用户自行维修。

(7) 期满留购。融资租赁期满后,通常标的物所有权即归承租人所有。租赁合同也可规定由用户支付一定数额的设备残值后,才拥有所有权。

2.2.2 补偿贸易方式

补偿贸易(Compensation Trade)又称产品返销,指交易的一方在对方提供信用的基础上进口设备技术,然后以该设备技术所生产的产品,分期抵付进口设备技术的价款及利息。

早期的补偿贸易主要用于兴建大型工业企业。如当时苏联从日本引进价值 8.6 亿美元的采矿设备,以 1 亿吨煤偿还;波兰从美国进口价值 4 亿美元的化工设备和技术,以相关工业产品返销抵偿。后期的补偿贸易趋向多样化、不但有大型成套设备,也有中小型项目。20 世纪 80 年代,波兰向西方出口的电子和机械产品中,属于补偿贸易返销的占 40%~50%。

我国在 20 世纪 80 年代，曾广泛采用补偿贸易方式引进国外先进技术设备，但规模不大，多为小型项目。近年来外商以设备技术作为直接投资进入我国，故补偿贸易更趋减少。但是，随着我国市场经济的发展，补偿贸易在利用外资、促进销售方面的优越性不容忽视。

在补偿贸易业务中必须明确以下三方面的内容。

(1) 引进设备技术的先进性、适用型及其保障措施。对引进的设备技术，必须就其质量保证和技术合作方式作出明确规定，技术上至少应该是领先于国内水平，并在国际上也较为先进的，设备供应方还应对涉及工业产权的问题作出保证。

(2) 返销产品抵偿设备技术价款的规定。回购是设备出口方的基本义务。我国在补偿贸易中，通常用直接产品补偿。但在具体交易中有不同做法。①全额补偿。全部设备技术价款由等额的返销产品抵偿。②部分补偿。由设备进口方支付部分现汇，其余大部分价款通过返销产品补偿。③超额补偿。要求设备出口方承诺回购超过补偿金额的返销商品。④以相关劳务补偿。这是一种与来料加工相结合的补偿贸易，即引进设备技术后，接受对方的来料来件加工业务，以工缴费抵偿设备技术价款。

(3) 偿还期限和结算方式。偿还期限与返销商品的数量和价格直接相关。必须对返销商品的作价原则、定价标准和方法作出规定，并应通过约定返销商品的数量或金额，安排偿还期限。补偿贸易虽然是以产品抵偿设备，但并非直接的易货贸易，双方仍要通过货币进行计价支付。设备进口方必须掌握先收后付的原则，选择适当的结算方式。通常采用的方式有对开信用证、托收、汇付(结合银行保函) 等。

2.2.3 包销贸易方式

包销 (Exclusive Sales) 是指出口人与国外经销商达成协议，在一定时间内，把指定商品在指定地区的独家经营权授予该经销商，经销商则承诺不经营其他来源的同类或可替代的商品。

通过包销协议，双方建立起一种稳定的、长期的买卖关系，而具体的每一笔交易，则以包销协议为基础，另行订立买卖合同。包销的一般流程如图 2.2 所示。

图 2.2 包销贸易方式流程图

对出口商来说，采用包销方式的主要目的是利用包销商的资金和销售能力，在特定的区域建立一个稳定发展的市场。对包销商来说，由于取得了专卖权，因而在指定商品的销售中处于有利的地位，避免了多头竞争而导致降价减盈的局面。故其有较高的经营积极性，能在广告促销和售后服务中作较多的投入。

由于包销是包销商买断商品后再自行销售，所以包销商需要有一定的资金投入和承担销售风险，若包销商资金不足或缺少销售能力，则有可能形成"包而不销"。因此，对出口商来说，选择一个合适的包销商是包销方式成功与否的关键之所在。

2.2.4 代理贸易方式

国际贸易中的代理(Agency),主要是指销售代理。出口商与国外的代理商达成协议。由出口商作为委托人,授权代理人代表出口商推销商品、签订合同,由此而产生的权利和义务直接对委托人发生效力。

代理人在委托人授权的范围内行事,不承担销售风险和费用,不必垫付资金,通常按达成交易的数额提取约定比例的佣金而不管交易的盈亏。

代理的一般流程如图 2.3 所示。

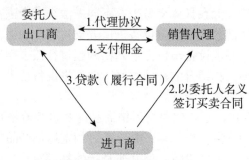

图 2.3 代理贸易方式流程

根据委托人授予代理人权限的不同,销售代理可分为总代理、独家代理和一般代理。

出口商委托代理人销售商品,主要是利用代理商熟悉销售地市场,有广泛的销售渠道。特别需要指出的是,代理人的商誉对商品的销售乃至出口企业的形象有举足轻重的作用。选择一个代理商,不仅着眼于他的销售能力,也应重视代理商已有的商誉。当前国际市场上,有不少跨国公司进入了销售代理的领域,如何借助跨国公司的良好信誉去开拓市场,对我国企业来说,是一个值得研究的课题。

2.2.5 寄售贸易方式

寄售(Consignment)是出口商委托国外代销商向用户进行现货买卖的一种交易方式。

出口商作为寄售人,将准备销售的货物先行运往国外,委托当地的销售商按照寄售协议规定的条件在当地市场上销售。商品售出后,代销商扣除佣金和其他费用后,将货款交付给寄售人。

采用寄售方式,出口商应在寄售地区选定代销人,签订寄售协议,然后将货物运往寄售地点由代销人现货销售。寄售的一般流程如图 2.4 所示。

图 2.4 寄售贸易方式流程图

寄售是一种先发运后销售的现货买卖方式。一般逐笔成交的国际贸易,往往买主对出口方的产品有所了解,批量成交,远期交货。而以寄售方式销售,可以让商品在市场上与用户直接见面。按需要的数量随意购买,而且是现货现买,能抓住销售时机。所以对于开拓新市场,特别是消费品市场,是一种行之有效的方式。

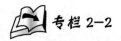

专栏 2-2

跨境电商：国际贸易的新方式

相比传统国际贸易模式，跨境电子商务在交易环节、产业链、运营成本以及产品差异化等方面都存在明显的差异，已经异军突起，成本国际贸易的新形式。

1. 交易环节的差异

传统国际贸易的信息流、资金流和物流是分离的，而通过B2C电子商务可以在一个平台上完成，而且可以同时进行。在跨境小额贸易模式下，交易环节被延伸到了零售，打破了原来的传统渠道如进口商、批发商、分销商甚至零售商的垄断，交易渠道更加扁平化，从而降低了渠道成本，让企业获得更多利润，消费者享受更多实惠。

2. 产业链的差异

在跨境电子商务模式下，由于信息集聚带来的外部经济性，企业在利用跨境电子商务平台过程中可以获得最新的行业资讯、竞争对手的情况以及国外消费者的消费习惯、地区分布等信息，从市场数据方面为产品研发、市场营销和售后服务提供支撑。

3. 运营成本的差异

跨境电子商务利用网络开展营销，可以显著提高营销成本的投入产出效率；电子商务平台可以通过大规模生产前的预售活动，扩大总需求和测试市场反应，进而降低库存风险，提高营运资金的周转效率；采用智能化管理模式，将顾客需求与企业产品研发、生产和库存管理有机结合起来，从而缩短产品开发周期，降低生产采购成本和物流仓储成本。

4. 产品差异化的差异

跨境电子商务方式下具有海量商品信息库、个性化广告推送、口碑聚集、支付方式简便多样等优势，并且面对的是全球消费者，市场潜力巨大；企业可以综合运用差异化服务策略、关系营销策略和搜寻引擎营销策略开展全方位的售前、售中和售后服务；由于掌握更多的顾客数据，企业能够设计和生产出差异化、定制化产品；通过多媒体方式介绍企业产品，展示自身与众不同的企业形象，塑造自己的品牌。

【拓展视频】

(资料来源：鄂立彬，等. 国际贸易新方式：跨境电子商务的最新研究 [J]. 东北财经大学学报，2014(2)：22-31.)

2.3 国际贸易条款和贸易单证

贸易条款是一组术语，用以确定决定价格的条件。国际商务单证是指国际贸易中使用的各种商务单据(如商业发票、装箱单、货运单等)和公务证书(如登记证书、许可证书等)，买卖双方凭借这些单证来处理国际贸易货物的交付、运输、保险、商检和结汇等。

2.3.1 国际贸易条款术语

贸易条款是指在国际贸易中确定买卖双方所承担的义务和影响货物价格的条件，又称贸易术语。主要作用有两个：一是说明商品的价格构成，是否包括成本以外的主要从属费用，即运费和保险；二是确定交货条件，即说明买卖双方在交接货物方面彼此所承担的责任、费用和风险的划分。贸易条款是国际贸易中表示价格的必不可少的内容，它明确了双方在货物交接方面各自应承担的责任、费用和风险，说明了商品的价格构成，从而简化了交易磋商的手续，缩短了成交时间，提高了交易效率。

【拓展文本】

为避免因为对贸易条款的理解不一致而造成在履行合同中引发争议，国际惯例上交易各方都执行国际商会制定的《国际贸易术语解释通则》(以下简称《通则》)。《通则》为国际贸易中最普遍使用的贸易条款术语提供一套解释的国际规则，以避免因各国不同解释而出现的不确定性，或至少在相当程度上减少这种不确定性。

《通则》经过多次的修订，目前广泛执行的是 1999 年修订版，即 INCOTERMS 2000，国际商会 2010 年再次修订，称为 INCOTERMS 2010，与前一版并行。

INCOTERMS 2000 包括四组术语，即 E 组(出发)，F 组(主要运费未付)，C 组(主要运费已付)和 D 组(到达)，共 13 个术语(详见表 2-1)。从贸易实践来看，使用最多的条款是 FOB(通称离岸价)、CFR 和 CIF(通称到岸价)。

表 2-1　INCOTERMS 2000 贸易条款术语表

E	F	C	D
出发 Departure	主要运费未付 Main Carriage Unpaid	主要运费已付 Main Carriage Paid	到达 Arrival
EXW Ex Works 工厂交货	FCA Free Carrier 货交承运人	CFR Cost and Freight 成本和运费	DAF Delivered at Frontier 边境交货
	FAS Free Alongside Ship 船边交货	CIF Cost, Insurance, and Freight 成本、保险和运费	DES Delivered Ex Ship 目的港船上交货
	FOB Free On Board 船上交货(离岸价格)	CPT Carriage Paid To 运费已付至目的地	DEQ Delivered Ex Quay 目的港码头交货
		CIP Carriage and Insurance Paid To 运费、保险已付至目的地	DDU Delivered Duty Unpaid 未完税交货
			DDP Delivered Duty Paid 完税后交货

国际商会 2010 年修订的 INCOTERMS 2010，考虑到世界上保税区的增加、电子通信的普遍使用以及货物运输安全性的提高，删除了前一版 D 组中的 DDU、DAF、DES、DEQ，只保留了 DDP，但同时新增加了两种术语，即 DAT(Delivered At Terminal) 与 DAP(Delivered At Place)，术语由 13 种减少为 11 种，分为适用于各种运输的 CIP、CPT、DAP、DAT、DDP、EXW、FCA 和只适用于海运及内河运输的 CFR、CIF、FAS、FOB。此次修订，将术语的适用范围扩大到国内贸易中，赋予电子单据与书面单据同样的效力，增加对出口国安检的义务分配，要求双方明确交货位置，将承运人定义为缔约承运人，这些都在很大程度上反映了国际货物贸易的实践要求。

2.3.2 国际贸易单证的作用

在一次国际贸易中，涉及对外经贸及与其业务相关的银行、税务、海关、外汇、保险等诸多部门和行业众多参与方各类单证的处理。国际贸易单证在贸易活动中具有极其重要的作用。

1. 贸易单证是国际贸易合同履行的基础

国际货物买卖，无论是对外合同的履行，还是对内各环节、各部门的衔接；无论是货物的托运和交付，还是货款的结算和支付，每个环节都要缮制相应的单证，以满足企业、运输、保险、商检、海关、银行及政府管理机构等对外贸易工作上的需要。国际贸易合同的履行过程，实际上就是各种贸易单证的制作及流转过程。贸易单证工作是外贸企业日常工作的一部分，也是国际货物买卖的一项基础性工作。

2. 贸易单证是国际结算的基本工具

国际商品贸易，尽管买卖的标的是货物，但在货款的结算中，主要表现为单证的买卖。在信用证结算方式下，各有关方面处理的是单证，而不是有关的货物；银行审核单证表的真实性，以决定其付款责任。国际海洋货物运输中，海运提单不仅是货物的运输单证，也是可以转让的物权凭证。国际贸易货款的结算，贸易单证是基础也是依据。

3. 贸易单证是重要的涉外法律文件

贸易单证贯穿于进出口贸易的全过程。它的编制、流转、交换和使用，不仅反映合同履行的进程，也体现货物交接过程中所涉及的有关当事人，如出口商与进口商、承运人与托运人、保险人与被保险人、银行与客户、海关与进出关境人、商检机构与委托人之间的权责利益关系。

然而据统计，在国际贸易中处理各种单证的成本占到全球年贸易额的7%。一个出口业就涉及众多的参与方和大量的来自不同机构的单证。因此，在国际贸易领域，企业关注的是对贸易全过程实现监控和管理，及时更正贸易过程中的错误或不符点，加快单证处理、流转的时间，降低贸易单证的处理成本和管理费用，降低贸易欺诈的可能性，保障交易安全，通过加快向银行交单缩短平均收汇天数、加速企业营运资金的流动，最终提升供应链管理的效能。

2.3.3 国际贸易中的几种主要单证

国际贸易中有以下几种常用的贸易单证。

1. 装箱单

装箱单(Packing List)是发票的补充单据，它列明了信用证(或合同)中买卖双方约定的有关包装事宜的细节，便于国外买方在货物到达目的港时供海关检查和核对货物，通常可以将其有关内容加列在商业发票上，但是在信用证有明确要求时，就必须严格按信用证约定制作。

因缮制的出口公司不同，装箱单包括的内容也大不相同，但主要包括包装单名称、编号、日期、唛头、货名、规格、包装单位、件数、每件的货量、毛净重以及包装材料、包装方式、包装规格及签章等。

2. 形式发票

形式发票(Proforma Invoice)也称预开发票或估价发票。是在货物未成交前，买方要求出口商卖方将拟出售成交的商品名称、单价、规格等条件开立的一份参考性发票。卖方凭此预先让买方知晓如果双方将来以某数量成交之后，卖方要开给买方的商业发票大致的形式及内容。它是一种试算性质的货运清单。

形式发票在某些国家也可以供买方作为申请进口许可证或申请外汇额度的证件，也作为买方向银行申请向卖方支付货款、开立信用证等的依据。

形式发票最主要的要列清楚几个基本要约，包括货物品名、数量、成交价格方式(FOB、CFR、CIF等)、装运期、运输方式、付款方式、公司的详细银行资料。这些只是基本要约，一般小额贸易国外客户是很少签正式出口合同的，形式发票往往就起着约定合同基本内容以实现交易的作用，所以有必要将可能产生分歧的条款一一详列清楚，要买方签回确认条款，以后真正执行合同时便可有所依据。如果是形式发票被利用来做信用证，信用证上的条款便应与形式发票上的一致。

形式发票不是一种正式发票，不能用于托收和议付，它所列的单价等内容，也仅是进口商根据当时情况所作的估计，对双方都无最终的约束力，所以说形式发票只是一种估价单，正式成交发货后还要另外重新缮制商业发票。

3. 商业发票

商业发票(Commercial Invoice)在对外贸易中简称发票，是出口公司对国外买方开立的载有货物名称、规格、数量、单价、总金额等方面内容的清单，供国外买方凭以收货、支付货款和报关完税使用，是所装运货物的总说明。虽然发票不是物权凭证，但如果出口单据中缺少了发票，就不能了解该笔业务的全部情况。

商业发票在国际贸易中起着非常重要的作用。商业发票是交易的合法证明文件，是货运单据的中心，也是装运货物的总说明；是买卖双方收付货款和记账的依据；是买卖双方办理报关、纳税的计算依据；在信用证不要求提供汇票的情况下，发票代替了汇票作为付款依据；发票是出口人缮制其他出口单据的依据。

商业发票的主要内容包括发票编号、地点及日期、合同号、信用证号、收货人/抬头人、起运及目的地、唛头及件数、数量及货物描述、单价、总值、声明文句、出单人签名或盖章。

4. 提单

提单(Bill of lading)简称B/L，在对外贸易中，是运输部门承运货物时签发给发货人的一种凭证。提单也是一种货物所有权凭证，承运人据以交付货物。提单持有人可据以提取货物，也可凭此向银行押汇，还可在载货船舶到达目的港交货之前进行转让。

提单在国际贸易中主要承担三项功能。第一，提单是证明承运人已接管货物和货物已装船的货物收据，对于将货物交给承运人运输的托运人，提单具有货物收据的功能。第二，提单是承运人保证凭以交付货物和可以转让的物权凭证，对于合法取得提单的持有人，提单具有物权凭证的功能。第三，提单是海上货物运输合同成立的证明文件，提单上印就的条款规定了承运人与托运人之间的权利、义务，而且提单也是法律承认的处理有关货物运输的依据，因而人们常认为提单本身就是运输合同。

提单内容由正面事实记载和提单背面条款两部分组成。各公司所制定的提单，其主要内容大致相同，包括：货物的品名、标志、包数或者件数、重量或者体积以及运输危险货物时对危险性质的说明；承运人的名称和主要营业所；船舶名称；托运人的名称；收货人的名称；装货港和在装货港接收货物的日期；卸货港；多式联运提单增列接收货物地点和文件货物地点；提单的签发日期、地点和份数；运费的支付；承运人或者其代表。

提单主要包括直达提单、联运提单、多式联运提单、班轮提单和已装船提单。

(1) **直达提单 (DIRECT B/L)**：指货物自装货港装船后由同一船舶将货物从起运港运达目的港，中途不经换船直接驶到卸货港卸货而签发的提单。

(2) **联运提单 (THROUGH B/L)**：指货物经海/海、海/陆或陆/海联运，承运人在装货港签发的中途得以转船运输而至目的港的一张包括运输全程的提单。

(3) **多式联运提单 (MT B/L)**：指货物由海上、内河、铁路、公路、航空等两种或多种运输方式进行联合运输而签的适用于全程运输的提单。

(4) **班轮提单 (LINER B/L)**：班轮是在一定的航线上按照公布的时间表，在规定的港口间连续从事货运的船舶。班轮可分定线定期和定线不定期两种。班轮提单是指由班轮公司承运货物后所签发给托运人的提单。

(5) **已装船提单 (SHIPPED OR BOARD B/L)**：指承运人向托运人签发的货物已经装船的提单。

5. 保险单

保险单 (Insurance Policy) 简称保单，是保险人与被保险人订立保险合同的正式书面证明。保险单必须完整地记载保险合同双方当事人的权利、义务及责任。保险单记载的内容是合同双方履行的依据。保险单是保险合同成立的证明。但根据我国《保险法》规定，保险合同成立与否并不取决于保险单的签发，只要投保人和保险人就合同的条款协商一致，保险合同就成立，即使尚未签发保险单，保险人也应负赔偿责任。保险合同双方当事人在合同中约定以出立保险单为合同生效条件的除外。

保险单必须明确、完整地记载有关保险双方的权利、义务，保单上主要载有保险人和被保险人的名称、保险标的、保险金额、保险费、保险期限、赔偿或给付的责任范围以及其他规定事项。保险单根据投保人的申请，由保险人签署，交由被保险人收执，保险单是被保险人在保险标的遭受意外事故而发生损失时，向保险人索赔的主要凭证，同时也是保险人收取保险费的依据。

6. 出口许可证

出口许可证 (Export Licence) 是指在国际贸易中，根据一国出口商品管制的法令规定，由有关当局签发的准许出口的证件。出口许可证制是一国对外出口货物实行管制的一项措施。一般而言，某些国家对国内生产所需的原料、半制成品以及国内供不应求的一些紧俏物资和商品实行出口许可证制。通过签发许可证进行控制，限制出口或禁止出口，以满足国内市场和消费者的需要，保护民族经济。此外，某些不能复制、再生的古董文物也是各国保护对象，严禁出口；根据国际通行准则，鸦片等毒品或各种淫秽品也禁止出口。

根据国家规定，凡是国家宣布实行出口许可证管理的商品，不管任何单位或个人，也不分任何贸易方式 (对外加工装配方式按有关规定办理)，出口前均须申领出口许可证；非外贸经营单位或个人运往国外的货物，不论该商品是否实行出口许可证管理，价值在人民币 1 000元以上的，一律须申领出口许可证；属于个人随身携带出境或邮寄出境的商品，除符合海关规定自用、合理数量范围外，也都应申领出口许可证。

7. 进口许可证

进口许可证 (Import Licence) 是指进口国家规定某些商品进口必须事先领取许可证，才可以进口，否则一律不准进口。

进口许可证分为自动许可证和非自动许可证。自动许可证不限制商品进口，设立的目的也不是对付外来竞争，它的主要作用是进行进口统计。非自动许可证是须经主管行政当局个案审批才能取得的进口许可证，主要适用于需要严格控制数量、质量的商品。非自动许可证的作用有：管制配额项下商品的进口；连接外汇管制的进口管制；连接技术或卫生检疫管制的进口管制。只有取得配额、取得外汇或者通过技术检查和卫生检疫，才能取得许可。进口许可证极易被乱用而成为贸易壁垒。

【拓展单证】

2.4 国际贸易结算

国际结算的产生是不同国家之间的进出口商在进行商品贸易时产生的。当一个国家的商品跨越国界形成国际贸易时，国际贸易结算也随之产生。现代结算方式是国际贸易结算的内容之一，是指货币收付的手段和渠道，主要包括电汇、托收、信用证、银行保函、备用信用证、福费廷、票据贴现及国际保理业务。但目前国际贸易中使用最广泛的结算方式主要有三种，即信用证、电汇和托收。自信用证产生之后，因为它特有的以银行信用作为保证的特点，很多企业为了资金和货物的安全，采用了以信用证为主的结算方式。但近几年随着经济全球化进程的加快和电子信息技术的发展，贸易竞争日趋激烈，造就了全球性的买方市场，买方更愿意选择对自己有利的电汇和托收作为国际结算的主要方式，信用证的使用比例逐年减少，而电汇和托收业务因其具有的费用低廉、操作简单、涉及当事人少等优点而被广泛接受，其份额呈逐年扩大的趋势。

2.4.1 国际贸易主要结算方式

1. 信用证

信用证 (Letter of Credit) 是银行出具的一种有条件的付款保证。《跟单信用证统一惯例》对信用证的定义为："跟单信用证"和"备用信用证"（以下统称"信用证"），意指一项约定，不论其如何命名或描述，系指一家银行（"开证行"）应其客户（"申请人"）的要求和指示或以其自身的名义，在与信用证条款相符的条件下，凭规定的单据向第三者（"受益人"）或其指定人付款，或承兑并支付受益人出具的汇票，或授权另一家银行付款，或承兑并支付该汇票，或授权另一家银行议付。也就是说，信用证是在国际贸易中进口商向当地银行提出申请，由银行开出给出口商的有条件的保证付款的书面文件。主要有以下特点。

(1) 信用证结算方式把本该由进口商履行支付货款的任务转嫁到银行，使进出口双方的商业信用通过信用证的媒介作用变为了有条件的银行信用，保证了出口商能够及时地收到货款，进口商按时收到货运单据并提取货物。开证行的付款依据是单证相符、单单一致，信用证的主旨在于向受益人提供了一个付款保证，受益人一旦向开证行提交了符合信用证要求的单据后，就能从开证行取得偿付。

(2) 信用证是独立于贸易合同之外的一种自足文件。信用证的开立虽然是以贸易合同为基础的，但是银行并未参与合同的签订，不是合同的当事人。信用证与合同是相互独立的两个契约。信用证一经开出，就成为独立于贸易合同的另一种契约，不受贸易合同的约束。银行向受益人付款的依据是与信用证相符的单据。

(3) 在信用证业务中，银行处理的是单据业务，开证行是凭单据付款的。银行只负责谨慎核查所提交的单据，确认它在表面上是否与信用证条款一致，从而凭相符单据付款，而不管交易事实如何。因此，在信用证方式下，受益人要保证收款就一定要提供相符单据，开证行要拒付也必须凭单据上的不符点进行拒付。因此信用证交易与买卖合同中的货物的交易具有本质的区别，它只是一项单据业务。

信用证的基本当事人有三个：开证申请人(Applicant)、开证行(Insuring Bank)和受益人(Beneficiary)。其他当事人主要有：通知行(Advising Bank)、议付行(Negotiating Bank)、付款行(Paying Bank)、偿付行(Reimbursing Bank)和保兑行(Confirming Bank)。在国际贸易结算中使用的跟单信用证有不同的类型，其业务程序也各有特点，但都要经过申请开证、开证、通知、交单、付款、赎单这几个环节。最常见的议付信用证业务程序如图2.5所示。

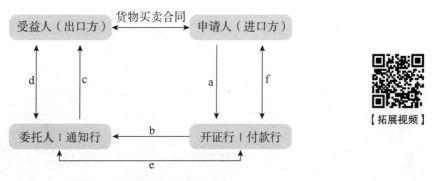

图 2.5　议付信用证业务流程图

其中，a 表示"申请开证"，b 表示"开证行开立信用证"，c 表示"通知行通知受益人"，d 表示"交单议付"，e 表示"寄单索偿"，f 表示"申请人付款赎单"。

2. 汇付

汇付(Remittance)指付款人通过银行将款项汇交收款人。在国际贸易中如采用汇付，通常是由买方按合同规定的条件和时间(如预付货款或货到付款或凭单付款)通过银行将货款汇交卖方。汇付有四个当事人，即汇款人、汇出行、汇入行和收款人。流程如图2.6所示。

图 2.6　汇付方式流程图

汇付的优点在于手续简便、费用低廉；缺点是风险大，资金负担不平衡。因为以汇付方式结算，可以是货到付款，也可以是预付货款。如果是货到付款，卖方向买方提供信用并融通资金；而预付货款则是买方向卖方提供信用并融通资金。不论采用哪一种方式，风险和资金负担都集中在一方。在我国外贸实践中，汇付一般只用来支付订金、货款尾数和佣金等项费用，不是一种主要的结算方式。在发达国家之间，由于大量的贸易是跨国公司的内部交易，而且外贸企业在国外有可靠的贸易伙伴和销售网络，因此，汇付是主要的结算方式。

汇付根据汇出行向汇入行发出汇款委托的方式分为以下3种形式。

(1) 电汇 (T/T)。汇出行接受汇款人委托后，以电传方式将付款委托通知收款人当地的汇入行，委托它将一定金额的款项解付给指定的收款人。电汇因其交款迅速，在三种汇付方式中使用最广。但因银行利用在途资金的时间短，所以电汇的费用比下述信汇的费用高。

(2) 信汇 (M/T)。信汇和电汇的区别，在于汇出行向汇入行邮寄付款委托，所以汇款速度比电汇慢。因信汇方式人工手续较多，目前欧洲银行已不再办理信汇业务。

(3) 票汇 (D/D)。票汇是以银行即期汇票为支付工具的一种汇付方式。由汇出行应汇款人的申请，开立以其代理行或账户行为付款人，列明汇款人所指定的收款人名称的银行即期汇票，交由汇款人自行寄给收款人。由收款人凭票向汇票上的付款人(银行)取款。

在分期付款和延期付款的交易中，买方往往用汇付方式支付货款，但通常需辅以银行保函或备用信用证，所以又不是单纯的汇付方式了。

3. 托收

托收 (Collection) 是债权人(出口方)委托银行向债务人(进口方)收取货款的一种结算方式。其基本做法是出口方先行发货，然后备妥包括运输单据(通常是海运提单)在内的货运单据并开出汇票，把全套跟单汇票交出口地银行(托收行)，委托其通过进口地的分行或代理行(代收行)向进口方收取货款。托收业务的一般流程如图 2.7 所示。

图 2.7　托收方式流程图

托收方式对买方比较有利，费用低、风险小、资金负担小，甚至可以取得卖方的资金融通。对卖方来说，即使是付款交单方式，因为货已发运，万一对方因市价低落或财务状况不佳等原因拒付，卖方将遭受来回运输费用的损失和货物转售的损失。远期付款交单和承兑交单，卖方承受的资金负担很重，而承兑交单风险更大。托收是卖方给予买方一定优惠的一种付款方式。对卖方来说，是一种促进销售的手段，但必须对其中存在的风险持慎重态度。

付款交单 (Documents against Payment, D/P) 是一种常见托收方式，分为即期和远期两种。即期交单 (D/P Sight) 指出口方开具即期汇票，由代收行向进口方提示，进口方见票后即须付款，货款付清时，进口方取得货运单据；远期交单 (D/P after sight or after date)，指出口方开具远期汇票，由代收行向进口方提示，经进口方承兑后，于汇票到期日或汇票到期日以前，进口方付款赎单。

我国外贸企业以托收方式出口，主要采用付款交单方式，并应着重考虑三个因素：商品市场行情、进口方的资信情况即经营作风和财务状况，以及相适应的成交金额，其中特别重要的是商品的市场行情、因为市价低落往往是造成经营作风不好的商人拒付的主要动因。市价坚挺的情况下，较少发生拒付，且即使拒付，我方处置货物也比较方便。

2.4.2　国际贸易结算方式的比较分析

以下对国际贸易主要结算方式(信用证、托收、电汇)进行比较分析，其区别主要体现在信用性质、结算中的角色、出口商的利弊、国际贸易规则、贸易融资方式及其结算费用几个方面。

1. 信用性质不同

托收和电汇是以商业信用为基础，注定了进口商和出口商在整个的贸易过程中要自己承担相应的风险。如果进口商资信欠佳，受托办理结算的相关银行不承担保证付款的义务，货款的回收只凭进口商的信誉；反之，如果进出口商双方签订合同以预付货款的方式进行贸易结算，但付款后能否收到货物或收到的货物是否符合合同的要求，则只能依靠出口商的信誉。而信用证结算则由银行信用参与其中，形成了有条件的银行信用，提高了进出口贸易中的履约率。

2. 银行在各结算方式中扮演的角色不同

在托收和电汇业务中，办理国际结算的各相关银行对买卖双方的交货、履约、付款过程中的一切风险都不承担任何保证责任。只是按照买卖双方的委托，承担受托办理和支付中介的角色。而信用证业务中，开证银行则承担第一性的付款责任，若出口商提供的单据与所开具的信用证条款完全相符，银行必须无条件付款。

3. 出口商的利弊

对进口商而言，电汇费用低、货物质量有保证，可以收到货物检验合格后再予以付款，风险最小，是其最佳选择；而信用证结算因其费用较高、操作烦琐、产品质量在付款后不能完全保障，是进口商最不愿选择的方式。对出口商而言则正好相反，其更愿意选择风险小、付款有保障的信用证结算方式。

4. 相应的国际贸易规则以及寄单的方式不同

信用证结算遵循国际商会的《信用证统一惯例》(UCP 600)，单据的邮寄方式由银行负责；托收遵循国际商会的《托收统一规则》，单据的邮寄方式由银行负责；电汇业务没有国际通用的规则，单据的寄送由出口商直接寄送给进口商。

5. 各结算方式的贸易融资方式不同

信用证结算方式容易得到银行贸易融资的支持，如对进口商的比例保证金开立信用证、进口押汇、假远期信用证、海外代付等业务，对出口商的打包贷款、押汇、福费廷、出口贴现、保理等业务；而对托收和电汇业务，因其融资风险较大，贸易融资的品种较少，如托收单据押汇、电汇款的仓单质押等，由于出口客户为了在托收和电汇方式下也能及时进行国际贸易融资，一般会做出口信用保险，这样银行就乐于对其进行出口信用保险项下的贸易融资业务。

6. 各结算方式的费用高低不一

信用证业务，由于其涉及的当事人较多，银行费用较高，进出口双方都须付手续费；托收业务涉及当事人较少，银行方面只涉及托收行和代收行，企业费用相对于信用证业务减少了许多；电汇业务由于银行只是支付中介，费用最低。

2.4.3 国际贸易结算方式的使用

在实际国际贸易结算中，进出口商往往会综合使用这三种结算方式，以扬长避短。以下逐一分析这三种方式的综合使用。

1. 托收与汇付的综合使用

在跟单托收方式下，为减少托收中出口商的收汇风险，出口商可以要求进口商支付一定金额的预付款或押金，待货物运出后，出口商可以从货款中扣除已收款项，其余金额通过银行托收。如果托收金额被拒付，出口商可将预收的款项来抵偿运费、利息等损失；若能按时收回货款，则商业信用的托收与汇付结算速度快、费用低，降低交易成本。因此，这成为买方市场中交易双方乐于采用的结算方式组合。

2. 信用证与汇付的综合使用

在信用证结算下，定金或余款常以汇付的方式支付。在大笔交易中，要求进口商支付一定金额作为定金，便于出口商备货，减少出口商部分资金负担。定金常以迅速、便捷的方式支付，如汇付，其余主要货款日后按照信用证结算。另外，对某些货物数量不易控制，且允许有较大幅度增减的商品出口中，往往先开立信用证，凭装运单据支付货款，待货到目的地后再核实实际数量，检验或设备安装调试、运行合格后将余款以汇付方式支付。

3. 信用证与托收的综合使用

这种结合运用的做法又称作"部分信用证、部分托收"，即一笔交易的货款部分用信用证支付，部分用托收支付。其原因是，部分货款用托收支付可以减少进口商的开证费用和押金，另一部分采用信用证支付可以降低全部货款采用托收支付的收汇风险，可以说是一种折中的组合。为了更有效地防范部分托收款项的风险，在操作上应该规定开证行只有在收到有关托收款项后，才向进口商交单，即采用托收中的付款交单方式。

本章小结

国际贸易是不同国家(和/或地区)之间的商品、服务和生产要素交换的活动。国际贸易促进了国际物流的产生与发展，高效的国际物流系统成为国际贸易持续发展的保证，国际贸易与国际物流相辅相成，互相促进。

国际贸易方式是指国际贸易中买卖双方所采用的各种交易的具体做法，国际贸易中常见的贸易方式按其组织形式可分为协定贸易方式、有固定组织形式的贸易方式以及无固定组织形式的贸易方式。

贸易条款是指在国际贸易中确定买卖双方所承担的义务和影响货物价格的条件，用以说明商品的价格构成，以及说明买卖双方在交接货物方面彼此所承担的责任、费用和风险的划分。

贸易单证是国际贸易合同履行的基础，是国际结算的基本工具，是重要的涉外法律文件。常见的单证有装箱单、形式发票、商业发票、提单、保险单、出口许可证、进口许可证。

现代结算方式是国际贸易结算的内容之一，是指货币收付的手段和渠道，主要包括电汇、托收、信用证、银行保函、备用信用证、福费廷、票据贴现及国际保理业务。目前国际贸易中使用最广泛的结算方式主要有三种，即信用证、电汇和托收。

关键术语

国际贸易　　租赁贸易　　补偿贸易　　贸易条款　　信用证　　汇付　　托收

思 考 题

1. 国际贸易与国际物流有什么区别与联系？
2. 常见的国际贸易方式有哪几种？简要说明每种贸易方式的业务流程。
3. 贸易条款有哪些？为什么国际商会经常对《国际贸易术语解释通则》作出修订？
4. 国际贸易中有哪些常用单证，各起什么作用？
5. 国际贸易中主要结算方式有哪几种？它们之间有什么不同？

案例分析

日本通运的电商物流

创立于1937年的日本通运株式会社(Nippon Express 或 Nittsu)或许称得上是全球业绩最优异的综合物流企业。公司创立之初，是为了整合从事铁路货物集散运输的小型货运业主。第二次世界大战期间，为了提高综合运输能力，进一步合并了日本主要城市的运输企业，成为一家综合的物流公司。第二次世界大战后随着日本经济的复苏和崛起而发展成为世界著名的综合物流企业。2015财年的营业收入为19 249万亿日元(约折合173亿美元)，其中海外市场营业收入占35%。

公司的主营业务是以卡车运输为基础的综合物流业务，公司拥有卡车18 600辆，卡车运输业务占营业收入的33%。公司拥有仓库面积达274万平方米，仓库保管业务占营业收入的10%。公司作为综合物流服务商，利用航空、海运和铁路实现其综合运输，营业收入分别占15%、11%和8%。从其业务内容来看，日本通运是一家十分典型的传统物流公司。

在电子商务蓬勃发展的背景下，这家典型的传统物流公司正在努力让自己成为电商物流的提供商。2010年，日本通运构建了"日通DMF"(Nittsu Direct Market Fulfillment Service)电商物流平台，为通信销售和网络销售提供一站式综合物流服务。这个平台以日通坚实的物流基础设施和丰富的物流运作经验为基础，为电子商务网店提供仓储和配送服务，也可以根据电商企业的需求提供业务流程外包服务。日通的电商业务流程外包服务涵盖了电子商务的全部环节，包括创建网店、网店的运营、从采购到配送的一体化物流、售后服务、结算以及促销活动等。一体化物流是核心竞争力所在，通过集中仓储保管、灵活的集货和配送组织，降低仓储和配送成本，保证商品的质量，同时提供高效率的退货物流，提高最终客户的满意度。在此基础上，日通开发了专门用于电子商务的仓库管理系统，提高了出入库的周转率。

"日通DMF"电商物流平台的优势在于：第一，提供一站式流程外包服务，无论企业规模大小都可以利用这个平台实现电子商务；第二，构建了信息流(IT)、物流(LT)和现金流(FT)三流一体的综合平台，为多数电商从业者提供服务，有利于提高各项设施的效率、降低综合物流成本，实现规模效益。

面对迅速增长的来自中国的"海淘"需求，日通开发了针对中国消费者的跨境电商物流服务产品"NEX@CHINA DMF"，为中国海淘消费者购买日本产品提供一站式物流服务。如图2.8所示，日本通运的客户可以自行在天猫、亚马逊等电子商务平台上开设网店，也可以外包给日通开设网店，日通承担网店运营和结算业务，通过EDI通信与客户服务中心连接，提供基本的售后服务、客户关系管理，以及拓展的广告、推广业务，日通把网店销售的商品从制造商的工厂或仓库集中运输到日通的物流中心，完成日本和中国两侧的进出口通关程序后，商品运输到日通位于中国的DMF中心，如果网店销售的商品有部分是在中国制造(为了降低制造成本，这种情况很普遍)，日通与有关质检企业合作，在通过质量检查之后，把中国厂商制造的商品运输至DMF中心，在DMF中心进行必要的包装、分拣和加工之后，利用遍布全中国的配送网络，把商品送到消费者手中。这项业务自2010年在中国大陆和台湾两地开展以来，受到客户的广泛欢迎。

随着客户数量的增加,日通有信心利用完善的物流基础设施、丰富的客户服务经验,提供更加优质、低成本的跨境电商服务,并进一步加强IT基础的建设,争取实现海外营业收入达到总营收40%的目标。

(资料来源:根据日本通运 http://www.nittsu.co.jp/ 官方资料编写。)

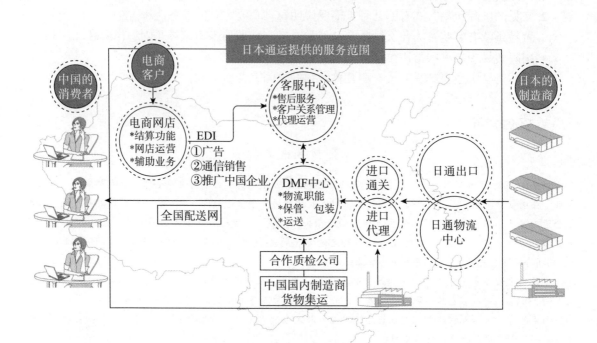

图2.8 日本通运的跨境电商物流服务

思考题:

1. 为了响应电商物流的需求,日通做了哪些工作?是什么动机促使他们这样做的?
2. 如何评价日本的跨境电商物流"NEX@CHINA DMF"?
3. 你认为跨境电商物流的最大难题是什么?日通还将面临哪些挑战?

第 3 章 国际采购与供应链管理

【教学要点】

知识要点	掌握程度	相关知识	应用方向
全球供应链管理	了解	全球供应链的形成 全球供应链的概念 全球供应链管理	全球供应链发展趋势分析
订单管理	掌握	订单管理的内容 订单管理策略	实施订单管理改进策略
牛鞭效应及其控制	掌握	牛鞭效应的成因及机理分析 牛鞭效应的量化 牛鞭效应的控制方法及策略	牛鞭效应的计算、分析与控制
全球采购与生产	掌握	物料需求计划 准时生产制 精细生产	基于 MRP、JIT、LP 理念的信息平台开发与信息化项目实施

海尔的供应链管理

2005年,海尔公司打算收购美国老牌家电制造商美泰克(Maytag)的时候,美国人甚至从没听说过这家企业,就连公司名称"Haier"的拼写都让他们感到奇怪,海尔那次收购失败而归的结局也就可以理解了。然而,事情刚刚过去十年,在美国有超过30%的家庭拥有海尔家电,海尔家电在北美有8 000个销售网点,海尔产品遍布美国沃尔玛、百思买等主流零售渠道,成功跻身美国家电行业"第一阵营",成为最受美国用户关注与认可的世界品牌之一。从全球范围来看,据欧睿国际(Euromonitor)发布的最新全球家电市场调查结果显示,海尔2014年品牌零售量占全球市场的10.2%,第6次蝉联全球第一。2014年,海尔集团全球营业额实现2007亿元,海外销售收入占比接近50%。德国知名杂志《管理者杂志》(Manager Magazine)网站2013年4月刊文称,海尔作为全球性的家电制造商,早已超过德国本土企业,"在全球产生越来越重要的影响"。目前,海尔已在海外拥有五大研发基地、21个工业园、24个制造工厂、66个营销中心,初步形成了设计、制造、营销"三位一体"的本土化发展模式,海尔已经成为名副其实的世界第一大白色家电生产商。

海尔获得快速发展的法宝之一就是它的供应链管理。海尔构建供应链管理战略最初的目的是,使海尔集团通过整合内部的资源获得更优的外部资源。海尔的供应链整合可以概括为"一流三网",即以订单信息流为中心,利用全球供应链资源网络、全球用户资源网络和计算机信息网络,将海尔遍布全球的分支机构整合在统一的物流平台之上,这"三网"同时开始执行、同步运作,为订单信息流的增值提供支持。海尔的供应链管理利用ERP等管理手段,实现集团内部与外部供应商的信息共享与共同计划、共同开发,实施基于JIT的即时采购、即时配送和即时分拨物流。把采购周期由原来的平均10天降低到3天,产品库存资金周转从30天降低到12天,库存资金比以前减少了67%,资金周转速度由年均1.2次提高到15次。

在此基础上,海尔通过整合全球供应链获得敏捷反应能力。供应商由原来的2 336家缩减到840家,其中国际化供应商占比74%,实现了供应链的全球化网络。通过实施并行工程,选择优秀的高科技企业参与到海尔产品的设计当中,既保证了新产品的技术领先优势,又缩短了研发上市的周期。海尔通过构建BBP电子商务平台,实现电子采购和协同采购。不仅有效降低了采购成本,而且逐步建设由供给商、分销商、顾客等供应链伙伴企业参与的合作或联盟,实现对顾客需求的快速反应和供给链价值的最大化。

2005年,海尔提出"人单合一双赢"模式,经过十年的实践,已经摸索出在互联网时代充分利用企业人力资源响应市场客户资源的新模式。海尔的解释是:"人"即员工;"单"不是狭义的订单,而是用户资源;"双赢",就是把每一个员工和用户结合到一起,让员工在为用户创造价值的同时实现自身价值。海尔把互联网的特征归纳为零距离、去中心化和分布式。在互联网时代,用户被互联网"激活"后,传统企业的"生产—库存—销售"模式不能满足用户碎片化、个性化的需求,为解决这个问题,更好地创造用户价值,必须"激活"企业的每个员工,让员工成为自己的CEO,在为用户创造价值的同时实现自身价值。这种由用户驱动的"即需即供"模式,把从面向产品的静态供应链升级到面向客户需求的动态供应链,把满足用户个性化需求与供应链创新结合起来,在互联网时代实现了海尔供应链管理的模式创新。

(资料来源:根据海尔 http://www.haier.net 官方公开资料整理编写。)

在海尔供应链管理的案例中,海尔通过出色的供应链管理实现了快速的国际化发展,而随着国际化的进程,海尔进一步构建国际供应链网络,随着基于互联网的电子商务的发展,海尔创新性地提出"人单合一双赢"模式,以响应客户驱动的碎片化和个性化需求。本章将首先介绍全球供应链管理的形成、概念及其特点,以及全球供应链管理的核心理念和关键问题。在此基础上，介绍全球供应链管理中的两项主要内容，包括订单管理、牛鞭效应及其控制。最后，本章介绍三种具体的全球采购与生产方式，即物流需求计划与制造资源计划、准时生产制和精益生产。

3.1 全球供应链管理

随着经济全球化进程的快速推进，使得自然资源、资金、技术以及劳动力等生产要素和产品及服务在全世界流动，市场的竞争从区域性走向全球化，许多跨国企业为了追求生产利润的最大化，纷纷抢占海外优势资源，如人力、原料、技术、市场等，导致国内工厂、分销中心、仓库的海外迁移，从而使国内制造供应链扩展为全球供应链。相比国内供应链，全球制造供应链引入了关税、转移价格、汇率变动等一系列全球因素。具有全球性的、灵活敏捷的组织结构和形态控制机制，以及快速响应生产需求变化的新一代全球供应链管理模式正在快速形成，并对企业形成了严峻的挑战。

根据高德纳咨询公司(GARTNER)的分析，包括企业内部运营、企业服务、供应链管理在内的全球业务流程外包市场规模在2013年达到了1 735亿美元，其中：企业服务外包约占42%；运营外包占23%；供应链和需求管理外包约占35%，供应链管理外包市场规模约为600亿美元。如今，供应链管理已经成为企业参与全球市场竞争的重要战略。任何一个希望步入国际化市场的企业都应该从供应链管理角度来考虑整个企业的生产经营活动，努力创造自己的核心竞争力，使企业成为整个社会价值链的一个重要环节。

【拓展视频】

3.1.1 全球供应链的形成

随着供应链管理思想的发展，越来越多的发达国家的国际化企业在全球范围建立供应链，众多发展中国家企业也参与到全球供应链中，全球供应链在世界经济中所发挥的作用和产生的影响日益增大，全球供应链的产生和发展主要基于以下原因。

【拓展视频】

1. 经济全球化

经济全球化是指商品、服务、信息、生产要素等跨国界流动的规模与形式不断增加，通过国际分工，在世界范围内提高资源配置的效率，从而使各国间经济相互依赖程度日益加深的趋势。生产力的发展是推动经济全球化的关键因素，全球范围内的贸易自由化进程促使跨国界零部件、原材料、产品或服务等的流动和贸易日益频繁，全球供应链正是在这样的背景下发展起来的。经济全球化的加速，尤其是全球市场日益膨胀，全球竞争加剧，迫使企业必须将战略眼光着眼于全球而不是局限于国内或部分国家。鉴于此，全球供应链中节点企业与核心企业形成紧密的战略合作伙伴关系，促进了全球供应链的形成与发展。

2. 各国对加工贸易的鼓励政策

各国在全球市场竞争的压力和利益的诱导下，在制定相关产业政策时，必须考虑世界各国产业结构的调整情况，抓住机遇以获得利益。各国政府对加工贸易的鼓励政策，促使外包业务的蓬勃发展，进一步促进了全球供应链的形成。鼓励出口政策对产品分工和全球供应链的发展发挥了积极的作用,较大程度地促进了供应链上把劳动密集型工序和零部件的生产转移到发展中国家进行,加速和完善了全球供应链的形成。

3. 全球市场竞争的激烈化

由于科学技术的突飞猛进,企业新产品的市场竞争也日趋激烈,企业必须根据市场需求作出快速反应,以抢占商机。在全球市场竞争环境下,企业获取竞争优势的主要因素正发生着变化,诸如产品寿命周期越来越短、顾客对产品和服务的个性化需求越来越强烈、交货提前期的缩短等。企业所面临的这些压力,只有利用全球供应链管理模式,通过链上企业之间的紧密合作才能实现。

4. 信息技术的飞速发展

信息技术的发展与应用和全球供应链的发展是相辅相成的。全球供应链的急速发展得益于信息技术的支持,而信息技术的每一次革新都对全球供应链的实现带来了不可小觑的力量。在全球供应链链条中,由于地域和时间的限制,要实现整个供应链的成本节约、产品开发速度的提高以及设计的协同性等要求,必须基于企业间的紧密协作,而全球供应链中庞大的数据处理更需要信息系统的支持,电子数据交换(EDI)和 Internet 实现了企业之间的信息集成。同时各种生产技术、管理信息系统,诸如准时制生产(JIT)、全面质量管理(TQM)等方法,和管理信息系统(MIS)、物料需求计划(MRP)、企业资源计划(ERP)等系统以及条形码、无线射频技术(RFID)、地理信息系统(GIS)、全球定位系统(GPS)、电子商务(E-Commerce)等,都为全球供应链的发展起到了推波助澜的作用。

由此可见,上述各方面推动了供应链的发展,也在一定程度上将供应链管理推向了全球供应链管理时代。

专栏 3-1

高德纳(Garnter)分析供应链发展趋势

2015 年 5 月 13 日,世界著名咨询公司高德纳(Garnter)发布 2015 年度全球供应链 25 强企业排行榜,这是该公司第 11 份年度供应链 25 强报告。这份研究报告的宗旨是跟踪研究全球供应链管理的领先企业,提升业界对供应链秩序的认识,了解领先企业对行业的影响,分析未来全球供应链的发展趋势。苹果、宝洁、麦当劳、亚马逊等企业都是榜单上的常客。特别是苹果和宝洁至少七次综合评分排行前五,成为供应链管理大师,被列入"精英"类榜单。高德纳副总裁斯坦·阿罗诺(Stan Aronow)对苹果与宝洁两家公司多年来对供应链专业作出的重大贡献给予了高度评价。他表示,宝洁是第一家导入消费者导向供应链概念并以其为特色的业者,而苹果则是定义了解决方案供应链的概念,凭借该公司创造需求的能力找到独特发展的道路。位列 2015 年度全球供应链 25 强前 5 位的企业分别是亚马逊、麦当劳、联合利华、英特尔和印第纺织。

在发布排行榜单的同时,高德纳的分析师还发表了对未来供应链发展趋势的三点看法。

1. 双模供应链策略

首席供应链管理官(Chief Supply Chain Officer,CSCO)与其团队当前面临着必须快速更替商业模式的问题,公司期待他们能够精简流程并提高效率,同时也要花费同样甚至更多的时间推动增长与创新。高德纳称之为"双模策略"(Bi-modal)。过去,供应链经理只要降低成本就算成功。但是,现在他们已经认识到,除了控制成本,提升营业收入的能力也是他们被评估最多的项目。

2. 更贴近顾客

另一项趋势是供应链开始重视顾客体验,并把顾客体验视作业务优先考虑的要素之一。除了关心销售的产品,入榜的企业更加专心地倾听顾客心声,并推出创新的解决方案来回应顾客的需求。

斯坦·阿罗诺表示:"今年我们发现越来越多公司将可视性与洞察力延伸到第一线的顾客之外,直接接触产品的终端用户。他们的供应链不止是搜集与销售细节相关的信息,也研究终端使用者的使用方式及用后感想。以强大的运营供应链绩效取悦顾客,再加上解决方案绩效的提升,大幅改善顾客的满意度,最终提高公司的营业收入。"

3. 数字化商业模式崛起

认为供应链可以利用数字化功能来支持新的商业模式并提升价值链绩效的观点,虽然刚刚萌芽,但已经变得更加明确。目前许多数字化应用都以制造业为核心,各大公司都认识到"工厂"并非仅限于公司里的围墙,或者是外包合作伙伴。让制造生产线与上游供应商以及其他供应链达成数字化同步,商业价值也会随之倍增。

利用传感器、网关、追踪系统与商业规则达成自动化,并借此预测及警示现有记录(POR)是否出现变化,物流在这方面的应用并不亚于制造业。物流控制塔(Logistics Control Tower)功能并非新概念,但若能结合更多成本低廉的传感器与计算能力,就会有更多的企业能取得更深入的洞察力,从而降低风险,同时改善运营成本以及客户服务层次。

【拓展文本】

(资料来源:高德纳 https://www.gartner.com/ 官方资料。)

3.1.2 全球供应链的概念及特点

1. 全球供应链的概念

Vito Albino认为全球供应链(Global Supply Chain)是指为获得原材料,将之制成中间物品及最终产品,并通过销售系统递送到顾客手中的网络结构,其实现的是供应链上的原材料、在制品、产成品在全球范围内流动,供应链上各主体之间的相关活动超越了国家的界限,需要通过全球的进出口贸易来实现。国内学者王圣广将全球供应链定义为:因全球制造的发展和社会生产的极大复杂化的需要,将供应链从生产实践中抽象出来,精炼提高成一种新型的生产组织模式和管理模式,并将因市场空间扩大化而全球化的供应链称为全球供应链。基于全球供应链的生产组织模式和管理模式被称为全球供应链管理。

全球供应链与国内供应链的区别在于:全球供应链涉及的范围更为广泛,链上成员分属不同的国家,成员之间的合作与协调是建立在跨越国际的信息传递系统之上的。全球供应链上企业产品的原料采购、生产、销售等过程可能分别发生在不同的国家,产品的整个供应链流程跨越国界,这种组织、企业之间合作与协调的复杂程度超出了国内供应链。

全球供应链的产生,为实现分布在全球各地的多个组织、企业之间的合作提供了有利条件,企业可利用全球供应链在全球范围内进行资源的组织和配置,从而提高企业的市场竞争能力。利用全球供应链可为企业带来以下经济上利益。

(1) 更广泛范围内的信息共享。

(2) 取得互补资源及其所产生的优势。

(3) 规模经济性、专业化、合理化。

(4) 在更广泛的区域中扩散企业的产品和服务,提高投资报酬率等。

全球供应链是一个动态系统,链上的各节点企业包括供应商、制造商以及分销商等都是这个系统里的组分,图 3.1 为联合国贸易便利化和电子业务中心提出的全球供应链参考模式。全球供应链从战略高度面对国际竞争,优化产业结构,促进产品的更新换代,积极开拓国际市场;同时它能快速地响应国际市场需求,做到即时供应、即时生产和即时销售,节点企业能作出快速全面的响应,实现即时获取顾客需求信息,缩短响应时间,提高顾客的满意度;并且全球供应链能通过整体协作,相应地降低各节点的库存,实现成本的降低;还能通过在全球范围内选择最合适的合作成员企业,来提高产品质量,改进服务质量。上述这些优点,使得全球供应链成为世界上众多企业为获得核心竞争力而追寻的管理模式。

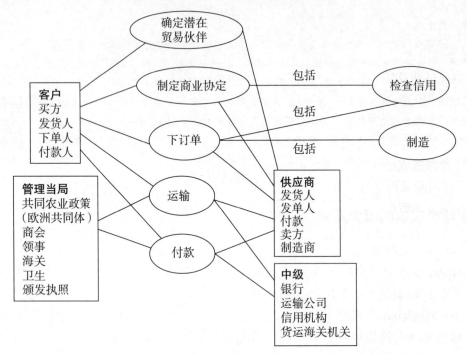

图 3.1　全球供应链参考模式

(资料来源:国际供应链参考模式特别涉及贸易便利化和贸易安全,联合国贸易便利化和电子业务中心——国际贸易程序和电子程序分析集团,2003 年 11 月。)

2. 全球供应链的特点

全球供应链是伴随着国际贸易的快速发展、经济全球化和信息时代而出现的新现象。如果供应链越过国界,加盟的节点企业属于不同的国家或者位于不同的国家,那么,这条供应链就是跨国供应链或全球供应链。这里必须说明,所谓全球供应链也并不是说供应链中的节点企业必须遍布全球,而是链中节点企业可以位于全球的任何一个国家或地区。也可以说组建或构建供应链的核心企业是从全球这个大范围,而不是仅局限于一国国内来考虑如何设计和构建供应链的。虽然全球供应链与一国的国内供应链没有本质上的区别,但全球供应链仍有一些自己的特点。

1) 国际性

国际性是指全球供应链网络涉及多个国家,网络覆盖的地理范围大。其物流是在不同国家或地区间进行的,属于国际物流而非国内物流。国际物流跨越不同国家和地区,跨越海洋和大陆,运输距离与时间长,运输方式多样,这就需要合理选择运输路线和运输方式,尽量缩短运输距离和货物在途时间,加速货物周转并降低物流成本。

2) 复杂性

全球供应链上的活动涉及国际经济活动。由于各国社会制度、自然环境、经营管理方法、生产技术和文化的不同,在国际经济环境下实施生产、流通、分配和消费四个环节的活动,实现信息流、物流、资金流、商流、知识流、价值流和工作流的顺利进行,将位于全球的供应链商、制造商和分销商连成一个完整的网链结构,是一项相当复杂的工程。特别是其中的运输问题,由于全球供应链的运输是在不同国家或地区间进行的,运输距离远,时间长,所涉及的运输方式多样,如何选择合适的运输路线和方式缩短产品的运输时间,是全球供应链设计中的一个重要难题。

3) 风险性

全球供应链涉及的风险主要包括社会风险、政治风险、经济风险和自然风险。

(1) 社会风险是由于各地区分布的差异,各个国家国情的不同,人为因素的影响,地域和文化及政策方面的差距等对供应链造成极大影响所产生的风险。

(2) 政治风险主要指由于链中节点企业所在国或产品运输所经过国家的政局动荡,如罢工、战争等原因造成经营损失或货物可能受到损害或灭失。

(3) 经济风险又可分为汇率风险和利率风险,主要指全球供应链运营中有关的资金由于汇率和利率的变动而产生的风险。

(4) 自然风险则主要指在物流过程中可能因自然因素,如地震、海啸、暴雨等而引起的风险。

4) 技术含量高,标准化程度要求较高

全球一体化使得世界各国企业之间的资源共享变得更加容易,当其中一些企业加入到全球供应链这一网链中时,这些企业就能实现优势互补、相互吸取先进经验和技术,在国际企业合作过程中能产生更多新的管理技术和管理模式,加快和推动原有技术与管理思想的改进和提高。

另外,由于全球供应链上节点分布的范围广、运行环境差异大,极大地增加了供应链网络的信息量和交换频率。要使整个供应链信息畅通、提高整个链条的效率,统一标准是非常重要的。比如物流运输工具和设施的统一规格等能大大降低物流费用,减少运转的难度。而不采用统一标准的国家,必然会在运转等方面消耗大量的时间和费用,降低其国际竞争力。全球供应链运营中所需要的先进信息系统和标准化技术对供应链的设计和管理提出了更高的要求。

3.1.3 全球供应链管理的核心理念及关键问题

1. 全球供应链管理的核心理念

近年来,为了降低成本、提高效率和增强企业核心竞争力,许多公司都采用了全球化的经营模式,从而出现了跨国家、跨地域和跨文化的全球供应链系统。一般来说,全球供应链的管理就是有效地控制全球供应链的物流、资金流和信息流,它代表着一种新的管理模式,这种模式通过有效的管理全球供应链使得供应商和最终用户有机地联系起来。研究表明,许多公司超过一半以上(50%~70%)的销售收入都要用于从供应商那里购买原材料、零部件和其他服务。供应商的业绩直接影响公司的产品质量、生产成本、交货期、技术进步和公司的发展,公司管理供应链的能力明显地影响自身的竞争力和获利能力。越来越多的公司逐渐认识到供应链计划、设计和控制的战略意义。此外,有关全球供应链管理的研究还涉及上下游关系、信息交换、供应链敏捷性、价值划分和价值配置等领域。

全球供应链管理的核心思想是:充分利用全球范围内的各种优势资源和组织管理优势,借助先进的运作组织手段和方法,如现代物流技术和网络信息技术(计算机集成制造系统

CIMS、柔性生产系统 FMS、并行工程、敏捷制造、准时制 JIT、最优生产技术 OPT、制造资源计划 MRP Ⅱ、企业资源规划 ERP 等），组成全球范围内的具有独特优势的生产基地和销售网络，其目的是提高运营效率、降低运营成本、提升整体系统的竞争力。

全球供应链管理强调在全面、迅速地了解世界各地消费者需求的同时，对其进行计划、协调、操作、控制和优化，在供应链中的核心企业与其供应商以及供应商的供应商、核心企业与其销售商乃至最终消费者之间，依靠现代网络信息技术支撑，实现供应链的一体化和快速反应，达到商流、物流、资金流和信息流的协调通畅，以满足全球消费者需求。全球供应链管理的实现把供应商、制造商、分销商等所有环节联系起来，通过信息网络迅速掌握真实的需求与准确的需求量，并把不断变化的市场需求情况及时反馈到企业的中央管理系统，通过信息的实时共享，组织快速供应，使物流以最快的速度，通过生产、分销环节变成增值的品牌产品，来满足消费者需求。

【拓展文本】

2. 全球供应链管理的关键问题

国际化经营不断延伸，供应链的管理也必须是全球化的，并趋向无国界。供应链管理模式是以市场为导向，以客户需求为中心，将客户、供应商、研发中心、制造商、经销商和服务商等合作伙伴联结成一个完整的链状结构，形成一个极具竞争力的战略联盟，其目的就是在消费者、原材料供应商和生产者之间建立无缝隙的信息流来降低供应链运行的总成本。全球供应链管理与国内供应链管理基本一致，只是全球供应链覆盖的地区更广，情况更为复杂。如果管理得当，将会比国内供应链产生更多机会。企业的全球供应链管理系统应主要考虑以下几个方面的问题。

1) 建立全球的售后服务体系

实现全球供应链管理的企业需要建立完善的全球后勤服务体系，以保证物流畅通和树立良好的企业形象。海尔集团是我国成功打入国际市场、实施全球化经营的大型国有企业。海尔的洗衣机生产销售已经形成全球供应链管理模式，销售网点已分布到世界国地，形成了我国海外经营业务最大的国有企业。在进军国际市场的过程中，海尔非常注意售后服务的工作，使海尔产品在任何国家和地区都能获得满意的服务。服务至上是海尔能够成为跨国经营的大型国有企业的秘诀。

2) 建立全球供应链需求信息网络

全球化经营和本地化经营的最大不同是需求信息来源的多样化、地区差别化、消费的文化价值差异化等，因此企业要根据不同的国情，对需求特点进行分析，建立全球需求信息反馈系统。全球供应链的信息需要从一个地区反馈到另一个地区，从一个供应链节点企业到另一个节点企业，形成满足供应链管理要求的信息网络，它是维护全球供应信息的一致性、保证全球供应链的信息能够准确无误、畅通无阻、进而实现全球供应链同步化运营的关键。另外，由于不同国家的信息系统是异构的，应采用远程多代理的、统一的数据传输方式，这对提高全球信息系统的运行速度与效率非常重要。

3) 建立全球化合作关系网，提高物流效率

由于全球供应链跨越不同的国家和地区，物流过程要经过海关、机场、港口等，运输过程十分复杂，有汽车、飞机、轮船等各种运输工具，还有不同国家的管理与地区性政策等都将会导致物流过程的效率变低。为了提高物流效率，必须建立全球化的合作关系网，通过与当地的物流部门进行合作，把部分业务外包给当地企业，如代理销售、代理运输、代理库存管理等，或建立联合经营体，如地区分销中心等，这些措施可以大大提高物流系统的效率。

3.2 订单管理

物流表现的差异化和细分化正愈演愈烈,其目的就是要满足顾客的具体需求,订单管理可以通过缩短交货期承诺增加产品歧异性,做到"你无我有,你有我优"。订单管理在缩短订单履行周期方面有助于企业增加产品的歧异性,体现在给客户提供更多的时间价值。订单管理的目标是在尽可能最低的总成本条件下实现既定的顾客服务水平。

3.2.1 订单管理的内容

订单管理是物流管理的一个重要的组成部分,是客户和企业的联系纽带,订单处理能力是客户服务的重要一环。订单处理的速度和质量直接影响整个物流活动的成本和效率,快速准确的订单处理能给企业带来巨大的利益:以较高的客户服务水平抓住客户;为企业节约流动资金、消减费用;有助于企业获得竞争优势;保证企业营销战略的实施;驱动价值链上的业务环节持续改进。图 3.2 揭示了通过订单管理实现企业盈利增长的结构关系。

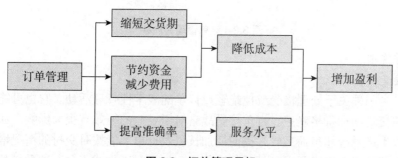

图 3.2 订单管理目标

订单处理流程包含客户订货周期中的诸多活动,包括以下具体环节。

(1) 订单准备是指搜集所需产品或服务的必要信息和正式提出购买要求的各项活动,包括由客户或销售人员填制订单、决定库存可得率、与销售人员打电话通报订单信息。

(2) 传送订单信息涉及订货请求从发出地点到订单录入地点的传输过程,一般选择网络、电子数据交换等方式。

(3) 订单录入是订单实际履行前的各项工作,包括:核对商品名称与编号、数量、价格等订货信息;检查所需商品是否可得;审核客户信用;开具账单等。

(4) 订单履行是由与实物有关的活动组成的,包括:通过提取存货、生产或采购来获取所订购的货物;对货物进行运输包装;安排送货;准备运输单证。

(5) 订单处理的最后环节,包括在整个订单周转过程中跟踪订单,与客户交换订单处理进度、订单货物交付时间等方面的信息。

这些环节之间的关系如图 3.3 所示。

3.2.2 订单管理策略

订单管理是企业物流活动的开端,企业物流活动首先需要改进订单管理的战略,从战略角度出发,基于系统论,结合供应链协作信息共享,制定订单管理策略。订单管理须遵循系统性、一致性和可操作性原则。为了达到此目标,必须建立一个贯穿于整个供应链计划和订

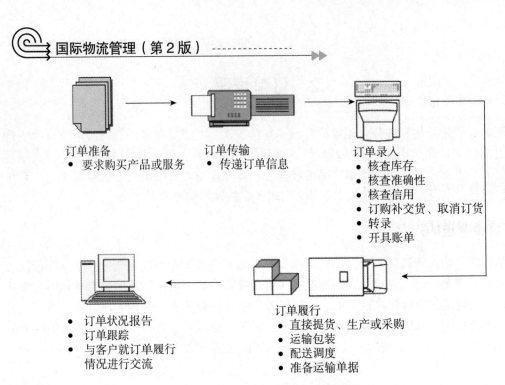

图 3.3 订单管理的内容

单执行的业务规则。

1. 订单接受策略

订单接受是一种关于处理接受或拒绝客户订单的战术性管理活动。它也可能处理一些相关的决策,如交货期和价格确定。订单接受战略对于企业的绩效有很大影响。如果接受太多的订单会导致生产系统超负荷运转,提前期加长以及订单不能按时交付的情况增多。为了应对这些情况,管理者会考虑寻求额外的生产能力,如超时工作或外包。这种额外的非常规的能力往往会带来较高的成本,而导致利润减少甚至亏损。而延迟交货也会导致较高的惩罚成本,以及客户的流失。一个好的订单接受策略可以阻止这些问题的发生。

由于订单具有严格的交货期限,制造商有拒绝订单的权利,接受的所有订单必须在指定的期限内完成。在这种情况下,订单接受决策目标是使得接受的所有订单所获得的总收益最大化、利润最大化、总成本最小化,或是在满足一定的服务水平的约束下(如平均延迟时间或按时完成的订单比例),使平均提前期或交货期达到最小。

2. 订单释放策略

订单释放问题即为一个工作订单释放到车间的控制问题,或者是当车间生产能力已满时拒绝工作订单,或者将订单暂时保留在一个预释放队列中直到有空余的生产能力可以开始生产。订单释放决策就是运用一些形式的输入控制来使车间的工作流保持平稳。

订单释放问题对于生产经理有着重要的现实意义,如果忽视这个问题,会带来一系列的生产负荷问题,如大量的订单积压,过早或过迟生产订单或者频繁加班等。因此,确定合适的时间来释放订单,能够平滑工作流,减少原材料库存投资,减少在制品库存,帮助管理者作出有效的能力决策。

3. 订单信息管理策略

订单中信息的产生、传递、加工处理及利用散布于系统的各个环节,必须对必要的信息进行适当范围内的交换与共享,才能将正确的信息在正确的时间被正确的对象所利用。利用这些共享信息，供应链上的每个实体就能更好地对订货、产能分配和生产计划作出决策。有效管理、使用和发布这些信息的能力曾经被认为是具有竞争力的表现，如今已成为企业在当今全球化的市场环境中站稳脚跟的基本要求。

4. 订单生产计划策略

在按订单生产的制造环境下，优化的生产计划是非常重要的。生产计划的一个基本目标是使顾客满意水平达到最大化，即顾客订单在交货期限之内被满足的比例达到最大，将顾客订单在计划区间进行分配来优化一些交货期相关的问题。

生产流程根据订单排产后得到一个确定的生产计划，通过生产流水线，最终生产出相应产品。客户对企业提出了产品价格更低、客户化定制能力更强的要求，也对企业灵活、优化的制造流程提出了更高要求。

3.3 牛鞭效应及其控制

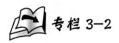

专栏 3-2

牛鞭效应的发现

20 世纪 90 年代初，美国宝洁公司 (P&G) 管理人员在考察"帮宝适"牌尿不湿的订单分布规律时，发现一定地区的婴儿对该产品的消费比较稳定，没有哪天或哪月的需求明显高于其他时期，然而分销商向工厂所下的订单时大时小，频率时高时低，其波动程度比零售数量的波动程度大得多，最后，当他们考察到宝洁公司向其供应商订货时，发现订单波动程度更大。这一现象与在挥动鞭子时手腕稍稍用力，鞭梢就会出现的大幅度摆动的现象相类似。

另外，惠普 (HP) 公司在其主要零售商处检查打印机销售情况时，发现该零售商的销售量随时间波动，而当他们检查这个零售商的订单时发现其订货量的波动幅度比其销售量的波动幅度还要大。更让他们吃惊的是，公司的打印机生产部门向物料供应部门提供的订货量波动比前两者的波动都大。

这种需求信息的扭曲现象就是牛鞭效应。

牛鞭效应是供应链中的需求波动放大现象，它是供应链结构中最为重要的性能指标，也是供应链运营中最为重要的绩效指标。1997 年，Lee 首先提出牛鞭效应的概念，认为供应链中以订单形式传送的信息会被扭曲，误导上游成员生产和库存决策。这种扭曲以放大的形式向供应链的上游蔓延 (方差变大)，从而对上游供应链成员的生产和库存决策产生误导，如图 3.4 所示。除了宝洁公司，处于其他行业的惠普、通用、福特、克莱斯勒、康柏、IBM 等其他企业也做过类似的调查，同样印证了这一现象的存在。

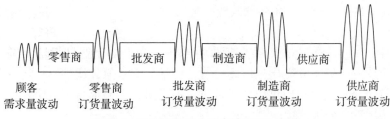

图 3.4 供应链系统中的牛鞭效应示意图

牛鞭效应广泛存在于供应链管理系统中。如何解决牛鞭效应的问题是供应链管理理论研究和工程实际中具有挑战意义的课题。牛鞭效应影响现代物流和供应链运营，影响供应链系统的经济效益。在供应链管理的订货供应过程中，末端需求波动沿供应链向前端上游增加，这样就会导致供应链中供应、制造、销售各个环节库存量和库存费用增加；导致物流减缓，使得分销中心库存冗余和制造商生产过量；导致运输和劳动效率降低。

牛鞭效应问题研究的实际意义在于如何减弱牛鞭效应，来提高整个供应链系统涉及企业的经济效益。人们已经从大量实际问题研究中得到结论，消除牛鞭效应对供应链涉及企业的影响，可提高10%~30%的利润。问题研究的理论意义在于如何设计减弱和控制牛鞭效应的策略，为实际供应链系统高效、经济运行提供优化方案。

3.3.1 牛鞭效应的成因及机理分析

为了减弱和控制供应链中的牛鞭效应，必须分析和研究牛鞭效应的存在问题。引起牛鞭效应的原因，一方面在于供应链上下游节点之间需求沟通方面存在障碍，是在信息不充分的条件下，决策者追求优化决策的结果；另一方面是由供应链系统的固有属性所引起的，例如存在着较长的交货提前期、流通环节多、具有较高的固定订货成本等。具体来说，引起牛鞭效应的主要原因有需求预测、非零的提前期、订货批量、供应短缺和博弈、价格波动等。

1. 需求预测

在供应链中，上游管理者总是将来自直接下游的需求信息作为自己需求预测的依据，并在此基础上安排生产调度，协调生产能力，控制库存和生产资源。需求预测信息的产生过程是导致牛鞭效应产生的主要原因之一。例如，作为一位决定订单数量的管理者，可使用一种简单的方法来进行需求预测，如指数平滑法。在指数平滑法中，当每日的新数据出现时，未来需求将被连续修正，这样，送到供应商的订单既反映了经过修正的未来库存补给量，也反映了必要的安全库存量。在交货提前期里，保持数周的安全库存也是习以为常的，其结果是预期的订单数量比需求数量变化更大。对于上游企业的管理者来说，如果仍然采取指数平滑法调整需求预测和安全库存，那么他向供应商订货的数量可能会发生更大的波动。

任何一种预测方法都会引起牛鞭效应，因为大多数标准的预测方法的一个重要特征是每次观测到新的需求时就修改预测。因此，当零售商在每个周期结束观察到最新需求时，就会根据这一最新需求来修改需求预测，然后用修改后的预测来修改订货点。正是由于对预测和每个周期内订货点的修改导致了牛鞭效应的产生。

2. 提前期

提前期又叫作订货间隔期，是指零售商从订货到交货所需要的时间。订货间隔期会增加库存水平，即订货间隔期越长，所需的库存就会越大。库存变化越大，致使零售商的订货会产生更多的变化。由此，也会产生牛鞭效应。

3. 订货批量

在供应链中，每个公司都是通过监控库存水平来向上游企业订货的，当市场需求增加时，由于有安全库存，并不立即向供应商订货，而是等需求累计增加到一定程度时才按批量订货。周期性订货是指当公司向供应商订货时，不是来一个需求就下一个订单，而是考虑库存的原因，采用周期性分批订货。

批量订货将使供应商面对变化无常的订单情况。如果零售商使用了批量订货，那么供应商将看到一笔很大数量的订货,接着是没有任何订货的几个周期,下面又是另一笔较大数量的订货等。因而供应商将看到一种歪曲的和高变动的订货模式。当然,周期订单的制定和执行扩大了需求变化范围,并产生了牛鞭效应,这一变化远比公司自身的需求量大得多。

在供应链中,使用批量订货的另一个主要原因就是频繁订单下的运输经济性问题。在满负荷运输和低于最低起运量运输之间的经济差距是巨大的。有时,供应商对大量订货或批量订货给出最优惠的定价,因此,当零售商从供应商处订购物料时,其强烈的愿望就是满负荷运输。所以,对大多数公司来说,批量订货通常是一个月的供应量或者更多。

4. 供应短缺和博弈

由于生产能力的限制,当需求大于供给时,制造商常常会对消费者定量提供产品,即制造商按订单定量分配产品。例如,如果供应量只是需求量的80%,所有的消费者只能接受订单的80%。由于人们都能理解当产品的供应处于短缺时,制造商将实行配给制,往往消费者在订货时就夸大了其真正需求,此外,当需求下降时,订货可能突然消失或取消订货。当组织或个人制定了经济批量决策,并实施订货时,由消费者的预期短缺的过分行为就产生了博弈效应。此时消费者无法给供应商准确、真实的需求信息,给生产厂商造成了对产品的市场需求的虚假印象。这种订单激增的现象并非由于消费实际增长,而是一种预测。消费者可以拥有来自不同供应商的重复订单,并且从第一供应商处购买,然后取消所有的其他重复订单。当这种现象成为一种社会行为时,可以想象,订货模式和消费模式的差距将是巨大的,牛鞭效应的影响将非常巨大。

5. 价格波动

据统计,在零售业中,制造商与代理商之间交易的80%是在需求估计的前提下预先成交的,这通常是因制造商给出了一个极具吸引力的价格,使零售业中的预先购买行为导致较多的存货。

在目标市场中,预先购买行为是由价格波动引起,制造商和分销商周期性地使用特殊促销方式,如价格折扣、数量折扣和特殊奖励等。此外,制造商还向分销商、批发商提供交易特权,如特别折扣、价格条款与分期付款等,它们均为价格折扣的间接形式。在供应链中,这些特殊促销方式的运用在促进消费者大量购买的同时也带来了大量的库存。

这种促销与供应链密切相关,如果预先购买成为一种惯例,那么可以预见,当商品价格低时,消费者所购买的比实际需要的要多;当价格处于中性或偏高时,消费者将停止购买行为直到耗尽存货。其结果是,消费者的购买模式无法反映实际的消费模式,并且购买数量的变化大于消费数量的变化,即产生了牛鞭效应。

3.3.2 牛鞭效应的控制方法及策略

控制牛鞭效应的方法与策略主要包括加强信息共享、减小顾客需求过程的变动程度、协调企业利益目标、确定供应链的合理长度和宽度等。

1. 加强信息共享

减弱或控制牛鞭效应最常用的方法是通过集中顾客需求信息减少整个供应链的不确定性,即为供应链各阶段提供实际的顾客需求的全部信息。集中需求信息能够减小牛鞭效应。

在信息技术发展之前,一体化信息,特别是实时信息的一体化是不可想象的。如今,突飞猛进的信息技术为企业之间的信息共享提供了保证和支持。零售端POS技术的应用和EDI

促进了供应链内部信息共享的发展,而真正能够做到使供应链信息一体化的是电子商务技术和应用。B2B 模式的电子商务应用保证了供应链内部企业之间广泛而即时的信息交流,包括大量的生产、库存和销售信息;B2C 模式的电子商务应用能使企业获得详尽的最终用户的需求信息。

2. 减小不确定性

(1) 通过减小顾客需求过程内在固有的不确定性,可以缩小牛鞭效应。消费者是需求信息发生的初端,减少或避免消费者的预先购买行为是保证信息正确传递的最初环节。如果能够减小零售商所观察到的顾客需求的变化性,那么,即使牛鞭效应出现了,制造商所观察到的需求的变化性也会减小。

(2) 提前期通过需求预测扩大了需求的变动性。同时,提前期的延长对供应链各阶段的需求变动性具有显著的影响。因此,减少供应链的中间环节,积极开展敏捷管理,缩短提前期,从而可以减小整个供应链的牛鞭效应。

(3) 对于在供应短缺情况下引起需求信息的扭曲,可以通过设计一种分配规则进行抑制,即根据零售商在以前周期的销售额占产品总销售额的比例来进行分配。另外,因为订货量不受限制、自由退货和订货取消策略都会导致短缺博弈行为的产生,所以,可以通过契约来限制购买者订货量的变动。

3. 协调企业利益目标

从协调企业利益目标来看,最显而易见的方法就是通过财务手段达到供应链内部的纵向一体化,其本质是将企业与企业之间的委托代理关系内部化,简化组织结构,同时也是获取原本属于供应链内其他成员的私有信息的直接手段。但从企业资源基础理论来看,企业应该追求的是企业内部资源的经济租金的最大化,而由企业核心能力产生的竞争优势是其在市场获得经济租金的唯一手段。因而,完全的供应链内部一体化在理论上就是不可取的。

为协调供应链内部企业的利益目标,一个可行的办法是企业之间的合作,建立类似于联盟的战略伙伴关系,这是完善供应链内部信息,促进信息一体化的一种有效途径。通过实施若干种战略伙伴关系中的任何一种都可以消除或减弱牛鞭效应。这些战略伙伴关系改变了信息共享和库存管理的方式,因而可能消除牛鞭效应的影响。协调供应链成员利益目标的另一种可行办法是供应链成员之间的部分股权互换。股权互换不必经由长期的合作博弈就可以协调供应链成员的利益目标,至少使之不至于太过背离,而且还是保证供应链成员进行信息共享和决策合作的一种有效的激励机制。

4. 确定供应链的合理长度和宽度

不适当的供应链结构将会导致牛鞭效应的产生,带来无效的供应链效率。因此,可以从供应链长度和宽度的角度减弱供应链结构对牛鞭效应的影响。

供应链中水平层次和垂直规模的参与者越多,信息被加工的次数越多,扭曲的程度越大,所以应该尽量减少参与者的数量。依据对核心企业流程的重要程度,将供应商群体和顾客群体分成支持型和重要型两种。支持型实体是指那些对最终产品的提供起到支持作用的参与者。另外,如果制造商的销售网络比较广,比较健全和完善,同时拥有强大的销售队伍,那么可以考虑直接营销方式。直销方式可以拥有完全的顾客需求信息,因此,它不受由于在分销渠道中处理需求信号产生的牛鞭效应的影响。例如,戴尔计算机的直销计划和苹果计算机的顾客导向计划都取得了很好的成效。

3.4 全球采购与生产

3.4.1 采购管理的意义与职能

1. 采购管理的意义

采购管理是为了保障企业物资供应而对采购活动进行计划、组织、协调和控制，对计划下达、采购单生成、采购单执行、到货接收、检验入库到采购结算的采购活动的全过程实施科学的管理。采购是现代供应链管理中的一个基础环节，它的管理状况关系着整个供应链的水平。具体来说，采购的意义表现在以下几个方面。

【拓展文本】

(1) 采购是从资源市场上获得资源的过程。有统计信息显示，对于现代制造业来说，原材料和中间品的成本约占制成品销售价格的 40%~60%，材料价格每降低 2%，净资产回报率可增加 15%。因此，科学的采购管理是控制制造成本的关键。

(2) 采购是企业质量管理的关键环节，选择合格的供应商，采购质量合格的原材料，以及优良的采购工作质量，是生产合格产品的基本保障。经验表明，如果一个企业将 1/4 或 1/3 的质量管理精力花在供应商的质量管理上，那么企业自身的质量可以提高 50% 以上。

(3) 采购管理是提高生产效率、减少库存、增强对市场的应变力的基础。企业如果采取准时制生产方式 (JIT)，采购的原材料需要做到在企业需要的时候，以适当的质量、数量和价格，送达适当的需求地点。这就是所谓的"5R 原则"，即适时 (Right Time)、适质 (Right Quality)、适量 (Right Quantity)、适价 (Right Price) 和适地 (Right Place)。JIT 生产方式的基本理念就是 5R。

(4) 采购管理的变革与创新是企业流程再造和优化的起点。为了能够适应不断变化的市场需求和竞争环境，现代企业必须摒弃已成惯例的运营模式和工作方法，对企业的工作流程进行根本性重新思考和彻底改革，才能飞跃性地改善成本、质量、服务和效率。通过专栏 3-3 迪尔公司对手套采购管理的变革可以看出，变革一定会遇到阻力，从采购管理的变革入手，是一个良好的开始。

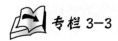
专栏 3-3

迪尔的 424 种手套

约翰·迪尔公司是世界上大型农用机械的主要生产商，年销售额 350 亿美元左右 (2013 年度)，《财富》全球 500 强企业。该公司传统上采取分散采购，各分部、工厂的自主权相当大，有自己的采购机构，很多采购决策都由分部、工厂自定。同样的产品，不同工厂采购不同品牌或者用不同商家，造成采购额分散，库存种类繁多，供应商太多。增加了复杂度，降低了规模效益，增加了成本。

为了改变分散采购的局面，推进集中采购，迪尔的采购部从手套着手。他们雇了个实习生，走遍十四个工厂，把每个厂用的每种手套都收集一副，结果收集到 424 种手套。更让人吃惊的是，即使是同种手套、由同一个供应商提供，不同工厂拿到的价格也不尽相同。根源何在？是分散采购惹的祸。各个工厂的采购互不通气，被供应商钻空子就不难理解了。

采购部把 424 种手套做成展板，等厂长来总部开会时参观。厂长一点也不傻，一看就明白了。解决方案也很简单：一个跨越多个工厂的采购计划应运而生，经过集中采购，424 种手套被缩减为 24 种，六个供应商被缩减为 1 个，手套价格降低 50%。

年营业收入达几百亿美元的大公司,小小手套,即使是免费,恐怕也省不了多少钱。拿手套做文章,其象征意义大于实际意义,其实是迪尔为推进集中采购的绝好宣传。它从一个人人熟悉的产品出发,说明一个基本道理:集中采购能省钱,分散采购是祸根。但是,它又不让当事人产生抵触心理——小小手套,以前是浪费了点钱,就当交了学费,大家一笑了之,谁在乎呢! 如果选了个贵得多的产品,浪费了几百万美金,捅到董事会去,那些厂长的脸上还挂得住吗? 惹了这些封疆大吏,以后的集中采购还能推动吗?

采购的集中化是个大变革,变革的成功与否,与其说是取决于实施难度,不如说是取决于能否清楚地沟通变革的必要性。手套案例之所以能够成功,在于它找到了一个人人都熟悉的对象,采用直观真实的方式,让决策层能直观真实地认识到问题所在,从而采取行动。

(资料来源:刘宝红.采购与供应链管理:一个实践者的角度[M].2版.北京:机械工业出版社,2015.)

2. 采购管理的职能

采购管理有三项主要职能:保障供应、供应链管理及信息管理。

1) 保障供应

采购管理最首要的职能,就是要实现对整个企业的物资供应,保障企业生产和生活的正常进行。企业生产需要原材料、零配件、机器设备和工具,生产线一开动,这些东西必须样样到位,缺少任何一样,生产线就开动不起来。

2) 供应链管理

企业为了有效地进行生产和销售,需要供应商企业的支持、协调与配合。构建供应链的起点在于把供应商纳入供应链网络,通过与供应商的沟通、协调和采购供应操作,形成一个友好的协调配合采购环境,保证采购供应工作的高效顺利进行。

3) 信息管理

采购管理部门是资源市场的物资输入窗口,是企业和资源市场的信息接口。所以采购管理除了保障物资供应、建立起友好的供应商关系之外,还要随时掌握资源市场信息,并反馈到企业管理层,为企业的经营决策提供及时有力的支持。

3.4.2 物料需求计划与制造资源计划

1. 物料需求计划

20 世纪 40 年代初期,西方经济学家通过对库存物料随时间推移而被使用和消耗的规律的研究,提出了订货点的方法和理论,并将其运用于企业的库存计划管理中。订货点法要求物料的消耗相对稳定,物料的供应比较稳定,物料的需求是独立的以及物料的价格不是很高。订货点法在当时的生产环境下起到一定的作用,但随着市场的变化和产品复杂性的增加,订货点法已经不能反映物料的实际需求,为了满足生产需求企业往往不断提高订货点的数量,从而造成大量库存积压,库存占用资金大量的增加,随之产品成本升高,企业缺乏市场竞争力。为解决这一问题,在独立需求与相关需求概念基础上,形成了"在需要的时候提供需要的数量"的重要认识,发展并形成了物料需求计划(Material Requirement Planning, MRP) 理论,它提出物料的订货量是根据需求来确定的,这种需求应考虑产品的结构,即产品结构中物料的需求量是相关的。

物料需求计划是对主生产计划的各个项目所需的全部制造件和全部采购件的网络支持计划、时间计划和进度计划。MPS 的对象是最终产品,但产品的结构是多层次的,而且所有物料的提前期各不相同,各零配件的投产顺序也有差别,但加工只有是均衡的才能满足 MPS 的需求,这些就是 MRP 要解决的问题,MRP 的逻辑流程如图 3.5 所示。

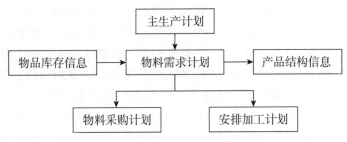

图 3.5　MRP 逻辑流程

物料需求计划主要解决以下五类问题：一是要生产什么，生产多少；二是要用到什么；三是已经有了什么；四是还缺什么；五是何时安排。

物料需求计划子系统是生产管理的核心，也是生产计划部分的核心。它将主生产计划的产品分解成各自制零部件的生产计划，计划时间单位明细到小时。

2. 闭环 MRP

基本 MRP 是建立在假定有了主生产计划，而且是可行的前提下，同时还假定物料的采购计划是可行的。但在实际生产中，这些条件并不能保证满足，因此所制订出来的生产计划和采购计划往往不可行。随着市场的发展及基本 MRP 的应用与实践，20 世纪 70 年代发展形成了闭环 MRP 理论。

1) 闭环 MRP 模式

闭环 MRP 考虑能力的约束，对能力提出需求计划，在满足能力需求的前提下才能保证物料需求的执行和实现。因此，企业必须对投入和产出进行控制。

企业根据发展需要和市场需求制订企业生产规划，根据生产规划制订主生产计划，同时进行生产能力与负荷分析。该过程主要针对关键资源的能力与负荷进行分析，只有这样才能达到主生产计划基本可靠的要求；其次根据主生产计划、企业的物料库存信息、产品结构清单等信息来制订物料需求计划；再次，由物料需求计划、产品生产工艺路线和车间各加工工序能力数据生成对能力的需求计划，通过对各工序的能力平衡，调整物料需求计划，必要时还可修改主生产计划；最后采购与车间作业按照平衡能力后的物料需求计划执行，并进行能力的控制，即输入输出控制，并根据作业执行结果反馈到计划层。闭环 MRP 较好地解决了计划与控制问题。

2) 能力需求计划 (CRP)

在闭环 MRP 中，把关键工作中心的负荷平衡称为资源需求计划或粗能力计划，其计划对象为独立需求件，面向的是主生产计划；把全部工作中心的负荷平衡称为能力需求计划或详细能力计划，其计划对象是相关需求件，面向车间。资源需求计划与能力需求计划之间是一脉相承的，后者是在前者的基础上进行计算的。

能力需求计划主要解决：各个物料经过哪些工作中心加工；各工作中心的可用能力和负荷是多少；工作中心的各个时段的可用能力和负荷是多少。因此其依据主要来自于：工作中心；工作日历；工艺路线；由 MRP 输出的零部件作业计划。

3. 制造资源计划

虽然闭环 MRP 较好地解决了计划与控制问题，但其运行过程主要是物流的过程 (有部分信息流)。实际的生产运作过程和产品从原材料投入到成品的产出过程都伴随着企业资金的流通过程，而且资金的运作会影响到生产的运作。对于这一点，闭环 MRP 无法反映出来。为了将生产管理中的物流同与之密切相关的资金流结合起来,在 20 世纪 80 年代,人们把生产、财务、销售、采购等各个子系统集成为一个一体化的系统,称为制造资源计划(MRP Ⅱ)。

MRP Ⅱ 的基本思想是把企业作为一个有机整体,从整体最优的角度出发,通过运用科学方法对企业各种制造资源和产、供、销、财各个环节进行有效地计划、组织和控制,使它们得以协调发展,并充分发挥作用。MRP Ⅱ 的逻辑流程如图 3.6 所示。流程图的右侧是计划与控制的流程,包括决策层、计划层和执行控制层,可理解为经营计划管理的流程。中间是基础数据,这些数据信息的集成把企业各个部门的业务沟通起来,可理解为计算机数据库系统。左侧主要是财务系统,在此只列出应收账、总账和应付账。各连线表明信息的流向及相互之间的集成关系。

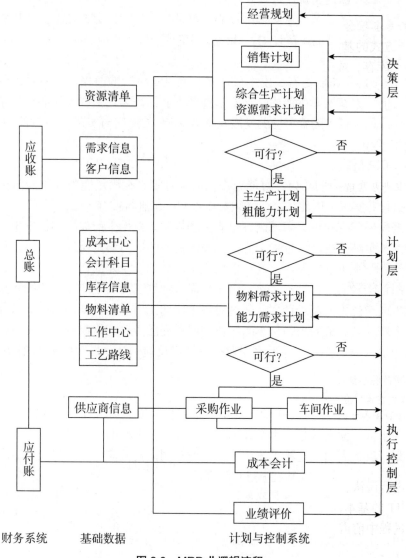

图 3.6　MRP Ⅱ 逻辑流程

MRP Ⅱ 具有计划的一贯性和可行性、管理的系统性、数据共享性、动态应变性和模拟预见性以及物流、资金流的统一等特点,每一项特点都含有管理模式的变革、人员素质或行为变革两方面。MRP Ⅱ是一个比较完整的生产经营管理计划体系，是实现制造企业整体效益的有效管理模式。

3.4.3 准时生产制

准时生产方式（Just In Time，JIT），其实质是保持物质流和信息流在生产中的同步，实现以恰当数量的物料，在恰当的时候进入恰当的地方，生产出恰当质量的产品。这种方法可以减少库存，缩短工时，降低成本，提高生产效率。

准时化生产 JIT 是第二次世界大战以后最重要的生产方式之一。由于它起源于日本的丰田汽车公司，因而曾被称为"丰田生产方式"，后来因其独特性和有效性，被越来越广泛地认识、研究和应用，才被称为 JIT。

【拓展视频】

1. JIT 的基本理念

JIT 生产方式的基本思想是："只在需要的时候，按需要的量，生产所需的产品"，也就是追求一种无库存，或库存达到最小的生产系统。JIT 的基本思想是生产的计划和控制及库存的管理。

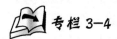
专栏 3-4

JIT 生产方式产生的背景

日本汽车工业从其起步到今天经历了一个技术设备引进对国产化—建立规模生产体制—高度成长—工业巨大化—强化国际竞争力—出口日增对全球战略这样一个过程。但是，从一开始的技术设备引进阶段，日本汽车工业就没有全部照搬美国的汽车生产方式。这其中除了当时的日本国内市场环境、劳动力以及第二次世界大战之后资金短缺等原因以外，一个很重要的原因是，以丰田汽车公司副总裁大野耐一等人为代表的一部分人从一开始就意识到了，美国汽车工业的生产方式虽然已很先进，但需采取一种更灵活，更能适应市场需求的能够提高产品竞争力的生产方式。

在 20 世纪后半期，整个汽车市场进入了市场需求多样化的新阶段，而且对质量的要求也越来越高，随之给制造业提出了新课题，即如何有效地组织多品种小批量生产。否则，生产过剩会引起设备、人员、库存费用等一系列的浪费，从而影响到企业的竞争能力乃至生存。

在这种历史背景下，1953 年，日本丰田公司副总裁大野耐一综合了单件生产和批量生产的特点和优点，创造了一种在多品种小批量混合生产条件下高质量、低消耗的生产方式，即准时生产。

JIT 生产方式在推广应用过程中，经过不断发展完善，为日本汽车工业的腾飞插上了翅膀，提高了生产效率。这一生产方式亦为世界工业界所注目，被视为当今制造业中最理想且最具有生命力的新型生产系统之一。

（资料来源：MBA 智库百科，http：//wiki.mbalib.com/wiki/JIT.）

JIT 生产方式以准时生产为出发点，首先暴露出生产过量和其他方面的浪费，然后对设备、人员等进行淘汰、调整，达到降低成本、简化计划和提高控制的目的。在生产现场控制技术方面，JIT 的基本原则是在正确的时间，生产正确数量的零件或产品，即准时生产。它将传统生产过程中前道工序向后道工序送货，改为后道工序根据看板向前道工序取货，看板系统是 JIT 生产现场控制技术的核心，但 JIT 不仅仅是看板管理。

JIT 的基础之一是均衡化生产，即平均制造产品，使物流在各作业之间、生产线之间、工序之间、工厂之间平衡、均衡地流动。为达到均衡化，在 JIT 中采用月计划、日计划，并根据需求变化及时对计划进行调整。

JIT 提倡采用对象专业化布局，用以减少排队时间、运输时间和准备时间，在工厂一级用基于对象专业化布局，以使各批工件能在各操作间和工作间顺利流动，减少通过时间；在流水线和工作中心一级采用微观对象专业化布局和工作中心形布局，可以减少通过时间。

JIT 强调全面质量管理，目标是消除不合格品。消除可能引起不合格品的根源，并设法解决问题，JIT 中还包含许多有利于提高质量的因素，如批量小、零件很快移到下工序、质量问题可以及早发现等。

2. JIT 的实现方法

JIT 生产方式将"获取最大利润"作为企业经营的最终目标，将"降低成本"作为基本目标。在福特时代，降低成本主要是依靠单一品种的规模生产来实现的。但是在多品种小批量生产的情况下，这一方法是行不通的。因此，JIT 生产方式力图通过"彻底消除浪费"来达到这一目标。所谓浪费，在 JIT 生产方式的起源地丰田汽车公司，被定义为"致使成本增加的生产诸因素"，也就是说，不会带来任何附加价值的诸因素。任何活动对于产出没有直接的效益便被视为浪费。这其中，最主要的有生产过剩(即库存)所引起的浪费。搬运的动作、机器准备、存货、不良品的重新加工等都被看作浪费；同时，在 JIT 的生产方式下，浪费的产生通常被认为是由不良的管理所造成的。比如，大量原物料的存在可能便是由于供应商管理不良所造成的。因此，为了排除这些浪费，就相应地产生了适量生产、弹性配置作业人数以及保证质量这三种手段来实现 JIT 的目标。图 3.7 说明了 JIT 生产方式的基本目标以及实施这些目标的三个手段和方法，也包括这些目标与各种手段方法之间的相互内在联系。

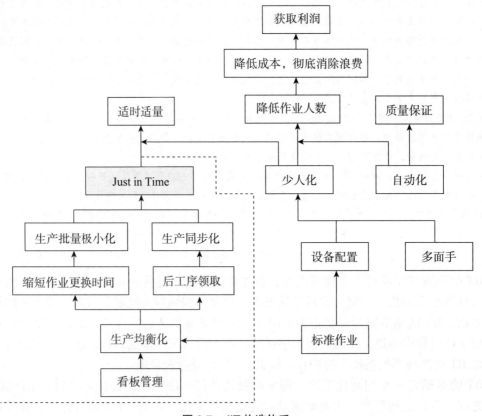

图 3.7　JIT 构造体系

1) 适时适量生产

适量生产，即"Just In Time"一词本来所要表达的含义，"在需要的时候，按需要的数量生产所需的产品"。对于企业来说，各种产品的产量必须能够灵活地适应市场需求的变化，否则由于生产过剩会引起人员、设备、库存、费用等一系列的浪费。而避免这些浪费的手段，就是适时适量生产，只在市场需要的时候，生产市场需要的产品。另外，实现适时适量生产的具体手段体现为生产同步化和生产均衡化。

2) 弹性配置作业人数

在劳动费用越来越高的今天，降低劳动费用是降低成本的一个重要方面。达到这一目的的方法是"少人化"。所谓少人化，是指根据生产量的变动，弹性地增减各生产线的作业人数，以及尽量用较少的人力完成较多的生产。这里的关键在于能否在生产量减少的同时使生产线上的作业人员数减下来。因此，为了适应这种变更，作业人员必须是具有多种技能的"多面手"。

3) 质量保证方法

在 JIT 生产方式中，通过将质量管理贯穿于每一工序之中来实现提高质量与降低成本的一致性，具体方法是自动化。自动化是指融入生产组织中的两种机制：一是使设备或生产线能够自动检测不良产品；二是生产第一线的设备操作工人发现产品或设备的问题时，有权自行停止生产的管理机制。

3.4.4 精益生产

1. 精益生产的基本理念

精益生产(Lean Production，LP)是国内的一种翻译说法，来源为美国麻省理工学院数位国际汽车计划组织(International Motor Vehicle Program，IMVP)对日本丰田 JIT 生产方式的总结。精，即少而精，不投入多余的生产要素，只是在适当的时间生产必要数量的市场急需产品(或下道工序急需的产品)；益，即所有经营活动都要有益有效，具有经济性。精益生产是当前工业界最佳的一种生产组织体系和方式。

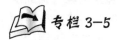
专栏 3-5

精益生产方式的出现

1950 年春天，丰田汽车公司丰田喜一郎到美国仔细参观了福特汽车公司在底特律的 Rouge 工厂。对这个当时世界上规模最大、生产最有效的汽车制造厂，丰田喜一郎发现还有改进之处。回到日本之后，经过与生产管理专家大野耐一的仔细研究，他们得出一条重要结论：大量生产方式不适于日本。原因是当时日本经济十分困难，不可能花大量的外汇去购买美国的技术与装备，也不可能花巨额投资建 Rouge 那样的工厂。当时日本国内市场对汽车的需求量小，需要的汽车品种却相当多，也不可能实行大量生产。受到新劳工法保护，日本老板不能像美国老板那样，把工人当作可互换零件，随时解雇。日本企业也不像美国企业，在大量生产中雇佣大量的移民。

在汽车生产中需要大量的冲压件。冲压件的加工需要在压力机上配备重达数吨的模具。要压制不同的零件需要不同的模具。在美国，更换模具是由专家来做的。换一次模具常常需要 1~2 小时。为了提高效率，在西方一些汽车制造厂常常配备数百台压力机，以至于数月甚至数年才更换一次模具。这样大量生产冲压件，造成在制品库存相当高。而且，一旦工序失控，会大量生产不合格产品，造成大量报废，大量返工。在很多大量生产的工厂，大约有 20% 的生产面积和 25% 的工作时间是用来返修产品的。

为了解决换模问题，大野耐一花了十多年的时间研究出一种快速换模方法。他利用滚道送进送出模具，采取一种一般操作工人可迅速掌握的调整办法，使换模时间减为3分钟。3分钟换模时间使加工不同零件与加工相同零件几乎没有什么差别。于是，可以进行多品种小批量生产，从而使每个零件的制造成本比大量生产的还低。其原因是，小批生产的结果，使在制品库存大大降低，使加工过程的质量问题可以及时发现，避免了大量生产不合格品和大量返修，而且一机多用，降低了固定成本。

大量大批生产通过专用机床和专用工艺装备来提高加工的速度和减少调整准备时间，从而实现高效率加工。精细生产突破了"批量小、效率低、成本高"的逻辑，打破了大量生产"提高质量则成本升高"的惯例，使成本更低，质量更高，能生产的品种更多，是一种可以淘汰大量生产的新的生产方式。

(资料来源：陈荣秋，马士华. 生产与运作管理 [M]. 北京：高等教育出版社，1999：439-440.)

精益生产的基本理念体现在以下四个方面。
1) 拉动式准时化生产
以最终用户的需求为生产起点，强调物流平衡，追求零库存，要求上一道工序加工完的零件立即可以进入下一道工序。

组织生产线依靠看板形式。即由看板传递下道工序向上道工序需求的信息(看板的形式不限，关键在于能够传递信息)。生产中的节拍可由人工干预、控制，但重在保证生产中的物流平衡(对于每一道工序来说，即为保证对后退工序供应的准时化)。由于采用拉动式生产，生产中的计划与调度实质上是由各个生产单元自己完成，在形式上不采用集中计划，但操作过程中生产单元之间的协调则极为必要。

2) 全面质量管理
强调质量是生产出来而非检验出来的，由生产中的质量管理来保证最终质量。生产过程中对质量的检验与控制在每一道工序都进行。重在培养每位员工的质量意识，在每一道工序进行时注意质量的检测与控制，保证及时发现质量问题。如果在生产过程中发现质量问题，根据情况，可以立即停止生产，直至解决问题，从而保证不出现对不合格品的无效加工。对于出现的质量问题，一般是组织相关的技术与生产人员作为一个小组，一起协作，尽快解决。

3) 团队工作法 (Team Work)
每位员工在工作中不仅是执行上级的命令，更重要的是积极地参与，起到决策与辅助决策的作用。组织团队的原则并不完全按行政组织来划分，而主要根据业务的关系来划分。团队成员强调一专多能，要求能够比较熟悉团队内其他工作人员的工作，保证工作协调的顺利进行。团队人员工作业绩的评定受团队内部的评价的影响，这与日本独特的人事制度关系较大。团队工作的基本氛围是信任，以一种长期的监督控制为主，而避免对每一步工作的稽核，以提高工作效率。团队的组织是变动的，针对不同的事物，建立不同的团队，同一个人可能属于不同的团队。

4) 并行工程 (Concurrent Engineering)
在产品的设计开发期间，将概念设计、结构设计、工艺设计、最终需求等结合起来，保证以最快的速度按要求的质量完成。各项工作由与此相关的项目小组完成。进程中小组成员各自安排自身的工作，但可以定期或随时反馈信息并对出现的问题协调解决。依据适当的信息系统工具，反馈与协调整个项目的进行。利用现代 CIM 技术，在产品的研制与开发期间，辅助项目进程的并行化。

2. 精益生产的实现方法
消灭浪费是精益企业始终不渝的追求。浪费在传统企业内无处不在，如生产过剩、零件不必要的移动、操作工多余的动作、待工、质量不合格/返工、库存、其他各种不能增加价值的活动等。向精益化转变，基本思想是通过持续改进生产流程，消灭一切浪费现象，其重点是消除生产流程中一切不能增加价值的活动，实现精益生产可以采用以下方法和手段。

【拓展视频】

1) 改进生产流程

精益生产利用传统的工业工程技术来消除浪费，着眼于整个生产流程，而不只是个别或几个工序。

(1) 消除质量检测环节和返工现象。如果产品质量从产品的设计方案开始，一直到整个产品从流水线上制造出来，其中每一个环节的质量都能做到百分百的保证，那么质量检测和返工的现象自然而然就成了多余之举。因此，必须把质量问题贯彻始终，从产品的设计开始，就保证每一种产品只能严格地按照正确的方式加工和安装，从而避免生产流程中可能发生的错误。

(2) 消除零件不必要的移动。生产布局不合理是造成零件往返搬动的根源。在按工艺专业化形式组织的车间里，零件往往需要在几个车间中搬来搬去，使得生产线路、生产周期长，并且占用很多在制品库存，导致生产成本很高。通过改变这种不合理的布局，把生产产品所要求的设备按照加工顺序安排，并且做到尽可能的紧凑，这样有利于缩短运输路线，消除零件不必要的搬动，节约生产时间。

(3) 消灭库存。在精益企业里，库存被认为是最大的浪费，必须消灭。减少库存的有力措施是变"批量生产、排队供应"为单件生产流程(1-Piece-Flow)。在单件生产流程中，基本上只有一个生产件在各道工序之间流动，整个生产过程随单件生产流程的进行而永远保持流动。理想的情况是，在相邻工序之间没有在制品库存。

2) 改进生产活动

仅仅对生产流程予以持续的改善，还不足以实现精益化生产，还要进一步改善生产流程中的个别活动，以更好地配合改进过的生产流程。要保证生产的连续性，必须通过减少生产准备时间，机器检修、待料的停工时间和减少废品的产生。

(1) 减少生产准备时间。认真细致地做好开机前的一切准备活动，消除生产过程中可能发生的各种隐患，列举生产准备程序的每一项要素或步骤。利用工业工程方法来改进技术，精简所有影响生产准备的内在的、外在的因素，使效率提高。

(2) 消除停机时间。全面生产维修(Total Productive Maintenance，TPM)是消除停机时间最有力的措施，包括例行维修、预测性维修、预防性维修和立即维修四种基本维修方式。

(3) 减少废品产生。严密注视产生废品的各种现象，如设备、工作人员、物料和操作方法等，找出根源，然后彻底解决。此外，那些消除返工的措施也同样有利于减少废品的产生。

3) 提高劳动利用率

提高劳动利用率有两个方面：一是提高直接劳动利用率，二是提高间接劳动利用率。

提高直接劳动利用率的关键在于一人负责多台机器。实现一人多机的前提是建立工作标准化制度。工作标准化是通过对大量工作方法和动作进行研究，以决定最有效和可重复的方法。另外，在生产设备上安装自动检测装置同样可以提高直接劳动利用率。生产过程自始至终处在自动检测装置严密监视下，一旦检测到生产过程中有任何异常情况发生，便发出警报或自动停机。这些自动检测装置一定程度上取代了质量检测工人的活动，排除了产生质量问题的原因，返工现象也大大减少，劳动利用率自然提高。

间接劳动利用率随生产流程的改进和库存、检验、返工等现象的消除而提高，那些有利于提高直接劳动利用率的措施同样也能提高间接劳动率。库存、检验、返工等环节所消耗的人力和物力并不能增加产品的价值，因而这些劳动通常被认为是间接劳动，若消除了产品价值链中不能增值的间接活动，那么由这些间接活动引发的间接成本便会显著降低，劳动利用率也相应得以提高。

总而言之，精益生产是一个永无止境的精益求精的过程，它致力于改进生产流程和流程中的每一道工序，尽最大可能消除价值链中一切不能增加价值的活动，提高劳动利用率，消灭浪费，按照顾客订单生产的同时也最大限度地降低库存。

本章小结

全球供应链是指为获得原材料，将之制成中间物品及最终产品，并通过销售系统递送到顾客手中的网络结构，其实现的是供应链上的原材料、在制品、产成品在全球范围内流动，供应链上各主体之间的相关活动超越了国家的界限，需要通过全球的进出口贸易来实现。

订单管理是物流管理的一个重要组成部分，是客户和企业的联系纽带，订单处理能力是客户服务的重要一环，包括订单准备、订单传输、订单录入、订单履行、订单状况报告等内容。

牛鞭效应是供应链中的需求波动放大现象，它是供应链结构中最为重要的性能指标，也是供应链运营中最为重要的绩效指标。引起牛鞭效应的主要原因有需求预测、非零的提前期、订货批量、供应短缺和博弈、价格波动等。控制牛鞭效应的方法与策略主要包括加强信息共享、减小顾客需求过程的变动程度、协调企业利益目标、确定供应链的合理长度和宽度等。

采购管理是为了保障企业物资供应而对采购活动进行计划、组织、协调和控制，对计划下达、采购单生成、采购单执行、到货接收、检验入库到采购结算的采购活动的全过程实施的科学管理。采购是现代供应链管理中的一个基础环节，它的管理状况关系着整个供应链的水平。

物料需求计划是在需要的时候提供需要的数量；准时生产方式是只在需要的时候，按需要的量，生产所需的产品；精益生产是尽最大可能消除价值链中一切不能增加价值的活动，提高劳动利用率，消灭浪费，按照顾客订单生产的同时也最大限度地降低库存。

 关键术语

全球供应链　　牛鞭效应　　采购管理　　物料需求计划　　准时生产制　　精益生产

思 考 题

1. 简要分析全球供应链形成的背景，及全球供应链管理的核心理念。
2. 订单管理包含哪些内容？如何实施订单管理的策略？

3. 什么叫牛鞭效应？它是如何产生的？控制牛鞭效应的方法有哪些？
4. 采购管理的意义和职能有哪些？
5. MRP、闭环 MPR 和 MRP II 有什么区别与联系？
6. JIT 的核心理念是什么？它与 MRP 有什么区别？
7. 什么叫精益生产？如何实现精益生产？

案例分析

惠普（HP）全球供应链

Hewlett-Packard (HP) 和它的激光打印机供应链是由相关的供货商、制造地点、配销中心、批发商业者和顾客所形成的网络。打印机在温哥华依两阶段的生产过程中加以制造，成品打印机被配送到不同国家。这些产品会被分为三大类别，分别送到三个物流中心：北美、欧洲和亚太地区。这些输出产品经由海运运送到这三个物流中心。完成整个 PCAT 和 FAT 所需的生产周期时间大约是一星期。从温哥华到圣荷西（加州）的物流中心的运输时间大约要一天，而把这些打印机运送至欧洲和亚洲要花四到五星期。

国内到全球的供应链有复杂度增加和不确定性的特征。从管理的观点，全球化的供应链有 3 个特性不同于国内的供应链，在这里加以讨论。

1. 实质的地理距离

增加距离意味着更久的运输前置时间。公司会采用更多的存货来弥补它。然而，更长的运输时间并不只是意味着会增加供应前置时间的平均长度。他们也使前置时间增加变异性。越过不同国家边界的商品运输是容易遭遇到不可意料的复杂性与官僚海关税手续程序的拖延。这种所增加的不确定性会利用增加缓冲存货来处理，这对长鞭效应会产生更不稳定的因素。结果所产生的存货水准的易变性会导致昂贵的缺货状况、客户需求反复无常和较高的行政费用。

管理全球性生产工厂网络的公司将面对具有不同地理位置的供货商的情况下，如何执行及时生产的挑战。有一些公司发现如要达到这种需要紧密排程配合和时常与远程供货商进行信息回馈的条件是几乎不可能的。例如，某大计算机公司对于要完成全球采购计算机系统来源的策略是如此复杂，以至于无法达成对销售国家来执行及时交货。虽然商品在两三天之内就可以完成通关手续，但是文件的问题会耽误二到三星期的配送。如此延误的情形通常会在一个产品上每年发生一或两次。

2. 增加预测难度和不准确

由于长远地理距离所增加的响应时间会使预测作业更复杂化。但是距离只是使这个预测作业复杂化的其中一个因素。在许多情况下，不同地理位置意味着公司会在不同文化环境下运作，使用不同语言和观察不同操作习惯。这些差异性实质增加了沟通的困难，产生不同观点与假设来评估将来的市场演变。将这些复杂性添加到相当熟悉的不同部门之间预测差异现象，公司本身会发现自己已经产生一种尖锐问题，即高度失真、不精确的信息正在作为规划使用。

传统存货理论明白指出安全存货量将随着预测误差大小而调整以应付需求的不确定性变化。因此在全球供应链中，制造商和零售商终究会去储存相当高的存货水准，而且由于长鞭效应的恶化，必须处理高度异变性的存货水准。这些效应更因为无法对扩大的国际零售网络的出口销售竞争和促销活动加以协调，变得更恶化。

3. 汇率和其他的总体经济不确定性

汇率和通货膨胀是全球供应链环境中的两个复杂的总体经济因素。公司能够运用他们的全球供应链的弹性架构消除不利的汇率移动。一个经常使用的技巧是要公司转移它的采购对象到那些能够以最低的当地货币提供输入最低成本的供货商。在这个技巧下，公司在许多不同国家中与其供货商建立关系，因此他们能够运用全球供应的经验来推动这个技巧。有时可进一步在更远的地区建立新的国际供货商。这个策略的价值在长期被低估货币的供货商国家环境中可以是肯定的。

在通货膨胀的环境，特别是在发展中国家的超通货膨胀情况下，有效的供应链对策是十分重要。在这样的环境中要能成功的关键在于能够及时提高价格与最小化延迟完成顾客的收集。公司必须强调输送通路是能够简化服务且立即付款。对许多国家的环境和企业，这代表大量借用批发商与全国性的超商链。销售涵盖面应该要彻底以确保与顾客能及时完全地沟通，沟通有助于价格提升和改变的宣告和实行。最后，供应链中的前置时间必须缩短以确保快速和精确的配送。这可允许公司的管理存货量减到最少和避免由于发票与收到的商品的差异延迟付款。

4. 全球市场中产品爆发多变性

全球竞争环境迫使公司供给许多不同国家高度客制化产品与服务。这样使得公司提供产品模型多样性和服务的多选择性。通常，制造一种对适合不同市场的产品，公司会先产生一个基本产品，其中包含有大部分的特性和组件，最后再稍加组装使这个成品适合不同市场的指定规格。例如，对不同国家所制造的计算机会有所不同，如适合当地电压、频率、插座规格。此外，键盘和手册也必须与当地语言相匹配。如此在表面上做微小的差异改变，却能使公司生产上百个不同但看起来一样的计算机。

思考题：

1. 为什么说供应链管理需要建立一个遍布全世界的制造商和配送机制的网络？这对惠普的全球供应有何影响？惠普在其供应链中应注意哪些环节？

2. 面对着全球化的物流网络的不确定性和复杂性，从管理的观点，讨论惠普全球化供应链的特性如何不同于国内的供应链？有哪些实质性的不足？

3. 从惠普的实践来看，物流、配送和网络信息技术系统是如何制约惠普供应链与市场竞争力的？如何理解惠普主要技术参数？其体现哪些特点？

4. 简要说明惠普必须建立强有力的管理信息系统，并通过 EDI 或互联网与供应商、用户、运输企业等连接，实现采购、订单处理、存货管理、配送计划等信息处理的网络化、自动化的重要性。

第 4 章 国际货物运输管理

【教学要点】

知识要点	掌握程度	相关知识	应用方向
国际运输规划	掌握	国际运输规划的内容、国际货运方式选择的影响因素、承运商的管理 企业运输外包决策、承运商管理	运输经理的职责与工作内容
国际海洋运输	掌握	国际海运的特点 国际海运的方式与组织流程 国际海运单证	运输方式选择与管理
国际航空运输	了解	国际空运的特点 国际空运的流程与单证	空运管理
集装箱与国际多式联运	掌握	集装箱运输的特点、国际多式联运的优点和性质	了解集装箱和多式联运的发展
国际货运代理	掌握	国际货运代理的种类、作用、责任	选择货物的代理

导入案例

巨轮的远航

2015年1月8日,中国海运集团旗下集装箱运输船"中海环球"(CSCL GLOBE)轮抵达英国菲利克斯托港,这是这艘全球最大集装箱船的全球首航,它是于2014年12月3日从中国青岛港启航的。中国驻英国大使刘晓明、英国财政部商务大臣戴顿勋爵、中国海运集团副总经理黄小文以及中英航运界人士200多人参加了在英国举行的首航仪式。

"中海环球"轮是韩国现代重工集团为中国海运集团建造的5艘19 100 TEU型集装箱船中的第一艘。该船全长400米,宽56.8米,比美国海军"尼米兹"号航空母舰还长67米,它的净载重吨为18.6万吨,可创造19 100个20英尺标准集装箱(TEU),是当时世界上最大的集装箱船。不过"中海环球"轮的记录仅保持了53天,就被地中海航运的奥斯卡号(MSC OSCAR)刷新了。奥斯卡号的载箱量为19 224 TEU,由韩国大宇集团建造,2015年1月25日开启全球首航。

集装箱船容量不断增长是近二十年来的一种趋势。1996年马士基建造出世界上第一艘超巴拿马级(Post Panamax)集装箱船"Regina Maersk"轮的时候,整个航运界为之惊呼,该船的载箱量高达6 000 TEU,无法通过只允许载箱量4 400 TEU的船舶通行的巴拿马运河,因此被称为超巴拿马级轮船。当然,这样的大型船舶从来不去美国东海岸,它们只在欧洲经亚太往返于美国西海岸的航线上航行。

全球最大的班轮公司马士基是集装箱船大型化的积极倡导者,2006年,马士基航运又投入运营了全球首艘一万标准箱级集装箱船,率先挑起了万箱级集装箱船装备竞赛。就在各个航运公司纷纷建造运营一万标准箱以上的集装箱船舶的时候,2011年,马士基航运又先后订造了20艘3E级18 000 TEU超大型集装箱船。这种集装箱船是马六甲海峡通行的极限。

或许有人会风趣地说:极限是用来被突破的。19 100 TUE的"中海环球"成为突破极限的选手。《劳氏日报》(Lloyd's List)的集装箱专家达米安·布莱特见证了"中海环球"抵达菲利克斯托港时的壮观景象,他说"就像有一座办公大楼在旁边一样"。但这并不是集装箱容量的最终纪录。2017年5月23日,上海洋山港迎来了新一代世界最大集装箱船21 413 TEU的"东方香港(OOCL HONG KONG)"轮的首航。

集装箱集装箱船舶大型化的浪潮仍在继续。不过,布莱特认为22 500 TEU的集装箱船大概是个极限。现在载箱量在1.8万TEU至2万TEU的船舶基本上只能在亚欧航线之间运行,其他航线包括美国航线上的港口无法处理这样的大型船舶。

航运公司追赶巨型集装箱货轮的动机是什么呢?答案是超大型集装箱船具有明显的规模经济优势。马士基把3E称作是"世界上最高效的船"。根据马士基航运的测算,在同一航线上,3E级18 000 TEU超大型集装箱船的成本要比10 000 TEU集装箱船低约15%。而"中海环球"轮的每标准箱的耗油量大概比承载量为1万个货柜的货轮少1/5左右。虽然这些巨轮都造价不菲,一艘3E级19 000 TEU货轮的造价估计超过1.5亿美元。但是,货运量的增长和燃油成本的降低,足以抵消这部分成本。节约的另一个来源是船员。"中海环球"号的船员人数少得惊人,在航行期间,只有23人在船上。成本降低还来自港口使用费等相对固定费用的均摊。

然而,在汹涌澎湃的巨轮化浪潮中,从不缺少理性的声音。船舶的大型化源自航运公司的竞争,航运公司原本打算通过船舶大型化来减低单位成本,但竞争的结果是总运力的增长比总需求增长速度快,特别是在亚洲—欧洲和亚洲—北美航线上,由于船舶吨位的限制较小,所以大型船舶集中在这两条航线上,使得竞争格外激烈,尽管少数航运巨头承接了更多的载货量,可是另外的航运公司则陷入了窘境。即使仅从运输成本来衡量,集装箱船大型化形成的规模经济是有限的。经合组织(OECD)2015年发布的一项研究成果显示,2005—2014年的十年间,集装箱船的承载量扩大了一倍,但每标准箱的成本仅降低1/3,而且集装箱船中60%的船舶成本削减并非是规模化经济的效果,而是由主机效率提升所带来的。为了适应集装箱船的大型化，港口基建扩张的成本每年约4亿美元左右。港口的装卸和仓储成本也随着船舶的大型化而有所上升。

(资料来源：根据多种渠道信息整理编写。)

运输是物流领域主要并且最重要的部分。在我国，运输费用大约占到物流总费用的55%，降低运输费用可以有效地节约物流成本。导入案例中介绍的航运业船舶大型化趋势，一方面反映了物流技术的进步，同时运输成本不断降低，运输服务的利用者面临更多的选择。本章介绍国际运输规划、国际海运管理、国际空运管理、国际多式联运以及国际货运代理相关内容。

4.1 国际运输规划

4.1.1 国际运输规划概述

国际货物运输是指在国家与国家、国家与地区之间的货物运输。在国际物流活动中，长运距、中间环节多、不同的交通和海关的规定、基础设施、汇率、文化和语言的差异使得运输过程中遇到的问题变得复杂。导入案例中介绍的摩托罗拉公司对承运商进行管理并选择合理的运输方式，从而使公司、客户、供应商和运输服务商从良好的运输管理中受益。正因国际运输的复杂性和重要性，运输管理者必须要清楚地知道各种运输方式的特点，了解物流流程，管理承运人，与国际货运代理合作等。

1. 国际运输规划的内容

许多企业都设有专门的运输经理负责运输业务。这一职位所负责的工作内容恰好说明了运输规划工作的内涵。美国供应链管理专业协会(Council of Supply Chain Management Processionals，CSCMP)对运输经理工作职责有以下定义。

(1) 通过指导提高自营、第三方和协议运输系统的效率。
(2) 管理员工并确保各种运输的时效性。
(3) 制订计划以确保有足够的存储、装卸和货物运输设备。
(4) 负责制订日常计划、选择线路、制定预算以及承递运费收据和协议谈判。
(5) 与国际货运代理商合作实现货物跨国流通和报关的一体化。

运输经理的职责可归纳为：国际货物运输方式的选择、承运人的管理、路线制定和规划及国际货运的相关工作等。

制定运输规划要注意3个关键因素：时效性、一致性和可控性。时效性是指货物从出发地运到目的地的速度；一致性是指每次都能稳定地将货物在同一时间送达，这对于库存有重要影响，良好的一致性能够降低对库存的需求；可控性指在运输前或运输过程中进行调节的能力。通信业的发展给运输业带来了重大变革，使企业能够在运输过程中与运送人员保持实时联系，甚至可变更线路。

2. 国际运输规划决策的参与者

国际货物运输不仅仅只涉及托运人、收货人和承运人，而且还要受到政府和公众的影响。要了解运输决策的制定，首先要了解国际货物运输环境。

1) 托运人和收货人的运输经理

在运输规划的过程中,运输经理必须考虑在成本与服务间取舍。托运人和收货人的运输经理的共同目的,是要在规定的时间内以最低的成本将货物从起始地转移到目的地。运输服务中应包括具体的提取货物和交付货物的时间、预计转移的时间、零灭失损坏以及精确与合时地交换装运信息和签发单证。

2) 承运人

承运人作为中间人,期望以最低的成本完成所需的运输任务,同时获得最大的运输收入。这表明,承运人想要按托运人(或收货人)的运输经理愿意支付的最高费率收取运费,而使转移货物所需要的劳动、燃料和运输工具成本最低。要实现这一目标,承运人期望在提取和交付时间上有灵活性,以便于能够使个别的装运整合成经济运输批量。

3) 政府

政府期望一种稳定而有效率的运输环境,以使经济能持续增长。运输能够使产品有效地转移到全国各市场中去,并保证以合理的价格销售产品。而国际货物运输本身也是国际服务贸易的一种,能增加一国外汇收入。因此各国政府通常都要对国际货物运输通过规章制度、政策等形式来进行干预。如政府对承运人进入市场的资格、服务的市场或服务价格进行管制等。

4) 公众

公众关心运输的可达性、费用和效果及环境和安全上的标准。公众的意愿或要求会影响政府对运输规章等的制定和修改。

托运人、收货人以及公众等之间的关系如图 4.1 所示。

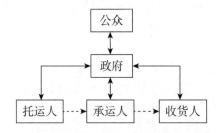

图 4.1 托运人、收货人以及公众等之间的关系

注:--→表示货物流;←→表示信息流。

(资料来源:[美] 克里斯托·鲍尔索克斯. 物流管理:供应链过程的一体化[M]. 北京:机械工业出版社,1999:243-244.)

4.1.2 国际货物运输方式的选择

组织国际物流,必须正确选择运输方式和管理组织方式。国际物流的运输方式除了一般的海运、铁路运输、公路运输、空运、管道运输及邮政传递外,还包括多式联合运输。国际货物运输方式的选择,应考虑以下因素。

1. 运输成本

运输成本是国际物流对运输方式选择上的首要考虑因素,其原因是运距越长,运费负担越重。据统计,在对外贸易的价格中,某些商品的物流费用有时可占出口货价的 30%~70%,对于煤炭、矿石等低价值货物,这一比例或许更高。在国际物流中,大型专用船舶的运输成本较低,定期班轮则较高,包轮则更高。一般而言,海运成本低于陆运成本,但如果海运有大迂回则利用大陆桥会在运载成本方面有一定的优势。

2. 运行速度

国际物流速度也很重要。主要有两个原因：一是运输距离越长，运输时间越长，则资金占用时间越长，加快速度有利于资金周转，降低资金占用成本；二是国际贸易商品的时效性很强，国际市场上价格变化快。如果由于速度慢错过了好的销售时机而使价格降低，就会使利润下降。所以缩短物流时间会有一系列的好处。

3. 货物运输的性质

货物的特点及性质有时对物流方式的选择起决定作用。货物运输的性质包括以下几个方面。

(1) 尺寸。货物的尺寸和体积。

(2) 重量。货物的净重。

(3) 密度。同时衡量货物的体积和重量。

(4) 可装载性。以上3个因素都会影响货物的可装载性。体积大、笨重的货物较难装载；体积小、轻巧的货物相对容易装载，但处理作业会更复杂。

(5) 搬运。一些货物会装上把手或采用其他方式以便于搬运，另一些货物搬运起来就相对困难些。鲜活货物的搬运相当麻烦，而适合集装箱装运的货物处理起来就比较简单。近年来在国际贸易中增长较快的冷藏货物的搬运也需要特殊处理。

(6) 可靠性。指货物在运输过程中发生损坏或丢失的可能。一些货物容易被盗，如电子产品；一些货物容易损坏，如新鲜水果。而像废纸这类货物就不存在这个问题。

(7) 危险货物。许多商品通常并无危险性，但在运输状态下却可能产生危险。

(8) 特殊服务要求。一些货物需要特殊服务，如牛皮必须浸泡在有毒性溶剂中；运送牲畜时，途中需要定时喂食。

4. 交货时间的要求

对于合同规定交货时间短、客户急需的货物、因备货等自身原因造成必须快运(溢价运输)才能在合同规定的时间内交货等，则要选择运送速度快的空运或汽车陆路运输。对于交货时间充裕的货物，则主要考虑运输成本问题。

5. 物流基础设施条件

由于国家之间发展的不平衡，一个国家中可以选择的物流方式，到另一个国家便不能采用，原因是另一个国家缺乏采用这种方式的必要基础设施。在选择时，如不考虑这个问题，是无法形成有效的物流系统的。最典型的例子是，大型船和集装箱，如缺乏必要的水域条件、港口条件，大型船无法作业，即使运价合适，也不能选择大型船；如果没有大型集装箱装运码头和集装箱集疏的腹地条件，则也不可能大量选择集装箱方式。

4.1.3 运输外包决策

如今，将运输业务外包已经非常普遍，其目的是帮助公司提高服务水平、降低成本、重组内部流程、将更多的资源投放在核心业务上。对小公司而言，运输外包可能仅仅是因为公司人员缺乏运输经验；对于大公司而言，运输外包意味着潜在的成本节约和服务水平的提高。当然也有一些企业通过自有运输公司完成自己的运输业务。显然，有多种运输服务可供选择，公司必须分别对它们在成本和服务方面的影响进行评估。

1. 自营运输

自营运输是指生产企业借助于自身的物质条件自行组织的物流运输活动，企业拥有自己的物流资源,包括运输工具和设备、人员等。自营运输最普遍的形式是大型公司运营自己的卡车车队。自营运输模式的优势是灵活、易控制,与其他物流环节的紧密整合,以及易沟通。自营运输能够很好地适应组织的需要,使用最佳的车辆类型、规模、运输时间和客户服务等,同时也有如车辆广告的市场促进和产生可靠、长期信任的效果等无形的效益。

但自营运输投资规模较大,如果缺乏专业物流管理人才,物流投资和管理风险将增大。自营运输不仅是一种运输决策,也是一种财务决策。应对公司的雇佣承运人与自营运输经营的现有成本和业务数据进行比较。只有在比使用第三方承运人更廉价时才运营自己的车队,这意味着自有运输必须至少与专业运输公司一样有效。

2. 第三方承运人

企业与其他企业共同管理物流或者将物流活动通过合同的形式外包出去,由专门提供这类服务的第三方物流供应商来做,这种模式叫物流外包。由第三方公司来承运的优点是专业的公司经营运输,有利于组织集中强化核心竞争力。第三方承运人可以利用其专业的技术、设备和管理经验帮助企业提供更好的服务或降低成本。第三方承运人通过合理组织运输更容易实现规模经济和降低成本,并能得到很多运营优势。例如,它们可以通过将小批货物组合成大批量,减少目的地之间的运输次数,或者通过协调运输实现回程,即运送车辆在返回时装载其他物料。

根据企业与第三方物流企业合作程度的不同,物流外包可以划分为三个层次,如图4.2所示[①]。

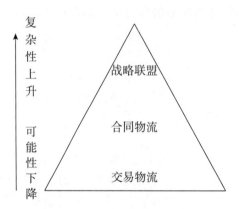

图4.2 企业物流业务外包

1) 战略联盟

战略联盟是一种有计划的持续性合作关系,合作双方彼此能满足对方需要,并为实现共同的利益而具有共同的价值取向、目标和企业战略。一个卓有成效的物流网络,要求托运人与承运人在战略及营运层面上建立合作关系。这种关系一旦建立,托运人与承运人就成为伙伴关系或联盟的一部分。已经实施了这种理念的公司有 Black and Decker、GTE、McKesson、宝洁、施乐、3M 等。

2) 合同物流

合同物流是一种按具体情况确定的关系,以合同为指导,取决于供应商是否能够满足货主指定的绩效目标。合同运输公司提供广泛的服务,从临时的包裹收寄到为单个客户运营的

---

① [美] 罗纳德·H. 巴罗. 企业物流管理——供应链的组织、规划与控制 [M]. 北京:机械工业出版社,2006:564-565.

大型专一车队。与物流战略联盟相比，合同物流公司出售服务，而不是与对方结成伙伴关系并从联盟各方通力合作中受益。合同物流公司声称他们可以针对物流问题提出高水平的物流解决方案。

3) 交易物流

交易物流是建立在一次交易或一系列独立交易的基础之上。

3. 企业运输外包决策

采用自营物流还是寻找其他管理方式取决于两个因素的平衡：物流对于企业成功的关键程度及企业管理物流的能力。企业所处的位置决定了其采取的战略[1]，如图 4.3 所示。

如果公司对客户服务要求高，物流成本占总成本的比重大，且已经有高素质的人员对物流运作进行有效的管理，那么该企业就不应将物流活动外包出去，而应当自营。沃尔玛就是这样的公司，其供应渠道的管理非常出色。另外，如果对于一家公司来说，物流并不是其核心战略，企业内部物流管理水平也不高，那么将物流活动外包给第三方物流供应商就有利于降低成本、提高客户服务质量。戴尔电脑公司认为其核心竞争力是营销，是制造高科技的个人电脑硬件，而不是物流，因此戴尔电脑在世界各地直销时，就与几家第三方物流企业合作，在一定地理范围内分销商品。

如果物流是企业战略的核心，但企业物流管理能力很低，那么寻找物流伙伴将会给该公司带来很多收益。好的合作伙伴在公司现有的、甚至还未进入的市场上拥有物流设施，可以向企业提供自营物流无法获得的运输服务及专业化的管理。相反，如果公司的物流活动不那么重要，但是由专业人员管理，那么该公司就会主动寻找需要物流服务的伙伴，通过共享物流系统提高货物流量，实现规模经济效益，降低企业的成本。而这种企业的目标伙伴就应该是处于图 4.3 中左上方的那类公司。

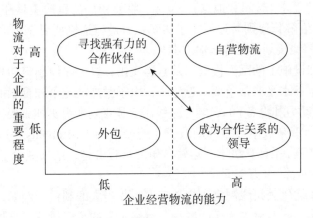

图 4.3 物流活动经营形式选择

4.1.4 承运商的管理

承运人与托运人的战略是相互关联、密不可分的。运输是物流战略中不可或缺的组成部分。承运人必须理解运输在公司整体物流系统中的地位，公司也必须理解承运人如何辅助它们满足客户需求以取得利润。由于运输影响客户服务、及时递送、服务一贯性、库存、包装、

---

[1] [美] 罗纳德·H. 巴罗. 企业物流管理——供应链的规划、组织和控制 [M]. 王晓东，译. 北京：机械工业出版社，2006：564-565.

仓储、能源消耗、污染及其他因素，因而运输经理必须采取最佳的承运人战略。

承运人选择决策有四个阶段，即发现问题、搜索信息、选择承运人、事后评估。

1. 发现问题

发现问题阶段是由许多因素触发的，比如客户需求、对现行模式的不满、公司配送方式的改变等。通常，最主要的因素与服务有关，在客户没有明确指定运输模式的情况下，可以考虑各种可行的选择。

2. 搜索信息

在搜索信息过程中，运输经理对能够帮助其进行承运人决策的各种信息进行考察。可以利用的信息包括过去的经验、承运人的要求、公司运输记录、公司的客户。一旦收集好所需的信息，就可以利用采集的信息对承运人作出选择。

3. 选择承运人

1) 签订托运合同

选择承运人，并最终签订托运合同。利用以前在搜索阶段收集的信息，运输经理确定哪种选择能够在可接受的成本基础上最好地迎合公司客户的需求。每个企业都有选择承运商的标准。物流领域的许多研究都着眼于企业如何选择承运商以及如何经营合作关系。通常，与服务相关的因素是选择承运人的决定性因素。

订立合同的好处很多。合同使托运人能对运输活动施加更多的控制，通常成本较低，可以预见并防范费率的波动。此外，合同可以向托运人提供服务水平保证，使托运人利用运输取得竞争优势。每一个承运人－托运人合同的具体形式可以不同，取决于一些因素，如所涉及的模式、承运人、货运公司的类型、所运送的产品以及竞争的水平。买卖双方之间的协议规定了卖方所必须达到的具体的运输标准，这些标准包括将要托运的货物、财务结算条款、对运输的要求（时间和地点）、包装、将要使用的运输工具和方法以及货物保险。此外，《国际贸易术语解释通则》还规定了买卖双方进行运输所要承担的义务。

2) 承运人进行路线规划并实施运输方案

考虑到在装备和设施上的巨大投资以及营运支出，好的路线制定和规划对取得满意的公司利润水平和客户服务水平非常重要。近年来，由于激烈的竞争和管制的解除，以及一些经济因素（如燃料、劳动力和设备）的影响，路线制定和规划变得更加重要。对于托运人，更好的路线制定和规划会带来成本与服务的改善。例如，Bashn-Robbins（一家在美国拥有2 500家商店的冰淇淋制造商）用计算机进行运输队伍的行程安排，结果减少了10%的卡车营运里程，相当于每年节约成本18万美元。

承运人能够通过优化其路线制定和规划来取得相当大的利益。例如，通过提前安排进入特定市场的货物运输，同时减少递送的频率，运输工具的承载量就会增加，就会给承运人节约成本。装卸与递送频率的减少，会使递送相同数量货物所需的运输水平降低，从而节约运输成本，提高生产率。

再如，将各种不同的路线搭配使用，以及改变客户递送时间。如果客户允许在非高峰时段运输，承运人就有了更大的空间来选择递送时间，从而提高车辆利用率，降低每次运输的设备成本。

一般来说，改进了的路线制定和规划对承运人的好处有车辆利用率增加、客户服务水平更高、运输成本更低、在设备上的资金投入减少、管理决策制定更好。

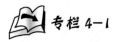

专栏 4-1

索尼集团的承运人

索尼公司是世界著名的电子电气、影视娱乐及通信产品的制造商，2015 财年营业收入 675 亿美元，其中 70% 营业收入来自日本以外的海外市场，是一家名副其实的跨国公司。索尼是国际物流需求的大客户，索尼每年零部件物流的费用占生产总成本的 6%，如果以生产总成本占营业收入的 80% 计算，则每年零部件物流费用高达 32 亿美元。据国际物流专家估计，仅电子产品一项，索尼集团每年的全球集装箱货运量已经超过 16 万标准箱。

索尼集团以优异的物流管理能力作为提高国际竞争力的支撑，专门组建了物流公司，并在海外建立分支机构。索尼的物流管理理念是：必须从战略高度去审视和经营物流，每时每刻都不能忽视物流。索尼与日本商船三井、日本邮船、川崎船务等实力雄厚的航运集团结成联盟，但在物流管理业务上始终保持独立自主的地位。索尼集团每年举行一次与承运人的全球物流洽谈会，通过认真谈判，把计划中的集装箱货运量配送给选中的承运人。在合同中，索尼集团公司给对方一年的集装箱运量的许诺，如果在一年中，索尼所需的集装箱运量低于许诺，索尼向承运人赔款；如果数量超过许诺，索尼并不要求承运人提供运费折扣。在合同中，索尼只要求承运人提供半年运价报价，以此加强与承运人的合作和联系，获得高水平、低成本的物流服务。这个合同条款在对美航线中用得比较普遍，而在其他贸易航线中，则很少向承运人承诺集装箱的年度总托运量。

索尼的独立且出色的物流管理能力还体现在灵活多样的承运人选择策略。索尼通常的做法是在不同地区与不同供货商及不同的承运人商谈不同的物流项目，如索尼公司在北美和亚洲的物流谈判就不包括采购项目，在欧洲的物流谈判就包括采购项目。为了降低物流成本，索尼集团公司常常根据实际需要，办理集装箱货物的"多国拼箱"。比如，索尼公司把半箱货物的集装箱从某一个产地发往新加坡或高雄，在那里把另外一种产品拼箱，变成满箱货物，然后继续运输，直至北美或者欧洲某目的港。索尼集团目前把这些物流服务委托给东方海外和马士基船务公司承担。

索尼物流管理努力的目标：一是努力缩短从产品出厂到客户手中的过程和所用的时间，特别是要缩短跨国转运、多式联运和不同类型运输方式之间货物停留时间；二是大力加强索尼与承运人之间的合作关系；三是建立地区性物流基础设施，新加坡、中国和东欧等地区性的物流网络已经基本建成。

(资料来源：根据索尼官网 www.sony.co.jp 及其他公开信息编写。)

4. 事后评估

一旦选择好了模式或承运人，就必须形成一定的评估程序以确定模式/承运人的绩效水平。公司的事后评估 (Post Choice Evaluation) 过程可能非常详细，也可能根本不进行评估。对大多数公司来说，事后评估程序介于这两个极端之间。很少有公司对客户对于其承运人的抱怨置之不理，而这就是一种事后评估的形式。许多公司采用其他技术，如进行成本研究、审计及对按时装卸和递送进行考察。有的公司会对承运人的服务质量进行统计分析，如准时性和损失率等。

随着托运人减少与其交易的承运人数量并开始发展核心承运人，承运人选择变得更加重要。通过增加货物数量以取得更多的折扣和更高的服务水平，托运人能够减少其运输成本。同时，承运人不得不与更少的托运人交易，而这些托运人会在长时期内连续地运送大宗的产品。所以托运人也会受益。

4.2 国际海洋运输

专栏 4-2

全球海运联盟风起云涌

2015年年底，中国两大远洋运输公司中远集团和中海集团宣布合并重组为"中国远洋海运集团有限公司"。合并后的中远海运集团，其干散货总运力将跃居世界第一，集装箱船队运力全球排名升至第四位。与此同时，全球第3大集运船东达飞轮船以24亿美元收购东方海皇，成为有史以来最大集运业务整合项目。

海运巨头的重组并未停下脚步。2016年4月，中远海运集团所属的中远集运与达飞轮船、长荣海运和东方海外，决定组成"大洋联盟"（Ocean Alliance）。这是业界运力排名第三、第四、第五以及第九的集装箱航运公司组建的新联盟。但这并非是海运行业整合的序幕。早在2014年7月，马士基航运、地中海航运和达飞轮船打算成立P3联盟，遭到中国商务部的否决之后，马士基航运和地中海航运于当年10月决定签署为期10年的船舶共享协议，即2M联盟。达飞轮船则与中海集运以及阿拉伯联合航运组建Ocean Three（O3）联盟。

此外，中远集运、川崎汽船、阳明海运、韩进海运和长荣海运成立了CKYHE联盟，赫伯罗特、商船三井、日本邮船、东方海外、美国总统轮船、现代商船组建了G6联盟。Alphaliner的数据显示，全球排名前16位的集装箱班轮公司，有15家分属于四大联盟成员。在亚欧航线上，2M占据35%的运力份额，CKYHE占据25%的运力份额，O3占据23%的运力份额，G6占据16%的运力份额；在北美航线上，2M占据16%的运力份额，CKYHE占据34%的运力份额，O3占据14%的运力份额，G6占据29%的运力份额。

新组建的OCEAN Alliance联盟，集装箱总运力超过600万标准箱（TEU），这意味着以前的几个联盟面临重新选择合作伙伴和市场份额变化的现实。需求低迷、船舶大型化压力加大，集装箱运输市场供需矛盾一段时间内很难得到根本性缓解。在航运市场寒冬季节，联盟化是大势所趋，联盟合作有利于提升船舶的使用效率并降低成本。更重要的是，货主将面临新的选择。

（资料来源：根据Alphaliner.com及其他公开资料编写。）

4.2.1 国际海运的特点

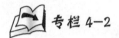
【拓展视频】

国际海洋货物运输是国际贸易运输最传统的方式。据联合国世界海运组织《世界海运回顾》所述，至2005年，世界上仍有超过90%的国际贸易货物流量是通过国际海上运输来完成的。国际海运和国际空运是国际贸易物流中的重要组成部分。海洋运输之所以被如此广泛运用，是因为它与其他国际货物运输方式相比，主要有以下明显的优点。

1. 运量大

海洋运输的运载能力要远远高于陆路、航空运输。随着造船技术的不断提高，船舶的运载能力也不断提高。一艘万吨轮船载重量相当于200节50吨载重量的火车车厢的运量。

2. 运费低

海洋运输利用天然形成的海洋航道，所支付的航道建设与维护费用很小，加之货运轮船向巨型化发展，每吨货物所担负的运输成本相对较小。一吨货物的海洋运费仅相当于铁路运费的1/5、公路汽车运费的1/10和航空运费的1/25。

3. 通过能力强

地球上70%的面积被水覆盖，海洋运输利用天然水路，不受道路和轨道的限制，通货能力比汽车和铁路等运输方式要大。如果政治、经济等贸易条件变化，还可以随时改选最有利的航线。

4. 适用于多种货物的运输

海洋运输可以适应多种货物运输需要。现在有许多专门根据货物尺寸和载重等需要而设计的船舶，如杂货船、冷藏船、木材船、油轮、集装箱船、液装船、载驳船、天然气船和多用途船、散装货轮等。

5. 有利于增强国防后备力量

在特殊时期，船队往往被用来运送军事物资等。

除了以上优点外，国际海洋运输业有一些不足之处。首先，风险性较大。国际海洋运输的周期相对较长，受气候和自然条件影响较大，有时受海洋气候限制不能按时出航，延误了航期。因此，一定要为货物保险，以减少损失。另外，国际海洋运输的速度较慢，不利于一些易腐化变质的货物的运送。如要提高航速，则燃料消耗费用会大大增加，从而增加运送费用。

4.2.2 国际海运的运输方式

按照海洋运输船舶经营方式的不同，可分为班轮运输 (Liner Transport) 和租船运输 (Shipping by Charting)。

【拓展视频】

1. 班轮运输

班轮运输，又称为定期船运输，是指船公司按照公布的船期表在特定的航线上，以既定的挂靠港顺序，进行规则的、反复的航行和运输的一种船舶经营方式。它包括件杂货班轮运输和集装箱班轮运输。班轮运输是随着工农业生产的发展，在运量激增、货物品种增多的条件下，为适应货物自身价值高、批量小、收发货人多、市场性强以及送达速度快的货物运输要求而产生和发展起来的。现在集装箱班轮运输已是国际物流业的主流业务之一。因此，在组织班轮运输时不仅对船舶的技术性能以及船员和设备等有较高的要求，而且还需要有一套与之相适应的货运程序。

班轮运输主要具有以下特点。

(1) "四固定"，即航线固定、港口固定、船期固定和费率的相对固定。

每一条班轮航线的始发港和目的港、中间挂靠港、到达各港口时间以及运价都通过适当的媒体对外公布，便于社会各界广泛利用。如 2009 年美国总统轮船公司在福州新港开辟首条欧洲航线。新航线沿途挂靠宁波—洋山—福州新港—厦门—香港—赤湾—新加坡—科伦坡 (斯里兰卡)—苏伊士运河 (埃及)—塞德港 (埃及)—南安普顿 (英国)—泽布腊赫 (比利时)—汉堡 (德国)—鹿特丹 (荷兰)—萨拉拉 (阿曼)，其中每周三靠泊福州新港码头。

(2) 由班轮公司负责货物的配载和装卸，运费内已包括装卸费用，班轮公司和托运人双方不计滞期费和速遣费。

班轮运输是根据班轮运价表向货方收取运费的。班轮运费不仅包括货物从启运港至目的港的运输费用，还包括货物在启运港的装船费用和目的港的卸船费用。因此，货物在港口有关装卸的一切费用均应由船方负担，不再另行向货方计收。货方可根据班轮费率表事先核算运费和附加费用，从而能比较准确地进行比价和核算货物价格，来决定贸易是否应该成交。

(3) 手续简便，方便货主托运。

班轮所承运的货物种类繁多，批量较小，而且来自于众多的托运人。作为承运人，班轮公司不可能临时与每个托运人签订运输合同，而只能按照约束提单的国际公约或有关国内法律，事先拟定有关承、托双方权利与义务的班轮提单。在货物装船后，由船舶公司或其代理人签发提单。船、货双方的权利、义务与责任豁免，以船方签发的提单条款为依据，并受统一的国际公约的制约。在货物装船之前，承运人和货主之间不需要签订书面运输合同，而一般采取在码头仓库交接货物，故为货主提供了更便利的条件。

(4) 班轮承运货物的品种、数量比较灵活，特别有利于一般杂货和小额贸易货物运输。

在国际贸易中，除大宗商品利用租船运输外，经常有零星成交、批次多、到港分散的货物。因为班轮船舶在固定的航线上有规则地从事运输，即使是小批量货物，货主也能随时向班轮公司托运，而不需要将货物积攒成大批量时再交付运输。这样，货主能节省货物集中等待时间和仓储费用。

2. 租船运输

又称为不定期船 (Voyage Charter) 运输。它与班轮运输的方式不同，既没有固定的船舶班期，也没有固定的航线和挂靠港，而是按照货源的要求和货主对货物运输的要求安排船舶航线计划、组织货物运输的相对于班轮运输的另一种船舶经营方式。

1) 租船运输的方式

租船运输的方式包括航次租船 (Voyage Charter)、定期租船 (Time Charter) 和光船租船 (Bare Boat Charter) 三种方式。

(1) 航次租船，又称定程租舱，它是由船舶所有人负责提供船舶，在指定港口之间进行一个航次或数个航次承运指定货物的租船运输。定程租船就租赁方式的不同可分为单程租船，又称单航次租船，来回航次租船，连接航次租船和包运合同租船。

(2) 定期租船，简称期租。它是船舶所有人将船舶出租给承租人，供其使用一定时期的租舱运输。在租期内，出租人需保证船舶处于适航状态，并通过自己配备的船员承担船舶的驾驶和管理责任。承租人则需按期如数向出租人支付租金，以取得船舶的使用权，并根据自己的需求来安排船舶营运的调度。

定期租船中还有一种特殊的方式称为航次期租 (Time Charter Trip，TCT)。这是一种航次租船和定期租船的混合方式，其租期以完成一个航次货运任务的时间为准，而其他条件基本与期租相同。

(3) 光船租船 (Bare Boat Charter)。它实际上也是定期租船的一种，与一般定期租船不同的是，船东不负责提供船员，只是将船交给租方使用，由租方自行配备船员，负责船舶的经营管理和航行各项事宜。但是，把船交给租船人支配，船东往往心存疑虑。而在另一方面，由于雇佣和管理船员工作繁重复杂，租船人对这种方式也缺乏兴趣。因此，光船租船方式在租船市场上较少采用。

2) 租船运输的特点

(1) 不定航线、不定船期、不定装卸港口、不定费率。租船运输中船舶的航线、航行时间、装载种类和装卸港口等是出租人根据承租人的不同需要，并结合租船市场上的各种因素而确定的。由于其航次和航线取决于租船市场上揽到的业务，因此，船舶的配备比班轮运输更为复杂。经营租船运输需要以丰富的管理经验，对船舶进行妥善、合理的安排，使前、后租船合同航次在时间和空间上紧密衔接，避免发生闲置或空放航次，导致经济效益降低。此外，租船运输不像班轮运输那样有固定的运价表，其租金率或运费率是由双方在每一笔租船交易洽商时，根据租船市场的行情决定的。世界的经济状况、船舶运力供求关系的变化、季节性气候条件的不同以及国际政治形势等，都是影响运费或租金水平高低的主要因素。因此，合同双方在洽谈费率时，可以租船市场的近期行情为基础，并结合自己的谈判地位以及当时、当地具体的供求情况讨价还价，以达成双方均能接受的租金率或运费率。

(2) 租船运输适合运输大宗、低值货物。大宗货物如谷物、油类、矿石、煤炭、木材、砂糖、化肥、磷灰土及水泥等，一般适合整船装运。这类货物本身的价值较低，运输量较大，对运输费用的承受能力也相对较低，班轮运输无法提供足够、适宜的舱位，也不可能以过低的运费来承运大宗货物。为了适应大宗货物运输的需求，各种专用船舶和多用船舶相继建成，并投入租船市场，如油船、散货船和矿砂船等。同时，船舶吨位也不断提高，通过"规模经营"降低了运输成本。目前世界干货和石油的海运运量所占的比重均达到一半以上。由此可见，租船运输在大宗货物运输中起着十分重要的作用。一般需要用整艘船舶进行运输。

(3) 通过租船经纪人洽谈成交租船业务。租船运输与班轮运输的又一区别是：班轮运输中是由船务代理和货运代理为承运人和托运人促成运输合同；而租船运输中一般是由出租人和承租人分别委托船东经纪人(Owner's Broker)和租船代理人(Chartering Agent)洽谈租船业务。租船经纪人以佣金作为劳务报酬，依靠广博的专业知识、丰富的实务经验以及广泛的业务联系渠道，在偌大的国际航运市场上为出租人揽收合适的货源或为承租人提供合适的船舶。

(4) 租船合同条款由合同双方自由商定。租船运输实施首先需要船舶所有人(出租人)与承租人签订租船合同。租船合同中除规定船舶航线、载运货物种类及停靠港口外，还要明确双方应承担的责任、义务和享有的权利，合同的条款是双方权利与义务的依据。在租船市场上，船、货的供求关系存在于世界范围之内，无人能垄断和控制世界船舶和货源的供应。总体上，合同双方无论就专业知识，还是议价实力而言，都处于同等地位，因此，没有必要像班轮运输那样，通过制定国际公约或订立国内法去强制规定双方的责任和义务。租船合同的签订具有法律上认可的订约自由。换而言之，合同双方完全可以凭借其谈判实力，在船舶合同中订立保护自己利益的条款。

4.2.3 国际海运物流流程

进出口货物可通过海运代理来办理，通过签订委托代理合同，明确委托人与代理人的权利和义务。委托的范围由委托人与代理人协商议定并在合同中明确，例如，运输的形式，委托代理的项目，办理保险、商检、报关、包装、仓储等责任的划分，以及委托方提供相应的单证和提供单证的时间。

1. 出口程序

海运出口运输工作，在以 CIF 或 CFR 条件成交，由卖方安排运输时，其工作程序如图 4.4 所示。

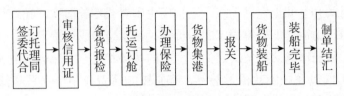

图 4.4 国际海运物流出口程序

1) 审核信用证

为使出运工作顺利进行，在收到信用证后，必须审核证中有关的装运条款，如装运期、结汇期、装运港、目的港、是否能转运或分批装运，以及是否指定船公司、船名、船籍和船级等。有的要求提供各种证明，如航线证明书、船籍证等。对这些条款和规定，根据我国政策、国际惯例，以及要求是否合理和是否能办到等来考虑接受或提出修改要求。

2) 备货报检

备货报检就是根据出口成交合同及信用证中有关货物的品种、规格、数量、包装等的规定，按时、按质、按量地准备好应交的出口货物，并做好申请报检和领证工作。在我国，凡列入商检机构规定的"种类表"中的商品以及根据信用证、贸易合同规定由商检机构出具证书的商品，均需在出口报关前填写"出口检验申请书"申请商检。

3) 托运订舱

编制出口托运单，即可向货运代理办理委托订舱手续。货运代理根据货主的具体要求按航线分类整理后，及时向船公司或其代理订舱。货主也可直接向船公司或其代理订舱。当船公司或其代理签出装货单，订舱工作即告完成，就意味着托运人和承运人之间的运输合同已经缔结。

4) 办理保险

货物订妥舱位后，属卖方保险的，即可办理货物运输险的投保手续。保险金额通常是以发票的 CIF 价加成投保(加成数根据买卖双方约定，如未约定，则一般加 10% 投保)。

5) 货物集港

当船舶到港装货计划确定后，按照港区进货通知并在规定的期限内，由托运人办妥集运手续，将出口货物及时运至港区集中，等待装船，做到批次清、件数清、标志清。要特别注意与港区、船公司以及有关的运输公司或铁路等单位保持密切联系，按时完成进货，防止工作脱节而影响装船进度。

6) 报关

货物集中港区后，把编制好的出口货物报关单连同装货单、发票、装箱单、商检证、外销合同、外汇核销单等有关单证向海关申报出口，经海关关员查验合格放行后方可装船。

7) 货物装船

在装船前，理货员代表船方，收集经海关放行货物的装货单和收货单，经过整理后，按照积载图和舱单，分批接货装船。装船过程中，托运人委托的货运代理应有人在现场监装，随时掌握装船进度并处理临时发生的问题。装货完毕，理货组长要与船方大副共同签署收货单，交与托运人。理货员如发现某批有缺陷或包装不良，即在收货单上批注，并由大副签署，以确定船货双方的责任。但作为托运人，应尽量争取不在收货单上批注以取得清洁提单。

8) 装船完毕

托运人除向收货人发出装船通知外，即可凭收货单向船公司或其代理换取已装船提单，这时运输工作即告一段落。

9) 制单结汇

将合同或信用证规定的结汇单证备齐后,在合同或信用证规定的议付有效期限内,向银行交单,办理结汇手续。

2. 进口程序

海运进口业务,是指根据贸易合同中有关运输条件,把向国外的订货加以组织,通过海运方式运进国内的一种业务。这种业务必须取决于价格条件。如果是CIF或CFR条件,则由国外卖方办理租船订舱工作;如果是FOB条件,则由买方办理租船订舱工作,派船前往国外港口接运。海运进口货物运输工作环节如图4.5所示。

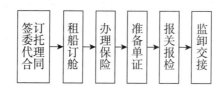

图4.5 国际海运物流进口程序

1) 租船订舱

按照贸易合同的规定,负责货物运输的一方,要根据货物的性质和数量来决定租船或订舱。大宗货物需要整船装运的,洽谈适当船舶承运;小批量的杂货,大多向班轮公司订舱。不论租船或订舱,均需办理租船或订舱手续。除个别情况外,一般均委托代理来办理。在我国,一般是委托中国对外贸易运输总公司及其分公司来办理。

2) 办理保险

进口货物在国外装船后,卖方应按合同规定,向买方发出装船通知,以便买方做好接货准备,如买方自行保险(FOB、CFR条件进口)办理投保手续。进口货物的运输保险一般有预约保险和逐笔投保两种方式。目前,为简化手续和防止发生漏保现象,一般采用预约保险办法,由负责进口的单位与保险公司签订进口货物预约保险合同。

3) 准备单证

进口货物的单证是港口进行卸货、报关、报验、接交和疏运等项工作不可缺少的资料。它一般包括商务单证和船务单证两大类。商务单证有贸易合同正本或副本、发票、提单、装箱单、品质证明书和保险单等;船务单证主要有载货清单、货物积载图、租船合同或提单副本。如果是程租船,还应有装卸准备就绪通知书(Notice of Readiness)、装货事实记录(Loading Statement of Facts)、装卸货物时间表(Time Sheet)等,以便计算滞期费、速遣费。单证多由装货港口的代理和港口轮船代理公司、银行、国外发货人提供。近洋航线的单证也可由进口船舶携带而来。

4) 报关报检

进口货物需向海关报关,填制《进口货物报关单》,经海关查验放行,缴纳进口关税后,方可提运。根据《中华人民共和国海关法》第十八条规定,进口货物应当自运输工具申报进境之日起14日内向海关申报。超过上述规定期限未向海关申报的,由海关征收滞纳金。进口货物按我国《商检法》的规定,必须向商检局申请办理检验、鉴定手续,查验进口商品是否符合我国规定或订货合同的有关规定,以保护买方利益。

5) 监卸交接

一般由船方申请理货,负责把进口货物按提单、标记点清件数,验看包装情况,分批拨交收货人。监卸人员一般是收货人的代表，履行现场监卸任务。监卸人员要与理货人员密切配合，把好货物数量和质量关。监卸交接的工作环节包括卸船前的准备、卸船、处理验残和溢短以及特殊货物的交接等各主要环节。

4.2.4 国际海运单据

1. 海运提单

1) 海运提单的性质和作用

海运提单是承运人收到货物后，填发给托运人的货物收据，也是承运人所签署的运输契约证明，即证明货物运输合同的存在以及货物已由承运人接管并装上船。提单是一种物权凭证，各国法律和有关国际公约都认定提单是货物所有权的凭证。持有人可据以提取货物，也可凭它向银行押汇，还可在载货船舶到达目的港之前进行转让。也就是说，谁拥有提单，谁就拥有物权。

2) 海运提单的种类

(1) 根据货物是否已装船，可分为已装船提单和备运提单。前者指货物已装船后签发的提单，后者指承运人已接管货物并准备装运时所签发的提单。在贸易合同中，为了保障收货人自身的利益，一般要求卖方提供已装船提单，因该提单上有船名和装船日期，对收货人按时收货有保障。

(2) 根据提单上对货物外表状况有无不良批注，可分为清洁提单和不清洁提单。国际贸易结算中，银行为安全起见只受理清洁提单，即承运人未在提单上批注货物外表状况有任何不良情况。

【拓展单证】

(3) 根据提单抬头不同，可以分为记名提单、不记名提单和指示提单。记名提单在收货人一栏内列明收货人名称，这种提单只能由该收货人提货，不能作任何形式的转让，不记名提单是在提单上不列明收货人名称的提单，谁持有提单，谁就可凭提单向承运人提取货物。指示提单在收货人一栏内应填明"指示"字样，经过背书可以转让。指示提单有利于资金的周转，在国际贸易中广泛应用。此外，根据运输方式的不同，提单可分为直达提单、转船提单、联运提单和多式联运提单；根据内容繁简不同，可分为全式提单和简式提单；根据运费支付方式不同，可分为运费预付提单和运费到付提单。

2. 海运单

1) 海运单的定义

海运单是证明海上运输合同和货物由承运人接管或装船，以及承运人保证据以将货物交付给单证所载明的收货人的一种不可流通的单证，因此又称为不可转让海运提单。

2) 海运单的性质和作用

海运单不是物权凭证，因此不可以转让。收货人不凭海运单提货，而是凭到货通知提货。因此海运单收货人一栏应该填写实际收货人的名称和地址，以便使货物到港及时到达收货人。海运单能够方便进口商及时提货，简化手续，节约费用，还可以在一定程度上减少以假单据进行诈骗的现象。

3. 电子提单

随着 EDI 在国际贸易中不断完善和发展，为了提高国际航运业务效率，电子提单应运而生。所谓电子提单，是指一种利用 EDI 系统对运输途中的货物支配权进行转让的程序。EDI 系统利用计算机网络，使用专用密码进行信息交换，通告货物支配权转移。

1) 电子提单的特点

(1) 卖方、发货人、银行、买方和收货人均以承运人(或船方)为中心，通过专用计算机密码通告运输途中货物支配权的转移时间和对象。

(2) 在货物运输中，通常情况下不出现任何纸质文件。

(3) 收货人提货只要出示有效证件证明身份，由船舶代理验明即可。

2) 电子提单的优点

传统的纸质提单是一张物权凭证，货物权利的转移必须通过提单持有人的背书，而电子提单的转移是利用 EDI 系统通过计算机进行的，因此它具有货物支配权的转移速度快，便于收货人提货，高度保密性的特点，可以控制、监视提单内容，以防止托运人涂改提单，欺骗收货人和银行。

4. 有关提单的国际公约

为了统一规定海上运输承运人和托运人之间的权利与义务，国际上签署了 3 个有关提单的国际公约。

(1) 1924 年签署的《关于统一提单的若干法律规则的国际公约》，简称《海牙规则》，于 1931 年生效，共 16 条。

(2)《1968 年布鲁塞尔议定书》，简称《维斯比规则》，于 1977 年生效，共 17 条。

(3)《1978 年联合国海上货物运输公约》，简称《汉堡规则》，于 1992 年 11 月 1 日生效，共 34 条。

4.3 国际航空运输

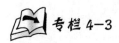
专栏 4-3

世界航空运输的开始

1903 年，美国莱特兄弟发明了世界上第一架飞机。飞机最初用于邮件运送，1910 年 5 月，美国邮政局首先使用飞机运送邮件。随后发展为运载旅客和货物，但仅限于特定的短程航线上，而且每次载重量仅为一二百千克。1910 年 10 月，莱特公司开始使用飞机运送货物。而真正被世界公认为第一次航空货物商业运输飞行服务的，则是发生在 1911 年 7 月，一架由英国人驾驶的飞机将一箱钨丝灯从苏塞克郡运送到霍拉，并为此获得了 100 英镑的酬劳。

世界上第一个、同时是历史上最长的一条定期航班是荷兰皇家航空公司于 1920 年 5 月 17 日首开的伦敦至阿姆斯特丹定期航班。在其运作的第一年中，荷兰皇家航空公司共运了 345 名乘客、22 吨货物和 3 吨邮件。继 1924 年 10 月开辟通往印尼的第一条国际航线后，该公司又于 1929 年开通了到亚洲的定期航班。这在第二次世界大战爆发前，一直是世界上最长的航线。

作为国际贸易运输的方式之一，航空货运也随着国际贸易的发展而迅速发展起来。自 20 世纪 60 年代以来，航空货物运输的发展速度非常惊人。1962—1971 年，国际航空货物运输平均每年增长 17%，几乎每四年增长一倍，这是世界航空货运史上增长最快的一段时期。随后石油危机引发的全球经济萧条并没有改变航空货运的发展趋势，只是有限地降低了航空货运的增长速度。在以后的一段时期中，航空货运仍然实现了每年10%左右的增长速度。这一数值超过了同期全球经济、贸易的增长速度。随着航空运输的发展，纺织品、鲜活食品等适于航空运输的日常生活用品，使用航空货物运输的比例大大增加，总数量越来越多。航空货物运输已经成为国际货运，特别是洲际货运的重要方式。

随着中国与国际经济交往的不断加深、外贸依存度不断增加，作为世界工厂的中国已经迅速融入世界产业链条，将越来越多地参与世界分工，与其他国家和地区的国际交往与贸易往来迅速增加。中国稳定的政治环境、快速发展的国民经济、丰富而廉价的劳动力和不断升级的国内消费市场仍将吸引大量外资投入，这对我国的国际航空货运提出了更高的要求。据空中客车公司2008年发布的《Global Market Forecast》(China)所述，在未来，中国的航空货运将保持较高的增长速度，其中，国内货运的年均增幅将达到10.5%，国际货运的年均增幅将达到8.5%。我国将成为亚洲最繁忙的航空货运市场，从而为航空物流业的发展打下坚实的基础。航空货运增长的动力与阻碍如图4.6所示[①]。

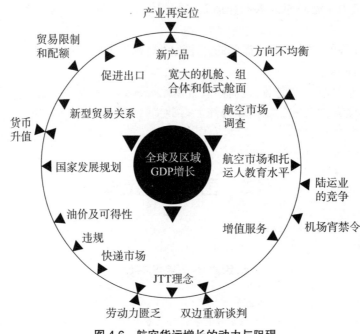

图4.6 航空货运增长的动力与阻碍

4.3.1 国际航空运输的特点

国际航空运输是一种新兴的运输方式，一般来讲，国际航空货物运输即指一国的提供者向他国消费者提供航空飞行器运输货物并获取收入的活动。航空运输之所以随着世界经济发展得到快速的增长，是由它与其他运输方式相比具有不能比拟的优势决定的。航空货物运输有以下特点。

1. 高速度、高科技

现代喷气式客机的巡航速度为800~900公里/小时，比汽车、火车快5~10倍，比轮船快

---

① [美]道格拉斯·朗，刘凯，张晓东. 国际物流：全球供应链管理[M]. 北京：电子工业出版社，2006：119.

20~30倍，大大缩短了物流活动的时间。在快捷性方面的突出优势使得航空适宜运输时效性和季节性强的商品、贵重物品、精密仪器、电子产品和高科技产品、抢险和救急品等商品。航空运输的主要工具是飞机，像通信导航、气象、航行管制、机场建设等都涉及高科技领域。

2. 灵活

航空运输的一个明显优势就是不受地形、地貌、山川、河流的局限，只要有机场，有航空设施保证，即可开辟航线。对于自然灾害的紧急救援、各种运输方式物流不可达到的地方，均可采用飞机空投方式，以满足特殊条件下特殊物流的要求。

3. 安全准确

现代喷气式民航飞机的飞行高度一般在1万米以上，不受低空气流的影响，飞行平稳，货物所受的震动、冲击小，在飞行中货舱与外界隔离，货舱的温度和湿度能得到适当的控制，因此货物很少产生损伤、被盗、变质等事故。同时，飞机的航班准确率高，货物可按时到达目的地，加上运送速度快，货物质量有保证，有利于巩固已有的市场和开拓新的市场。

4. 节省包装、保险、利息等费用

国际航空运输在空运过程中震荡性小，所以包装简单，包装成本较低，而且货物缺损率较低，因而保险费用也相对较低，又由于国际航空运输节约了大量的时间，因此货物占用的资金能较快回收，由此带来的利息费用也会减少。另外，尽管国际航空运费一般较高，但由于空运比海运计算运费的起点低，因此在运送一些小件急需品和贵重物品上采用航空运输更有利。

5. 航空货运联盟

组建跨行业、跨国家的联盟是拓展航空公司航线网络的一种较经济的方法。这是因为任何一家航空企业的航线网络都难以覆盖全球的任何一个地点。因此，航空公司之间必须在航线网络上做到优势互补。通过合作将所有联盟成员的货物运达世界各地，有效地运营国际航空运输。目前，世界上规模较大的航空货运联盟有天合联盟(Sky Team Alliance)和WOW联盟。

国际航空运输的主要缺点是：受天气变化影响较大；机舱容量相对较小；运输成本高，不适于体积大、价值低的货物的运输。

4.3.2 国际航空运输的经营方式和组织方法

1. 国际货物航空运输的经营方式

国际航空运输有班机运输、包机运输、集中托运和航空急件传送等方式。

1) 班机运输式(Scheduled Airline)

班机运输是指定期开航的定始发站、到达站、途经站的飞机运输。一般航空公司都使用客货混合型飞机(Combination Carrier)，在搭载旅客的同时运送小批量货物。一些货源充足的大航空公司也在某些航线上开辟有全货机航班运输。由于班机有固定的航线、始发和停靠港，并定期开航，收发货人可以准确地掌握启运和到达时间，能够保证货物安全迅速地运送到世界各地投入市场。

2) 包机运输(Chartered Carrier)

当货物批量较大，而班机不能满足需要时，一般就采用包机运输，包机运输分为整机包机和部分包机。整机包机是指航空公司按照事先约定的条件和费率，将整架飞机租给租机人，从一个或几个航空站装运货物至指定目的站的运输方式，它适合于运输大宗货物；部分包机是指由几家航空货运代理公司或发货人联合包租整架飞机，或者由包机公司把整架飞机的舱位分租给几家航空货运代理公司，部分包机适于1吨以上不足整机的货物运输，运费率较班机低，但运送时间较班机长。

3) 包舱、包集装箱(板、棚)运输

包舱、包集装箱(板、棚)运输是指托运人根据所托运的货物，在一定时间内须单独占用飞机货舱或集装箱、集装板、集装棚，而承运人需要采取专门措施给予保证的一种经营方式(不含正常运输中的集装箱、集装板、集装棚运输)。

2. 国际航空运输的组织方法

1) 集中托运(Consolidation)

集中托运方式是指航空货运代理公司把若干批单独发运的货物组成一整批，向航空公司办理托运，填写一份总运单将货物发运到同一到站，由航空货运代理公司在目的地的指定代理人负责收货、报关，并将货物分别拨交予各收货人的一种运输方式。这种集中托运方式在国际航空运输业中开展比较普遍，也是航空货运代理的主要业务之一。

2) 航空快件运输(Air Express)

航空快件运输是指具有独立法人资格的企业，通过航空运输及自身或代理的网络，在发货人与收货人之间以最快速度传递文件和物品的一种现代化的运输组织方法。因主要运送国际往来的文件和物品，亦称国际快件运输。

【拓展视频】

航空快件运输已成为航空货物运输的主要业务之一。它不同于航空邮寄和航空货运，而是由一个专门经营此项业务的机构与航空公司密切合作，设专人用最快的速度在货主、机场、收件人之间传送急件，特别适用于急需的药品、医疗器械、贵重物品、图纸资料、货样及单证等的传送。

国际快件运输的服务方式主要有以下几种。

(1) 门到门服务。根据发件人的委托，由快件公司派人到发件人所在地取货，快件公司经过分拣、整理、核对、制单、报关后，将快件搭乘最早的航班(航空公司或快件公司自己的班机)运往目的国，同时公司发传真，将快件有关信息运单、件数、重量等)，通知国际分拣中心，在快件运抵目的国机场后，由当地快递公司清关提货并及时送交收件人。送交完毕，将信息反馈给发货公司并通知发货人。

(2) 门到机场服务。运输服务只能到达收件人所在城市或附近的机场。快件运抵目的地机场后，当地的快件公司及时通知收件人，由收件人自己办理清关、提货手续，或委托代理公司代办。采用这种方式的快件多是当地海关对其有特殊规定的物品或价值较高的贵重物品。

(3) 专人派送。快件公司指派专人，亲自携带快件，在最短的时间内，采用最快捷的交通手段，将快件直接送到收件人手中。

上述三种主要的服务方式中，第一种方式最普通、最简单，适用于一般文件和物品；第二种方式，虽简化了发件人手续，但占用了收件人的时间；第三种方式，是一种特殊服务，一般很少采用，一旦采用便可免去普通快件的海关手续，服务周到，但所需费用较高。多数客户、快件公司都乐于采用安全、快捷、简便及收费适中的"门到门"服务。

3) 联合运输(Combined Transport)

陆空陆联运有三种方式，第一种是火车—飞机—汽车联运(Train-Air-Truck)，称为TAT运输；第二种是火车—飞机联运(Train-Air)，称为TA运输；第三种是汽车—飞机联运(Truck-Air)，也称为TA运输。这种运输方式的优点是运输速度快、运输费用较低，因此，从20世纪70年代开始，我国每年有几百吨货物采用此种方式经由香港地区陆空联运出口。

4) 送交业务 (Delivery Business)

在国际贸易中，出口商为了推销产品、扩大贸易，通常向推销对象赠送样品、产品目录、宣传资料及刊物等。这些物品抵达推销对象所在国家后，委托当地的航空货运代理办理进口报关、提取和转运等工作，最后送交指定的收件人，即期望的推销对象，以激起其购买欲望。航空货运代理先行垫付的报关手续费、税金、运费和劳务费等一切费用，集中向委托人收取。

5) 货到付款 (Cash on Delivery)

货到付款是指由发货人与承运人事先达成协议，在货物到达目的港后，由承运人向收货人收取航空运单上载明的货款并交货，而后将货款寄交发货人的运输方式。承运人的劳务费、运杂费及其付费办法均按协议办理。

4.3.3 国际航空物流的流程及单据

1. 国际航空物流的进出口流程

国际航空物流的进出口流程与国际海运的物流流程相似，如进口流程主要包括货代承揽货物运输、订舱、签发航空运单、准备单据报关、货物交接、签发运单发运、结汇和信息传递等。国际航空物流的出口流程主要包括：根据到货预报准备接货、对入境货物办理交接手续，对取得的航空公司运单进行分类整理并予以重新编号；由代理公司组织理货及仓储，发现问题，及时与有关部门协商；按货物的性质和要求，合理安排进口货物的仓储；最后向有关单位发到货通知；在收到用户的回询并获得必备的批文和证明之后进行制单报关，空运代理按委托的具体情况制单、报关和安排运输。

2. 国际航空物流单证

航空物流进出口单证与国际海运的单证不同，具体情况如下所述。

1) 国际航空货物运单

国际航空货物运单是由承运人或其代理人签发的重要的货物运输单据，是承托双方的运输合同，其内容对双方均具有约束力，但它不能作为物权凭证，因而是一种不可议付的单据。它有别于海运提单，而与铁路运单相似。航空货运单三正六副，第一联正本交给发货人，是承运人或其代理人收到货物后出具的收据；第二联由承运人留存作为记账凭证；第三联作为随机单据与货同行，到目的地后交收货人作为核收货物的凭证。包括由航空公司签发的航空主运单 (Master Air Way Bill, MAWB)，航空货代公司签发给发货人的航空分运单 (House Air Way Bill, HAWB) 两种。

2) 进口报关单证

进口报关单证分为基本单证和海关法规规定须提供的单证两种。基本单证包括进口货物报关单、航空货运单和发票。报关单必须在进口货物时向海关交验，按规定需要由海关核销的货物，需增加报关单、运单、发票。法定单证是由商品类别决定的单证，主要包括商检证明，机电、仪器、仪表批文和无线电管理委员会证明，以及由贸易性质决定的单证，包括登记手册、减免税证明、保证函、赠送函、接收函和海关关封等。

4.3.4 国际航空货物运输费用

航空运价是承运人为货物航空运输所收取的报酬。它只是货物从始发机场至到达机场的运价，不包括提货、报关、仓储等其他费用。航空货物运费计算主要由两个关键要素决定,即物品适用的运价与物品的计费重量。航空运价一般是按货物的实际重量(公斤)和体积重量(以 366 立方英寸体积折合 1 公斤)两者之中较高者为准。各国主要以国际航空运输协会(International Air Transport Association,IATA)运价手册,来制定各航线的货运价格,见表 4-1。

表 4-1 国际航协的 IATA 运价划分

IATA 运价	公布直达运价 (Published Through Rates)	普通货物运价 (General Cargo Rate)
		等级货物运价 (Commodity Classification Rate)
		特种货物运价 (Specific Commodity Rate)
		集装货物运价 (Unit Load Device Rate)
	非公布直达运价 (UN-Published Through Rates)	比例运价 (Construction Rate)
		分段相加运价 (Combination of Rates and Charges)

此外,各航空公司都规定有起码运费(Minimum Charges)。起码运费是航空公司办理一批货物所能接受的最低运费,是航空公司在考虑办理即使很小的一批货物也会产生的固定费用后制定的。如果承运人收取的运费低于起码运费,就不能弥补运送成本。因此,航空公司规定无论所运送的货物适用哪一种航空运价,所计算出来的运费总额都不得低于起码运费。如果计算出的数值低于起码运费,则以起码运费计收,另有规定除外。

4.4 集装箱运输与国际多式联运

专栏 4-4

集装箱运输的开始

19 世纪 30—50 年代,英国、美国铁路上相继出现了一种装煤的大型容器,用以克服传统运输的弊端。19 世纪中后期,英国兰开夏地区出现了一种专门运输棉纱、棉布并装有活动框架的载货工具,被称作"兰开夏框架",这种框架被认为是现代集装箱的雏形。

正式的集装箱于 1900 年诞生在英国铁路,之后于 1917 年在美国、1920 年在德国、1928 年在法国相继出现。从 20 世纪初到第二次世界大战的半个世纪中,集装箱运输陆续在世界各主要工业国展开。但是,由于集装箱运输具有投资大、对运输设备要求高的特点,因此一直发展缓慢,没有在全世界范围内广泛展开。

集装箱运输始于 1956 年,那时马尔科姆·麦克林(Malcom Mcclean)首次将海运拖车载在第二次世界大战中使用的油轮上,从新泽西州的奈瓦克航行到德克萨斯州的休斯敦。之后不久,就有一条船经过特别改装,将车厢大小的箱子码放在甲板上。集装箱运输从波多黎各扩展到欧洲,再到太平洋。这个创举减少了港口装卸时间,避免了偷盗,节约了保险费用。现在,美国与世界其他地区之间海上贸易的 75% 使用大集装箱运输。

美国海陆运输公司于 1966 年开辟了由纽约至欧洲的海上集装箱运输航线,揭开了大西洋集装箱运输的序幕,这也是世界上第一条洲际海上集装箱运输航线。20 世纪 70 年代以后,集装箱运输由发达国家扩展到发展中国家,世界各主要海运航线基本上都实现了集装箱化。1980 年 5 月,《联合国国际货物多式联运公约》在瑞士日内瓦通过,集装箱运输进入国际多式联运的高级阶段。

(资料来源:王述英. 物流运输组织与管理[M]. 北京:电子工业出版社,2008.)

4.4.1 集装箱运输

集装箱是一种用于货物运输的包装容器。由于它本身具有一系列其他运输容器所无法比拟的优势,所以从1900年在英国铁路诞生到现在的一个多世纪以来,已逐渐成为国际货物运输不可缺少的必备工具,被称作20世纪世界运输发展史上最伟大的"运输革命"。《经济学家》杂志说:"没有集装箱,就没有全球化。"在莱文森看来[①],经济全球化的基础就是现代运输体系,而一个高度自动化、低成本和低复杂性的货物运输系统的核心就是集装箱。在1956年集装箱出现之前,人们很难想象美国的沃尔玛能够遍地开花。而在集装箱出现之后,以至于某件东半球的产品运至纽约销售,远比在纽约近郊生产该产品更划算。毫不起眼的集装箱降低了货物运输的成本,实现了货物运输的标准化,以此为基础逐步建立全球范围内的船舶、港口、航线、公路、中转站、桥梁、隧道、多式联运相配套的物流系统,世界经济形态因此而改变。

【拓展视频】

1. 集装箱的概念及种类

1) 集装箱的概念

所谓集装箱(Container),是指具有一定强度、刚度和规格,专供周转使用的大型装货容器。使用集装箱转运货物,可直接在发货人的仓库装货,运到收货人的仓库卸货,中途更换车、船时,无须将货物从箱内取出换装。集装箱又称"货箱"或"货柜",是一种具有一定强度和刚度的大型载货容器。国际标准化组织根据集装箱在装卸、堆放和运输过程中的安全需要,规定了作为一种运输工具的货物集装箱应具备以下基本条件。

(1) 能长期地反复使用,具有足够的强度。
(2) 途中转运不用移动箱内货物,可以直接换装。
(3) 可以进行快速装卸,并可以从一种运输工具直接方便地换装到另一种运输工具。
(4) 便于货物的装满与卸空。
(5) 具有1立方米(35.32立方英尺)以上的内容积。

2) 集装箱的种类

集装箱按其用途不同,可分为:杂货集装箱;散货集装箱;冷藏集装箱;敞顶集装箱;框架集装箱;牲畜集装箱;罐式集装箱;汽车集装箱。

为了便于统计集装箱船的装箱能力和集装箱拥有量,使集装箱箱数计算统一化,把20英尺集装箱作为一个计算单位,简称标箱(Twenty-feet Equivalent Unit,TEU)。例如,一个40英尺集装箱相当两个计算单位,即两个标箱。集装箱船均以标箱为单位来表示它的载箱量,港口也以标箱为单位统计集装箱货物进出口量。

2. 集装箱运输的特点

集装箱运输与传统货物运输相比较,具有以下特点。

1) 提高装卸效率,减轻劳动强度

集装箱的装卸基本上不受恶劣气候的影响,使船舶非生产性停泊时间缩短。在整个运输过程中,完全以集装箱为运输单元,由于每个集装箱都是标准尺寸,可以利用专用的机械操作工具和运输工具装运,缩短了等待装卸的时间,提高了装卸效率,加快了货物与运输工具的周转速度。对搬运集装化货物的工人而言,集装箱装卸也更加安全。因为操作的机器与

---

① [美]马克·莱文森. 集装箱改变世界[M]. 姜文波,译. 北京:机械工业出版社,2008.

人有一定的安全距离。在以前的散货装运中,工人与货物近距离接触,如果货物坠落或者飞出,附近的人都有受伤甚至死亡的危险。在现代化的集装箱码头,很少看见工人在卡车驾驶台和起重机防护外作业。

2) 简化包装,节约包装费用

为避免货物在运输途中受到损坏,必须有坚固的包装,而集装箱具有坚固、密封的特点,其本身就是一种极好的包装。由于货物直接装在集装箱内,无须倒装。因而,使用集装箱可以简化包装,有的不需对货物另行包装,实现各种杂货无包装运输,可大大节约包装费用。

3) 减少货损货差,保证运输安全

集装箱运输能够有效减少货损货差,保证运输安全,提高货物运输质量。首先,货物放置在集装箱中难以接近。其次,集装箱通过标于外部的序列号来辨别,要想得知集装箱内装载货物的唯一方法就是开箱或者了解其序列号编码方式,货物因此而得到保护。再次,在堆场中放置有上千个集装箱,窃贼想通过打开集装箱偷走高价值货物的概率很低。正如电影《夺宝骑兵》最后一幕的情节,将货柜装入大板条箱中,将其放置在存放相同柜子的仓库内,这正是集装箱货物窃贼面临的难题。最后,集装箱门拴上有封条,如果其损毁就表示货柜被侵入。因此工作人员会对其进行检查,并将拒绝签收封条被损的集装箱。如果封条损坏,承运商会在货单上注明,并对货物的丢失不负责任。

4) 简化运输手续

货物装箱并铅封后,途中无须拆箱倒载,也无须开箱检验,减少中间环节,加快货运速度。特别是集装箱联运,托运人一次托运,一票到底。与零担运输相比较,可大大简化托运、承运手续,提高工作效率。

3. 集装箱运输的关系方

集装箱运输涉及许多方面,需要相互协调和配合,以提高集装箱运输效率。集装箱运输的关系方除货主外,还有以下几类。

(1) 实际承运人。经营集装箱运输的船公司、公路运输公司、航空运输公司等是实际承运人。集装箱轮船公司不但拥有集装箱运输船,通常还备有大量集装箱,便于发货人利用。

(2) 集装箱租赁公司。专门经营集装箱的出租业务,承租人一般是船公司或货主。通常,货主不必租箱,集装箱船公司都免费提供集装箱给货主使用。

(3) 集装箱堆场 (Container Yard,CY)。集装箱堆场是集装箱码头装卸区的组成部分,是整箱货办理集装箱在码头交接、装卸和保管的场所。

(4) 集装箱货运站 (Container Freight Station)。一般设在内陆交通比较便利的大中城市,是提供拼箱货装箱和拆箱服务的专门场所。

4. 集装箱交接方式与地点

集装箱运输方式根据货物装箱数量和方式不同分为整箱和拼箱两种。

(1) 整箱 (Full Container Load,FCL) 是指发货方将货物装满整箱后,以箱为单位托运的集装箱。一般做法是由承运人将空箱运到工厂或仓库后,在海关人员监督下,货主把货装入箱内、加封铅封后交承运人并取得站场收据 (Dock Receipt),最后凭站场收据换取提单。

(2) 拼箱 (Less Than Container Load,LCD) 是指一个集装箱内装入多个货主或多个收货人的货物。当个别货主的货物批量小而不足装满一个集装箱时,通常由集装箱货运站将分属不同货主但目的地相同的货物合并装箱,经海关检验后,对集装箱施加铅封。运至目的地后，在集装箱货运站拆箱分别交货。拼箱货的接收、装箱或拆箱、交货等工作，一般在承运人码头集装箱货运站或内陆集装箱货运站进行。

集装箱的交接方式大致有四类：FCL/FCL、LCL/LCL、FCL/LCL、LCL/FCL，其中以整箱/整箱交接效果最好，在整个运输过程中，完全以集装箱为单元进行运输，不涉及普通货物运输，故最适合"门到门"运输。

集装箱货物交接地点可能在以下 3 处。

(1)"门"(Door)——发货人和收货人的工厂或仓库。

(2)"场"(CY)——集装箱堆场。

(3)"站"(CFS)——集装箱货运站。

这三个地点的不同组合形成了九种交接方式：门到门 (Door to Door)、门到场 (Door to CY)、门到站 (Door to CFS)、场到门 (CY to Door)、场到场 (CY to CY)、场到站 (CY to CFS)、站到门 (CFS to Door)、站到场 (CFS to CY) 和站到站 (CFS to CFS)。

表 4-2 集装箱交接方式和交接地点的对应关系[①]

交接方式	交接地点
FCL-FCL	任何地点，但通常是 CY-CY
LCL-LCL	通常是 CFS-CFS，也可能是 CFS-Door, Door-Door, Door-CFS
FCL-LCL	通常是 CY-CFS，也可能是 Door-CFS, CFS-CFS
LCL-FCL	通常是 CFS-CY，也可能是 Door-CFS, CY-CFS, CFS-CFS

4.4.2 国际多式联运

国际多式联合运输简称为国际多式联运 (International Multimodal Transport 或 International Combined Transport)，是在集装箱运输的基础上产生并发展起来的新型运输方式，也是在国际货物运输中发展较快的一种综合连贯运输方式。国际多式联运以集装箱为媒介，把海上运输、铁路运输、公路运输、航空运输和内河运输等传统的单一运输方式有机结合起来，组成一体加以有效结合利用，构成一种连贯的运输过程，来完成国际运输，实现货物的空间转移。

20 世纪 60 年代末期，国际多式联运首先在美国出现后，很快受到贸易界的欢迎，并迅速发展到美洲、欧洲、亚洲的广大地区，被广泛采用。实践证明，它不仅是实现门到门运输的有效方式，而且也是发挥各种运输工具的优势，提高运输效率的重要途径。

【拓展视频】

1. 国际多式联运的概念

《联合国国际货物多式联运公约》对国际多式联运所下的定义是："按照多式联运合同，以至少两种不同的运输方式，由多式联运经营人把货物从一国境内接运货物的地点运至另一国境内指定交付货物的地点。"根据以上描述，构成多式联运应具备以下几个条件。

(1) 要有一个多式联运合同，明确规定多式联运经营人 (承运人) 和托运人之间的权利、义务、责任、豁免的合同关系和多式联运的性质。

(2) 必须使用一份全程多式联运单据，即证明多式联运合同以及证明多式联运经营人已

---

① 逯宇铎，等. 国际物流管理 [M]. 北京：机械工业出版社，2007：146.

接管货物并负责按照合同条款交付货物所签发的单据。

(3) 必须是至少两种不同运输方式的连贯运输。这是确定一票货运是否属于多式联运的重要特征。为了履行单一方式运输合同而进行的该合同所规定的货物接送业务则不应视为多式联运，如航空运输中从仓库到机场的这种陆空组合则不属于多式联运。

(4) 必须是国际货物运输，这是区别于国内运输和是否符合国际法规的限制条件。

(5) 必须由一个多式联运经营人对全程运输负责任。这是多式联运的一个重要特征。由多式联运经营人去寻找分承运人，实现分段的运输。

(6) 必须是全程单一运费费率。多式联运经营人在对货主负全程责任的基础上，制定一个货物发运地至目的地的全程单一费率，并以包干形式一次向货主收取。

2. 国际多式联运的优点

国际多式联运是今后国际运输发展的方向。开展国际集装箱多式联运具有许多优越性，主要表现在以下 4 个方面。

1) 发挥各种运输方式的优势

对于单一运输方式而言，由于单一运输方式的经营各自为政、自成体系，因而其经营业务范围受到限制，货运量相应也有限，而一旦由不同的运输经营人共同参与多式联运，经营的范围可大大扩展，同时可以最大限度地发挥其现有设备的作用，选择最佳运输线路，组织合理化运输。

2) 方便货主

在国际多式联运方式下，无论货物运输的距离有多远、由多少种运输方式共同完成、运输途中货物经过多少次转换，所有一切运输事项均由联运经营负责办理。而托运人只需办理一次托运，订立一份运输合同，一次支付费用，一次保险，从而省去托运人办理托运手续的许多不便。同时，由于多式联运采用一份单证，统一计费，因而也可简化制单和结算手续，节省人力和物力。

3) 提高货物运输的质量

在国际多式联运方式下，各个运输环节和各种运输工具之间配合密切，衔接紧凑，货物所到之处中转迅速及时，大大减少了货物的在途停留时间，从而从根本上保证了货物安全、迅速、准确、及时地运达目的地。同时，多式联运是通过集装箱进行直达运输，尽管货运途中需经多次转换，但由于使用专业机械装卸，且不涉及箱内货物，因而货损货差事故人为减少，从而在很大程度上提高了货物的运输质量。

4) 降低运输成本

由于多式联运可实行门到门运输，因此，对货主来说，在货物交由第一承运人以后即可以取得货运单证，并据以结汇，从而提前了结汇时间。这不仅有利于加速货物占用资金的周转，而且可以减少利息的支出。此外，由于货物是在集装箱内进行运输的，因而，从某种意义上来说，可相应地节省货物的包装、理货和保险等费用支出。

3. 国际多式联运经营人的性质

国际多式联运经营人既不是发货人的代理或代表，也不是参加联运的承运人的代理或代表，而是多式联运的当事人，是一个独立的法律实体。对于货主来说，他是货物的承运人，但对分承运人来说，他又是货物的托运人。他一方面同货主签订多式联运合同，另一方面又与分承运人以托运人身份签订各段运输合同，所以他具有双重身份。这一双重身份使货主、多式联运经营人、分承运人三者之间的责权利关系得到了清晰的划分和界定：一旦货物在运输过程中发生损失需要赔偿时,不管实际损失发生在哪一个运输环节和区间,货主只需要向承担全程责任的多式联运经营人索赔,而无须直接向实际承担运输的分承运人索赔。

国际上承办多式联运业务的一般都是规模较大的货运公司或货运代理,具有一定的运输手段,如车辆、仓库,并与货主和各类运输公司都有密切的业务关系。国际上称这种企业为"无船公共承运人"(Non-Vessel Operating Common Carrier,NVOCC)。

4. 国际多式联运经营人的责任

国际多式联运经营人的责任期间,是从接收货物之时起到交付货物之时为止。在此期间,对货主负全程运输责任,但对负责范围和赔偿限额方面,根据目前国际上的做法,可分为以下3种类型。

(1) 统一责任。在统一责任制下多式联运经营人对货主负不分区段的统一责任。即货物的灭失或损失,包括隐蔽损失(即损失发生的区段不明),不论发生在哪个区段,多式联运经营人按统一原则负责,并一律按约定的限额赔偿。

(2) 分段责任。按分段责任制(又称网状责任制),多式联运经营人的责任范围以各区段运输原有责任为限,如海上区段按《海牙规则》,航空区段按《华沙公约》办理。在某些区段上不适用上述公约时,则按有关国家的国内法处理。这种责任制的特点是各种法规的责任大小和赔偿限额不统一,对发展多式联运不利。

(3) 修正(双重)统一责任。修正(双重)统一责任制,是介于上述两种责任制之间的责任制,故又称混合责任制,也就是在责任范围方面与统一责任制相同,在赔偿限额方面与分段责任制相同。

5. 多式联运的方式

国际多式联运是采用两种或两种以上不同运输方式进行联运的运输形式。这里所指的至少两种运输方式可以是海空联运、海陆联运、海陆空联运等。由于国际多式联运具有其他运输形式无可比拟的优越性,因而这种国际运输新技术已在世界主要国家和地区得到了广泛的推广和应用。图4.7表明了各种基本运输方式之间可能存在的复合运输方式,表4-3描述了各种复合运输的名称。

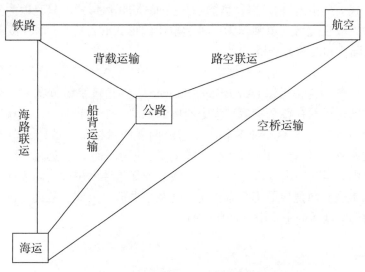

图 4.7 各种基本运输方式之间可能的联运方式

注:──表示可能的联运方式。

表 4-3　各种联运方式的名称

运具	公路	铁路	海运	空运
公路	—	背载运输 (Piggyback) TOFC/COFC	船背运输 (Fishyback) RO/RO	路空联运 (Birdyback) Air-Truck
铁路	背载运输 (Piggyback) TOFC/COFC	—	海路联运 COFC	—
海运	船背运输 (Fishyback) RO/RO	海路联运 COFC	子母船联运 (Ship-barge) LASH	空桥运输 (Air-brige) Sea-Air
空运	路空联运 (Birdyback) Air-Truck	—	空桥运输 (Air-brige) Sea-Air	—

1) 海陆联运

海陆联运是国际多式联运的主要组织形式，也是远东/欧洲多式联运的主要组织形式之一。目前组织和经营远东/欧洲海陆联运业务的主要有班轮公会的三联集团、北荷、冠航和丹麦的马士基等国际航运公司，以及非班轮公会的中国远洋运输公司、德国那亚航运公司等。这种组织形式以航运公司为主体，签发联运提单，与航线两端的内陆运输部门开展联运业务，与大陆桥运输展开竞争。

2) 陆桥运输

在国际多式联运中，陆桥运输(Land Bridge Service)起着非常重要的作用。它是远东/欧洲国际多式联运的主要形式。所谓陆桥运输是指采用集装箱专用列车或卡车，把横贯大陆的铁路或公路作为中间"桥梁"，使大陆两端的集装箱海运航线与专用列车或卡车连接起来的一种连贯运输方式。严格地讲，陆桥运输也是一种海陆联运形式。只是因为其在国际多式联运中的独特地位，故在此将其单独作为一种运输组织形式。目前，远东/欧洲的陆桥运输线路有西伯利亚大陆桥和北美大陆桥。

3) 海空联运

海空联运又被称为空桥运输(Air Bridge Service)。在运输组织方式上，空桥运输与陆桥运输有所不同：陆桥运输在整个货运过程中使用的是同一个集装箱，不用换装，而空桥运输的货物通常要在航空港换入航空集装箱。不过，两者的目标是一致的，即以低费率提供快捷、可靠的运输服务。目前，国际海空联运线主要有远东—欧洲，远东—中南美，远东—中近东、非洲、澳洲。运输距离越远，采用海空联运的优越性就越大，因为同完全采用海运相比，其运输时间更短。同直接采用空运相比，其费率更低。因此，从远东出发将欧洲、中南美以及非洲作为海空联运的主要市场是合适的。

4.5 国际货运代理

国际货运代理从公元 10 世纪就开始存在，随着公共仓库在港口、城市的建立，海上贸易的扩大，国际货运代理业务逐步发展。由于国际贸易在世界范围内的发展，国际货运代理的作用越来越重要。国际货运代理成为独立的行业，在欧洲已有 100 多年的历史，不少国家成立国家级国际货运代理协会。1880 年，在德国莱比锡召开了第一次国际货运代理代表大会。进入 20 世纪 20 年代，国际合作有了更大的发展，1926 年 5 月，16 个国家的国际货运代理协会在维也纳成立了国际货运代理协会联合会，简称"菲亚塔"，英文缩写代号 FIATA (International Federation of Freight Association)，总部设在瑞士苏黎世。成立的目的是保障和提高国际货运代理在全球的利益。

我国货运代理行业起步较晚，历史较短，但是由于国家重视，政策鼓励，规范发展，发展十分迅速。到 2002 年 12 月底，中国已有国际货运代理企业 3 775 家(包括分公司)，从业人员近 30 万人。其中，国有国际货运代理企业占了近 70%，外商投资国际货运代理企业占了近 30%。沿海地区国际货运代理企业占了 70%，内陆地区国际货运代理企业占了 30%。从事国际航空货运代理业务的企业 361 家，占大约 9.6%。这些企业遍布全国各省、自治区、直辖市，分布在 30 多个部门和领域，国有、集体、外商投资、股份制等多种经济成分并存，已经成为中国对外贸易运输事业的重要力量，对于中国对外贸易和国际运输事业的发展，乃至整个国民经济的发展作出了不可磨灭的贡献。目前，中国 80% 的进出口贸易货物运输和中转业务(其中，散杂货占 70%，集装箱货占 90%)，90% 的国际航空货物运输业务都是通过国际货运代理企业完成的。2004 年 5 月 19 日，国务院发布《关于第三批取消和调整行政审批项目的决定》，取消了对国际货代企业经营资格的审批，从而涌现出很多规模虽小，但经营灵活，服务多样的货代企业，给市场带来了勃勃生机。但与此同时也加剧了竞争的激烈程度。

4.5.1 国际货运代理人的含义与性质

1. 国际货运代理人的含义

国际货运代理，英文为"The Freight Forwarder"，国际货运代理协会联合会 (FIATA) 给国际货运代理所下的定义是：国际货运代理是根据客户的指示，并为客户的利益而揽取货物运输的人，其本身并不是承运人。国际货运代理业可以依这些条件，从事与运输合同相关的活动，如储货、报关、验收、收款等。货运代理在不同国家以不同的名称为人们所了解，称为关税代表人、清关代理人、关税经营人、海运与发运代理人。

《中华人民共和国国际货物运输代理业管理规定》给国际货运代理所下的定义是：接受进出口货物收货人、发货人的委托，以委托人的名义或者以自己的名义，为委托人办理国际货物运输及相关业务，并收取服务费用的行业。

2. 国际货运代理人的性质

货运代理的性质是中间人性质的运输业务。他既进行承运人工作，又是货主的代表，保护货主的利益，其本质作用就是"货运中间人"，在以发货人与收货人为一方，承运人为另一方的两者之间行事。从业务表面上看，货运代理人是以货主的代理人身份并按代理业务项目和提供的劳务向货主收取劳务费。但从整个对外贸易运输环节和法律上看，货运代理人与民法上的代理完全不同，因此权利和义务也不一样。随着国际物流和多种运输形式的发展，国际货运代理的服务范围不断扩大，其在国际贸易和国际运输中的地位也越来越重要。

4.5.2　国际货运代理的种类

1. 国际海运代理

（1）按权限分为国际海运代理和国内海运代理。国际海运代理指得到政府批准，从事进出口国际海运代理业务或接受委托后以自己的名义处理海运相关业务的专业海运代理公司。国内海运代理指从事国内海运业务的专业海运代理公司。这类代理与本地区内贸易厂商联系密切，以沿海运输为主兼营其他方式的运输，也是国际海运代理分包运输商。

（2）按运输方式分为海运代理、班轮代理和液散船舶代理。海运代理主要办理有关海运货物航线选择、订舱配载、集装箱的分拨与集运，安排货物到港运输；办理保险结关手续，将货物安全交给承运人，并获取提单提货等业务。班轮代理包括杂货运输班轮和集装箱运输班轮，是指为固定航线上船期、航班确定的有规则运行船舶，进行货运及相关业务服务的专业代理与代理人。液散船舶代理是指为油轮、液化气船和液散化工品船等提供货物进出口运输、装卸、仓储和分拨等事项服务的专业代理与代理人。

此外，还可以按照委托项目和业务过程分类，如订舱揽货代理、货物报关代理、航线代理、货物进出口代理、集装箱货运和拆装箱代理、货物装卸代理和转代理等。

2. 国际船舶代理

船舶代理(Shipping Agent)，指接受承运人(船舶所有人、船舶经营人或承租人)的委托，在授权范围内代表委托人办理船舶有关的业务，提供有关的服务或进行与在港船舶有关的其他法律行为的代理行为。

从事国际贸易货物运输的船舶穿梭往来于世界各个港口之间，当它停靠在船舶所有人或船舶经营人所在地以外的其他港口时，船舶所有人或船舶经营人将无法亲自管理与船舶有关的营运业务。解决这一问题有两种方法：一是在有关港口设立船舶所有人或船舶经营人的分支机构；二是由船舶所有人或船舶经营人委托在有关港口的专门从事代办船舶营运业务和服务的机构，代办船舶在港口的有关业务，即委托船舶代理人代办这些业务。委托代理船舶在港口的运营，既经济又实惠，因而在航运实践中被普遍采用。

船舶代理机构或代理行业可以接受与船舶营运有关的任何人的委托，既可以接受船舶所有人或经营人的委托，代办班轮船舶的营运业务和不定期的营运业务，也可以接受租船人的委托，代办其所委托的有关业务。因此，其业务范围非常广泛。

船舶营运有很多方式，不同营运方式中的营运业务所涉及的当事人又各不相同，各个当事人所委托代办的业务也有所不同。根据委托人和代理业务范围不同，船舶代理人可分为班轮运输代理人和不定期船运输代理人两大类。

1) 班轮运输代理人

班轮运输代理人包括班轮运输总代理人和订舱代理人。在班轮运输中，班轮公司在从事班轮运输船舶停靠的港口委托总代理人，其权利与义务通常由班轮代理合同的条款予以确定。代理人通常应为班轮制作船期广告，为班轮公司开展揽货工作，办理订舱、收取运费工作，为班轮船舶制作运输单据、代签提单、管理船务和集装箱工作，代理班轮公司就有关费率和班轮公司营运业务等事宜与政府主管部门和班轮公会进行合作。

班轮公司为使自己所经营的班轮运输船舶能在载重和舱容上得到充分利用，力争做到满舱满载，除了在班轮船舶挂靠的港口设立分支机构或委托总代理人外，还会委托订舱代理人，以便广泛地争取货源。订舱代理人通常与货主和货运代理人有着广泛和良好的业务联系，因而能为班轮公司创造良好的经营效益，同时能为班轮公司建成一套有效的货运程序。

2) 不定期船运输代理人

不定期船运输代理人包括船东代理人、船舶经营人代理人、租家提名代理人、保护代理人、船务管理代理人和装船代理人。

船东代理人受船东的委托，为船东代办与港船舶有关的诸如办理清关，安排拖轮、引航员和装卸货物等业务。此时，租约中通常规定船东有权在装卸货港口指派代理人。

作为期租租家的船舶经营人，根据航次租约规定，有权在装卸货港口指派代理人，即船舶经营人代理人。该代理人受船舶经营人的委托，为船舶经营人代办与在港船舶有关的业务。

根据航次租约规定，租家有权提名代理人，而船东(或船舶经营人)必须委托由租家所指定的代理人作为自己所属船舶在港口的代理人，并支付代理费和港口的各种费用。在港口的代理人是由租家提名的情况下，船东或船舶经营人为了保护自己的利益，会在委托了由租家提名的代理人作为港船舶代理人外，再另外委托一个代理人来监督租家提名代理人的代理行为，该代理人即为保护代理人，或称为监护代理人。

3. 国际空运代理

空运代理可以给进出口空运客户和航空公司双方都带来极大的便利。改革开放后中国空运代理业迅速发展，在 2000 年的 4 200 多家货运代理企业中，相当一部分具有空运代理权，其中中外运空运发展股份有限公司在我国是第一家股票上市的空运物流公司，其具备了全球性空运代理资源。

一般情况下，航空公司只负责从一个机场将货物运至另一机场，至于揽货、接货、报关订舱及在目的地机场提货和将货物交付收货人等方面的业务，则由航空货运代理办理。其经营的主体就是航空货运代理公司。

航空货运代理在国际空运货物进出口活动中具有重要的作用，是货主和航空公司之间的桥梁和纽带。航空货运代理具有 3 种功能。

(1) 为货主提供服务，即代替货主向航空公司办理托运或提取货物，业务包括出口货物在始发地交航空公司承运前的订舱、储存、制单、报关、交运等，进口货物在目的地机场的航空公司或机场接货、监管储存、制单、报关、送货和转运等。

(2) 代表航空公司接受货主的货物并出具航空分运单，当货物在航空公司责任范围内丢失、损坏时，空运代理可代表货主向航空公司索赔。

(3) 专门为航空公司组织成批货源，承揽大批客户办理集中托运，为航空公司获利。

4.5.3 国际货运代理的作用

国际货运代理在促进本国和世界经济发展的过程中起着重要的作用，主要表现在以下 6 个方面。

1. 组织协调作用

国际货运代理人历来被称为"运输的设计师""门到门"运输的组织者和协调者，凭借其拥有的运输知识及其他相关知识，组织运输活动，设计运输路线，选择运输方式和承运人(或货主)，协调货主、承运人及其与仓储保管人、保险人、银行、港口、机场、车站、堆场经营人和海关、商检、卫检、动植检、进出口管制等有关部门的关系，可以节省委托人时间，减少许多不必要的麻烦，以专心致力于主营业务。

2. 专业服务作用

国际货运代理人能够提供各种专业化的服务，为委托人提供货物的承揽、交运、拼装、集运、装卸、交付服务，接受委托人的委托，办理货物的保险、海关、商检、卫检、动植检、进出口管制等手续，甚至有时要代理委托人支付、收取运费，垫付税金和政府规费。

3. 沟通控制作用

国际货运代理人拥有广泛的业务关系，发达的服务网络，先进的信息技术手段，可以随时保持货物运输关系人之间、货物运输关系人与其他有关企业、部门的有效沟通，对货物运输的全过程进行准确跟踪和控制，保证货物安全、及时运抵目的地，顺利办理相关手续，准确送达收货人，并应委托人的要求提供全过程的信息服务及其他相关服务。

4. 咨询顾问作用

国际货运代理人通晓国际贸易环节，精通各种运输业务，熟悉有关法律、法规，了解世界各地有关情况，信息来源准确、及时，可以就货物的包装、储存、装卸和照管，货物的运输方式、运输路线和运输费用，货物的保险、进出口单证和价款的结算，领事、海关、商检、卫检、动植检、进出口管制等有关部门的要求等向委托人提出明确、具体的咨询意见，协助委托人设计、选择适当的处理方案，避免、减少不必要的风险、周折和浪费。

5. 降低成本作用

国际货运代理人掌握货物的运输、仓储、装卸、保险市场行情，与货物的运输关系人、仓储保管人、港口、机场、车站、堆场经营人和保险人有着长期、密切的友好合作关系，拥有丰富的专业知识和业务经验，有利的谈判地位，娴熟的谈判技巧。通过国际货运代理人的努力，可以选择货物的最佳运输路线、运输方式，最佳仓储保管人、装卸作业人和保险人，争取公平、合理的费率，甚至可以通过集运效应使所有相关各方受益，从而降低货物运输关系人的业务成本，提高其主营业务效益。

6. 融资的作用

国际货运代理人与货物的运输关系人、仓储保管人、装卸作业人及银行、海关部门等相互了解，关系密切，长期合作，彼此信任，国际货运代理人可以代替收、发货人支付有关费用、税金，提前与承运人、仓储保管人、装卸作业人结算有关费用，凭借自己的实力和信誉向承运人、仓储保管人、装卸作业人及银行、海关部门提供费用、税金担保或风险担保，可以帮助委托人融通资金，减少资金占压，提高资金利用效率。

4.5.4 国际货运代理人的责任和服务范围

1. 国际货运代理人的责任

国际货运代理的责任，是指国际货运代理作为代理人和当事人两种情况时的责任。国际货运代理的法律责任很复杂，因为他们实际上起着两种不同的法律作用，即代理人和当事人，而且他们的活动范围本质上已超越国境，却没有一个国际公约来明确规定其活动范围，然而各国法律又仅能管辖本国自己的活动而不能管辖他国的活动，因此导致许多法律相互冲突。

目前，各国法律对货运代理所下的定义及其业务范围的规定有所不同，但按其责任范围的大小，原则上可分为以下3种情况。

(1) 作为国际货运代理，仅对自己的错误和疏忽负责。

(2) 作为国际货运代理，不仅对自己的错误和疏忽负责，还应使货物完好地抵达目的地，这就意味着他应承担承运人的责任和造成第三人损失时的责任。

(3) 国际货运代理的责任取决于合同条款的规定和所选择的运输工具等。例如 FIATA 规定：国际货运代理仅对属于其本身或其雇员所造成的过失负责。如其在选择第三人时已恪尽职守，则对于该第三人的行为或疏忽不负责任；如能证明他未做到恪尽职责，则其责任应不超过与其订立合同的任何第三人的责任。

正是由于各国的法律规定不同，要求国际货运代理所承担的责任也就大不相同了。以下对国际货运代理的责任进行原则性的阐述。

从国际货运代理的传统地位讲，作为代理人负责代发货人或货主订舱、保管货物和安排货物运输、包装、保险等，并代他们支付运费、保险费、包装费、海关税等，然后收取一定的代理手续费(通常是整个费用的一个百分比)。

上述所有的成本均由(或将由)客户承担，其中包括：国际货运代理因货物的运送、保管、保险、报关、签证、办理汇票的承兑和为其服务所引起的一切费用，同时，还应支付由于国际货运代理不能控制，致使合同无法履行而产生的其他费用。客户只有在提货前全部付清上述费用后，才能取得提货的权利。否则，国际货运代理对货物享有留置权，有权以某种适当的方式将货物出售，以此来补偿其所应收取的费用。

国际货运代理作为代理人，受货主的委托，在其授权范围内，以委托人的名义从事代理行为，由此产生的法律后果由委托人承担。在内部关系上，委托人和货运代理之间是代理合同关系，货运代理享有代理人的权利，承担代理人的义务。在外部关系上，货运代理不是货主与他人所签合同的主体，不享有该合同的权利，同时也不承担该合同的义务。

国际货运代理作为纯粹的代理人，通常应对其本人及其雇员的过错承担责任，其错误和疏忽可能包括：未按指示交付货物；尽管得到指示，办理保险仍然出现疏忽；报关有误；运往错误的目的地；未能按必要的程序取得再出口(进口)。

2. 国际货运代理人的服务范围

国际货运代理提供的服务范围非常广泛，包括为进出口商、承运人、港口、多式联运、运输加工和特殊项目等提供的服务。

代理人为进口商提供的服务不仅包括在进出口货物运输不同阶段的各项具体服务，如选择航线、运输方式和具体承运人等，还包括向港口各部门分发有关办理出口货物运输的各种单证。应委托代办备货、验货、各种加工，签署提单，进口货物的过境、仓储，代表托运人承付运费、关税、税收、港口费等各种费用，监管货物运输进程和货物安全，协助索赔等。

代理人为承运人提供的主要服务项目是向海运、飞机、铁路、公路等承运人订船、订机、订舱、订车皮、订车辆和配载，并议定费率、代收代结运费和其他杂费等。为方便集装箱运输，代理人有时还负责拼箱拆箱，集零为整或化整为零，方便运输和销售。多式联运过程中，代理人则充当多式联运的经营人，组织在一个单一的合同下，通过多种运输方式进行门到门的货物运输。

代理人向港口提供的服务主要包括争取船舶在货代所在地港口装卸，为港口承揽货源，在港口进行货物和单证正常交接、外贸集港、疏运、协助港船做好集装箱管理，以及日常的车、船、货、港衔接组织工作。

此外，代理人还向客户提供特殊服务，如成套设备和大型工程设备运输、超大重件运输、军火运输、非贸易涉外物资运输和展览品运输等。

4.5.5 国际货运代理人的选择和使用

代理人工作的好坏直接关系到委托人的利益和运输任务能否完成，所以在选择时应该非常慎重。在确定代理人并与之建立关系前，必须对选择对象进行全面地考察。选择代理人需要进行以下3个方面的考察。

1. 政治背景和合作态度

代理的政治背景和合作态度是建立与保持代理关系的基础。必须遵照外交外贸的方针政策，选择政治可靠、友好并能合作共事的代理人，因为只有他们才能处处为委托人着想，维护委托人的利益。

2. 业务能力和工作质量

能否按时、按质、按量完成代理业务，很大程度上取决于代理人的业务能力和工作质量，仅有良好的合作态度而缺乏业务能力的代理人是无法担负委托人的任务的。所以，业务能力和工作质量是选择代理人的重要条件和标准。

3. 资信和经营作风

由于国际货运代理过程更长，业务环节更多，信息的传递更容易失真；同时，文化背景、个人的品质和性格等也会影响到代理人的经营作风。选择资信程度较高，经营作风稳健的代理商，对于降低经营风险至关重要。在平等互利的原则基础上，审慎选择并使用代理人，并尽可能建立友好的稳定合作关系，是巩固和发展双边业务关系，提高企业竞争力的重要环节。对于能够与企业保持友好合作态度，诚信而作风稳健的代理商，应在业务上给予优惠，以调动代理人的积极性，使合作关系更加持久。对于不友好的、不守信用、经营作风拖沓或急躁的，或者工作能力差的代理人，必须坚决更换。

本章小结

国际货物运输是指在国家与国家、国家与地区之间的货物运输。国际货物运输不仅只涉及托运人、收货人和承运人，而且还要受到政府和公众的影响。国际货物运输方式的选择应考虑以下因素：运输成本、运行速度、货物运输的性质、交货时间的要求和物流基础设施条件。在承运人选择决策中，有4个阶段：发现问题、搜索信息、选择承运人、事后评估。

国际海运和国际空运是国际贸易物流中的主要组成部分。国际海运具有运量大、运费低、通过能力低、适用于多种货物的运输等特点。按照海洋运输船舶经营方式的不同，可分为班轮运输和租船运输。航空货物运输具有高速度、高科技、灵活、安全准确、节省包装、保险、利息等费用的特点。国际航空运输有班机运输、包机运输、集中托运和航空急件传送等方式。国际航空货物运输的组织方法有集中托运、航空快件运输、联合运输、送交业务、货到付款。

集装箱是高度自动化、低成本和低复杂性的货物运输系统的核心。集装箱运输的特点有：提高装卸效率，减轻劳动强度、简化包装，节约包装费用、减少货损货差，保证运输安全、简化运输手续等。国际多式联运是在集装箱运输的基础上产生并发展起来的新型运输方式，也是在国际货物运输中发展较快的一种综合连贯运输方式。国际多式联运是按照多式联运合同，以至少两种不同的运输方式，由多式联运经营人把货物从一国境内接运货物的地点运至另一国境内指定交付货物的地点。国际多式联运经营人既不是发货人的代理或代表，也不是参加联运的承运人的代理或代表，而是多式联运的当事人，是一个独立的法律实体。国际货运代理是根据客户的指示，并为客户的利益而揽取货物运输的人，其本质作用就是"货运中间人"。

关键术语

国际货物运输　　班轮运输　　租船运输　　集中托运　　集装箱　　国际多式联运
国际多式联运经营人　　国际货运代理

思 考 题

1. 国际货物运输方式的选择应考虑哪些因素？
2. 自营运输的优、缺点有哪些？
3. 国际海运的特点是什么？
4. 简述国际海运进出口程序。
5. 国际航空运输的特点是什么？
6. 什么是国际多式联运？多式联运有哪些特点？
7. 国际货运代理的类型和作用是什么？

案例分析

中远集团"走出去"

中远集团成立于1961年4月27日，成立之初是一个仅有4艘船舶、2.26万载重吨的小型船公司。经过五十多年的发展，中远集团已经成为以航运、物流码头、修造船为主业的跨国企业集团，位列《财富》世界500强。

截至2015年年底，中远集团拥有各类现代化商船600余艘，5 100多万载重吨，年货运量超4亿吨，远洋航线覆盖全球160多个国家和地区的1 500多个港口，船队规模位居中国第一、世界第二。其中，集装箱船队、干散货船队、专业杂货、多用途和特种运输船队规模实力均居世界前列，油轮船队也是当今世界超级油轮船队之一。中远集团在全球21个港口营运中的集装箱泊位达123个。根据德鲁里海事研究公司(Drewry)最新统计，中远集团所属中远太平洋的集装箱码头吞吐量继续保持全球第四。中远集团已形成以北京为中心，以美洲、欧洲、新加坡、日本、澳洲、韩国、西亚、非洲等九大区域公司为辐射点的全球架构，在50多个国家和地区拥有千余家企业和分支机构，员工总数约7.5万人，其中驻外人员400多人，外籍员工4 600多人，海外资产和收入已超过总量的半数以上，正在形成完整的航运、物流、码头、船舶修造的全球业务链。

1. 围绕企业战略,实施"走出去"战略

中远集团是最早进入国际市场的中国企业之一,是物流企业对外投资的标杆企业。早在1993年,中远投资就已在新加坡借壳上市,目前拥有中国远洋、中远太平洋、中远国际、中远投资、中远航运等多家境内外上市公司。根据Heritage的统计,2005—2014年,中远集团累计境外投资56.3亿美元,占物流业投资主体海外投资总额的一半左右。截至2014年年底,中远集团境外公司资产总额达1 965.49亿元,2014年境外公司营业收入1 121.93亿元。

2. 加强战略合作,提升国际竞争力

2014年3月1日,中远集运、川崎汽船、阳明海运、韩进海运和长荣海运五家公司联手组建了CKYHE海运联盟,取代此前的CHYH。根据计划,新联盟自4月中旬起率先在6条亚洲/欧洲航线和4条亚洲/地中海航线展开合作。新联盟的形成,服务能力和服务质量得到了较大幅度提升,将全球班轮业的竞争力和影响力提升到了一个新的高度。

3. 配合"一带一路"建设,寻找新商机

中远集团配合中国政府倡导的"一带一路"建设,2008年,中远太平洋通过市场竞争的方式,获得希腊比雷埃夫斯港二、三号集装箱码头为期35年的特许经营权,码头项目延伸了航运产业链,增强了中远集团的全球竞争力。2010年6月1日,中远正式接管比雷埃夫斯码头。2011年,成功实现扭亏为盈。2014年,PCT完成集装箱吞吐量近300万TEU,同比增长18.5%,再创历史最高水平。2014年12月20日,希腊议会批准了中远比雷埃夫斯港《友好协商协议》,即比雷埃夫斯集装箱码头有限公司(PCT)2.3亿欧元扩建码头计划。

比雷埃夫斯港是"一带一路"的陆海交汇点,也是"中欧陆海快线"的重要节点,是希腊最大的港口和距离苏伊士–直布罗陀轴线最近的基本港之一,通过比港中转可以最快、最经济地将西北欧、地中海–远东主干航线连接上密布地中海、黑海、西非、北非、亚得里亚海的海上支线网络;比港也是通往南欧、巴尔干地区的陆上桥头堡,通过这里,货物可以便捷地进出地中海东部的新兴市场。

构建全球海铁联运服务网络是中远集团为客户提供门到门全方位物流解决方案中最重要的组成部分,接管比雷埃夫斯码头之后,中远集团可以通过海铁联运实现横跨欧亚的快捷运输。"中欧陆海快线"是一条海铁联运线路,南起希腊比雷埃夫斯港,北至匈牙利布达佩斯,中途经过马其顿斯科普里和塞尔维亚贝尔格莱德。这条全新的航线成为当前从中国到欧洲性价比最高的多式联运航线,与传统的海运模式相比,海铁联运模式使中国货物抵达欧洲的运输时间缩短了7~11天。

4. 联手中海码头和招商局国际,受让阳明海运高明码头股权

2014年3月13日,中远太平洋与和记港口信托及中海码头香港公司签署协议,收购亚洲货柜码头40%的实际股权,中海码头收购20%的股权。亚洲货柜码头位于香港葵涌八号货柜码头西,该码头与位于香港八号码头东的中远国际货柜码头相邻。两个码头共计1 380米的海岸线,有助于构建一个具有竞争力的平台,提升港口运作的灵活程度、效率和协同效益,为客户提供更加完善高效的码头服务。表4-4为中远集团海外投资港口情况。

(资料来源:选自中央财经大学物流管理专业2015级研究生张宸瑞撰写的《国际物流管理》课程研究报告,选编时有删改。)

思考题:

1. 中远集团投资海外港口的动机是什么?可能遇到的挑战是什么?
2. 组建海运联盟对中远集团有什么意义?还有哪些方法有助于中远集团提高竞争力?
3. 如果你是货主,如何评价中远集团的海外扩张战略?

表 4-4 中远集团海外投资港口情况统计表

时间	国内企业	合作企业及概况	投资区位	投资模式
2001年	中远美洲公司	中远美洲公司(占股51%)与美国当地码头经营公司SSA组建公司	租赁美国西海岸长滩港7个泊位	合资合作
2003年	中远太平洋	中远太平洋(占股49%)与新加坡港务集团(占股51%)合资成立公司	巴西班让集装箱码头	合资合作
2004年	中远太平洋	收购铁行港口公司(已被马士基兼并)在比利时安特卫普港口合资公司25%的股权	比利时安特卫普港集装箱码头	兼并收购
2005年	中远欧洲公司	联合MSC收购意大利那不勒斯港最大的集装箱码头运营商Conateco,各占46.25%股权	意大利那不勒斯港集装箱码头	兼并收购
2006年	中远太平洋	与川崎汽船、阳明海运、韩进海运和ECT合作兴建、经营荷兰鹿特丹港Euromax码头	荷兰鹿特丹港	合资合作
2007年	中远太平洋	向马士基集团旗下公司收购苏伊士运河码头20%股权	参与经营埃及塞得港东港区1个集装箱码头	兼并收购
2009年	中远太平洋	与希腊签署希腊第一大码头比雷埃夫斯港集装箱码头35年特许经营权的接管协议,接手该港2号和3号集装箱码头	希腊比雷埃夫斯港2号和3号码头	特许经营权
2012年	中远太平洋	与中海码头及招商局国际组成合资公司,收购高明货柜码头股份有限公司30%股权	中国台湾高明货柜码头	兼并收购
2013年	中远集团、招商局集团	接管巴基斯坦瓜达尔港运营权	巴基斯坦瓜达尔港	特许经营权
2015年	中远集团、招商局集团	收购土耳其Kumport码头约65%的股份	土耳其Kumport码头	兼并收购

第5章 国际港口

【教学要点】

知识要点	掌握程度	相关知识	应用方向
国际海港	掌握	国际海港的概念与功能	国际海港的发展
主要海港	了解	国内外海港	了解海港现状
国际空港	掌握	国际空港的概念 发展空港物流的条件	国际空港概述
主要空港	了解	国内外空港	了解空港的现状
自由贸易区	熟悉	自由贸易区的概念与功能	了解自由贸易区的现状
自由贸易港	理解	自由贸易港的概念与功能	了解历史和趋势

国际港口 第5章

天津港与区域经济发展

天津港是中国历史最悠久的港口之一,唐宋时期就已经成为古代河海漕运的枢纽。1952年,天津港以新港之名称重新获得世界的认知,也创造了许多新中国的第一。1973年,天津港开辟了我国第一条国际集装箱航线;1980年,天津港建成中国第一个集装箱码头;2001年,成为我国北方第一个亿吨大港;2004年,货物吞吐量突破2亿吨,成为我国北方第一个吞吐量超2亿吨的港口;2013年,成为北方第一个货物吞吐量超5亿吨的大港。

与吞吐量增长同时提升的是天津港在区域经济中的地位。天津港,地处渤海之滨,海河入海口,是我国最大的人工港,包括南疆港区、北疆港区和东疆港区3个主要港区。天津港是我国北方重要的国际港口和首都北京的海上门户,也是渤海中部与华北、西北地区内陆距离最短的港口,经济腹地辽阔,包括天津、北京、华北、西北及西南部分地区,腹地面积和人口分别占全国的46.9%和18.8%。

为了建设北方第一个现代化的高度开放的经济区域,带动区域经济的发展,1991年5月,国务院批准设立天津保税区,具有国际贸易、现代物流、临港加工和商品展销四大功能,享有海关、税收、外汇等优惠政策。2006年8月,国务院批准设立天津东疆保税港区,从保税区到保税港区,一字之差,功能定位却提升很多。保税港区集保税区、出口加工区、保税物流园区功能于一体,拓展国际中转、国际配送、国际采购、国际转口贸易和出口加工五大功能,重点发展现代物流业、进出口加工制造业和各类服务产业。在政策扶持方面,在拥有开发区、保税区、高新技术产业园区等区域的全部政策的同时,充分享受国家批准的涉及税收、口岸监管、外汇管理等方面的众多优惠政策。2011年5月,国务院正式批复《关于天津建设北方国际航运中心的建设方案》,确定了以东疆保税港区为核心载体,建设北方国际航运中心,开展国际船舶登记制度、国际航运税收、航运金融业务和租赁业务四个方面的政策创新试点,用5~10年的时间,把东疆保税港区建设成为"各类航运要素聚集、服务辐射效应显著、参与全球资源配置的北方国际航运中心和国际物流中心核心功能区,综合功能完善的国际航运融资中心。"从保税区到保税港区,再到国际航运中心,天津港的地位在十年内实现三连跳。天津港正从以港口物流中心、增值服务为特征的第三代港口向以信息化、网络化、全方位对外开放、组合港为特征的第四代港口转型。

以港口带动区域经济发展,是天津港一系列功能升级的终极目标。相关调查资料显示,天津港货运吞吐量中,30%来自天津市、15%来自北京市、20%来自河北省、35%来自其他腹地;集装箱吞吐量中天津市占36%、北京市占12%、河北省占34%、其他腹地占18%。也就是说,70%的货物吞吐量来自天津以外的腹地。若以货物价值测算,50%以上的口岸进出口货值来自天津以外的腹地省区。天津港的发展将无疑带动周边区域的经济发展,这也是国家不断加大对天津港的支持力度的原因。

2014年,天津港货物吞吐量达到5.4亿吨,在世界港口中排名第四,集装箱吞吐量为1 400万标箱,世界排名第十位。据预测,天津港2020年、2030年的港口货物吞吐量将分别达到7亿吨和9亿吨,集装箱吞吐量将分别达到2 800万TEU和4 000万TEU。天津港已经名列世界著名港口行列。

(资料来源:根据公开资料整理编写。)

港口历来在一国的经济发展中扮演着重要的角色。运输将全世界连成一片,而港口是运输中的重要节点。世界上发达国家一般都拥有自己的海岸线和功能较为完善的港口。空港物流属于世界现代经济发展公认的重要高端产业领域,空港物流发展水平,客观地标志着国家和地区高端产业的发展阶段。导入案例中介绍的天津港,依托港口功能先后发展保税区、保税港区、国际航运中心,是中国港口不断走向开放、提升功能的一个缩影。事实上,在北方航运中心的基础上,又先后成立了滨海新区和天津自由贸易区,在不断提升的外向型经济中，港口的作用功不可没。本章先介绍国际海港和国际空港，然后再分析在世界经济一体化、区域经济一体化和全球市场一体化进程中自由贸易港区的发展。

5.1 国际海港

5.1.1 国内外港口发展概述

港口是运输网络中水陆运输的枢纽，是货物的集散地以及船舶和其他载运工具的衔接点；它可以提供船舶靠泊、旅客上下船、货物装卸、储存、驳运以及其他相关业务。港口不仅是货物水陆空运输的中转地，而且提供了发展转口贸易(自由港和自由贸易区)的机会，在现代国际生产、贸易和运输系统中处于十分重要的战略地位，发挥着日益重要的作用。在现代物流发展过程中，港口在国际贸易和国际物流方面的作用不断突出，港口商业化的趋势进一步增强，港口物流成为现代物流的重要发展领域。

从港口功能不同的角度来考虑港口划分为第一、二、三代和现在提出的第四代，联合国贸易与发展会议会对前三代港口都有定义。

第一代港口是在20世纪50年代前的港口，其主要功能特点是海陆中转，是当时较简单地处理运输和装卸活动的接口，主要从事运输和装卸。

第二代港口是在20世纪50—80年代的港口，此时世界经济开始复苏，港口功能逐步扩大，已逐渐发展成为运输工业和商业服务的中心。

第三代港口是20世纪80年代开始的港口，此阶段目前仍在继续。港口已成为一个国际性增长活动和经济活动的节点，即国际经贸活动的"后勤服务总站"。

目前，世界大多数现代港口都在第三代或向超出第三代发展。其中在第三代港口中处于领先地位的国际大港，已体现出超越第三代港口功能的趋势。最初第四代港口概念来自于联合国贸易与发展会议(UNCTAD, 1999)，但这一概念本身仍处于形成的过程中。第四代港口更多的是由国际码头经营人和船舶公司为拓展业务，经由共同的经营人将多个码头联系起来。世界范围的集装箱船东联盟的出现导致更大集装箱船舶的推出，支线网络以及枢纽港的发展，持续不断地要求有更高的生产率、更低的运价费率。

由表5-1可见，各代港口体现的时代特征不同，其功能在不断递进，服务对象和内容不断增多。各代港口发展的战略重点各有差异，发展空间不断延伸，发展的决定因素也各不相同，其服务方式由第一代单项服务港到港，第二代部分联运点到点，到第三代的多式联运门到门。各代港口发展的决定性因素则由资源与劳动(第一代)、资源与资本(第二代)到技术与信息(第三代)、到人才环境(第四代)。

表 5-1 现代港口功能发展及其代别划分

	第一代港口	第二代港口	第三代港口	第四代港口
发展时期	20世纪50年代以前	20世纪50~80年代	20世纪80年代以后	21世纪初
货物类别	件杂货	件杂货、液体散货、干散货	干散货、液体散货、集装箱	大宗集装箱货保鲜品、大宗干液散货、海洋产业

续表

	第一代港口	第二代港口	第三代港口	第四代港口
发展策略	稳健	扩张	发展	合作竞争
主要业务	货物装卸、储存、船舶服务	货物装卸、储存、船舶服务	货物装卸、储存、加工、船舶服务	货物装卸、储存、加工、船舶服务
范围空间	码头及其水域	港区、码头及其水域、临港工业及相关产业	向陆域扩展	扩张整合水陆域资源
组织管理	港口内独立活动 生产封闭管理与客户维持非正式关系	与客户关系比较密切	与客户形成统一的港口共同体	全方位对外开放；港口群体形成综合流通网络一体化，区域经济技术文化礼仪共同体；港口经营企业综合化、大型化
服务方式	港到港	点到点（部分联运）	门到门（多式联运）	全程、全网、多层面、个性化服务；网到网
生产特点	货物流、简单的个性服务、低增值	货物流、货物加工、换型、综合服务增值服务增加	货物流、信息流、货物配送等一揽子服务，增值服务大量增加	以人为本、持续发展，非核心业务大量外包；组织自治化、生产自动化、经营集约化、管理信息化、信息产业化、环境生态化
地位作用	水陆交通枢纽中心	城市依托港水路交通枢纽，传统物流分运中心	综合物流分运、分拨、配销、信息等综合服务中心；综合交通运输主枢纽	综合流通主枢纽；世界或地区性国际电子贸易信息中心；国际海洋经济中心
核心竞争力	劳动力、资源	资金、技术	技术、信息	人才、环境

[资料来源：周哲，申雅君.国际物流[M].北京：清华大学出版社，2007；苏德勤.现代港口功能发展及其代别划分[J].中国港口，1999(1)34—36.]

5.1.2 港口的概念

我国《港口法》对港口所作的定义，港口是指位于江河、湖泊和海洋沿岸，具有船舶进出、停泊、靠泊，旅客上下、货物装卸、驳运、储存等功能，并具有相应设备的由一定范围的水域和陆域组成的场所与基地。

1. 港口的形成条件

港口，尤其是对外开放的贸易港口的形成，一般必须具备以下条件。

(1) 港口所在地为水陆交通枢纽，交通便利，通信发达，有纵深辽阔的腹地，便于物流、人流和信息流的集中与疏散。

(2) 港口的地理和水文状况适宜，港口有良好的水深，港外最好有自然形成的防风、防浪屏障，附近无浅滩与暗礁，便于船舶安全出入与停泊。

(3) 港口要有足够的机械化装卸设备和前后方仓库与堆场，具备为船舶提供修理等技术保障的条件，能提供燃油、淡水以及食品供应等后勤服务。

2. 港口的组成

港口包括水域、陆域、港口配套设施、港口工程建筑以及港口管理与装卸生产组织机构。

1) 港口水域

港口水域指港界线以内的水域面积，供船舶航行、运转、锚泊、停泊装卸使用，要求有适当的深度和面积，水流平缓。一般须满足两个基本要求：船舶能安全地进出港口和靠离码头；能稳定地进行停泊和装卸作业。港口水域主要包括码头前水域、进出港航道、船舶转头水域、锚地以及港池等部分。

2) 港口陆域

港口陆域指的是港界线以内的陆域面积，供旅客上下船，货物装卸、堆存和转载使用，要求有适当的高程、岸线长度和纵深，并配有仓库、堆场、铁路、公路、装卸机械和各种必要的附属设备。一般包括装箱作业地带和辅助作业地带两部分，并包括一定的预留发展地。装卸作业地带布置有仓库、货场、铁路、公路、站场、通道等设施；辅助作业地带布置有车库、工具房、变(配)电站、机具修理厂、作业区办公室、消防站等设施。

3) 港口配套设施

港口配套设施主要是指为装卸、起重、搬运机械及为装卸生产服务的各种配套设施，如能源动力系统、机械修造厂和保养车间、港内运输设备(汽车、机车、拖驳船队等)、船舶航修站等。

4) 港口工程建筑

(1) 航标。航标是指以特定的标志、灯光、响声或无线电信号等，供船舶确定船位和航向、避离危险，使船舶沿航道或预定航线顺利航行的助航设施。设置航标的目的在于针对港口水域中暗藏的如浅滩、拦门沙或航道弯段等危险给予船舶警告，使船舶能安全、迅速地到达目的地，因此，港口航标应能准确地标示航道的方向、界限，标示航道及其周围航行水域中的水上或水下障碍物和建筑物，标示锚地周界的位置。

(2) 防波堤。在暴风季节，沿海港口面临大海巨浪的袭击，港内船舶不能安全地停靠和作业，因此需要在港口水域中的适当位置建筑防波堤，以使港口在恶劣天气条件下水面保持平稳，生产作业照常进行。此外，防波堤还兼有防水流、泥沙、冰凌等自然因素对港口和航道产生干扰的作用。

(3) 码头。码头指供船舶停靠、装卸货物和上下游客的水工建筑物，它是港口的主要组成部分。

(4) 码头岸线。码头岸线指码头建筑物靠船一侧的竖向平面与水平面的交线，即停靠船舶的沿岸长度，它是决定码头平面位置和高程的重要基线。构成码头岸线的水工建筑物称为码头建筑物。港口各类码头岸线的总长度是港口规模的重要标志，说明它能同时靠码头作业的船舶数量。

(5) 集装箱码头。集装箱码头指专供集装箱装卸的码头，它一般要有专门的装卸、运输设备，有集运、储存集装箱的宽阔堆场，有供货物分类和拆装集装箱用的集装箱货运站。

(6) 泊位。泊位指一艘设计标准船型停靠码头所占用的岸线长度或占用的囤船数目。泊位的数量与大小是衡量一个港口或码头规模的重要标志。一座码头可能由一个或几个泊位组成，视其布置形式和位置而定。

5) 港口管理与装卸生产组织机构

一般可分为行政管理和生产管理两部分。行政管理(政府)部门代表国家或政府管理港口，主要包括港务监督、船舶检验、水上公安机关、水上法院等港政部门。同时，还设置港口建设与发展规划、港湾环境监督与保护等部门。港口生产管理部门主要包括各装卸公司、轮驳公司、仓储公司、公路铁路运输公司、机械公司、理货公司等。

5.1.3 港口的功能

港口作为海上运输的平台和贸易的门户，具有多种经济功能。随着港口对腹地经济影响的加深，其功能也不断发生着演变。

1. 运输、中转功能

港口是运输链上的一个环节、运输网络上的枢纽。运输和中转是港口的首要功能。货物到达港口并不是终点，只是为了继续运输而完成集中存储、分流、分配等作业环节，这都是运输过程的继续。为了实现运输过程的继续，港口必须完成货物在不同运输方式之间的换装和转载，这就是中转的功能。装卸搬运是影响货物流转速度的基本要素，专业化的装载、卸载、提升、运送、码垛等装卸搬运机械可以提高装卸搬运作业效率，减少作业对商品造成的损毁，缩短车、船、货物的在港停留时间。

2. 仓储功能

现代港口的仓储已经不仅仅是为了继续运输的需要，它已成为综合物流的一个重要环节。仓库位置的选择往往影响到整个物流成本的高低，最终必然影响到产品的市场竞争力。通过大船运输到港口，实现单位成本的降低，同时将货物存放在港口，不间断地适应市场的需要或满足工厂生产需要。目前，世界主要的港口都专门开辟了一定面积的区域，配备了所需的设施为企业提供仓储和物资配送所需要的所有服务。在港口的物流分拨区，港口部门或相关的公司一般都向客户提供报关、保税、装卸货、保管、流通加工、运输发送、情报管理等多种功能性服务。因此，港口的物流功能区别于传统的仓储功能，它不仅仅可以缩短运输时间，而且还可以使货物改变运输方向，使之发生质的变化，提高了货物的附加价值。

3. 贸易功能

商港是对外贸易的门户，也是商业网络上的枢纽。在国际贸易中，国家通过港口建立同各国的经济联系，事实上，港口发挥着贸易中心的作用。据统计，在国际贸易中，全世界有90%的货物是依靠海运，通过港口完成的。我国的对外贸易也有90%以上的货物是依靠海运和港口完成的，这主要是由于海运具有运量大、成本低等其他任何运输方式无可比拟的优越性，因此许多国家争相发展海运船队，不断扩大港口建设规模。基本上，港口的贸易功能很大程度上得益于港口的中转运输。由于港口是远洋船舶、沿海船舶向内河船舶以及内陆运输工具的联结点，货主可以很方便地将货物运往港口储存，并根据国际市场行情的变化及时地决定抛售或购入货物。由于国际港口通过船舶与国际交易市场紧密相连，很容易及时地将货物从港口运往市场,这就促成了众多的贸易公司在港口或港口城市设立机构以便掌握国际市场行情。

4. 商业功能

港口的商业功能是随着港口的设立及其运输功能的发展而同步发展的。首先,港口作为旅客的集散地,客观上要求具备为旅客和船员休息、中转所必需的设施和服务。随着港口的发展,作为航运与贸易的辅助功能,如代理、保险、金融、通信、航运交易等领域都有了很大的发展,使以单纯的装卸为主的港口发展成了多功能、多层次和多方位的系统。

5. 服务功能

服务主要是指:接待船舶,船舶技术供应,燃料、淡水、一切船用必需品、船员的食品供应,引航,航次修理等;天气恶劣时船舶隐蔽的需要;海难的救助;文化、科技、贸易、旅游等。服务功能是港口的重要功能之一,有时与运输中转功能占据同等重要的地位。服务的质量、效率一方面对运输中转功能的发挥起保证或限制作用;另一方面将产生连锁性的对外影响,甚至关系到一个国家的形象。

6. 工业功能

港口的存在是工业存在和发展的前提。在许多地方港口和工业已融为一体。港口工业分两种,一种是依靠港口深水条件并服务于航运业的工业,如造船、修船、港口工程等工业,使工业生产得以进行;另一种通过港口由船舶运入供应工业的原料再由船舶输出加工制造的产品,如冶金、石油、汽车工业等。港口货物的构成中,原料、半成品占极大比重,据统计,在世界贸易中约占 2/3 以上。在一些发达的工业国家,工厂自建码头,一方面进口原料,另一方面出口产品都在企业码头上进行。

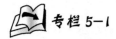

专栏 5-1

中国的国际航运中心建设

2009 年 4 月,国务院批复《关于推进上海加快发展现代服务业和先进制造业 建设国际金融中心和国际航运中心的意见》,标志着中国决心努力建设高水平的国际航运中心。上海具有比较完善的现代市场体系、现代金融体系、先进的港口基础设施、高效的航运服务体系,以及便捷的交通运输网络,可以利用这些有利条件积极发展现代服务业和先进制造业。

而后,国务院又批准"加快推动以大连大窑湾保税港区为核心的大连东北亚国际航运中心建设"。2011 年,又先后批准了"天津北方国际航运中心核心功能区建设方案"和"支持厦门加快东南国际航运中心建设"的措施。

2014 年 9 月 3 日,公布《国务院关于促进海运业健康发展的若干意见》,明确促进海运业健康发展,提出到 2020 年,基本建成安全、便捷、高效、经济、绿色和具有国际竞争力的现代化海运体系,海运服务贸易位居世界前列,国际竞争力明显提升。《意见》把建设航运中心提升到了促进整个海运行业发展的高度,提出优化海运船队结构、完善全球海运网络、促进海运企业转型升级、大力发展现代航运服务业、深化海运业改革开放、提升海运业国际竞争力、推进安全绿色发展这七项重点任务。

中国是海运大国,据中国交通运输部数据显示,目前中国海运船队运力规模达到 1.42 亿载重吨,约占世界海运船队总运力的 8%,居世界第四位。但是,中国的海运总体实力不强,海运的服务贸易长期处于逆差状态,2014 年,运输服务逆差 578 亿美元,占服务贸易逆差的 29%,是仅次于旅游服务贸易逆差的第二大逆差来源行业。

通过航运中心建设，提升海运行业竞争力，是我国国际航运中心建设努力的目标。目前我国基本成型的国际航运中心有五个，包括三个沿海国际航运中心和两个长江航运中心。前者指上海、天津滨海新区、大连，后者则指武汉和重庆。

从世界范围来看，国际航运中心主要有三种模式。一是以市场交易和提供航运服务为主，代表性的港口是伦敦，伦敦实际上港口的吞吐量、货运量已经很小了，但是航运服务业世界领先，真正国际航运中心的地位还在伦敦。世界20%的船级管理机构常驻伦敦，世界50%的油轮租船业务、40%的散货船业务、18%的船舶融资规模和20%的航运保险总额，都在伦敦进行。二是以海运中转为主，代表性港口是新加坡，新加坡由于自身经济腹地较小，直接外贸运输并不太多，因此将其他国家或地区的国际贸易货物作为其服务的主要对象。三是以为腹地货物集散服务为主，代表性港口有鹿特丹和纽约，所在国家或地区的国土辽阔、资源丰富、市场广大，腹地直接运输量很大。荷兰的鹿特丹位于莱茵河和马斯河两大河流入海汇合处所形成的三角洲，背靠莱茵河流域的荷兰、德国、瑞士等发达国家，美国向欧洲出口货物的43%、日本向西欧出口货物的34%都经过鹿特丹中转。

目前我国建设中的五个航运中心的定位和建设目标、任务，离伦敦、新加坡和鹿特丹等发达国家老牌航运中心的功能还有不小差距，任重而道远。

【推荐文章】

(资料来源：根据公开资料整理编写。)

5.1.4 世界主要海港简介

世界航运和港口吞吐量是世界经济的晴雨表。进入新世纪以来，世界经济强劲复苏，全球贸易额快速增长，为国际航运业尤其是集装箱运输带来了强劲的需求。在作为世界制造中心不断高涨的中国经济的驱动下，东亚特别是中国港口持续呈现蓬勃发展的繁荣景象。表 5-2 和表 5-3 分别列出了 2014 年世界集装箱吞吐量前 10 位港口排名和货物吞吐量前 10 位的港口排名，充分显示了这些特点。

表 5-2　2015 年世界港口集装箱吞吐量前 10 名

排名	港口 (所属国家或地区)	吞吐量 / 万 TEU	年增长 / (%)
1	上海港 (中国)	3 654	3.47
2	新加坡港 (新加坡)	3 092	-8.70
3	深圳港 (中国)	2 421	0.17
4	宁波—舟山港 (中国)	2 063	6.07
5	香港港 (中国)	2 011	-9.50
6	釜山港 (韩国)	1 943	4.13
7	广州港 (中国)	1 762	5.00
8	青岛港 (中国)	1 744	5.30
9	迪拜港 (阿联酋)	1 559	2.57
10	天津港 (中国)	1 411	0.43

(资料来源：上海国际航运中心，中国航运数据库。)

表 5-3　2015 年世界港口货物吞吐量前 10 名

排名	港口 (所属国家或地区)	吞吐量 / 亿吨	年增长 /(%)
1	宁波—舟山港 (中国)	8.89	1.83%
2	上海港 (中国)	7.17	−5.03%
3	新加坡港	5.75	−0.17%
4	苏州港 (中国)	5.43	0.56%
5	天津港 (中国)	5.41	7.98%
6	广州港 (中国)	5.21	4.41%
7	青岛港 (中国)	4.97	3.76%
8	唐山港 (中国)	4.9	5.38%
9	鹿特丹港 (荷兰)	4.66	4.72%
10	黑德兰港 (伊朗)	4.53	6.68%

(资料来源：上海国际航运中心，中国航运数据库。)

【拓展视频】

近年来，世界货物和集装箱吞吐量港口排行榜前几位变化较小，但中国大陆港口增幅明显。1998 年，世界十大集装箱港口中，只有上海港挤进排行，位列第十，到了 2006 年，前十大集装箱港口中就有中国 5 席 (分别是上海港 No.2、深圳港 No.4、广州港 No.6、宁波港 No.8、青岛港 No.9)，2014 年，前十大集装箱港口中，中国包揽了 8 个席位 (见表 5-3)。从世界范围来看，近两年美国港口吞吐量增长迅速，2014 年，美国洛杉矶港的吞吐量达到 830 万 TEU，同比上升 6%，创 2007 年以来的历史新高，长滩港全年的集装箱吞吐量达到 682 万 TEU，小幅上升 1.3%，从中可以看出美国制造业回归的迹象。

1. 国际著名港口

1) 新加坡港

新加坡 (Singapore) 港西临马六甲海峡的东南侧，扼太平洋及印度洋之间的航运要道，战略地位十分重要。新加坡港是亚太地区最大的转口港，目前，也是世界最大的集装箱港口。新加坡港主要进出口货物为石油、机械设备、电子电器、化肥、水泥、谷物、糖、橡胶、面粉、化工产品、矿砂、工业原料、食品、木材、椰油、椰干、棕榈果、水果及杂货等。

2) 鹿特丹港

鹿特丹 (Rotterdam) 港位于莱茵河和马斯河入海的三角洲，濒临世界海运最繁忙的多佛尔海峡，是西欧水陆交通的要塞，是荷兰和欧盟的货物集散中心，运入西欧各国的原油、石油制品、谷物、煤炭、矿石等都经过这里，有"欧洲门户"之称。与我国的上海港一样，鹿特丹港是一个典型的河口港，海洋性气候十分显著，冬暖夏凉，船只四季进出港口畅通无阻。鹿特丹港港区面积约 80km^2，海轮码头岸线长 33.4km，江轮码头岸线长 33.4km，总泊位 454 个，航道最大水深 22 米。鹿特丹港共分 7 个港区，有多个港池，码头岸线总长 37km，可以停靠 54.5 万吨级的特大油轮。这里的起重设备应有尽有，大小作业船只 500 余艘。船只进入鹿特丹港，从来就不存在等泊位和等货物的问题。

3) 釜山港

釜山 (Busan) 港位于韩国东南沿海，东南濒临朝鲜海峡，与日本对马岛相峙，是韩国最大的港口，也是世界第六大集装箱港。自1874年开航以来至今已有120多年的历史。经过多阶段持续的开发建设，目前釜山港共由北港(釜山本港)、南港、甘川港和多大浦港四部分组成。拥有集装箱专用码头4个和杂货码头、粮谷码头、水泥码头、原木码头、水产物码头及国际客运码头和沿岸旅客码头等。港口主要出口货物为工业机械、水产品、电子、石化产品及纺织品等，进口货物主要有原油、粮食、煤、焦炭、原棉、原糖、铝、原木及化学原浆等。它是韩国海陆空交通的枢纽，又是金融和商业中心，在韩国的对外贸易中发挥着重要作用。目前釜山港担负着韩国全国海上运输货物一半以上运量，其中集装箱货物处理量占韩国的81%，水产品货物占韩国的42%。

4) 洛杉矶港

洛杉矶 (Los Angeles) 港位于美国西南部的加利福尼亚州，濒临太平洋的东侧，是美国第二大集装箱港。它是北美大陆桥桥头堡之一，是横贯美国东西向的主要干线的西部桥头堡，东部大西洋岸的桥头堡为费城。从繁忙程度上看，洛杉矶港是全美第一、世界第八繁忙的集装箱运输港口。主要进口货物有家具、衣物、电子产品、玩具、计算机设备等。主要出口货物有废纸、合成树脂、纺织纤维、动物饲料、废金属等。

5) 汉堡港

汉堡 (Hamburg) 港是德国最大的港口，也是欧洲第二大的集装箱港，现已发展成欧洲最大的自由港。港口设施先进，管理现代化，被称为"德国通向世界的门户"和"欧洲转运最快的港口"。汉堡处于欧洲市场的中心，扮演着重要中转海港的角色。汉堡港有近300条航线通向世界五大洲，与世界1 100多个港口保持着联系。每年进出港的船只达1.8万艘以上，主要进口货物为煤、木材、矿石、原油、棉花、粮谷、水果、羊毛、烟叶、菜油、冻肉、蛋白、橡胶、咖啡、可可及杂货等，出口货物主要有焦炭、水泥、钢铁、机器及零件、车辆、电气用品等。

2. 中国主要港口

1) 香港港

香港位于中国南部沿海珠江口外东侧，是一个得天独厚的天然良港，是远东地区的航运中心。它既是亚太地区的枢纽港，也是世界著名大港之一，该港集装箱吞吐量雄居世界前列。

香港发展如此迅速，一是因为它地处远东航运要冲，处于经济发展十分迅速的亚太中心，它既是亚太地区的枢纽港，又是中国内地的转口港。祖国内地经济的繁荣，是香港航运业蓬勃发展的最重要原因。二是因为它是一个得天独厚的天然良港，深水航道确保了世界各国船舶安全和便捷进出港口。

香港是两种不同模式海上交通工具的交汇处，即从太平洋驶来的巨型远洋船和从珠江驶来的较小型沿岸内河船，更是新加坡与上海之间唯一充分开拓的现代化深水港，因而成为华南所有海上贸易活动的集中地。

一直以来，香港都以自由港著称。香港特别行政区政府采取的贸易政策，是寻求一套自由、开放的多边贸易制度。船舶拥有和船舶管理是本港的主要航运业务，所运作的船舶注册是独立自主的。目前在香港船舶注册记录册上登记的船舶约达1 400万总注册吨位。

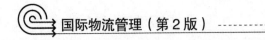

香港港口设施既有葵涌、昂船洲货柜码头的停泊处,总长 4 000 米,又有公众货物装卸区的停泊处,总长 7 750 米,以及 58 个远洋船系泊浮标。

2) 上海港

上海是我国最大的工业城市,也是世界上最具经济活力的国际大都市之一。上海港位于我国东部,长江入海口南岸的黄浦江畔,濒临东海的西侧,是我国外贸第一大港,也是太平洋西岸世界著名大港之一。2006 年,货物吞吐量已突破 5.374 亿吨,位居世界第一,国际集装箱运输年吞吐量也已突破 2 171 万标箱。

上海港直接与沪宁、沪杭两干线铁路相连,从而沟通全国铁路网。通过连接 204、312、318、320 等国道线,可分别通向烟台、乌鲁木齐、拉萨、昆明等地。上海的航空运输属世界一流水平,上海浦东国际机场是我国最大的航空枢纽港之一,国内航线遍及全国许多大中城市,国际航线通往东京、纽约、伦敦、日内瓦、巴黎、莫斯科及旧金山等世界各大城市。

过去上海港主要分布在长江入海口南岸,目前逐步向浦东扩展,一方面加快外高桥新港区建设,另一方面开始建设上海洋山深水港区,上海将发展成为国际一流航运中心。上海港已与西雅图、新奥尔良、纽约、大阪、横滨、安特卫普、釜山、马赛及温哥华等港缔结为友好港,国际航线可直达世界 140 多个国家和地区的 440 多个港口。

3) 深圳港

深圳港包括蛇口和盐田等港区,地处广东珠江三角洲南部、珠江入海口东岸,毗邻香港,是我国发展最快的港口。随着深圳市的发展,深圳港的发展速度相当惊人,集装箱吞吐量已跃居我国内地第二。世界许多著名大航运公司在深圳港开辟航线,深圳港国际班轮航线近百条,是我国内地班轮航线最多的港。

4) 广州港

广州港位于华南广东省东江、西江和北江汇合处的珠江三角洲,毗邻港、澳,紧靠深圳经济特区,是中国华南的国际贸易中枢港,也是中国的重要大港之一。

广州港是华南地区综合性主枢纽港。在腹地经济持续快速发展的推动下,广州港货物吞吐量持续增长。1999 年,全港货物吞吐量突破 1 亿吨,成为中国内地第二个跨入世界亿吨大港的港口。之后,港口发展迅速,到 2006 年吞吐量达到 3 亿吨。广州铁路与京广、九广、广湛线等全国主干线铁路相连,公路连接闽、桂、赣、湘等省区,西江水路运输可达广西柳州、南宁等地,广州白云机场已开通 30 多条国内、国际航线,可通往国内外各主要大中城市。水路、铁路、公路和航空共同构成广州发达的交通网络。广州港是我国距东南亚、中印半岛、中东、非洲、澳洲和欧洲各国运输距离最近的大型港。目前海运通达世界 100 多个国家和地区的 400 多个港口。

5.2 国际空港

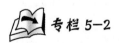

专栏 5-2

空港物流的发展

航空港建设之初,大多以客运为主。早期的螺旋桨飞机时速仅 300~400 公里,续航时间仅 4~5 个小时,在全球运输系统中起的作用十分有限。随着机体大型化和高速化发展,特别是大型超音速喷气机投入运行和环球航线的开辟,航空运输的地位不断攀升,在国际旅客运输中占绝对优势地位。全球统一市场的建立,经济发展和产品更新的加速,促使航空物流蓬勃发展,以客运为单一功能的航空港,不断衍生出多种经济功能,遂形成空港经济。

荷兰阿姆斯特丹的史基浦机场率先开始了空港物流理念的实践。在十几年前,当时的史基浦机场是欧洲客/货运吞吐量排名第四位的国际机场。作为其运营商,史基浦集团在机场里规划了一个区域,专门用做购物休闲服务、商务办公以及交通中转。为了进出空港的物流实现有序流动,史基浦集团用这个区域中的部分地方建立车站,通过铁路连接至欧洲各大城市,并保留拥有大面积停车场,供旅客及工作人员停放。这一规划方案公布后,一时之间吸引了超过 500 家商务机构进驻,包括航空公司、货运商、配餐服务、海关等从事与航空相关业务的公司,以及跨国保险公司等国际业务繁忙的公司。空港物流理念直接满足了客户的需求,也提高了机场地区经济效益。随后史基浦集团总结了实践空港物流理念的经验,并先后向纽约肯尼迪国际机场、鹿特丹机场等多家机场输出了这种商业计划,在这些地方参与建设、实施并管理空港物流园区,为自身和合作伙伴创建了可持续的价值。

从史基浦机场的例子可以看出,空港物流是以现代物流为基础,依托航空港,以机场为中心的一种现代物流方式,以航空及机场地面配套物流设施为核心,以运输服务为手段,为多家航空公司、航空货运代理、综合物流企业提供公共物流设施、物流信息服务及综合物流服务。这一特殊性,决定了空港物流在功能上不同于一般意义上的物流,而必须考虑到空港物流在产业链和核心业务上与传统物流的差异。

空港物流在世界现代经济发展中,属于公认的重要高端产业领域,空港物流发展水平,客观地标志着国家和地区高端产业的发展阶段。不仅如此,更重要的是空港物流是国家或地区经济与世界经济连接的重要纽带,是衡量国家或地区市场开放程度、经济发达程度、信息和物质交换便利程度的重要标准。在经济全球化背景中,空港物流客观上承担着国家或地区经济纳入全球经济体系的关键节点及载体功能。

【拓展文本】

(资料来源:梁心琴.空港物流规划与运作实务 [M].北京:中国物资出版社,2008.)

5.2.1 航空港的概念

国际民航组织将机场(航空港)定义为:供航空器起飞、降落和地面活动而划定的一块地域或水域,包括域内的各种建筑物和设备装置。日常生活中,航空港与机场几乎是同义词,但从专业角度来看,它们是有区别的。所有可以起降飞机的地方都可以叫机场,而航空港则专指那些可以经营客货运输的机场。旅客乘坐飞机旅行所使用的机场都是航空港。航空港必须设有候机楼以及处理旅客行李和货物的场地与设施。

机场则可分为军用机场和民用机场,民用机场主要分为运输机场(即航空港)和通用航空机场,此外,还有供飞行培训、飞机研制试飞、航空俱乐部等使用的机场。由于航空港的规模较大,功能较全,使用较频繁,地面交通便利,所以通常选择运输机场开展航空货物运输服务。航空港一般由飞行区、客货运输服务区和机务维修区 3 个部分组成。

1. 飞行区

飞行区是航空港的主要区域,占地面积最大。飞行区域有跑道、滑行道和停机坪,以及各种保障飞行安全的设施、无线电通信导航系统、目视助航设施等。航空港内供飞机起降用的跑道,根据飞行量和风向、风力条件,可以设一条或多条。一般在好天气条件下,以目视飞行时,一条跑道每小时可以起降飞机 45~60 架次;在坏天气条件下,以仪表飞行时,每小时可起降 20~40 架次。为保证飞机安全起飞和着陆,在飞行区上空划定净空区,即在机场及其邻近地区上空,根据在本机场起降飞机的性能,规定若干障碍物限制,不允许地面物体超越限制面的高度,这些限制面以上的空域称为净空区。净空区的规定可以随飞机的发展而改变。

2. 客货运输服务区

客货运输服务区是旅客、货物、邮件运输服务设施所在区域。区内设施包括客机坪、候机楼、停车场等，其主要建筑是候机楼。区内还配备有旅馆、银行、公共汽车站、进出港道路系统等。货运量较大的航空港还设有专门的货运站。在客机坪附近设有管线加油系统，其特点是使用高压油泵，在30分钟内向飞机加注的燃油有时高达几十吨。

3. 机务维修区

机务维修区是维修厂、维修机库、维修机坪等设施的所在区域，区内还有为保证航空港正常工作所必需的各项设施，如供水、供电、供热、供冷、下水等各种公用设施以及消防队、急救站、自动电话站、储油库、铁路专用线等。

5.2.2 发展空港物流应具备的条件

大部分中小型机场并没有真正意义上的航空物流。发展空港物流必须具备以下3个条件[①]。

1. 机场的条件

机场是空港经济发展的基础，机场的规模大小以及机场辐射范围的经济状况决定了空港经济的形成规模和发展水平。机场本身的条件包括软硬件两个方面，硬件方面包括机场的跑道、候机楼、停机位、货运设施、维修后勤、未来发展空间等；软件方面包括空港的战略定位、区位优势、机场的信息系统、航线资源、发达的航空运输网络、服务质量和员工的外语水平等，只有这两个方面都达到一定程度，空港经济的发展才有基础。

我国目前拥有全货机、专用停机坪和充裕的仓储设施等硬件设施的机场不足10个，一些急于发展空港经济的机场，至今尚不具备基本硬件设施。据《湖北日报》报道，2008年3月6日，世界最大的全货机波音747—400F降落武汉天河机场，7月23日天河机场4万平方米的专用货站设施建成，8月份湖北第一架自由全货机投入运营，从此开始了湖北航空业的新起点。

2. 航空物流公司的入驻

航空物流公司是航空物流产业的运作主体，入驻机场的物流公司数量越多、规模越大，航空物流产业就越发达。美国孟菲斯机场之所以成为世界上最大的航空物流中心，2007年货物吞吐量达到384万吨。这与世界最大的航空物流公司Fedex (联邦快递) 将总部和转运中心设在该机场有很大关联，而世界其他重要物流公司，如DHL (敦豪快递)、UPS (联合包裹服务) 等也都入驻孟菲斯机场。可见，发展航空物流关键是引进物流运营商，从而发挥机场在全球或国内航空物流网络中的重要作用。

3. 地区经济条件

地区经济的发展水平是空港发展的依托与基础条件。依托空港的发展，空港核心经济区会加速形成，同时辐射范围、带动能力进一步增强，从而推动地区产业结构的调整和升级，提升地区经济的发展水平和国际竞争力。所以，空港产业的选择在某种程度上应考虑与所在区域的经济发展阶段和重要产业相协调。

由于航空物流的独特性，对物流货源有严格的选择性。航空物流的主要货源是体积小、货

---

① 沈露莹. 世界空港经济发展模式研究 [J]. 世界地理研究，2008(3)19–25.
朱前鸿. 国际空港经济的演进历程及对我国的启示 [J]. 学术研究，2008(10)59–65.

值高、生命周期短、时效性强的高新技术产品、关键零部件、药品及精细化工制品、生鲜食品等。由于这类产品生命周期短、更新速度快，越早上市就越能抢占到更多的市场份额和获取更大的经济效益。因此这类产品绝大部分都是通过快速的航空运输，迅速运往世界各地的目标市场。此外，高档品牌时装、大型精密机械等也开始成为航空物流的重要货源。

孟菲斯机场因东邻"硅三角"（北卡罗来纳州"三角研究园区"）、南接硅原（达拉斯郊区的电子工业中心）这两大高新技术产业基地，使之获得源源不断的货源而独占世界航空物流业鳌头。香港本身并无发达的高新技术产业，但与之毗邻的珠三角地区，尤其是深圳和东莞，为其提供大量需要空运的高新技术产品，使香港国际机场成为世界第二大航空物流港。20世纪初，上海在世界航空物流业界还默默无闻，随着长三角地区高新技术产业的跳跃式发展，以及张江高科技园区、苏州、昆山、杭州、无锡等地的高新技术产业突飞猛进，大批产品在国际市场上占有重要份额，促进了浦东机场航空物流业的大发展，2016年，浦东机场货运量已超过344万吨，连续多年跻身世界第三大航空物流港，见表5-4。从表5-4中还可以看出一个有趣的现象，全球货运量排名前10位的机场，除了个别机场虽然排名稍有变动，但总体格局没变。这说明一个问题，资本密集型的物流枢纽的发展，可能需要经历一个较长的时期。

此外，航空港物流的高效运转离不开便捷的地面交通、通关条件以及政府的政策等配套措施的实施。

表5-4　2016年世界机场货运吞吐量排名前10位

排名	机场	货运吞吐量/万吨	增长/(%)
1	中国香港机场	461.6	3.5
2	美国孟菲斯机场	432.2	0.7
3	中国上海浦东机场	344.0	5.0
4	韩国汉城仁川机场	271.4	4.5
5	阿联酋迪拜机场	259.2	3.4
6	美国安克雷奇机场	254.3	-3.3
7	美国路易斯维尔机场	243.7	3.7
8	日本东京成田机场	216.5	2.0
9	法国巴黎戴高乐机场	213.5	2.1
10	德国法兰克福机场	211.4	1.8

（资料来源：国际机场协会 www.aci.aero，2016年世界机场运输报告。）

5.2.3　世界著名航空港简介

1. 国际著名航空港

1) 孟菲斯机场

孟菲斯是联邦快递公司（Fedex）的世界级枢纽及总部所在地，拥有世界上最大的邮件处理中心。UPS和DHL公司在孟菲斯也有相关设施。孟菲斯机场是孟菲斯和田纳西州最大，也是唯一的经济引擎,决定着孟菲斯经济发展的繁荣和停滞。机场每年给地区经济带来的影响是 220 亿美元,单位机场资本对经济产生的影响在全美国位列第一,孟菲斯机场提供 1/4 的地区就业岗位,即 16.6 万个就业岗位,联邦快递公司雇员达 3 万人。超过一半的孟菲斯地区商业活动的未来发展与机场相关。1998 年的研究表明,当时机场对地区经济的影响大约是 129 亿美元。2007 年的调查显示,航空货运对当地经济贡献达 271 亿美元。

孟菲斯机场 1992 年以来的连续 18 年货运吞吐量居世界首位,直到 2010 年被香港国际机场超越,是国际机场协会(Airports Council International,ACI)认定的世界最繁忙的航空货运机场。它是美国的物流配送中心,2016 年货运吞吐量 432 万吨。孟菲斯机场的航空货运业务经济影响力占到孟菲斯经济和就业的 94%。孟菲斯 220 亿美元经济影响中的 195 亿美元来自于航空货运业务。孟菲斯依托联邦快递的世界级枢纽,以孟菲斯机场为核心,已经形成了一个典型的空港经济区,包括轻工业区、办公商务区、高档零售区、商务酒店、餐饮服务、娱乐休闲健身、高尔夫运动和居民住宅等区域。孟菲斯拥有世界领先的航空货运机场,五个一级铁路公司,美国第四大内河港,七条美国国家及洲际高速公路交汇,大量的物流服务企业。这些优越条件使孟菲斯能够全面地为本地企业提供更低的运营成本和更加灵活的企业运作。

【拓展视频】

2) 法兰克福机场

法兰克福机场是欧洲主要航空枢纽之一。2014 年,机场客运量超过 5 957 万人次,在全球十大客运机场门槛提高到 6 000 万人之后,这个欧洲老牌机场被挤出世界前十,但法兰克福机场是德国最主要的国际客运机场,特别是在欧盟一体化、申根协定等因素鼓励下,机场努力建设免税购物天堂,拓展周边疗养观光体验,人气很旺。货邮吞吐量近 218 万吨,居世界第九位。该机场在做大航空运输的同时,大力发展国际商务。机场现有 129 家航空公司运营飞往 112 个国家、304 个机场的定期航班,29 家航空货运公司运营飞往 44 个国家、88 个机场的货运航班。机场规划的物流中心共占地 1.18 平方公里,含 13.3 万平方米的物流商务办公用房。在占地 35 公顷的生态绿地中建设办公楼、贸易中心、会展中心,在机场周边形成一块以现代商务为主的黄金地段。法兰克福的空港经济是典型的物流和商务并重发展的空港经济模式。

3) 韩国仁川机场

仁川机场 2001 年正式启用,是大韩航空、韩亚航空的基地,天合联盟(Sky Team)的东北亚枢纽。仁川机场位于距汉城市中心 52 公里的岛上,一期工程占地面积 1 174 公顷,除了可以停放 155 架客机的候机楼之外,还有两条可供超音速客机、新一代超大型客机起落的 4 000 米跑道。为了增加机场的货运服务功能,满足货主的需求,机场部门得到政府的大力支持,在机场内建立了首期 99 万平方米的自由贸易区(Free Trade Zone,FTZ)。第二期,自由贸易区可以扩展到近 200 万平方米。到 2020 年二期工程结束,仁川机场的占地面积将扩大到 4 743 公顷,货物吞吐量将达到 700 万吨。韩国最大的电子企业三星集团,产品占韩国出口值的两成,已在仁川机场租了专属物流中心。LG 集团的产品占韩国出口值的一成,也以专属的货运中心在仁川机场转运外销产品。自由贸易区的建立既满足客户需求,又给机场带来了大量货源,提高了机场设施的利用率,增加机场的竞争力。

大韩航空在仁川机场建有基地,是亚洲地区的航空货运枢纽。与周边地区机场相比,仁川机场收费较低,有着较大的优势。从目前来看,对我国机场影响最大的就是仁川机场。

4) 东京成田机场

成田机场距东京 66 公里,1986—1995 年,成田机场航空货物吞吐量连续 10 年排名世界第一位。近几年,由于周边机场的崛起,以及高收费的影响,其航空货邮吞吐量排名有所下降,但仍然是亚洲的航空货运中心。机场占地1 065公顷,拥有两个候机楼,总面积达到55.79万平方米,货运区面积达90万平方米,有30个停机位,拥有10座货物处理大楼,总面积达23万平方米。在成田机场与羽田机场之间建有原木航空物流园区。原木物流园区位于东京城市外围,占地18万平方米,员工3 000多人,能够提供分货和打包、贴标签、分拣、仓储、库存管理、安检等服务。日本政府非常支持原木物流园区的发展,在此设有专门的海关监管部门,货主可以选择在成田机场或原木物流园区进行通关。

2. 中国主要航空港

自改革开放以来,随着我国经济社会的发展,民航持续快速发展,各地机场的业务量连年快速增长。30多年来,我国机场建设突飞猛进,年旅客吞吐量、货邮吞吐量增长迅猛。2016年,全国通航机场218个,旅客吞吐量10.2亿人次,货邮吞吐量1 510万吨。而在2004年,这三个指标分别是132个通航机场,2.4亿人次的旅客吞吐量和552万吨货邮吞吐量,旅客吞吐量和货邮吞吐量年均增长24.5%和14.5%。上海浦东机场和首都机场已经进入世界著名机场行列,2016年,浦东机场货物吞吐量居全球第三,首都机场的旅客吞吐量居全球第二位。

1) 中国香港国际机场

中国香港国际机场是重要的国际客货运枢纽之一,从2010年起货物吞吐量超过美国孟菲斯机场,成为全球最大的机场。每天平均有750班航机在机场升降。在香港国际机场营运定期航班的客运航空公司接近60家,另有15家全货运航空公司,航线目的地逾140个,遍布全球。提供航空货运服务的两家航空货运站,位于南跑道以南,共占地21公顷。香港空运货运站有限公司,投资额达80亿港元,是全球规模最大的单一航空货运设施,用地面积约为17万平方米,总楼面面积达33万平方米,包括货运主楼及速运中心,设计的航空货运吞吐能力是每年260万吨;亚洲空运中心有限公司,投资额达7.8亿港元,用地面积为4.3万平方米,设施的总楼面面积为3万平方米,设计的航空货运吞吐能力是每年42万吨;速递货运站——DHL中亚区枢纽中心,第一期用地面积为1.82万平方米。2014年,香港机场货邮吞吐量为441吨,位居世界第一。

2) 上海浦东机场

浦东国际机场位于上海市东部,面积40平方公里,距市中心约30公里,距虹桥机场约40公里。浦东国际机场一期工程于1997年10月全面开工,1999年9月建成通航。一期建有一条长4 000米、宽60米的4E级南北向跑道,两条平行滑行道,80万平方米的机坪,共有76个机位,货运库面积达5万平方米。具备年飞机起降30万架次、年旅客吞吐量3 650万人次的保障能力。目前,浦东国际机场日均起降航班达560架次左右,航班量已占到整个上海机场的六成左右。通航浦东国际机场的中外航空公司已达48家,航线覆盖73个国际(地区)城市、62个国内城市。

浦东国际机场的货物主要以出口产品为主,主要来自现有货运站受理的货物。其中,一个货运站由中国东方航空公司所属并经营,另一个是由上海机场集团(51%)、汉莎航空货运公司(20%)和上海锦海捷亚国际货运有限公司(21%)合资组建的浦东国际机场货运站有限公司。该公司成立于1999年,占地14.7万平方米,在陆运作业区和空运作业区共有34个装运平台。除此之外,浦东国际机场货运站公司还在航空作业区搭建了一处大棚区,用于存放更多的货物,以减轻货运站内部的压力。建设中的2号货运站共有10个专用货机机位,由浦东机场货运站有限公司合资三方共同出资，建成后，可提供 1 万平方米的仓储空间。

3) 北京首都国际机场

首都机场于 1958 年投入使用，是中国首个投入使用的民用机场。位于北京市东北方向，是朝阳区在顺义区的一块飞地，距离天安门广场 25.35 公里。机场有两座塔台，T1、T2 和 T3 共三座航站楼。是中国国内唯一拥有三条跑道的国际机场，机场原有西、东两条 4E 级双向跑道，长宽分别为 3 800×60 米、3 200×50 米，并且装备有 II 类仪表着陆系统，其间为一号航站楼、二号航站楼。2008 年建成的三号航站楼和第三条跑道 (3 800 米 ×60 米，满足 F 类飞机的使用要求)，位于机场东部。2008 年，第 29 届奥运会在北京举办，首都国际机场旅客吞吐量创下历史纪录，达到 5 566 万人次，同比增长 4.3%，排名世界机场第 8 位。2010 年，首都机场以 7 395 万人次的旅客吞吐量跻身世界机场第二位。2014 年，首都机场旅客吞吐量为 8 613 万人次，连续 5 年保持世界第二大旅客机场的地位。

2006 年，北京首都国际机场航空货运大通关基地暨保税物流中心 (B 型) 项目正式启动。该项目占地面积 4 532 亩，建筑面积 57.2 万平方米，总投资 36.2 亿元，集中规划了航空货运站区、国际快件监管中心、进出口货物海关监管区、保税物流中心 (B 型) 和配套办公设施。该项目建成后，北京首都国际机场年货物处理能力将由现有的 80 万吨提高到 500 万吨，可有效地解决目前北京空港口岸物流效率低的现状，极大地提高北京空港口岸的通关效率。2007 北京空港保税物流中心 (B 型) 正式投入运营，实现了与首都机场"无缝对接"，标志着首都机场向国际一流货运枢纽迈进，并将极大地改善北京空港区域的物流服务功能，有力促进首都临空经济的快速发展。

4) 广州白云国际机场

广州白云国际机场始建于 20 世纪 30 年代，是国内三大航空枢纽机场之一，2004 年 8 月 5 日，投资 198 亿元的广州新白云国际机场正式投入运营，这是我国首个按照中枢机场理念设计和建设的航空港。新白云国际机场面积约 30 万平方米，可满足年旅客吞吐量 2 500 万人次、货物 100 万吨、典型高峰小时飞机起降 90~100 架次、旅客吞吐量 9 300 人次的要求。一期工程所建设的两条跑道，东跑道长 3 800 米、宽 60 米，西跑道长 3 600 米、宽 45 米，年旅客吞吐量可达 8 000 万人次，年货物吞吐量 250 万吨。目前机场共有两个货运站，其中，新白云机场航空货运站是由机场与南航合资建设，总建筑面积 10.5 万平方米、年吞吐量 80 万吨、5 个专用货机坪，是国内最先进的航空货运站之一。

2014 年国内机场货邮吞吐量排名见表 5-5。

表 5-5　中国 2016 年货邮吞吐量排名前 10 位的机场

排名	机场	实际完成 / 万吨	比上年增长 / (%)
1	上海浦东	344.0	5.0
2	北京	194.3	2.8
3	广州	165.2	7.4
4	深圳	112.6	11.1
5	成都	61.2	9.9

续表

排名	机场	实际完成/万吨	比上年增长/(%)
6	杭州	48.8	14.8
7	郑州	45.8	13.2
8	上海虹桥	42.9	−1.1
9	昆明	38.3	7.7
10	重庆	36.1	13.3

(资料来源：中国民航总局，《2016全国机场生产统计公报》。)

5.3 自由贸易港区

在国际贸易有关自由贸易区的研究中，有两种形式的自由贸易区，一种是世界贸易组织所定义的 FTA (Free Trade Area)，即关贸总协定 (General Agreement on Tariffs and Trade, GATT) 第 24 条第 8 款中规定的"由两个和两个以上关税领土所组成的，对这些成员领土间的产品的贸易，已实质上取消关税或其他贸易限制的集团"，例如由美国、加拿大、墨西哥三国组成的北美自由贸易区 (域) 等；另一种是国际海关组织定义的 FTZ (Free Trade Zone)，即《京都公约》中规定的"一国的部分领土，在这部分领土内运入的任何货物就进口税及其他各税而言，被视为在关境之外，免于实施惯常的海关监管制度"。两种自由贸易区都是为促进国际贸易的开展而实行了某些自由的经济制度，如：取消关税壁垒与许可证管制等。本节讨论的是后一种自由贸易区，即基于《京都公约》的自由贸易港区；而前一种自由贸易区，本书将在第 11 章中进行介绍。

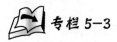

专栏 5-3

自由贸易区的发展历史

目前一般公认 1547 年在热那亚湾的里窝那 (佛罗伦萨的外港) 设立的自由港是世界上第一个自由贸易区，实际上人类历史上自由贸易区的雏形可以追溯到古代腓尼基亚全盛时期 (公元前 1101—公元 241 年)，可任由外国商人自由出入的腓尼基亚南部海港泰尔及其北非殖民地迦太基。17 世纪以后，英国、荷兰、葡萄牙、法国、德国等一些欧洲国家为了扩大对外贸易，陆续把沿海的一些著名港口城市宣布为自由港，或划出一部分地区设立自由港，还在其海外殖民地、半殖民地设立了自由贸易区。到第二次世界大战以前，全世界共有 75 个自由贸易区，分布在 26 个国家和地区。

第二次世界大战后，殖民主义体系土崩瓦解，亚非拉殖民地纷纷独立，过去的自由港有的继续存在，有的作了某些限制成了半自由港，个别的变为普通口岸城市。另一方面，自由港的内容大大丰富，大批新的自由贸易区、特殊地区、自由过境区出现了。20 世纪 60 年代以后，出口加工区蓬勃兴起，自由港发展成了特殊的综合经济区。发展中国家通过创办各种自由港，利用外资开发落后地区，引进先进技术，扩大出口，增加外汇收入，建设现代化城市，成为世界经济领域的一股积极力量。

世界上最早从事出口加工活动的，一般认为是 1959 年在爱尔兰设立的香农自由区。随后，在波多黎各和印度也相继出现。但第一个正式以出口加工区命名的，则是中国台湾于 1965 年在高雄建立的出口加工区。

自此以后的几十年里,出口加工区这种新型的经济特区尤如雨后春笋,风行于亚洲、非洲、中东和拉美的60多个发展中国家。进入20世纪90年代以来,世界经济进入了多极化的阶段,各国已不再多虑意识形态上的分歧而更加广泛地开展国际贸易。自由港更以多种多样的形态出现,为地区经济的发展、世界经济全球化作出了其应有的贡献。据不完全统计,目前全球已有1 200多个自由贸易区,其中15个发达国家设立了425个,占35.4%;61个发展中国家共设立了775个,占64.6%。与此同时,自由贸易区的功能也在不断扩展,原料、零部件、半成品和成品都可在区内自由进出,在区内可以进行进出口贸易、转口贸易、保税仓储、商品展销、制造、拆装、改装、加标签、分类、与其他货物混合加工等商业活动。

5.3.1 自由贸易区的概念及特征

1. 自由贸易区的概念

自由贸易区(Free Trade Zone)又称 Zone、出口加工区(Export Processing Zone)、投资促进区(Lnvestment Promotion Zone)、对外贸易区(Foreign Trade Zone)、自由区、出口自由区、自由关税区、免税贸易区、免税区、自由贸易港、自由市、自由工业区等。虽然,自由贸易区或自由港已有几百年的历史,国内外的经济学家和经济组织也曾对自由贸易区下过各种定义,但是到目前为止,还没有一个定义成为国际上公认的具有权威性的表述。

在世界自由贸易区广泛兴起的背景下,海关合作理事会(世界海关组织的前身)于1973年5月形成了第一个涉及自由贸易区的国际规范,即《京都公约》《关于简化和协调海关业务制度的国际公约》),并对其定义为"自由区系指缔约方境内的一部分,进入这一部分的任何货物,就进口税费而言,通常视为在关境之外";在《美国对外贸易区委员会通用条例》和《欧共体海关法典》中也对自由贸易区作了类似的界定,并明确了其法律地位和运行机制。

1984年,联合国贸发会议报告中关于自由贸易区的定义:"自由贸易区是货物进出无须通过国家海关的区域。最初,此类区域主要用于储存和贸易,而最近则强调进行制造、加工和装配业务活动。货物进入自由贸易区可不缴纳关税或受配额的限制,并可无限期的在那里储存。"

自由贸易区是在设区国的政治管辖下、处在关境之外的、受海关治外法权保护的、无贸易限制的关税豁免地区。自由贸易区是划在所在国或地区的海关管辖区的关卡之外,以贸易为主的多功能经济性特区。世界各国的自由贸易区与自由港的功能基本相近,实际上是自由港的发展,它主要以促进对外贸易为主,也发展出口导向的加工业和工商业、金融业、旅游和其他服务业。从内部功能来说,它与自由港和出口加工区相类似。它对于克服贸易保护主义和越来越多的非关税壁垒,以及促进发展中国家的对外开放、发展经济是有益的。

自由贸易区的出现是世界经济一体化、区域经济一体化、全球市场一体化的必然结果。自由贸易区的发展,大大地推动了全球货物贸易和服务贸易的发展,也促进了国际投资的快速增长。

2. 自由贸易区的特征

根据对世界各国现有的自由贸易区的分析,可以大体上归纳出以下几个特点。

1) 隔离封闭

自由贸易区是在设区国领土上用围栏与该国其他区域隔离且封闭起来的一个区域,其面积一般在十几平方公里以内。因此占地221万平方公里的巴西玛瑙斯(Manaus)自由贸易区实际上不能和一般的自由贸易区相提并论。

2) 境内关外

自由贸易区虽然位于设区国边境之内，但却处于该国关境之外，海关对货物的进出国境不征收关税，而进出关境则视同进口或出口要征收相应的关税。除特殊情况外，海关不实施惯常的监管制度。

3) 充分自由

在区内的企业和个人在服从设区国的法律规定的前提下，享有充分的自由。首先，是贸易自由，例如对进出口贸易及转口贸易没有限制，但一般不得经营零售业务；其次，是运输自由，例如免办海关手续、非强制领航、船员可自由登岸、卫生检疫及出入境手续从简等；再次，是投资自由，通常没有行业限制；最后，是金融自由，例如结算币种可自由选择、外币可自由兑换、资金可自由进出等。

4) 政策优惠

设区国政府通常给予自由贸易区内的企业一些政策上的优惠，例如减免所得税、放宽信贷政策、提供投资匹配、加速资本折旧、保障投资安全、以优惠价提供土地及水电等。

5) 港区结合

自由贸易区大多设在吞吐量较大的海港等具有地理优势的地方，例如德国的汉堡港、美国的纽约港、荷兰的鹿特丹港等。特殊情况下也可设在内河港、航空港等地方。

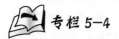

专栏 5-4

中国(上海)自由贸易试验区

2013 年 9 月 29 日，中国(上海)自由贸易试验区 [China (Shanghai) Pilot Free Trade Zone] 正式挂牌成立，是中国政府在中国大陆境内设立的第一个自由贸易园区，涵盖上海市外高桥保税区、外高桥保税物流园区、洋山保税港区和上海浦东机场综合保税区这 4 个海关特殊监管区域。2014 年 12 月 28 日，试验区区域扩展到金桥出口加工区、张江高科技园区和陆家嘴金融贸易区，试验区总面积 120.72 平方公里。

【拓展视频】

《中国(上海)自由贸易试验区总体方案》中提出的五项任务包括：加快政府职能转变；扩大投资领域开放；推进贸易转变；深化金融领域的开放创新；完善法制制度保障。

《纽约时报》在评论上海自贸区设立的报到时说：上海自贸区释放出金融改革信号，这里将成为放松资本管制和人民币可自由兑换的桥头堡。金融领域扩大开放无疑是最引人注目的一项。值得期待的改革包括：在上海自贸区先行先试人民币资本项目下开放，企业法人可在上海自贸区内完成人民币自由兑换，先行利率市场化改革，加快离岸金融市场建设等。

服务业扩大开放是另外一个赢得广泛关注的领域。《总体方案》中包括 6 个开放的领域：金融服务、航运服务、商贸服务、专业服务、文化服务业和社会服务领域。

截至 2014 年 11 月底，自贸试验区投资企业累计 2.2 万多家、新设企业近 1.4 万家、境外投资办结 160 个项目、中方对外投资额 38 亿美元、进口通关速度快 41.3%、企业赢利水平增 20%、设自由贸易账户 6 925 个、存款余额 48.9 亿元人民币。

2015 年 10 月 6 日，商务部新闻发言人沈丹阳在例行新闻发布会上表示，上海自贸试验区成立两年来在四个方面取得了显著成效：以负面清单管理为核心的外商投资管理制度基本建立；以贸易便利化为重点的贸易监管制度有效运行；以资本项目可兑换和金融服务业开放为目标的金融制度创新有序推进；以政府职能转变为核心的事中事后监管制度初步形成。

5.3.2 自由贸易港的概念及特征

1. 自由贸易港的概念

1) 广义自由港和狭义自由港

自由港有广义自由港和狭义自由港之别。广义自由港也称其为自由贸易区，是指用一定方式与本国国土隔开的、不受海关手续和关税约束的区域。该区域可以是在海港或航空港内，也可以在其附近地区。在该区域内，船舶可以在不支付海关关税和不履行海关手续的情况下，自由地进出该港口区域，并在该区域内自由地装船和卸船。货物也可以在没有海关手续限制和不支付关税的情况下，在该区域内装卸、储存、处理、展览、加工直至再出口。只有当货物通过关税线(或称关税篱笆)时，才必须接受海关检查和支付海关关税。因而自由港可以看成是一个国家"国境之内，关境之外"的区域。

狭义的自由港是指设在港区范围内与本国领土隔开的、不受海关手续和关税约束的区域。上文介绍过的自由贸易区可以理解为广义的自由港，下面的讨论将自由港限定在狭义自由港。

自由港主要功能是促进港口和航运业的发展。欧共体在法律文件中规定："自由港是港口的一部分。自由港有严格明确的界线，该界线受海关监督，自由港划在海关管制区以外，准许外国商品自由免税出入。在该区内，商品可以储存、重新包装和展览或在遵守有关条例的前提下移动、销售或者加工，海关一般不予监督或限制。"在这个港口或海湾地区之内，外国货物可以免征关税而自由进出，而且一般允许在港区内进行改装、挑选、修理、加工、装卸、买卖、销毁、存储和重新包装等。自由港通常是不属于任何一国海关管辖的港口或港口地区，但外国的船只必须遵守有关卫生、移民等项的法律规章。

2) 不完全自由港和完全自由港

从自由港的划分范围来看，又可将自由港分为不完全自由港和完全自由港。不完全自由港是把港口的所在城市的一部分划为自由港。外国商品只有运入这个区内才能享有免税等优惠待遇，并不受海关监督。设立自由港可扩大转口贸易，并从中获取各种贸易费用，扩大外汇收入。例如，汉堡自由贸易区是由汉堡市的两部分组成的，而只有划在卡尔勃兰特航道以东的归自由港和划在卡尔勃兰特航道以西的几个码头和邻近地区才是汉堡自由贸易区。这个自由贸易区位于港区的中心，占地 56 平方英里。因此，外国商品只有运入这个区内才能享有免税等优惠待遇，不受海关监管。

完全自由港是指把港口所在的城市全部划为自由港，如香港。完全自由港除了个别商品外，绝大多数商品可以自由进出，免征关税。并允许任何外国商人在那里兴办工厂或企业；有的扩大至港口的邻近地区，该地区通称为自由区。

2. 自由贸易港的特征

自由贸易港区多是凭借其优越的地理位置、良好的港口和先进的运输、装卸设备，以豁免货物进出口关税和海关监督的优惠，以及开展货物储存、分级挑选、改装等业务便利，通过吸引外国货船、扩大转口贸易，发挥商品集散中心作用，以达赚取外汇收入的目的而发展起来的。

1) 现代化的、高度的港口支撑体系

自由贸易港对基础设施的要求较高，需要拥有足够的现代化运输辅助部门(如转运公司)和相当规模的船队，不仅港口的行政业务管理实现计算机化和拥有现代化的通信手段，而且还要有相当规模的现代化的交通运输和服务部门的支撑。如汉堡自由港能使到港货物在 48 小时之内迅速扩散到欧共体的各个成员国之内。

2) 封闭区域

自由港通常位于海港或航空港内，或者在港口附近的交通发达地区。但即使自由港位于海港或机场内，自由港也只是整个港口区域的一部分。事实上，目前在欧洲很少找到整个港口都是自由港的例子。如德国汉堡自由港就是在汉堡港内的一个15平方公里的封闭区域。在该区内约有320个泊位和100多万平方米的仓库和堆场。实际上，在德文、瑞典文、丹麦文中，自由港的真正含义是自由码头，即指海港内用栅栏与其他地区隔开的码头区域。

3) 自由度有限的海关非管区

自由港作为一个海关非管区或国外领地，只有在考虑海关手续和关税时才成立。事实上，这些区域还直接或间接地受到海关的管辖。只是海关人员不再在船边、库场或自由港内的其他地方对货物和运输工具进行盘查，而是改在隔离栅栏(即关税线)旁对进出口货物和车船进行查询。货物免除海关关税也只限制在自由港内，一旦货物经过隔离栅栏从自由港口进入关税区，或者从关税区进入到自由港，它们就必须支付进出口关税。各国为了防止不法分子利用自由港从事走私活动，往往加强海关巡逻。另外，我们说自由港的自由度是有限的，是因为进入自由港的运输工具和货物除了不需要履行海关手续和交纳关税外，还必须遵守自由港所在国的所有法律和规定，尤其是有关公共卫生、移民和船检等方面的法规。

4) 区内货物(设备)免税

从国外运入自由贸易港区内的货物及自用设备免税(免征关税、货物税、营业税、烟酒税、推广贸易服务费及商港服务费等)。以"境内关外"的观念设计，可以加快货物在此区域内的流通速度，避免了在保税仓库期间货物流通有层层申报的限制。货物由国外或国内其他自由贸易港区进出，或自由贸易港区的货物输往国外或国内其他自由贸易港区，仅须依照规定的标准格式或书面向海关通报，经海关电子信息回复完成档案记录后，即可将货物进出或运往国外。

5) 资金流通便捷化

自由贸易港区内可以从事外币汇兑及外汇交易，国际金融业务分行可以办理有关自由贸易港区事务的外币信用单据、通知、押汇、进出口托收、外币汇兑及外汇交易业务。自由贸易港区有权批准设立控股公司从事海外投资；外国人可以向自由港区管理机关申请设立以境外投资为专业的控股公司。

3. 自由贸易港与自由贸易区、保税区的区别

1) 自由港与自由贸易区的区别

从历史与地域范围考察，自由贸易区是自由港的延伸和扩张，历史上一些自由贸易区就是在自由港的基础上，划出或扩延出一定区域建立的，而大量的自由贸易区则是第二次世界大战后许多发达国家和发展中国家建立的；自由贸易区较之自由港具有相对较低的自由度，自由贸易区的商品流动只限于生产和流通领域，而自由港的商品流动可以不受限制地进入消费领域；作为自由港，港内居民与旅客均可享受豁免海关限制的待遇；而自由贸易区的东道主与客户只有作为经营活动者，参与区内经济活动时才能取得豁免海关限制的待遇。

2) 自由港与保税区的区别

自由港是指划在关境以外，处在"境内关外"，置于海关管辖界限以外，完全撤离关税及复杂的海关手续等贸易障碍，准许外国商品豁免关税自由进出的特殊区域。而保税区为海关监管区域，是受海关监督的特殊区域和仓库，是处在"关内境内"的；自由港一般规模比较大，是一个区域(Zone)，功能又多，因而对周边地区具有强大的辐射作用，能带动区域经济的发展，而保税区只具有保税仓储的作用，是一个终端，一般规模小、功能单一，只起到

转口的作用；在自由港内，货物储存的时间不受限制，而且无论销往任何地方的货物都被允许进区储存。而在保税区内，货物存期最长不能超过 2 年，逾期者货物由海关拍卖，而且销往非保税区的货物不得进入保税区；有的自由贸易区内的货物可以零售，而保税区的进口货物不能零售。

5.3.3 自由贸易港的类型

自由港形式多种多样，名称也各不相同，但从其发展历程、经营内容和自由区来讲，大体可分为保税仓库、商业性自由港、工业性自出港、综合性自由港和自由港市这四种基本类型，另外它也是自由贸易区的一种初级形式。自由港又可以分成以下几种类型[①]。

1. 保税仓库

保税仓库 (Bonder Warehouse) 指为进出口商人提供的一个保税储存货物的场所，这种"以物保税"的管理形式使得"保税仓库"成为"微型自由港"。在这里货物不仅可以免税储存，而且还可以进行简单的加工处理，一般说来保税仓库占地面积较小，对基础设施的要求也不高，因而极容易在港口、机场、甚至火车站内发展。近年来，在原来保税仓库的基础上又发展了保税工厂 (Bonded Factory) 和保税运输 (Bonded Transport)。保税工厂特点是可将储存的原材料、半成品进行加工制造，使货物发生质的变化，然后再将产成品免税出口。而在港口 (或其他进出口口岸) 与保税仓库和/或保税工厂之间货物的移动则采取保税运输的方式。由于这种新型的保税制度 (包括保税仓库、保税工厂和保税运输) 兼备了自由港的主要优点和特征，新型的保税仓库和保税工厂被称为微型自由港，在世界范围内得到了广泛应用。世界著名港口鹿特丹由于采取了这种类似于自由港的保税仓库制度，被誉为比自由港更加自由的港口。

在鹿特丹的保税仓库内，海外保税货物不仅可以免税进口，而且在转运、处理、储存和分发上不受海关干预。对于物品的处理可以包括包装、改装、量重、抽样、清洗、筛选、混合、加工及其他处理过程。拟运往其他国家的货物在确定最终目的地之前，可以用保税形式无限期地储存。这种灵活的海关制度吸引了众多的海外公司在鹿特丹设立物流中心，同时也吸引了大量的加工工业。在鹿特丹不仅有公共保税仓库，还有私人保税仓库和自用保税仓库，保税仓库不仅建在港口，而且在内陆也有发展。

海关对转口货物的监管和保税主要通过报关文件和保税单来保证。海关对私人保税仓库的管理也主要通过定期对保税仓库账目的检查来实行。与保税仓库相关联的一个概念是保税物流中心，进驻保税物流中心的物流企业可以经营保税货物仓储、转运、简单加工、配送、检测维修和报关等综合物流服务，本书将在第 8 章对保税物流中心展开详细的讨论。

2. 商业性自由港

商业性自由港 (Commercial Free Port) 是以发展贸易和转口贸易为主要目的的自由港，这类自由港是自由港的最初形式，构成了狭义自由港的主要内容。商业性自由港发展的目的是充分利用所在港口的设施吸引中转货流，发展贸易和转口贸易。在该类自由港内货物可以进行装卸、堆存、运输、取样、分类、拆散、再包装、贴标签和展览，同时也允许货物进行简单的处理和加工。但一般来说，在该类自由港内不得从事制造业，由于该类自由港主要发展贸易和转口贸易，从事的业务比较单一，因而所在国除了给予关税免除优惠外，一般不再给

---

① 李友华. 中国保税区向自由贸易港区转型研究 [M]. 福州：福建人民出版社，2007.
  宋柏编. 跨国公司全球物流运作与管理 [M]. 上海：中国纺织大学出版社，2001.
  惠凯. 港口规划与区域经济 [M]. 北京：中国建筑工业出版社，2008.

予其他优惠。相较于其他形式自由港，商业自由港主要作用在于促进港口运输功能的发展和贸易及转口贸易收入的增加，改善国际收支。但商业自由港在增加就业、发展地区经济方面，远不及其他形式的自由港。学术界一般认为，早期欧洲的自由港和自由区都属于商业性自由港，巴拿马科隆的自由港贸易区也属于商业性的自由港。目前这类纯商业的自由港已不多见，它逐步被综合型的自由港所取代。

3. 工业性自由港

工业性自由港 (Industrial Free Port) 是以发展工业为主要目的的自由贸易区域。虽然这类自由港内也发展进出口贸易和转口贸易，但该区域内工业的发展占据主要的地位。目前发展中国家设立的自由港多为这种形式，这是与发展中国家的经济发展状况息息相关的，其中出口加工区最具典型意义。

20世纪70年代以来，发展中国家加快了工业化发展的进程。由于普遍存在资金不足和技术匮乏的问题，因而设立自由港就成为发展中国家吸引外国资本、发展工业、改变以原材料出口为主的贸易结构的一个重要手段。另外，发展中国家也通过此途径解决国内严重存在的失业和外汇短缺问题。正由于发展中国家对自由港的发展寄予了如此厚望，除了给予外国投资者海关关税和手续上的优惠外，还在所得税、财产税及其他税种方面，包括土地使用费、许可证等方面给予外国投资者以优惠待遇。可以说工业性自由港是受商业性自由港的启发而设立的又一形式的自由港。这种形式的自由港改变了传统的狭义自由港的含义，将工业领入了自由港的领域内，拓展了传统的自由港的含义。

4. 综合型自由港

综合型自由港 (Comprehensive Free Port) 既具备商业性自由港促进贸易和转口贸易的功能，同时也具有工业性自由港吸引投资，发展工业的功能，属于一种综合性质的自由港。由于该区域内既可以发展自由贸易，又可以吸引外资投入并发展相应的配套工业，满足了现代综合物流服务功能的需要、也促进了周边经济的发展并增加了所在国家的就业机会，因而对所在国影响较大。目前欧洲大多数自由港及美国的对外贸易区均属于这种类型。美国的对外贸易区是继欧洲商业自由港之后发展起来的，美国最初的对外贸易区是以发展对外贸易为主的自由港，但1950年后，制造业在对外贸易区中开始以附属区的形式进行工业加工和制造。所以，美国的对外贸易区也属于这类综合型的自由港。

5. 自由港市

目前存在的自由港市 (Free City) 主要是原属殖民地国家或地区的自由港。由于这些自由港位于国际海运主干航线的要冲上，加之这些自由港市普遍实行自由经济政策，随着时间的推移，这些自由港市不仅推动了所在地区的贸易和转口贸易的发展，而且带动了该地区的工业、商业、金融、保险、旅游业的发展，使这些地区成为世界著名的城市。目前，世界上著名的自由港市有中国香港、新加坡、亚丁等。目前欧洲多数的自由港和自由贸易区属于这种性质。

5.3.4 自由贸易港的作用及发展趋势

无论是在欧洲的海关封闭的工业化国家，还是在原殖民地国家和地区，自由港都具有较为悠久的历史。这些自由港都是以港口自身的运输功能为主要依托，在此基础上采取一系列的海关优惠政策来吸引货流，发展贸易和转口贸易。因而，自由港的主要功能就在于其运输功能以及在此基础上发展起来的储存功能、中转功能和贸易功能，部分自由港还具有工业功能。虽然一般港口(指非自由港港口)也具有储存功能、中转功能和贸易及工业功能,但由于受到海关手续和海关关税的制约,一般港口的这些功能没有自由港发达。当然,我们强调自由港的这些功能,并不是说自由港的运输功能不发达。事实上,自由港内的运输功能,由于受到其他功能发展的促进往往更为发达。而且,只有港口具有了良好的运输功能才能保证其他功能的正常发挥。

正因为自由港具有了以上功能,才具有很强的吸引力。无论是港方、航方、货方还是在自由港内从事业务的其他商人,都能从自由港这样的海关制度中得益。自由港的所在国更是从自由港的经营中取得了巨大的经济效益。

1. 自由贸易港的作用

1) 自由港给船东或船舶经营人带来的收益

由于在自由港内消除了一些不必要的海关手续,船舶可以在不办理海关手续的情况下自由地进出自由港区,并在没有海关干预的情况下自由地进行货物的装卸。正是由于这种优越的海关制度使得船舶在进港和出港以及在港装卸过程中节省了大量的时间,不仅降低了船舶的航次成本,也为船舶寻找新的货主提供了机会,更为船东和船舶经营人树立了信誉。另外,由于在自由港内货物进出是免除关税的,因而船东或船舶经营人还可以在船舶的物资供应方面获得收益。

2) 自由港制度还为货主带来的收益

由于在自由港的货物不需交纳关税,也可以在没有海关干预的情况下进行装卸、堆存和处理,又由于一般情况下自由港都具有比较先进的装卸和堆存设备以及高效率的其他服务,因而使得货物能够按照货主的要求尽早地离港。这样就加速了货主的资金周转,节省了货主花费在货物上的流动资金。因此,这样的港口对货主也具有较强的吸引力。

3) 自由港对贸易商人的益处

对于从事贸易和转口贸易的商人而言,自由港更具有吸引力。自由港为这些商人提供了一个免税的堆存地。由于海关对进出自由港的货物免除关税,从事国际贸易的商人就可以在国际市场形势不明确的情况下,将货物运往自由港堆存和处理。一旦市场行情看好,这些商人就可以立即抛售其堆存在自由港内的货物。其次,由于自由港一般都是建在国际航线上,因而又为进出口商人提供了一个最为理想的中转点。一旦这些商人决定抛售某种货物时,就可以利用自由港航运的优势最为迅速地将货物运向市场。另外,自由港还为这些商人从事货物处理、加工、装配和制造提供了一个理想的税收逃避地。他们不仅可以免除进口关税来从事加工装配和制造所需的原材料、零配件、甚至机械设备,而且在自由港内他们还可以获得诸如所得税和资产税减免的优惠,从而使他们的产品在国际市场上具有较强的竞争力。即使是货物最终在自由港所在国销售,商人们也可以从推迟缴纳关税中获得好处,赚得部分资金的时间价值。

4) 自由港制度给港口带来最直接的收益

由于自由港多数是建在港口内,而且多数自由港是由港口部门经营和管理的,港口可以从为自由港口内的商人、船舶经营人的服务中获得服务费收入。另外,港口部门还可以从土地、房屋、仓库、标准厂房的出租中收取租金。由于自由港制度吸引了大量的船舶、货主和商人云集,使得港口的知名度也大为提高,随之而来的便是港口装卸、堆存等业务量的增加。由于港口一般都存在规模经济性,因而这些业务量的增加,势必带来平均成本的下降,从而使港口利润增加。

5) 自由港为所在国作出了贡献

从自由港所在国的角度出发,自由港制度虽然可能造成了一部分的海关关税的迟交,可能造成部分损失,但自由港促进了贸易和转口贸易的发展,增加了就业机会,减轻了失业的压力,发展了地区经济,给所在国带来了巨大的经济收益。一些小国家就是以自由港这种形式作为其经济发展的主要手段。

2. 自由贸易港的发展趋势

1) 数量持续增长

有一种观点认为,经济全球化会降低国家之间的贸易壁垒,从而会减弱自由贸易区的作用,甚至会导致自由贸易区的消失。但是事实证明,由于自由贸易区在吸引国外投资、扩大对外贸易、增加就业机会、增强经济实力等方面的作用,近年来无论是在发达国家还是发展中国家,自由贸易区的数量仍在持续增长。例如,美国 1983 年年底有自由贸易区(主要是工贸结合的对外贸易区)92 个,到 1994 年底增至 199 个,到 2001 年年底增至 256 个,几乎遍及美国的主要港口城市,成为全世界自由贸易区最多的国家。据文献报道,美国采用对外贸易区这一概念是为了法案的顺利通过,而实际上,对外贸易区(Foreign-trade Zone)的英文缩写与自由贸易区完全一致,都是 FTZ。

在亚洲及拉美的发展中国家和地区则主要是发展出口加工型的自由贸易区,在 20 世纪 80 年代,在全世界 40 个发展中国家内共有 70 多个自由贸易区,据不完全统计 2013 年在 67 个发展中国家内共有 775 个自由贸易区。近年来在非洲的发展中国家内也开始出现了自由贸易区。

2) 功能趋向综合

从 20 世纪 70 年代开始,以转口和进出口贸易为主的自由贸易区和以出口加工为主的自由贸易区就已经开始相互融合,自由贸易区的功能也在不断扩展,并逐渐趋向综合化。例如,德国的汉堡自由港和巴拿马的科隆自由贸易区过去仅从事单一的中转贸易,但自 20 世纪 70 年代以来,已逐步发展加工和装配工业;又如爱尔兰的香农自由贸易区不但大力发展出口加工业,还兼营商业贸易、旅游业等。目前世界上多数自由贸易区通常具有进出口贸易、转口贸易、仓储、加工、商品展示、金融等多种功能,这些功能综合起来就会大大提高自由贸易区的运行效率和抗风险能力。今后随着经济全球化的发展,以物流为主导的多功能自由贸易区将不断增多。

3) 管理水平不断提高

各国的自由贸易区在初创时尽管条件不同,功能各异,管理水平也相差较大,但是经过几十年的竞争发展,各国自由贸易区的管理已逐渐趋向规范化,其优惠政策和运作程序也大体相似。而且随着科学技术的进步,自由贸易区的基础设施和管理手段也大大改善。多数自由贸易区拥有最先进的通信设施、最便捷的交通运输、最有效的管理手段。一些自由贸易区还着重吸引大型跨国公司携带其先进技术来区内"安家落户",生产高附加值的技术密集型商品,以便在竞争日益加剧的国际市场中始终保持主动的地位。

本章小结

港口是运输网络中水陆运输的枢纽,是货物的集散地以及船舶和其他载运工具的衔接点,它可以提供船舶靠泊、旅客上下船、货物装卸、储存、驳运以及其他相关业务。从港口功能的角度来考虑划分各代港口，其决定性因素则由资源与劳动（第一代）、资源与资本（第二代）到技术与信息（第三代）、到人才环境（第四代）。港口包括水域、陆域、港口配套设施、港口工程建筑以及港口管理与装卸生产组织机构，具备运输、中转、仓储、贸易、商业、服务、工业功能。

空港物流在世界现代经济发展中，属于公认的重要高端产业领域，空港物流的发展水平，客观地标志着国家和地区高端产业的发展阶段。航空港是指为供航空器起飞、降落和地面活动而划定的一块地域或水域，包括域内的各种建筑物和设备装置。航空港一般由飞行区、客货运输服务区和机务维修区3个部分组成。发展空港物流必须具备的条件有机场的条件、航空物流公司的入驻和地区经济条件。

自由港有广义自由港和狭义自由港之别。广义自由港也称为自由贸易区，是指用一定方式与本国国土隔开的、不受海关手续和关税约束的区域。自由贸易区具有的特点是隔离封闭、境内关外、充分自由、政策优惠和港区结合。狭义的自由港是指设在港区范围内与本国领土隔开的、不受海关手续和关税约束的区域，具有的特点为现代化的、高度的港口支撑体系，封闭区域，自由度有限的海关非管区，区内货物（设备）免税和资金流通便捷化。自由贸易港的数量持续增长且功能趋于综合。自由港使船东或船舶经营人、货主、贸易商、港口和自由港受益。从其发展历程、经营内容和自由区来讲，自由贸易港大体可分为保税仓库、商业性自由港、工业性自出港、综合性自由港和自由港市这四种基本类型。

关键术语

港口　　航空港　　自由贸易区　　自由贸易港　　保税仓库

思 考 题

1. 港口的形成条件有哪些？
2. 港口具有哪些功能？
3. 发展航空物流应具备哪些条件？
4. 自由贸易区的概念与特征是什么？
5. 自由贸易港的概念与特征是什么？
6. 自由贸易港分为哪几种类型？

孟菲斯国际机场

一个物流公司成就一个机场，一个机场成就一个工业化城市，这就是联邦快递、孟菲斯机场和孟菲斯市的故事。孟菲斯市机场1929年开通，1969年更名为孟菲斯国际机场。联邦快递公司1973年从临近的阿肯色州小石城迁至孟菲斯，从此联邦快递与孟菲斯机场相济相生，获得迅速的发展。到1993年，联邦快递已经发展成为全美最优秀的快递服务公司，孟菲斯机场则成为全球货物吞吐量最大的航空港，并把这一桂冠保持到2010年。

联邦快递落户孟菲斯之前,没有人能够预料到这家快递公司和机场会发展到今天这个规模。孟菲斯市位于田纳西州西南隅,密西西比河东岸,是美国中部的一个中等城市,人口不足百万,也不是美国重要的经济中心。很难想象地区经济能够支撑一个大型机场的发展。也许有人认为联邦快递公司遇到了意外的好运气,首先是政府解除了对航空运输业的限制,极大地增加了航空货运行业的运输量,联邦快递所在的孟菲斯恰巧是主要货运机构无暇顾及的中等规模市场,它不仅独占了这个中小市场,还把业务延伸到了其他城市。碰巧的是1974年,由于联合包裹运输公司的员工长期罢工,致使铁路快运公司破产。联邦快递公司获得千载难逢的发展机会。1975年,联邦快递开始赢利,营业收入7 500万美元,营业利润5.5万美元,拥有3.1万个固定客户。到20世纪80年代末期,联邦快递公司已经发展成为美国最大的隔夜快递服务公司。如今,700多架联邦快递的飞机从孟菲斯机场往来于全球220多个国家。2015年,联邦快递营业收入475亿美元,是世界第二大快递物流公司,孟菲斯机场以货物吞吐量4 840万吨,位列全球机场第二位,是全球最繁忙的机场之一。

在孟菲斯机场,每天晚上都有上百架联邦快递的飞机在这里起落。每天夜里,在联邦快递面积达364公顷的超级转运中心,长达300多英里的传送带平均每小时处理95 000个包裹。来自世界各地的不同物品,小至电子产品、香水,大至发动机源源不断地被运来,经分拣后再迅捷、精确地送到目的地。每天晚上10点30分左右,上晚班的工人陆续到达,联邦快递从全球各地飞来的飞机也陆续开始降落,每一分半钟就有一架飞机停靠在指定的位置,远望天空可以看到星光点点排成一线,那些也大都是联邦快递的飞机。到凌晨4时,孟菲斯机场的飞机开始起飞向目的地,飞机到达各个目的地后,还需要再做分拣,然后装上不同路线的送货卡车。

频繁起降的飞机,忙碌的机场,吸引客户把周转仓库设在机场附近,以便在最晚的截止收件时间交寄货物。全球著名的鲜花礼品销售商1-800-Flowers的冷库就设在孟菲斯,由总部设在孟菲斯的第三方物流企业Mallory Alexander国际物流公司负责全美乃至全球的鲜花礼品的物流服务。另一家第三方物流公司New Breed国际物流也把分拨中心从亚特兰大搬迁到了孟菲斯,它的重要用户西门子医疗设备公司需要在接到客户电话2~6小时内把CT扫描仪的零部件送货上门,只有把分拨中心设在孟菲斯,才能做到这一点。当然承运商是联邦快递。随着越来越多的快递客户向孟菲斯聚拢,其他快递服务公司如UPS、DHL也纷纷在孟菲斯开展业务。

医疗科技公司纷纷向孟菲斯靠拢。施乐辉公司(Smith & Nephew)、美敦力公司(Medtronic)、Wright Medical相继在孟菲斯设立服务中心,全球最大的角膜银行——全美眼库中心、美国最大的隔夜药品检测中心——先进毒理检测中心都设在孟菲斯,这些用户需要联邦快递的隔夜快递服务,为他们的客户提供快捷的服务。

孟菲斯对IT行业也具有强大的吸引力。全球著名电子外包制造商伟创力(Flextronics)在孟菲斯拥有全球最大的笔记本电脑维修中心。惠普、松下、捷普科技(Jabil)、色彩视频(Technicolor Video)都在孟菲斯设有分拨中心。

联邦快递成就了孟菲斯机场,孟菲斯机场成就了当地的区域经济。一份2007年的报告显示,联邦快递占孟菲斯机场航空货运的98%,航空货运占机场业务量的95%,航空货运对当地经济贡献达271亿美元。还有7.6亿美元来自机场乘客带来的收入。机场为当地居民带来近80亿美元收入、22万个就业机会,其中34.3%的就业与航空客运、货运及机场建设业有关。

(资料来源:根据联邦快递 fedex.com、孟菲斯机场 flymemphis.com 官方年报及其他公开信息编写。)

思考题:
1. 除了幸运的客观因素,还有哪些要素成就了联邦快递?
2. 分析孟菲斯机场的区位优势。
3. 当前中国的一些机场正在建设临空经济区,孟菲斯机场的发展有哪些借鉴意义?

第 6 章 国际货物运输保险管理

【教学要点】

知识要点	掌握程度	相关知识	应用方向
国际货运保险概述	了解	保险的原则、可保风险和可保利益	国际货运保险的理论基础
国际物流保险的主要险别	掌握	国际海运和航空保险	国际海运和航空保险总括性概述
国际货运保险程序	熟悉	国际货运保险的基本程序	国际货运保险的实务
国际货运保险的策略	理解	国际货运保险的策略	国际货运保险的实务

全球航运保险市场面临严峻挑战

根据国际海上保险联盟(International Union of Marine Insurance，IUMI)的数据显示，2014年，全球水险保费收入326亿美元，同比下降3.2%。中国已跃居全球第一大货运险市场及第二大船舶险市场。

由于受到全球经济形势严峻、航运保险市场承保能力将持续过剩，累积风险逐步增加等因素影响，业内人士普遍认为，全球航运保险市场将面临极其严峻的挑战。

随着航运保险市场规模的逐步扩大及航运保险服务体系建设的逐步形成，我国航运保险业聚焦制度创新，接轨国际规则，推出了一系列优化发展环境，提升产业能级的新举措。2015年7月1日，航运保险产品注册制在上海正式实施，航运保险产品注册管理平台正式上线运行。航运保险产品注册制以简政放权为理念，以互联网技术为手段，以促进航运保险产品创新为落脚点，以推动航运保险行业发展、服务实体经济为目的，改变了保险产品审批备案制模式，是我国保险监管制度突破性的创新举措。截至2015年10月底，航运保险产品注册制实施三个月以来，共注册航运保险产品433款，其中主险116款，附加险317款。

IUMI数据显示，2014年，全球船舶险保费总额是76亿美元，同比下降5.8%，这已是船舶险保费收入连续第三年下降。近年来，国际航运业陷入低迷态势，导致船舶保险的保费持续走低，整个船舶保险市场呈现出一种疲软的态势。

尽管随着船龄的下降和造船工艺的精进，近几年船舶险的索赔频率有所下降，但事实上船舶保险人所面临的风险正在升高。一方面，从全球的范围来看，船舶制造呈现出大型化的发展趋势，船舶越造越复杂、价值越来越高，使得保险人承保风险正在变大。据IUMI统计，每船索赔金额正在提高，高额索赔的占比也呈现出平稳上升的总体趋势。另一方面，重大事故的发生使得保险公司的赔付风险增加。目前最大集装箱船载箱量已达20 000TEU，这样的船舶一旦发生事故，以现有的救助能力将难以处理，有可能将整个航运保险业的利润全部击穿。

在保险人面临着更严峻考验和更大累积风险的背景之下，保险费率并没有因此而变高。其中最主要的原因之一是承保能力过剩，但这个局势在短时间内很难得以转变。

IUMI在2015年召开的第141届年会上提示，航运保险人在未来的一年内应该多关注网络攻击、滚装船及客船火灾、集装箱船结构缺陷、集装箱货物错误申报、因低速航行导致的机损潜在事故、特大集装箱船事故之救助能力等风险。

(资料来源：中国国际海运网 shippingchina.com，2015-10-30.)

国际物流空间距离远、时间跨度大、参与环节多，面临更多的不可预知的风险，投保国际货物运输险几乎成了必然选择。中国航运业务的放量上涨，必然给航运保险业带来更多的发展机会。航运保险具有为海上运输提供转移风险、均摊损失以及损失补偿等功能。导入案例的资料显示，中国的航运保险市场增长迅速，已经成为全球第一大海上货运险市场。本章将系统地介绍国际保险的含义、保险的原则、主要险别、办理国际货运保险的基本程序和策略。

6.1 国际货物运输保险概述

6.1.1 国际货物运输保险的含义

【推荐书籍】

保险作为一种经济补偿手段,在人们的经济活动和日常生活中占有重要地位,而国际货物运输保险则更是国际货物买卖中不可缺少的重要环节。国际货物买卖合同签订后,根据相关贸易术语,买卖双方要对货物的运输与货运保险做出安排。

从法律角度看,保险是一种补偿性契约行为,即被保险人向保险人提供一定的对价(保险费);保险人则对被保险人将来可能遭受的承保范围内的损失负赔偿责任。保险的种类很多,其中包括财产保险、责任保险、保证保险和人身保险,国际货物运输保险属于财产保险的范畴。国际货物运输保险是以国际货物运输过程中的各种货物作为保险标的的保险,是投保人为了规避自然灾害和意外事故风险而采取的一种经济措施。具体来说,国际货物运输保险,是指被保险人(Insured)就其货物按一定的金额和险别,向保险人亦称保险公司或承保人(Insurer)提出投保申请,经保险人同意后,保险人便按投保金额和投保险别的费率收取保险费,并出具保险单证,事后,如所保货物在运输过程中遭受保险责任范围内的损失,享有保险利益的单证持有人即可向保险人要求赔偿的行为或制度安排。

目前,国际运输领域的相关保险已从针对货物运输的国际货物运输保险逐渐扩大到针对运输服务经营人的运输责任险,如国际货运代理责任险。国际货代责任险不仅源于运输本身,而且源于货运代理在履行运输、仓储、合同签订、操作、报关、签发单证、付款等多个环节,其主要承保的业务范围为针对如货物代理、无船承运人和物流行业的运输经营人的保险。货运代理责任险虽然在一些国家已经普及,但在我国还是新兴事物,正在探索中。本书不涉及国际货运代理责任险的相关业务,仅涉及以国际货物运输过程中的各种货物作为保险标的的国际货物运输保险。

国际货运保险主要具有以下作用。

1. 保障贸易企业经营的正常进行

在市场经济条件下,所有企业都是独立核算、自主经营、自负盈亏的经营单位,独自承担经营活动中的一切风险和责任,而从事进出口贸易的企业,在组织货物的国际运输过程中,通常存在较大的风险,有可能因自然灾害或意外事故的发生而遭受损失。而且,进出口货物在运输途中因遇险而造成的损失额,往往比较巨大,如无适当补偿措施,有可能影响企业的正常经营,甚至危及企业的生存。但是,如果企业事先向保险公司办理了货物运输险的投保手续,只要交付少量的保险费,就可以在发生损失时从保险公司取得经济补偿。由于保险费的支出可以进入经营成本,所以,参加保险,实际上是把可能产生的不确定的风险损失化解成确定的日常费用开支,从而有利于企业经营的正常进行。

2. 保证贸易企业获得正常的预期利润

由于国际货物运输保险的习惯一般都允许被保险人在货物价格之上另加一定的成数办理投保(一般是在 CIF 发票金额上加 10%),因此,货物办理了保险,即使遭遇灾害事故全部损失,贸易企业仍能从保险赔款中获得正常的预期利润。

6.1.2 保险的原则

保险的基本原则是投保人(被保险人)和保险人(保险公司)签订保险合同、履行各自义务，以及办理索赔和理赔工作所必须遵守的基本原则。与国际物流有密切关系的保险基本原则主要有最大诚信原则、近因原则、可保利益原则、损失补偿原则和代位追偿权原则。

1. 最大诚信原则

最大诚信原则(Utmost Good Faith)作为海上货物运输保险合同的基本原则，不仅贯穿于订立合同之前或之时，而且贯穿于履行合同的全过程。它不仅要求被保险人应尽最大诚信，也要求保险人尽最大诚信。依据该原则，保险合同当事人均须分别履行如实告知，履行保证、依法经营、明确说明的义务。

2. 近因原则

近因原则(Proximate Cause)即损失的主要原因，是确定某项原因与损失具有最直接的因果关系的标准，是确定保险人对保险标的损失是否负保险责任以及负哪种保险责任的一条重要原则。保险中的近因是指造成损失的最主要的、最有效的及最有影响的原因。近因不一定是指时间上或空间上最接近损失的原因。所以近因原则是指保险人只对承保风险与保险标的损失之间有直接因果关系的损失负赔偿责任，而对不是由保单承保风险造成的损失，不承担赔偿责任。它对保险理赔工作中的判定责任、履行义务和减少争议都具有重要的意义。

例如包装食品在运输中受海水浸湿，外包装受潮后导致食品发生霉变损失，该食品投保了水渍险。这时食品损失由两个原因造成，一个是承保范围内的海水浸湿，另一个是承保范围外的霉变。因为前者直接导致了后者，故前者是食品损失的近因，而它在承保范围内，故保险公司应该赔偿。再如战争期间，一批货物在码头仓库待运时适逢敌机轰炸，引起仓库火灾使该批货物受损。被保险人对该批货物投保了一切险。这时货损由两个原因造成：一个是承保范围外的战争，另一个是承保范围内的火灾。前者直接导致了后者，故前者是近因，而它不在承保范围内，所以保险公司可以拒赔。

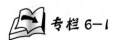

专栏 6-1

近因原则里程碑案例

近因原则的里程碑案例是英国的 Leyland Shipping Co. Ltd. v. Norwich Union Fire Insurance Society Ltd. 一案。第一次世界大战期间，Leyland 公司一艘货船被德国潜艇的鱼雷击中后严重受损，被拖到法国勒哈佛尔港，港口部门担心该船沉没后会阻碍码头的使用，于是该船在港口部门的命令下停靠在港口的防波堤外，在风浪的作用下该船最后沉没。Leyland 公司索赔遭拒后诉至法院，审理此案的英国上议院大法官 Lord Shaw 认为，导致船沉没的原因包括鱼雷击中和海浪冲击，但船舶在鱼雷击中后始终没有脱离危险，因此，船舶沉没的近因是鱼雷击中而不是海浪冲击。

(资料来源：周艳军，蒋云贵. 物流保险实务 [M]. 北京：清华大学出版社，2015.)

3. 可保利益原则

可保利益(Insurable Interest)是指投保人对保险标的具有的法律上承认的利益。投保人对保险标的应当具有投保利益。投保人对保险标的不具有保险利益的，保险合同无效。就货物保险运输而言，反映在运输货物上的利益，主要是货物本身的价值，但也包括与此相关联的费用，如运费、保险费、关税和预期利润等。当保险标的安全到达时，被保险人就受益；当保险标的遭受损失或灭失时，被保险人就受到损害或没有经济利益。

被保险人必须对保险标的具有可保利益，其损失才能得到赔偿。在其他保险中，投保人或被保险人在合同生效时必须具有可保利益，但在海上货物运输保险合同中，则允许在保险合同订立时，被保险人可以不具有可保利益，但在货物出险时，被保险人必须具有可保利益才能获得赔偿。因为货运保险单是可以背书转让的，在保险合同订立时，保险单的最后持有者可能还没有取得对其所购货物的所有利益。

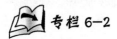

专栏 6-2

可保利益案例

美国 A 商以 CIF 西雅图合同从非洲刚果进口一批可可，运输途中发生了承保范围内的风险损失。当 A 持保险单向刚果保险公司索赔时，保险公司认为在损害发生时，A 没有可保利益，所以拒绝赔偿。该保险公司的做法是否合理？

分析：这时保险公司的做法是没有道理的，因为可保利益已随保险单的转让而转让给 A 方了，也就是说在这批可可发生损失时 A 方已经具有可保利益了，这样 A 方当然也就有索赔的权利。

(资料来源：刘源. 国际货物运输保险基本原则初探 [J]. 经济技术协作信息，2007(1).)

4. 损失补偿原则

损失补偿 (Losses Compensating) 是指在保险事故发生而使被保险人遭受损失时，保险人必须在责任范围内对被保险人所受的实际损失进行补偿。损失补偿包括以下内容。

1) 及时赔偿

及时赔偿的前提是被保险人及时通知保险人并提供全部证据和材料，否则，保险人可以不负赔偿责任。如果保险人未能在法定期限内履行赔付义务，除支付赔偿金外，还应当赔偿被保险人因此受到的损失。

2) 全部赔偿

全部赔偿是指对被保险人因保险事故造成的损失的全部赔偿，不包括被保险人为防止或减少损失而支付的必要的合理费用。

3) 赔偿实际损失

由于保险合同是一种补偿性合同，因此，被保险人获得的保险赔偿当然不得超过其实际损失。全部赔偿与赔偿实际损失虽然都以保险金额为限，但前者强调的是"不得少赔"，而后者则强调"不得多赔"。因为少赔与多赔都与赔偿原则不相吻合。所以，保险人只有按全部赔偿和赔偿实际损失原则给予赔偿，才能真正使被保险人恢复到损失发生前的经济状况。

因此，在不足额保险的情况下，保险人按比例赔偿，在发生超额保险和重复保险的情况下，保险人只赔偿实际损失。

5. 代位追偿权原则

根据保险的赔偿原则，保险是对被保险人遭受的实际损失进行补偿。当保险标的发生了保险承保责任范围内的灾害事故，而这一保险事故又是由保险人和被保险人以外的第三者承担责任时,为了防止被保险人在取得保险赔款后,又重复从第三者责任方取得赔偿,获得额外利益,在保险赔偿原则的基础上又产生了代位追偿权原则。其目的就是限制被保险人获得双重补偿。

代位追偿权原则(The Right Of Subrogation)是指保险人在赔付被保险人之后,被保险人应把追偿保险标的损失的权利转让给保险人,使保险人取代被保险人地位,以被保险人的名义向第三者进行追偿。由于国际物流货物运输保险一般都是定值保险,保险人已按保险金额赔付,保险人行使代位追偿权所得多少已经同被保险人无关。即使追偿所得超过原赔偿金额,超过部分仍归保险人所有。

保险标的的损失要构成代位追偿,需具备以下两个条件。

(1) 损失必须是由第三者因疏忽或过失产生的侵权行为或违约行为造成的,而且第三者对这种损失,根据法律的规定或双方在合同中的约定负有赔偿责任。

(2) 对第三者的这种损害或违约又是保险合同中的保险责任。如果第三者的损害或违约行为不属于保险承保责任范围,就构不成保险上的代位追偿的条件。在货运保险业务中经常出现代位追偿的情况,例如,卖方依条件向美国出口1 000包坯布,我方按合同规定加一成投保一切险。货在海运途中因舱内使用水管系一废漏水管,致使该批坯布中的30包浸有水渍。由于卖方已为坯布投保了一切险,收货人随即凭保单向保险公司提出索赔申请。保险公司通过调查,发现船方在运输过程上存在过失。因此,在赔付被保险人之后,保险公司有权以被保险人的名义要求船方对该损失进行赔偿。

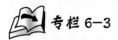
专栏6-3

海上货物运输保险人的代位追偿权能否成立

德国MY公司(卖方)与捷高公司(买方)达成CIF买卖合同,货物通过集装箱装运,从德国经海路运至上海,交给买方指定的收货人捷高上海公司。货物运抵上海后,收货人凭提单在港区提货,运至其所在地的某园区内存放。上海新兴技术开发区联合发展有限公司(以下简称联合公司)在该园区内为收货人拆箱取货时,货物坠地发生全损。

涉案货物起运前,MY公司向德国某保险公司(以下简称保险公司)投保,保险公司向MY公司签发了海上货物运输保险单,保险单背面载明:被保险人为保险单持有人;保险责任期间"仓至仓",但未载明到达仓库或货物存放地点的名称。事故发生后,保险公司支付MY公司保险赔款19万德国马克后取得权益转让书,并向联合公司提起海上货物运输保险合同代位求偿之诉。

一审法院经审理认为:收货人凭提单提货,货物的所有权已经转移,MY公司不能证明事故发生时其具有保险利益,且货损事故发生时保险责任期间已经结束,保险公司不应再予理赔。保险公司不能因无效保险合同或不当理赔取得代位追偿权。遂判决对保险公司的诉讼请求不予支持。

保险公司不服,提起上诉。二审法院认为:货物交付后,海运承运人责任期间结束,所以海上保险责任期间也已结束,对于海上货物运输保险合同终结后发生的货损事故,保险人不必理赔。即使保险公司从托运人处取得代位追偿权,也只能追究承运人责任,而不能追究货物交付后第三人造成的货损责任。因此保险人的代位追偿权不成立。据此驳回上诉,维持原判。

(资料来源:李明.国际货物运输与保险[M].北京:中国金融出版社,2014.)

6.1.3 可保风险和可保利益

货物在海上或在其他运输过程中可能遭受各种风险和损失。保险公司并不是对一切风险都予以承保，也不是对一切损失都予以赔偿。保险公司为了明确责任，将其承保的各类风险和由这些风险所造成的各种损失的赔偿责任在其各种不同的险别条款中加以规定。因此，保险业务中的风险和损失有其特定的含义，而不是一般的泛指。投保人只有首先弄清风险和损失的内容，才能正确理解各种险别的责任，而后方能有针对性地办理投保。

1. 可保风险

风险是指人们在生活、生产或对一事项作出决策的过程中未来结果的不确定性，包括正面效应和负面效应的不确定性。根据风险的不同性质及发生的形态，即按照其未来结果的不确定性，可将风险分为纯粹风险和投机风险两类。

纯粹风险又称静态风险，是指只有损失可能而无获利机会的风险；投机风险又称动态风险，是指既可能造成损失，也可能产生收益的风险。可保风险或称可保危险，是指保险人可以接受承保的风险。风险有很多种，但并不是说所有的风险都是可以通过保险进行转嫁并取得保障的。从保险就是保障危险这一特点来说，保险实际上只是对纯粹风险进行保险，给予补偿。其中包括由自然、社会等各种原因引起的财产、人身、责任、信用等方面属于纯粹风险性质的风险所导致的损失。在通常情况下，保险人接受承保的风险还必须具有一定的条件。

(1) 不是投机的。在国际货物买卖中，物价的涨跌、汇率的变动，都可能使经营者获得好处，也可能给他们带来损失。这种经营中的风险，通常不可以通过保险取得保障。也就是说，投机风险一般是不被列入可保风险之列的。保险人承保的风险，只能是仅有损失可能而无获利机会的风险，即属于纯粹风险性质的风险。

(2) 损失必须是可以用货币计算的。凡是不能以货币计算的风险损失，都不能成为可保风险。因为保险是一种经济补偿制度，其转嫁的风险和保险人承担的赔偿责任都是以一定的货币量计算的。但是，在保险中，对人身伤残或死亡的风险，则是一个例外。虽然一个人的伤残程度或死亡所蒙受的损失是难以用金钱来计算的，然而，在保险业务中，却都可以通过订立保险合同和约定保险金额来确定，所以，从某种意义上说，人身伤残或死亡所带来的损失，也是可以由货币来计量的，即人身伤亡的风险也可视为可保风险。

(3) 必须是具有偶然性和不可预知的。保险人承保的风险必须是具有可能因这种风险的发生而导致损失的，如果这种风险损失肯定不会发生，即无必要就此进行保险；如果这种风险损失一定会发生，保险人一般是不接受承保的。所以，只有那些有发生可能而事先又无法知道它是否一定会发生以及发生后会遭受何等程度的损失的风险，才需要保险并能使保险人接受承保。

(4) 必须是意外发生的。意外的风险损失是指并非必然会发生和不是被保险人的故意行为造成的损失。

(5) 必须有大量标的均发生重大损失的可能性。可保风险必须是大量标的都有可能遭受重大损失的。如果一种风险只会导致轻微损失，那就无须通过保险求得保障。

2. 可保利益

可保利益又叫保险利益，是指对保险标的物所具有的利益。只有具有真正利益的人才有权利对标的物进行保险。如果保险标的物遭受损失，被保人并未受到任何利益影响那么他就不具有保险利益。

6.2 国际货物运输保险的主要险别

海运保险是各类保险中发展最早的一种,在国际海运保险业务中,各国保险界对海上风险与海上损失都有其特定的解释。

6.2.1 海洋货运保险

海洋货物运输保险,简称海运保险(Marine Cargo Insurance),又称水险,是指以同海洋运输有关的财产(货物或船舶)、利益或责任作为保险标的的一种保险。

海上保险在性质上属于财产保险的范畴,是一种特殊形式的财产保险。海上保险同其他保险一样,首先表现为一种经济补偿关系,其次体现为一种法律关系,即通过订立海上保险合同,一方面被保险人必须向保险人提供一定对价(保险费);另一方面保险人对被保险人将来可能遭受的海上风险、损失或责任给予补偿。国际贸易中的运输货物保险是海上保险的最主要内容之一。海上运输货物保险的承保范围包括承保的风险、承保的损失和承保的费用三方面。

【拓展视频】

海上保险主要就是以货物和船舶等作为保险标的,把货物和船舶在运输中可能遭受的风险、损失及费用作为保障范围的一种保险。然而,因货物的性质、船舶的用途、运输线路及区域、海上自然条件等因素的不同,需要保险人所提供的保险保障也不相同。为了适应被保险人在不同情况下的不同需要,各国保险组织或保险公司制订出承担不同责任的保险条款,并由此形成了不同的险别。因此,在保险业务中,风险、损失、费用和险别之间有密切的联系,即风险是导致损失和费用的原因,险别是具体规定保险人对风险、损失或费用予以保障的责任范围。

1. 海洋货物运输保险承保的范围

海运风险包括海上风险与外来风险两类。海上风险一般包括自然灾害和意外事故两种;外来风险也可分为一般的外来原因造成的风险和特殊的外来原因造成的风险。

海上损失(Maritime Loss)是指被保险货物在海运过程中,由于海上风险和外来风险所造成的损坏,又称为海损(Average)。根据国际保险市场的一般解释,凡在海陆连接的陆运过程中发生的损坏或灭失,也属海损范围。就货物损失的程度而言,海损可分为全部损失和部分损失;就货物损失的性质而言,海损又可分为共同海损和单独海损。

全部损失有实际全损和推定全损两种。前者是指货物全部灭失,或完全变质,或不可能归还被保险人;后者是指货物发生事故后,认为实际全损已不可避免,或者为避免实际全损所需支付的费用与继续将货物运抵目的地的费用之和将超过保险价值。构成全部损失的有:保险标的物全部灭失;保险标的物已全部丧失无法复得;保险标的物已丧失商业价值或原有用途;船舶失踪达到一定时期,如半年无音讯即可视为全部损失。

构成推定全损的情况有:保险货物受损后,修理费用已超过货物修复后的价值;保险标的实际受损后,整理和续运到目的地的价值超过原标的货物价值;保险标的实际受损已无法避免,或者受损后的施救费用将超过获救后的标的价值;保险标的遭受保险责任范围内的事故,使被保险人失去标的所有权,而为收回这一所有权所花的费用将超过收回标的物的价值。常见的部分损失及原因有部分灭失、短缺、破损、水湿、汗湿、污染、腐烂、烧损等。

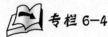 专栏 6-4

实际全损与推定全损的主要区别

第一，实际全损是指保险标的在物质上的完全灭失；而推定全损则着重于从经济价值上来考虑保险标的的恢复和修理是否合算。特别是在经济条件不允许的情况下，损失无法修复，保险标的的完全灭失也将是不可避免的。

第二，在实际全损的情况下，被保险人要求保险人按照全部损失承担赔偿责任而无须以办理委付为前提条件；而在推定全损的情况下，若以推定全损索赔，被保险人首先要向保险人办理委付，委付是构成推定全损索赔的前提条件。被保险人要么向保险人发出委付通知书，按全损索赔；要么不提出委付，按照部分损失赔偿。

在实践中推定全损与实际全损之间并无绝对的界限，法院或仲裁机构有很大的"自由裁量权"，但是保险标的的损失到底是实际全损还是推定全损，并不取决于被保险人是否已向保险人委付保险标的。如果法院或仲裁机构事后认定损失是实际全损，委付就没有任何意义，丝毫不影响被保险人按实际全损索赔的权利。但是如果法院或仲裁机构事后认定损失是推定全损，则被保险人向保险人索赔全损的前提条件是已将保险标的委付给了保险人。若没有这样做，被保险人就丧失了索赔全损的权利，特别是在平安险的情况下，就意味着被保险人得不到任何赔偿。因为一旦丧失索赔推定全损的权利，被保险人遭受的损失只能按部分损失处理。而在平安险条款下，保险人对自然灾害导致的货物的部分损失是不予赔偿的。

共同海损是指在海洋运输途中，船舶、货物或其他财产遭遇共同危险，为了解决共同危险有意采取合理的救难措施所直接造成的特殊牺牲和支付的特殊费用。共同海损具有以下特点。

(1) 危险必须是共同的，采取的措施是合理的。
(2) 危险必须是真实存在的，不可避免地发生的。
(3) 牺牲必须是自动的和有意采取的行为，其费用是额外的。
(4) 必须是属于非常情况下的损失。

单独海损是指仅涉及船舶或货物所有人单方面利益的损失。造成的原因是承保风险所直接导致的船、货损失，并且其损失一般由受损方自行承担。

 专栏 6-5

共同海损追偿案

原告：香港安民保险有限公司；被告：统一和平海运有限公司

"SEA DIAMOND"轮载有香港民安保险有限公司(以下简称民安保险)承保的货物由喀麦隆驶往中国蛇口港。2000年4月26日，该轮船与统一和平海运有限公司(以下简称统一海运)所属"ORIENT HONESTY"轮在中国长江口发生碰撞并受损。4月30日，"SEA DIAMOND"轮卸下船上所有货物进厂修理。经该轮船东宣布共同海损，香港德理有限公司(以下简称德理公司)进行了共同海损理算，太平保险有限公司(以下简称太平保险)为此向德理公司出具了共同海损担保。经理算，货方应分摊的共同海损金额为70 144.15美元。民安保险通过德理公司向"SEA DIAMOND"轮船东支付了上述分摊金额。指示收货人中盛实业有限公司向民安保险出具了收据，并将追偿权转让给民安保险。太平洋保险亦将其权利及义务转让给民安保险。另案中，法院判决统一海运在此次船舶碰撞损害赔偿纠纷案中应承担60%的责任。

上海海事法院经审理认为，本案为共同海损分摊费用追偿纠纷。"SEA DIAMOND"轮发生碰撞事故以后，左舷船壳板严重受损，船和货物处于危险之中，该轮就近驶入上海港卸下全部货物进行修理，是为了船货共同安全和完成预定航程所必须。所以,该轮在上海港产生的费用符合共同海损条件。虽然共同海损调整的是本船船东与货主之间的分摊与追偿的关系,但海损系因船舶碰撞引起,被分摊方民安保险基于船舶碰撞损害赔偿的法律关系有权向第三方追偿,共同海损分摊费用亦属于船舶碰撞中货物损失的范围。统一海运应赔偿民安保险因船舶碰撞而参加共同海损分摊的损失,但以其所承担的碰撞责任比例为限。据此,判决统一和平海运有限公司赔偿香港民安保险有限公司共同海损分摊费用 42 086.40 美元及利息。统一海运不服一审判决提起上诉。上海高院经审理认为,原判认定事实清楚,适用法律正确,判决驳回上诉,维持原判。

(资料来源:姚新超.国际贸易保险[M].北京:对外经济贸易大学出版社,2012.)

海上费用指被保险货物遇险时,为防止损失的扩大而采取抢救措施所支出的费用。包括施救费用(Sue and Labour Expenses)和救助费用(Salvage Charge)。施救费用是指由被保险人或其代表抢救货物的费用。救助费用是指由保险人和被保险人以外的第三者抢救货物的费用。

海上救助遵循"无效果、无报酬"原则。即救助人必须对财产救助成功,才能以该获救财产价值的一定比例作为救助人的救助报酬;如无财产获救,救助人也就无权取得报酬。救助报酬是以获救财产作为基础的,救助报酬不得超过获救财产额,否则,救助就失去意义。《海商法》第179条进行了此类规定。

图6.1归纳了海运货物保险的承保范围。

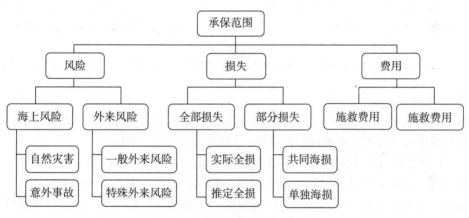

图 6.1 海运货物保险的承保范围

2. 海洋货物运输保险的险别

中国人民保险公司参照国际保险市场的一般做法,并结合我国的实际情况,自行制定了各种保险条款,简称为《中国保险条款(CIC)》,其中包括《海洋运输货物保险条款》和《海洋运输货物战争险条款》。

1) 基本险别

(1) 平安险。被保险的货物在运输途中由于恶劣气候、雷电、海啸、地震、洪水等自然灾害造成整批货物的全部损失或推定全损。若被保险的货物用驳船运往或运离海轮时,则第一驳船所装的货物可视做一个整批。

(2) 水渍险。投保水渍险后,保险公司除担负上述平安险的各项责任外,还对被保险货物由于恶劣气候、雷电、海啸、地震、洪水等自然灾害所造成的部分损失负赔偿责任。参见专栏6-6的案例。

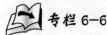 **专栏 6-6**

船上水管漏水货物受损索赔案

我方向澳大利亚出口坯布 100 包,按合同规定加一成投保水渍险。货在运输途中船舱内使用水管漏水,致使坯布中的 30 包浸有水渍。此损失应该向保险公司索赔还是向船公司索赔?

分析:因投保的是水渍险,水渍险只对海水浸渍负责而对淡水造成的损失不负责任。假如该批货投保了一切险,便可向保险公司索赔。所以本例不能向保险公司索赔,但可凭清洁提单与船公司进行交涉。

(资料来源:刘金章,王晓珊.海上货物运输与运输工具保险 [M].北京:北京交通大学出版社,2011.)

(3)一切险。投保一切险后,保险公司除负担平安险和水渍险的各项责任外,还对被保险货物由于外来原因而遭受的全部或部分损失,负赔偿责任。参见专栏 6-7 的案例。

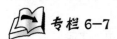 **专栏 6-7**

货物变质索赔案

我方向海湾某国出口一批花生糖,投保的是一切险。由于货轮陈旧,速度慢,加上该轮沿途到处揽载,结果航行 3 个月才到达目的港,卸货后,花生糖因受热时间过长已全部潮解软化,无法销售。这种情况保险公司可否拒赔?

分析:根据 CIC 条款,被保险货物的自然损耗、本质缺陷、特性及市场跌落、运输延迟所引起的损失或费用属于除外责任。本例的花生糖变质是由于运输延迟造成的,属于除外责任,所以保险公司不予赔偿。

(资料来源:王涛生,吴建功.新编国际贸易实务 [M].北京:科学出版社,2014.)

2)附加险别

在海运保险业务中,进出口商除了投保货物的上述基本险别外,还可根据货物的特点和实际需要,酌情再选择若干适当的附加险别。附加险别包括以下两种。

(1)一般附加险。它不能作为一个单独项目投保,而只能在投保平安险或水渍险的基础上,根据货物的特性和需要加保一种或若干种一般附加险。一般附加险的种类很多,其中主要有:偷窃、提货不着险;淡水雨淋险;渗漏险;短量险;污染险;破碎险;破损险和受潮受热险等。参见专栏 6-8 的案例。

(2)特殊附加险。主要有战争险和罢工险。按中国人民保险公司的保险条款规定,战争险的保险责任起讫不采取"仓至仓"条款,而是从货物装上海轮开始至货物运抵目的港卸离海轮为止,即只负水面风险。根据国际保险市场的习惯做法,一般将罢工险同时承保,如投保了战争险又需加保罢工险,仅需在保单上附有罢工险条款即可,保险公司不再另行收费。

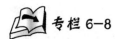 **专栏 6-8**

买方提货不着索赔案

我方按 CIF 条件向中东某国出口一批货物,根据合同投保了水渍险,附加提货不着险,但在海运途中,因战争轮船被扣押,之后进口商提货不着向保险公司进行索赔。其结果如何?

分析:提货不着险指在保险有效期内,保险货物被偷走或窃走,以及货物运抵目的地以后,货物的全部或整件未交的损失,由保险公司负责赔偿。从本例来看,显然不属于这种情况。本例的提货不着是由于战争(特殊外来风险)造成的,所以保险公司不予赔偿。

(资料来源:刘金章,王晓珊.海上货物运输与运输工具保险[M].北京:北京交通大学出版社,2011.)

6.2.2 航空运输的货物保险

航空运输货物保险(Air Transportation Cargo Insurance)有两个基本险别:航空运输险和航空一切险。此外还有特殊附加险,即航空运输货物战争险。

1.航空运输险和航空一切险

1) 航空运输险

对承保货物在运输途中遭受雷击、火灾、爆炸,或由于飞机遭受恶劣气候或其他危难事故而被抛弃,或由于飞机遭受碰撞、倾覆、坠落或失踪等意外事故所造成的全部或部分损失负赔偿责任。此外还负责赔偿对遭受承保责任内危险的货物采取的抢救、防止或减少货损的措施而支付的合理费用,但以不超过该批被救货物的保险金额为限。

2) 航空一切险

除包括上述航空运输险的责任外,还负责由于一般外来原因所致的全部或部分损失。投保上述任何一种基本险别外,经过协商还可以加保附加险。

2.航空运输货物保险责任期限

航空运输货物保险的责任起讫是"仓至仓",即自被保货物运离保单上所载明的起运地仓库或储存处所开始,至货物到达保单所载明的目的地收货人的最后仓库或储存处所为止。如果未进仓,以被保货物在最后卸载地卸离飞机后满30天为止;如果不卸离飞机,以飞机到达目的地的当日午夜起满15天为止,如在中途港转运,以飞机到达转运地的当日午夜起满15天为止。

专栏 6-9

空运货物保险的两种基本险与海运货物保险基本险的不同之处

(1) 在空运货物保险的承保风险中,不包括流冰、海啸、地震、洪水等自然灾害和运输工具搁浅、触礁、沉没、与流冰相撞等意外事故以及共同海损牺牲、分摊和救助费用以及互有责任碰撞等,但增加了飞机倾覆、坠落或失踪等风险。

(2) 空运货物保险的基本险只有航空运输险和航空运输的一切险,即只有相当于海运货物保险中的水渍险和一切险,而无相当于海运货物保险中的平安险险别。

(3) 空运货物保险的责任期限虽然也采用仓至仓的原则,但对货物在运达目的地后的终止日期规定为卸离飞机后满30天,因而大大短于海运货物保险的卸离海轮后满60天的规定。

(资料来源:顾永才,高倩倩.国际货物运输与保险[M].北京:首都经济贸易大学出版社,2009.)

3.航空运输货物战争险(Air Transportation Cargo War Risks)

1) 保险范围

它是航空运输货物险的一种附加险,只有在投保了航空运输险或航空一切险的基础上方可加保。加保航空运输货物战争险后,保险公司承担赔偿在航空运输途中由于战争、敌对行为或武装冲突以及各种常规武器和炸弹所造成的货物的损失,但不包括因使用原子或热核制造的武器所造成的损失。

2) 责任期限

航空运输货物战争险的保险责任是自被保险货物装上保险单所载明的启运地的飞机时开始，直到卸离保险单所载明的目的地的飞机时为止。

6.3 国际货运保险的基本程序

6.3.1 选择投保险别

国际货物运输保险的投保是指投保人向保险人订立保险合同的意愿，提出投保申请，将自己所面临的风险和投保的要求告知保险人，向保险人发出要约或询价，保险人表示承诺或对此询价提出包括保险条件及费率的要约。

保险公司承担的保险责任是以险别为依据的，不同的险别所承保的责任范围并不相同，其保险费率也不同。在国际货物运输保险业务中，选择哪种险别，一般应考虑以下因素。

(1) 货物的性质和特点。不同种类的货物，由于其性质和特点不同，在运输时即使遭遇同一风险事故，所导致的损失后果往往也并不相同。例如，粮谷类商品海运时一般需投保一切险，或在水渍险的基础上加保受潮受热及短量险，陆运时则需要投保一切险，或在陆运险的基础上加保短量险。服装等纺织品海运需要投保一切险，或在水渍险的基础上加保淡水雨淋险和混杂玷污险，陆运同样应投保与海运相当责任的险别。此外，应针对某些大宗货物的特点选择保险人提供的特定的或专门的保险条款进行投保，以求得到充分的保障。

(2) 货物的包装。货物的包装方式会直接影响货物的完好情况。散装货物，例如大宗的矿石、矿砂在装卸时容易发生短量损失，一般停放于甲板上并采取固定、防滑措施后进行运输，容易因碰撞或挤擦而出现表面凹瘪、油漆掉落等损失；包装货物会因包装材料的不同而可能产生不同的损失，例如袋装大米可能因在装卸时使用吊钩而使外包装破裂、大米漏出而致损。因此，投保人应根据不同包装方式的特点选择适当的险别。

(3) 货物的用途与价值。一般而言，食品、化妆品及药品等与人的身体、生命息息相关的商品，由于其用途的特殊性，一旦发生污染或变质损失，就会全部丧失使用价值，因此，在投保时应尽量考虑能得到充分、全面的保障。商品价值的高低也会对投保险别的选择产生影响。对于古玩、古画、珠宝及贵重工艺品之类的商品，由于其价值昂贵，而且一旦损坏对其价值的影响会很大，所以应投保一切险，以获得全面的保障。

(4) 运输方式、运输工具、运输路线、运输季节和港口(车站)。货物通过不同的运输方式，采用不同的运输工具进行运输，途中可能遭遇的风险并不相同，可供选择的险别也因运输方式而各异。例如，随着运输技术的发展，多式联运作为一种新的运输方式被越来越多地采用。由于它利用现代化的组织手段，将海运、陆运、空运等单一的运输方式有机地结合起来，因此货主在投保时应全面考虑整个运输过程中分别采用的运输工具的具体特点，分段选择相应的保险险别。

6.3.2 确定保险金额

保险金额是保险合同中必不可少的项目，是保险人对保险标的承担的最高赔偿金额，也是保险人计算保险费的依据，因此投保人在投保时须按照保险价值申报保险金额。

1. 出口业务中保险金额的确定

在国际货运保险中,保险金额一般是以 CIF 或 CIP 的发票价格为基础确定的,除应包括商品的价值、运费和保险费外,还应包括被保险人在贸易过程中支付的经营费用,例如开证费、电报费、借款利息、税款等。此外还应包括在正常情况下可以获得的预期利润。如果以 CIF 或 CIP 条件成交,保险金额的计算公式为

$$保险金额 = CIF(CIP) \times (1+ 保险加成率)$$

关于保险加成率,在《跟单信用证统一惯例》和《2000 年国际贸易术语解释通则》中均规定,最低保险金额应为货物的 CIF 或 CIP 价格加 10%,如果以其他四种贸易术语成交时,则应先折算成 CIF 或 CIP 再加成。

以 CIF 或 CIP 价作为保险金额的计算基础,表明货物的国内成本、运费以及保险费均应作为保险标的,共同加成投保,因此若出口商原先报的是 CFR 或 CPT 价,而对方要求改成 CIF 或 CIP 价,或合同中规定采用 CFR 或 CPT 价,进口商却要求出口商代为办理货运保险,此时均不能直接以 CFR 或 CPT 价作为保险金额,应先把 CFR 或 CPT 价折算成 CIF 或 CIP 价,再加成计算保险金额。计算公式为

$$CIF(或 CIP) 价 = \frac{CFR(或 CPT) 价}{[1- 保险费 \times (1+ 保险加成率)]}$$

$$保险金额 = CIF(或 CIP) 价 \times (1+ 保险加成率)$$

例如,北京某货运公司出口一批货物到日本,原报 CFR 日本大阪,总金额 80 000 美元,现进口商来电要求改报 CIF 价格,目的地不变,并按 CIF 价加成 10% 投保海运一切险。假设运至日本大阪的该项货物海运一切险的保险费率为 0.5%,应按以下方法计算保险金额

$$CIF = \frac{80\ 000}{[1-0.5\% \times (1+10\%)]} = 80\ 442.43(美元)$$

$$保险金额 = 80\ 442.43 \times (1+10\%) = 88\ 486.67(美元)$$

2. 进口业务中保险金额的确定

在进口业务中,贸易合同中采用的贸易术语决定着何方办理货运保险。例如采用 CIF 术语时,应由出口商办理保险,此时我国进口商应事先在贸易合同中确定保险金额;若采用的是 CFR、CPT、FCA 或 FOB 等术语,则应由进口商自行办理保险,此时保险金额的计算同样要以 CIF 或 CIP 价为基础,按实际需要加成后确定。

6.3.3 填写投保单

投保单是投保人在投保时对保险标的及有关事实的告知和陈述,也是保险人签保险单和确定保险费的依据,因此,投保单的填写必须准确、真实。中国人民保险公司的进出口货物运输保险投保单的具体内容主要有:被保险人、发票号码和合同号码、包装数量、保险货物项目、保险金额、装载运输工具、航次、航班、开航日期、运输路线、承保险别、赔款地、投保人签章及企业名称、电话、地址、投保日期等。

在我国,无论在进口或出口业务中,投保货物运输保险时,投保人通常需以书面方式作出投保要约,即填写货物运输保险投保单,经保险人在投保单上签章承诺,或是出立保险单,保险双方则确定了合同关系。按照保险利益原则的规定,在货物运输保险中,被保险人必须在索赔时对保险货物具有保险利益,但并不要求其在投保时便具有保险利益,因此为保

障贸易双方的利益不会因货物在运输途中发生事故而遭受损失，投保人应在货物开始运输之前办理保险。

6.3.4 支付保险费并取得保险单

按时支付保险费是投保人应履行的基本义务，也是保险人履行赔偿义务，建立各种基金，以及弥补保险经营费用等支出的主要资金来源。保险费的金额取决于保险金额和保险费率的高低，按照各国法律的规定，保险金额在不超过保险价值的前提下，可由保险人和投保人约定，在实践中，通常是由投保人根据货物的合同价并适当加成后经保险人同意确定的。而保险费率即保险价格，是保险人为承担约定的保险赔付责任而向投保人收取保费的标准。

出口货物和进口货物保险费率的确定方式基本相同。进出口货物的保险费率主要分四种：一般货物运费、指明货物的加成费率、货物战争罢工险费率以及其他规定。

6.3.5 被保险人的索赔

被保险货物遭受损失后，被保险人应按规定办理索赔手续，向保险人要求赔偿。保险人在接到被保险人的索赔要求后，应对被保险货物的损失赔偿要求进行处理。

索赔时，被保险人对保险标的必须具有保险利益。被保险人在索赔时必须履行以下手续。

(1) **损失通知**。一旦获悉保险货物受损，被保险人应立即向保险人或其指定的代理人发出损失通知。保险人或其指定的代理人接到损失通知后，一方面对货物提出施救意见并及时对货物进行施救，避免损失扩大；另一方面应尽快对货物的损失进行检验，核实损失原因，确定损失责任，查核发货人或承运人的责任等，以免时间过长而导致货物损失原因难以查清、责任无法确定而使处理产生困难，甚至发生争议。

(2) **申请检验**。被保险人在向保险人或其代理人发出损失通知的同时，也应向其申请货物检验，而不能自行请他人进行检验。货物的检验对查清损失原因、审定责任归属是极其重要的，因而被保险人应及时申请检验，如果延迟检验，不仅会使保险人难以确定货损是否发生在保险有效期内，而且可能导致损失原因无法查明，影响责任的确定。特别是当被保险人在货物运抵目的地的最后仓库才发现货损时，被保险人更应尽快向保险人申请检验，以便确定损失是否在运抵最后目的地的仓库前，即在保险期内发生。

(3) **提交索赔单证**。被保险人在向保险人或其代理人索赔时，应提交索赔必需的各种单证。按照我国货物运输保险条款的规定，被保险人在索赔时应提供保险单正本、提单、发票、装箱单、磅码单、货损货差证明、检验报告及索赔清单。如果涉及第三者责任，还须提供向责任方追偿的有关函电及其他必要的单证或文件。

6.3.6 保险理赔

保险理赔是指保险人在接到被保险人的损失通知后，通过对损失的检验和必要的调查研究，确定损失的原因、损失的程度，并对责任归属进行审定，最后计算保险赔款金额并给付赔款的一系列过程。

保险人对货物进行检验时，很重要的一项任务就是确定损失的原因。根据近因原则的规定，保险人只对近因属于承保风险而导致的损失负责。由于实际事故中，保险标的物发生损失的情况多种多样，造成损失的原因也复杂不同，因而首先需要从若干致损原因中找出损失的近因，然后才能够确定损失是否属于保险责任。

在确定损失原因之后，保险人应根据保险条款中的保险险别以及保险期限等规定，确定损失是否属于保险责任。每一份保险单都明确规定了所承保的险别及适用的保险条款，保险人应以保险条款为依据，确定损失是否属于承保责任。例如运输货物按照我国《海洋运输货物保险条款》投保平安险，如果根据检验结果，被保险人提交的海事声明书可确定因船舶在运输途中遇台风而导致货物部分被水浸湿，据保险条款规定可知，货物因恶劣气候而致的部分损失不属平安险的承保责任，故保险人应予拒赔。对保险期限，主要审查保险事故是否发生在保险合同有效期内。另外，保险人还应审定被保险人在事故发生后是否尽力采取措施，防止损失扩大；否则，被保险人对扩大的损失部分有权拒赔。保险货物发生事故时，如果确定损失属于保险责任，保险人应及时向被保险人进行经济补偿。

【拓展视频】

6.4 国际货运保险的策略

办理国际货物运输保险，几乎是每一单出口业务都要做的事，但要办得既稳妥又经济却不简单。由于实际操作中情况千差万别，因此，如何灵活运用保险，回避进出口货物的运输风险，是技巧性很强的专业工作。国际货物运输险就业务内容来讲是最复杂的。它的品种多，不仅有基本险和附加险，而且附加险又分一般附加险和特殊附加险。基本险的选择、基本险和附加险的搭配运用都需要专业知识。

【拓展视频】

6.4.1 选择险别的要素

在投保时，都希望在保险范围和保险费之间寻找到一个平衡点。要做到这一点，首先要对自己所面临的风险作出评估，甄别哪种风险最大、最有可能发生，并结合不同险种的保险费率来加以权衡。

出口商投保时，通常要对以下几个因素进行综合考虑。
(1) 货物的种类、性质和特点。
(1) 货物的包装情况。
(3) 货物的运输情况，包括运输方式、运输工具、运输路线。
(4) 发生在港口和装卸过程中的损耗情况等。
(5) 目的地的政治局势。
如在 1998 年北约空袭南联盟和 1999 年巴基斯坦政变期间，如果投保战争险，出口商就不必为货物的安全问题而心惊肉跳了。

综合考虑所出口货物的各种情况非常重要，这样既可节省保费，又能较全面地提高风险保障程度，在办理投保业务时考虑一定要全面。现在出口业务普遍利润微薄，而风险发生的可能性却有增加的趋势，因此在投保时更应仔细权衡。

6.4.2 何时选用一切险

一切险是最常用的一个险种。买方开立的信用证也多是要求出口方投保一切险。投保一切险最方便,因为它的责任范围包括了平安险、水渍险和11种一般附加险,投保人不用费心思去考虑选择什么附加险。但是,往往最方便的服务需要付出的代价也最大。如就保险费率而言,水渍险的费率约相当于一切险的1/2,平安险约相当于一切险的1/3。

是否选择一切险作为主险要视实际情况而定。例如,毛、棉、麻、丝绸等服装类和化学纤维类商品,遭受损失的可能性较大,如玷污、钩损、偷窃、短少、雨淋等,有必要投保一切险。有的货品则确实没有必要投保一切险,像低值、裸装的大宗货物如矿砂、钢材、铸铁制品,主险投保平安险就可以了。另外,也可根据实际情况再投保舱面险作为附加险。

对于不大可能发生碰损、破碎或容易生锈但不影响使用的货物,如铁钉、铁丝、螺丝等小五金类商品,以及旧汽车、旧机床等二手货,可以投保水渍险作为主险。有的货物投保了一切险作为主险可能还不够,还需投保特别附加险。某些含有黄曲霉素的食物,如花生、油菜籽、大米等食品,往往含有这种毒素,会因超过进口国对该毒素的限制标准而被拒绝进口、没收或强制改变用途,从而造成损失,那么,在出口这类货物的时候,就应将黄曲霉素险作为特别附加险予以承保。

6.4.3 基本险与附加险的灵活使用

保险公司在理赔的时候,首先要确认导致损失的原因,只有在投保险种的责任范围内导致的损失才会被赔偿,因此,附加险的选择要针对易出险因素来加以考虑。例如,玻璃制品、陶瓷类的日用品或工艺品等产品,会因破碎造成损失,投保时可在平安险或水渍险的基础上加保破碎险;麻类商品,受潮后会发热、霉变、自燃等而带来损失,应在平安险或水渍险的基础上加保受热受潮险;石棉瓦(板)、水泥板、大理石等建筑材料类商品,主要损失因破碎导致,应该在平安险的基础上加保破碎险。

目标市场不同,费率亦不同,出口商在核算保险成本时绝不能一刀切。投保一切险在欧美发达国家的费率可能是0.5%,在亚洲国家是1.5%,在非洲国家则会高达3.5%。货主在选择险种的时候,要根据市场情况选择附加险,如到菲律宾、印度尼西亚、印度的货物,因为当地码头情况混乱,风险比较大,应该选择偷窃、提货不着险和短量险作为附加险,或者投保一切险。

6.4.4 防险比保险更重要

保险是转移和分散风险的工具。虽然风险造成的损失由保险公司负责理赔,但货主在索赔的过程中费时费力,会付出不小的代价,所以,预防风险的意识和投保的基础上的预防措施都非常必要。

现在,因集装箱的破漏而导致货物受损的案例越来越多。要防止这种风险,一是尽量选择实力强、信誉好的船公司,他们的硬件设备相对好一些;二是装货前要仔细检查空柜,查看有无破漏,柜门口的封条是否完好,还要查看是否有异味,推测前一段装了什么货物。如果现在要装的货是食品或药品,而以前装的是气味浓烈的货物甚至是危险性很高的化工品的话,就可能导致串味,甚至使货物根本不能使用。

为了日后办理索赔更方便，提单最好选择船东提单，而不是货代提单。因为船东提单是严格按照装运实际情况出具给发货人的，而货代提单则存在倒签装船日期、提单上船名与实际船名不符这样的情况，会给将来的索赔取证工作带来麻烦。

本章小结

国际货物运输保险是以国际货物运输过程中的各种货物作为保险标的的保险，是投保人为了规避自然灾害和意外事故风险而采取的一种经济措施，能够保障贸易企业经营的正常进行并获得正常的预期利润。

与国际物流有密切关系的保险基本原则主要有最大诚信原则、近因原则、可保利益原则、损失补偿原则及代位追偿权原则。通常情况下，保险人接受承保的风险还必须具有一定的条件：投机风险一般是不被列入可保风险之列的；损失必须是可以用货币计算的；保险人承保的风险必须是具有偶然性和不可预知的；必须是意外发生的风险；必须有大量标的均发生重大损失的可能性。

海洋货物运输保险，简称海运保险（Marine Cargo Insurance），又称水险，是指以同海洋运输有关的财产（货物或船舶）、利益或责任作为保险标的的一种保险。海运保险的基本险别包括平安险、水渍险和一切险。附加险别包括一般附加险和特殊附加险。航空运输货物保险有两个基本险别：航空运输险和航空一切险。此外还有特殊附加险——航空运输货物战争险。

国际货运保险的基本程序为：选择投保险别，确定保险金额，填写投保单，支付保险费，取得保险单，被保险人的索赔和保险理赔等环节。国际货物运输险的业务内容复杂，不仅有基本险和附加险，而且附加险又分一般附加险和特殊附加险。基本险的选择、基本险和附加险的搭配运用都需要采取相应的策略。

关键术语

国际货物运输保险　　近因原则　　损失补偿原则　　代位追偿原则　　可保风险
可保利益　　海运保险　　实际全损　　推定全损　　共同海损　　单独海损

思 考 题

1. 简述国际物流保险的作用。
2. 简述保险的原则。
3. 可保风险需要具备哪几个条件？
4. 简述海运货物保险的承保范围。
5. 海洋货物运输保险的基本险别有哪些？比较它们的责任范围。
6. 简述航空运输保险的险别以及保险责任期限。
7. 试述国际物流保险业务的基本程序。
8. 进行国际货物运输保险时应采取哪些策略？

案例分析

某技术进出口公司数据网络设备国际货物买卖保险业务

某年9月27日,某技术进出口公司代理某通信公司与阿尔卡特网络(亚洲)有限公司签订了一份数字数据网络设备国际货物买卖合同,约定的总价款为851 108美元,以FOB加拿大渥太华离岸价为价格条件。合同签订后,技术进出口公司与某运输公司联系运输事宜,某运输公司委托海外运输商Secure公司负责海外运输。11月15日,技术进出口公司与某保险公司签署了一份《国际运输预约保险起运通知书》,载明:被保险人是技术进出口公司,保险货物项目是一套数字数据网络设备,投保险种为一切险,保险金额为85 1108美元,保费为3 915美元。当日,技术进出口公司向保险公司支付了保险费,并收到保险公司出具的收据。渥太华时间11月15日19时即北京时间11月16日8时,被保险货物在渥太华Secure公司仓库被盗。12月7日,技术进出口公司将出险情况告知了保险公司。12月21日,技术进出口公司向保险公司提出索赔,保险公司以技术进出口公司不具有保险利益而主张合同无效并拒赔,技术进出口公司遂向法院起诉。

法院经审理后认为,本案的焦点问题是保险利益的认定问题。本案中技术进出口公司是否具有保险利益取决于其对买卖合同项下货物承担的风险,而对货物承担的风险及其起始时间又取决于买卖合同约定的价格条件。本案买卖合同约定的价格条件是FOB加拿大渥太华,意为货物在渥太华越过船舷或装机后,货物的风险才发生转移。在此之前货物的风险则仍由卖方承担。

因此,本案技术进出口公司购买的货物在海外运输公司Secure公司仓库被盗时技术进出口公司不具有保险利益。同时,法院还认定,保险合同载明的工厂交货对确定投保人对保险标的物是否具有保险利益没有法律意义,技术进出口公司以保险合同为据主张以工厂交货并转移风险的观点不能成立。法院最终判定保险公司与技术进出口公司的保险合同因投保人对保险标的物不具有保险利益而无效。技术进出口公司无权要求保险公司承担赔偿责任。而保险公司亦应退还保险费。

分析:

在国际货物运输保险中,投保人(被保险人)对投保货物是否具有保险利益,取决于货物风险是否转移,而货物风险的转移又与买卖双方采取的价格条件密切相关。在FOB价格条件下,货物风险自货物越过船舷之时由卖方转移给买方,因此,只有在货物越过船舷之后,买方(投保人、被保险人)才能对货物享有保险利益。本案中,法院对投保人(被保险人)是否具有保险利益作出了正确的认定,并依据《保险法》第12条关于"投保人对保险标的不具有保险利益的,保险合同无效"的规定作出合同无效的判决。

(资料来源:周江雄,庞燕. 国际货物运输与保险[M]. 长沙:国防科技大学出版社,2006.)

思考题:

1. 判断投保人对货物是否具有保险利益的依据是什么?
2. 投保人有哪些办法可以避免保险利益无效的情况发生?

第 7 章　国际仓储与库存管理

【教学要点】

知识要点	掌握程度	相关知识	应用方向
需求响应	了解	需求响应与库存管理	需求响应策略
国际仓储管理	掌握	国际仓储的定义、特点与意义 国际物流仓库的分类 国际物流货物仓库的合理布局 保税仓库	国际物流仓库的选址 保税仓库的批准、建立与应用
国际库存管理	掌握	库存的定义与分类 生产保障与安全库存 库存管理策略 先进生产模式与库存管理	安全库存衡量 库存管理的应用 先进生产模式与库存

联想集团的 VMI

联想集团,是全球最大的个人电脑制造商,《财富》世界 500 强排行榜。2015 年,营业收入 460 亿美元,在全球雇用了约 60 000 名员工,生产销售 5 500 万台个人电脑,占全球市场份额 17.7%。这家以 20 万元人民币起家的小公司,成长为全球第一的个人电脑制造商,用了不到 30 年的时间。如果说 2005 年成功收购 IBM 个人电脑业务是走向国际化的开端,高效卓越的国际供应链管理才是这家全球顶级电子厂商的核心竞争力。联想以其出色的供应链管理能力成为"高德纳全球供应链管理 25 强"中唯一入选的中国企业。目前,联想在巴西、日本、美国和中国多地设立自主生产基地,联想集团营业收入中超过 60% 来自中国以外的国际市场,全球 300 多家供应商为联想提供物料供应。

在收购 IBM 个人电脑业务之前,联想就已经着手供应链建设。成功收购 IBM 之后,为了与供应链管理专家戴尔电脑公司竞争,联想对供应链进行了整合和优化,目标是建设国际化、高效率、卓越的供应链,以快速响应市场变化、加快产品创新、支持业务的快速发展。

为了建设高效卓越的供应链,库存管理可谓是重中之重。联想的解决方案是实施供应商管理库存(Vendor Managed Inventory, VMI),这是一种在供应链环境下的库存运作模式,通过集中库存,减少多层级库存,达到供应链上下游企业整体库存成本最低的目的。联想在北京、上海和广东惠阳各建有一个现代化的生产基地,90% 的物料来自 300 多家国际供应商。国际物料的采购由联想香港国际采购中心统一负责。根据工厂的生产计划,香港采购中心通常会备有 1~2 周库存,联想的工厂会有 2~3 天的使用量的缓冲库存。采购中心和工厂的库存都属于调节性的缓冲库存,主体库存由供应商负责,即供应商管理库存(Vendor Managed Inventory, VMI)。为了响应联想的 JIT 生产模式,供应商把库存设在联想的工厂附近。为联想提供 VMI 服务的是全球著名第三方物流公司——伯灵顿全球货运物流公司(Bax Global)。根据联想的生产计划和要求,伯灵顿从供应商仓库向工厂生产线供给物料,从收到通知、进行确认、分拣、海关申报及配送到生产线,仅需 2.5 小时。

高效及时的信息共享是实施 VMI 的关键。联想与供应商、第三方物流之间,每天通过两次数据交换沟通需求和库存的实时信息,三方都可以通过可视库存管理共同监测仓库中物料的存量状况。随着物料的消耗、库存的降低,达到一定程度时,供应商就主动安排供货,由第三方物流向工厂附近的仓库补充库存。未来,为了让供应商看到更加贴近需求的真实数据,使库存更精准,联想和他们之间的数据交换次数有可能提高到每天 4 次以上。这种方法令联想在按单生产产品时,其库存从原来的 14 天缩减到 5 天。

联想的国际供应商集中度相对较高,前 5 家最大的供应商提供了 43% 的物料供应,最大的供应商提供了 14% 的物料,这非常有利于联想与供应商之间的沟通。联想集团助理总裁郭明磊说:实施 VMI 最大的障碍并不在供应商,联想的供应商都对 VMI 概念十分熟悉,因为它的大部分国际合作者都与戴尔有合作,戴尔更是 VMI 高手。向高手学习,就可能超越高手。联想实施 VMI 的成效显示,联想的库存成本只是戴尔的一半左右,响应速度也比戴尔快一倍。

通过实施 VMI,联想认识到管理库存的重要性,接下来联想又优化了产品渠道的库存。这就是联想所谓的"拉式供应链"。郭明磊说:渠道库存的减少,会让联想整条供应链上的生产和供应商都受益。

【拓展视频】

(资料来源:根据联想官网 http://www.lenovo.com、年报和其他公开材料编写。)

导入案例中,联想实施 VMI,降低了物料库存成本和响应速度,"拉式供应链"优化给我们留下了很多想象空间,它通过提高顾客的服务水平,从而提高供应链整体的竞争力。仓储与库存管理是物流管理的重要环节,充足可靠的仓储可以提高需求响应与客户服务水平、保障生产的连续性与稳定性,然而,仓储也产生成本,如何以较低的仓储成本获得较高的客户服务水平成为仓储管理的课题。创新仓储管理模式、建立高效库存管理系统可以有效降低企业的成本,获取竞争优势。本章讨论国际仓储和库存管理,这是两个密切联系又有区别的话题,仓储管理是仓库中的物料的形态、区域、布局等全方位的管理控制,侧重于保障物料空间效用的技术层面;库存管理是对货物存储量的管理控制,侧重于成本与收益的经济层面。具体内容包括国际仓储管理的特点和意义、国际物流仓库的分类和布局、保税仓库、库存与需求响应和安全生产,以及库存管理策略等。

7.1 需求响应

在激烈的市场竞争环境下,企业需要提高客户需求的响应速度,以满足客户的要求,提高客户服务水平。在贴近客户市场的地点设置仓库,并提高库存水平可以获得比较高的需求响应速度,但高水平库存会增加成本,降低效率,库存管理如何兼顾需求响应和经济性就是关键。新近的管理实践表明,企业利用供应链管理来提高需求响应。库存管理是提高顾客服务水平的手段之一。

7.1.1 需求响应的概念

需求响应(Demand Response,DR)是指在物流服务过程中,物流企业对于满足客户需求的反应,目的是为了提高供应链的运作效率。需求的快速响应有利于提高顾客服务水平,即在正确的时间、正确的地点为正确的客户提供最优化的服务,同时有利于降低供应链的总成本,增加零售商和制造商的销售和获利能力。现代物流服务理论认为,提高顾客服务水平可以获得用户满意,满意的顾客才能成为忠实的顾客,只有顾客的忠诚度是企业赢利的前提。一项针对美国顾客的市场调查显示,获得一个新顾客的成本是维系老顾客成本的5倍;顾客流失率每降低5%,利润可增加25%~35%;公司的主要利润来自老顾客。

需求响应可以用服务供应周期与服务需求周期的对比关系来表示。假设服务供应周期为S,需求周期为D,那么需求响应策略可以表示为"S/D"。"S/D"的数值越大,表明物流企业在响应客户服务方面的能力越弱,反之越强。一般来说,商品库存越多,供应周期越短,需求响应越快,顾客就越满意。

另一方面,需求的快速响应也带来了库存的增加,导致成本上升。也就是说,需求响应面临两难选择:快速响应可以提高顾客服务水平,增加库存成本;迟缓响应可以节约库存成本,但会降低顾客服务水平,如图 7.1 所示。

如何兼顾两者之间的关系,实现两者发展的均衡至关重要。在不同生产方式下,需要不同的需求响应策略。

7.1.2 需求响应的策略

1. 生产方式与需求响应

根据生产方式不同,可以将需求响应策略分为 4 种类型。

(1) 现货生产(Make To Strock,MTS)。产品在接到订单之前就已经生产出来,客户订单

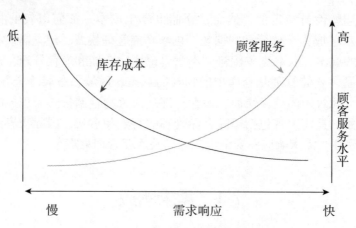

图 7.1 需求响应与库存成本的两难选择

上的商品可以随时发送,交货期只是受运输条件的限制,其需求周期等于发运时间,需求周期最短。生产计划通常根据客户端的消耗信息进行实时补充。

(2) 订单组装 (Assemble To Order, ATO 或 Configure To Order, CTO)。大量的基本组件和通用件在接到订单前就已根据预测生产出来,并保持一定库存,在接到正式订单后执行最后装配计划 (Final Assembly Schedule, FAS),将基本组件中的可选项按照客户选择的装配出来就可交货。计算公式为

需求周期 = 装配周期 + 发送周期

(3) 订货生产 (Make To Order, MTO)。主要生产标准的定型产品,在接到订单后再开始生产,不需重新设计和编制工艺,可以迅速报价并承诺交货期,采用典型的 MRP 计划方法。原则上产品无库存或极少量库存,只对通用组件和原材料保留少量的安全库存。计算公式为

需求周期 = 采购周期 + 加工周期 + 装配周期 + 发送周期

(4) 订单设计 (Engineer To Order, ETO)。在接到订单后从产品设计开始直到产品交付,完全按照客户特需需求设计。定制产品往往只生产一次,不再重复生产。计算公式为

需求周期 = 总提前期 = 设计研发周期 + 采购周期 + 加工周期 + 装配周期 + 发送周期

表 7-1 总结了以上 4 种类型需求响应策略的计划依据,并举例予以说明。

表 7-1 需求响应策略的类型

需求响应策略	计划依据	举例
现货生产 (Make to Stock, MTS)	主要根据市场消耗反馈信息安排生产;产品完成后发运或者入库	大批生产的定型产品,如日用消费品,要进行促销活动
订单组装 (Assemble to Order, ATO)	有各种变型的系列产品,根据合同按客户要求进行配置可选项	标准系列产品,如轿车、计算机、电梯
订货生产 (Make to Order, MTO)	根据客户订货合同组织生产	标准定型产品,如电机、水泵
订单设计 (Engineer to Order, ETO)	根据客户要求专门设计	单件或小批生产,如非标的重型机械

2. 响应型供应链

新近的实践表明,企业越来越多地通过利用供应链上下游企业间的合作来提高顾客的需

求响应。对不确定性需求作出迅速响应的供应链，就叫做响应型供应链 (Responsive Supply Chain)。响应型供应链的目的是对市场需求变化作出迅速的反应。由于市场需求有很大的不确定性，或者产品生命周期较短，或者产品本身技术发展很快，以增加库存来提高响应速度必然会造成浪费，增加成本。著名的零售业管理顾问嘉思明咨询公司 (Kurt Salmon Associates，KSA) 的研究表明，美国服装业从原料到成衣的生产周期大约是 66 个星期，由于市场不确定性导致成衣供应链成本上升 12.5%~15%，美国服装业因此损失 250 亿美元，损失的原因是仓储、积压和缺货。

基于大量的调研，嘉思明咨询公司建议零售业者和纺织服装生产厂家合作，共享信息资源，建立快速反应系统，以提高纺织品产业供应链全体效率的方案。快速反应系统 (Quick Response，QR)，指供应链企业面对多品种、小批量的买方市场，在用户提出要求时，能够快速提供所需服务或产品的模式。QR 的目标是：客户服务的最优化；库存量、商品缺货、商品风险最小化；实现销售额增长。

【拓展文本】

QR 要求供应链上的零售商和供应商一起工作，通过共享 POS 信息来预测商品的未来补货需求，以及不断地监视销售趋势以探索新产品的机会，以便对消费者的需求能更快地作出反应。专栏 7-1 为杰西潘尼 (J. C. Renney) 及其供应商的成功案例。

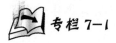

专栏 7-1

杰西潘尼的快速反应系统

杰西潘尼 (J. C. Penney) 是美国的一家大型服装零售商，拥有超过 1 200 家商场，这家创建于 1902 年的服装店在 2015 年实现全美销售额 120 亿美元。面对灵活多变的市场和同业的竞争，根据嘉思明咨询公司的建议，杰西潘尼尝试与它的供应商一起建立快速反应系统 (Quick Response，QR)。商店销售的一种休闲衬衫，是由牛津服装 (Oxford Clothing) 生产的，服装的面料则来自伯林顿纺织有限公司。首先，杰西潘尼对所有的商品实施单元条码化，利用 POS 系统采集条码信息，通过 EDI 传输与牛津和伯林顿共享。共享的信息包括销售信息、库存信息甚至是成本信息，传输的数据包括订购单、发票、发货通知、收货通知等。由于实现了信息共享，消除了信息不对称带来的无效率作业。牛津和伯林顿可以根据杰西潘尼的销售动态，对销售趋势作出预测，进行精细化的生产安排，缩短生产周期，并降低商品库存。实践的结果是，需求预测的误差减少了 50%，商品周转率提高了 90%，销售额增加了 60%。

(资料来源：根据嘉思明 kurtsalmon.com，杰西潘尼 jcpenney.com 官网及公开资料整理编写。)

7.2 国际仓储管理

商品储存是商品在其流通过程中处于一种或长或短的相对停滞状态，这种停滞是生产和流通过程中完全必要的。通过仓库对暂时不用的处于相对停滞状态的物品进行储存和保管，叫做仓储管理。商品流通是一个由分散到集中，再由集中到分散的源源不断的流通过程。国际贸易和跨国经营中的商品从生产厂或供应部门被集中运送到装运港口，有时须临时存放一段时间，再装运出口，是一个集和散的过程。为了保持不间断的商品往来，满足销售出口需求，必然有一定量的周转储存；有些出口商品需要在流通领域内进行出口商品贸易前的整理、组装、再加工、再包装或换装等，形成一定

【拓展视频】

量的贸易前的准备储存；有时，由于某些出口商品在产销时间上的背离，例如季节性生产但常年消费，常年生产但季节性消费的商品，则必须留有一定数量的季节准备。由此可见，国际货物运输是克服了外贸商品使用价值在空间上的距离，创造物流空间效益，使商品实体位置由卖方转移到买方；而储存保管是克服外贸商品使用价值在时间上的差异，物流部门依靠储存保管创造商品的时间价值。

7.2.1 国际货物仓储的定义、特点与意义

1. 国际货物仓储的定义

国际仓储是指各种运输方式转换的临时库存和为原材料、半成品和产成品提供储存与管理服务。国际货物仓储业务是由于国际商品交换的产生和发展而发展起来的，它主要是在各国国际物流中心仓库、保税仓库、海关监管仓库、港口堆场进行。由于进出口商品的种类繁多，货物性质不同，因而对仓储作业的要求也就不同。

2. 国际货物仓储的特点

(1) 主要以集装箱货物的存储为主。随着国际集装箱运输的发展，国际物流中集装箱运输的地位越来越重要，绝大多数货物都是通过集装箱运输来实现国际物流。所以作为国际物流的中转站、集疏中心的港口，存储的货物主要是集装箱以及装在或准备装入集装箱的货物。因此，国际货物仓储主要是以集装箱货物为主。

(2) 理论仓储量决定于进出口贸易量，实际仓储量则取决于出口贸易量。国际货物仓储业的服务对象主要是进出口贸易，这和国内货物仓储服务于国内在生产有明显的区别。又因进口商品大多采取就港直拨的方式运往全国各地，因此进口商品卸船后进入仓库储存再等待外调的现象已经大幅度减少。

(3) 订货前置期延长。如果企业从国外供应商采购原材料和零部件，采购合同的执行期会比较长，这个周期可能包括必要的贸易手续、单证处理时间、海关和检验程序等。贸易手续、海关和检验程序可能因为国家的政策而变得难以预测。比如中国出口稀土产品，因为政府加强了稀土出口的管制，出口许可的申请和审查时间延长了，出口检验由抽检变成全检，从而延长了检验时间，使得整个订货前置期延长，这时候安全库存的策略可能需要调整。

(4) 长时间的运输过程会增加在途库存，多环节的转运可能增加货物损失的风险。在途库存存在高度的不确定性，这是暂时脱离企业直接管控的库存财产，企业把在途库存纳入财产管理范畴，却难以掌握这部分财产的真实状态，比如它们何时能够到达、安全到达的货物数量和质量如何等。

(5) 货物的运输方式也影响在途库存和货损。海运的速度慢，时间长，货损风险大，从而产生较高的在途库存和货损。多式联运可以降低转运的货损风险。

3. 国际货物仓储的意义

(1) 调整商品在生产和消费之间的时间错位。由于许多商品在生产和消费之间都存在着时间间隔与地域差异，因此，为了更好地促进国际商品的流通，必须设置仓库将这些商品储存于其中，使其发挥时间效应的作用。

(2) 保证进入国际市场的商品质量。商品从生产领域进入流通领域的过程中，通过仓储环节，对即将进入市场的商品在仓库进行检验，可以防止质量不合格的伪劣商品进入市场。通过仓储来保证商品质量主要有两个关键环节：一是商品入库保管期间的质量检查；二是商品出库

前的检验检查。对于前者,待入库商品应满足仓储要求,在仓库保管期间,商品处于相对静止状态使其不发生物理、化学变化,保证储存商品的质量。对于后者,保证出口商品符合国家出口标准和国际贸易合同对出口商品质量的约定,维护外贸企业的国际商业信誉。

(3) 延伸生产特性的加工业务。随着仓储业的发展,仓储本身不仅具有储存货物的功能,而且越来越多地承担着具有生产特性的加工业务,例如分拣、挑选、整理、加工、简单地装配、包装、加标签、备货等活动,使仓储过程与生产过程更有机地结合在一起,从而增加了商品的价值。随着物流业的发展,仓储业在货物储存过程中,为物流活动提供更多的服务项目、为商品进入市场缩短后续环节的作业过程和时间、加快商品的销售,将发挥更多的功能和作用。

(4) 调节国际市场上商品的价格。国际商品的仓储业务可以克服国与国之间巨大的供求矛盾,并以储存调节供求关系,调整由于供求矛盾而造成的价格差异。所以,仓储还具有调节商品价格的作用。

(5) 调节内外运输工具载运能力的不平衡。在各种运输工具中,由于其载运能力差别很大,容易出现极其不平衡的状态,外贸货物无论在出口或进口仓储皆可以减少压船、压港,弥补内陆运输工具运载量的不足,在船舶运输与内陆运输之间起着缓冲调节作用,保证国际货物运输顺利通畅。

(6) 减少国际物流中的货损货差。在货物进出口过程中,无论是港口还是机场的库场在接收承运、保管时,需要检查货物及其包装,并根据货物性质、包装进行配载、成组装盘(板),有的货物还须在库场灌包、捆绑。进口货物入库后还需进行分票、点数、分拨。一旦发生因海关、检验检疫手续的延误,或因气象原因延误装船、交付、疏运等,货物可暂存在库场,避免货损发生。在货物装卸过程中,若发现货物标志不清、混装等则可入库整理,这时库场又可提供暂时堆存、分票、包装等方面的业务。

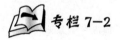

华瑞物流全面启动的仓储增值服务

仓库是物流网络的重要载体。传统仓库提供的仅是简单的货物堆存服务,仓库功能单一、赢利模式单一、投资回报率低。华瑞物流股份有限公司也存在这样的弊端,比如华瑞物流在管理机制方面,各部门处于自己的利益,建立属于自己的仓库,形成了各部门分割、区域分割、自备仓库自己用、相互封闭以及重复建设等局面,造成资金分散,管理落后,仓库功能单一,设备陈旧落后,仓库空间利用率较低等后果。

根据这些情况,华瑞物流提出了相应的解决方案。

(1) 改善现行的仓储管理体制,形成统一的仓储市场体系,实现仓储管理的专门化。华瑞物流对原来分割于各个部门的不同物流环节进行一体化经营和管理的服务组织形式,必然要求打破原来市场条块分割、行政垄断的格局,因而,要构筑好现代化的运输和信息系统平台。

(2) 完善仓储功能多元化。有机整合的多元化模式,能给客户提供全方位的支持。仓储信息化是华瑞物流的又一特点。华瑞集团下属的华瑞信息技术公司,建有"中国化纤信息网""中国棉纺信息网"等国内知名网站,其强大的网络平台和专业队伍,是华瑞物流的客户能获得市场信息、远程物资资讯查询、物流ERP软件等多信息支持,为华瑞物流实现仓储增值服务提供依据。

(3) 加强企业基础设施建设。华瑞物流服务配送网点遍及全国多个大中城市。这些基地均位于经济发达、交通便捷、辐射纵深的长三角地区,是十分理想的物流集散地。公司在各库区内部硬件配置先进,自动化程度高,设有闭路监控防盗系统、职能通信系统、红外报警系统、烟雾和温感报警系统、消防喷淋系统、恒温装置、电动横吊和铲车,并建立了完整的计算机通信网络及管理系统,实现了管理的信息化和现代化,可以全方位配合客户的大宗交易,实现全天 24 小时连续作业。

(4) 提供解决客户融资难的金融仓储服务。小企业融资难一直是使江浙地区企业头痛的问题。为此,华瑞物流和多家银行合作,利用自身规范的仓储管理,提供仓储货物质押服务。制造商将一批纺织化纤产品存入华瑞的仓库,华瑞按规定流程进行验收检验,向其出具仓单并通知银行。银行根据三方协议,将仓单质押后给企业提供一定额度的贷款,企业到期还款后银行再通知仓库解除货物的质押,必要时,华瑞信息公司利用其强大的纺织化纤专家团队提供货物估值、市场行情分析等咨询服务。另外,制造商可利用华瑞的保税仓库,对进口原料入库暂缓缴税和出口产品入库提前退税,这一程度上为企业缓解了资金压力。

(5) 选择合适地点作为仓库和物流中心。选择合适的仓库地点并采用高效地库存条码管理系统、信息查询系统。

(资料来源:吴群. 物流案例分析 [M]. 北京:北京大学出版社,2014.)

7.2.2 国际物流仓库的分类

国际物流仓库是国际货物仓储必不可少的物质基础设施。为保证国际货物仓储作用的有效发挥,国际物流仓库相应地需要有不同的规模和不同的功能。

1. 按仓库在国际物流中的用途不同分类

1) 口岸仓库

口岸仓库的特点是商品储存期短、商品周转快。仓库大都设在商品集中的发运出口货物的沿海港口城市,仓库规模大。主要存储口岸和内地对外贸易业务部门收购的出口代运商品和进口待分拨的商品。因此,这类仓库又称为周转仓库。

专栏 7-3

香港和记黄埔港口集团旗下的大型仓储基地

和记黄埔港口集团旗下的深圳和记内陆集装箱仓储有限公司在深圳观澜设立了大型物流仓储基地"观澜内陆集装箱仓储中心",以配合华南地区的进出口贸易发展。目前已建成两座面积为 2 万平方米的大型出口监管仓,4 万平方米的货柜堆场,以及与之相配套的报关楼、验货中心及办公场所。

观澜内陆集装箱仓储中心实现高科技智能化出口监管仓及堆场操作,包括采用 WMS (Warehouse Management System, 仓储管理系统)和 TOMS (堆场管理系统)管理仓储运作及堆场操作;全球海关、船公司、租箱公司及客户查询库存资料,了解货物进出仓的情况;IC 卡闸口自动识别验放 CTV 全方位监控;电子系统报关,为客户提供方便快捷的报关服务。同时,与和记黄埔投资的南方明珠盐田国际集装箱码头有限公司联手,采用 GPS 卫星定位系统。在盐田与观澜之间进行途中监控,并在盐田入闸处为货柜车开辟专门的"绿色通道",以达到信息共享、统一协调、分工合作,充分发挥港口与仓储运作的优势,将盐田码头服务功能延伸至更靠近各生产厂家的内地。

观澜内陆集装箱仓储中心目前为国外销售商、集运公司、货运代理、生产厂家、船公司及租箱公司提供优质监管仓拼柜集运、国内配送、货柜堆存等服务,对推动华南地区的物流发展作出了贡献。

(资料来源:陈胜利,李楠. 仓储管理与库存控制 [M]. 北京:经济科学出版社,2015.)

2) 中转仓库

中转仓库又称转运仓库。其特点是大都设在商品生产集中的地区和出运港口之间。如铁路、公路车站,江河水运港口码头附近等商品生产集中的大中城市和商品集中分运的交通枢纽地带。其主要职能是按照商品的合理流向,收储、转运经过口岸出口的商品。大型中转仓库一般都设有铁路专用线，将商品的储存、转运业务紧密结合起来。

3) 加工仓库

加工仓库的特点是将出口商品的储存和加工结合在一起。除商品储存外，还兼营对某些商品的挑选、整理、分级、包装、改装等简单的加工业务，以适应国际市场的需要。

4) 储存仓库

储存仓库的商品储存期较长，主要用于储存待销的出口商品、援外的储备物资，还兼营对某些商品的挑选、整理、分级、包装、改装等简单的加工业务，以适应国际市场的需要。

2. 按储存商品的性能及设备不同分类

1) 通用仓库

它是用来储存一般无特殊要求的工业品或农副产品的仓库，又叫普通仓库。它属于一般的保管场所。对储存、装搬、堆码和养护设备的要求较低，在各类外贸仓库中所占比重最大。

2) 专用仓库

它是专用于储存某一类商品的仓库，如较易受外界环境影响发生变质和损失数量的商品，或由于本身的特殊性质不适宜与其他商品混合存放的商品。在保养技术设备方面，这类仓库相应增加了密封、防霉、防火口及监测等设施以确保特殊商品的质量安全。

3. 按国际物流仓储的管理形式不同分类

1) 自有仓库

自有仓库是企业自行筹资买地、自建的仓库。企业可以按照仓储货物的特点和仓储管理的要则自行布局与控制。自有仓库单位货物的仓储成本，会低于租赁公共仓库仓储成本，但是投资成本高，有时难以满足特殊的要求。

2) 租赁公共仓库

企业租赁公共仓库的租赁合同较灵活。由于租赁企业公共仓库的合同是短期的，所以一旦市场结构、运输方式或产品销售发生变化，企业就能灵活地改变仓库的位置和容量。企业不必因仓储量的变化而增减员工，可以根据仓库容量的需要临时签订或终止租赁合同。

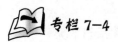 专栏 7-4

美国某药品和杂货零售商的混合仓储管理模式

美国某药品和杂货零售商成功实现其并购计划之后销售额急剧上升，需要扩大分拨系统以满足需要。一种设计是利用 6 个仓库供应全美约 1 000 家分店。公司既往的物流战略是全部使用自有仓库和车辆为各分店提供高水平的服务，因而此次公司计划投入 700 万美元新建一个仓库，用来缓解仓储不足的问题。新仓库主要供应匹兹堡附近的市场，通过配置最先进的搬运、存储设备和进行流程控制降低成本。管理层已经同意这一战略，且已经开始寻找修建新仓库的地点。

然而，公司同时进行的一项网络设计研究表明，新仓库并没有完全解决仓储能力不足的问题。这时，有人建议采用混合战略——除使用自建仓库外，部分利用营业型租赁仓库，然后安装新设备，腾出足够的自有空间以满足可预见的需求。新设备的成本为 20 万美元。这样，企业成功地通过混合战略避免了单一仓储模式下可能导致的 700 万美元的巨额投资。

(资料来源：张思颖，胡西华. 国际物流 [M]. 武汉：华中科技大学出版社，2015.)

3) 合同制仓储

合同制仓储是指企业将物流活动转包给企业外部的合同制仓储公司，由企业外部的合同制仓储公司为企业提供综合的物流服务，包括仓储、卸货、拼箱、订货分类、在途混合、存货控制、运输安排、信息传输或其他服务等。

物流发达国家的企业已将降低成本的重点转向有巨大潜力的物流领域，出现了物流外包的趋势，即企业利用合同制仓储服务，将物流活动外包出去，以集中精力做好生产和销售。

7.2.3 国际物流货物仓库的合理布局

国际物流总是涉及跨越国境的操作。跨越国界的代价是相当高的，一来各个国家的各种物流要素存在差异，增加了物流的不确定性和为了协调差异的成本；二来政治因素可能影响物流成本。有一些国家的自由贸易港区为国际库存提供了有利的因素，保税、清关等便利吸引国际企业在这些地方设置库存。比如，一些在中国"长三角"经济圈或者"珠三角"经济圈设立制造工厂的日本企业，愿意把库存中心设置在新加坡，因为中国境内的制造工厂所需原材料和零部件是从东南亚采购的，而在中国境内制造的产品很多销往日本、美国和东南亚国家，从地理位置上新加坡已经具有优势，而新加坡的自由贸易港政策进一步为外国企业的仓库和转运提供了便利。

国际物流货物仓库的合理布局要考虑货物仓库网点的比例要求以及一些制约国际物流货物仓库分布的制约因素。

1. 按国际物流货物仓库网点的比例要求

(1) 根据工农业生产发展与外贸商品流通规模之间的比例关系，预测掌握好相应期间的外贸商品流通量(出口商品收购量和进口量)。

(2) 处理好商品储存与商品收购、销售、调拨运输之间的比例关系，扣除直运、直拨等不经仓库环节的商品量，弄清计划期外外贸商品的储存量或中转量。

(3) 要掌握好外贸商品储存量与仓库建筑面积和实际使用面积之间的比例关系，掌握实际需要的仓库容积数据。

(4) 了解计划期库存商品预计的周转次数。

(5) 在国际物流仓储物流设计时，应把包装、储存、装搬和运输有机联系起来统筹考虑，全面规划，实现现代国际物流系统所要求的"包、储、运一体化"。

2. 国际物流货物仓库分布的制约因素

(1) 一个国家的工农业生产布局。工农业生产发展才会有大量商品出口，而储存这些出口商品的国际物流货物仓库应建设在大中城市及出口工业品生产集中的地区，如外贸部门的专用出口生产基地，确保就近收购、就近储存，以利集中发运出口。

(2) 国际物流货物仓库网点布局应满足进出口购销业务发展需要，确定国际物流货物仓库建设的规模、类型、分布及发展方向。

(3) 考虑经济区划和商品合理流向，做好国际物流货物仓库网点布局，降低物流费用。

(4) 国际物流货物仓库网点布局应考虑铁路、公路、航运等交通运输条件。只有交通运输通畅了，外贸商品的流通才能近运、近储，快速将外贸商品发送出去，实现进出口商品的快速流转。

具体的一个国家物流货物仓库的选址应要求尽量靠近出口商品生产厂、供货单位以及外贸专用出口商品生产基地；交通运输枢纽；中心城市；口岸、车站、机场；消费地，即进口厂家等。

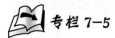

专栏 7-5

丹马士物流在越南新建仓储设施并拓展业务

为了更好地服务于在越南北部地区集中采购的时尚及零售业客户，马士基集团旗下公司丹马士物流(Damco)计划与越南仓储设施公司HTM合作在越南北部开设全新仓储设施，利用3年的时间在越南新建超过两万平方米的仓储设施。

新建的仓储设施位于海防市，占地8 000平方米，根据国际标准和海关商贸标准建造，能很好地支持增长的货量，并提供现代的安全设施和防火系统。

丹马士物流越南与柬埔寨地区总裁马克·茨瓦蒂(Marco Civardi)表示，丹马士海防仓储设施的开设是公司在越南长久的发展历程中重要的里程碑，进一步巩固了公司在越南的发展。

丹马士物流旨在继续提供供应链管理解决方案，更好地服务客户不断增长的货运需求，在重点行业和特定航线的海运、空运市场上保持领先。

马克·茨瓦蒂称，对于公司而言，未来的发展重点是越南的国内业务，包括海关清关、卡车货运服务以及仓储设施的进一步拓展。仓储设施的拓展计划将由公司业务伙伴和物流合作客户的新业务机会决定。

丹马士物流一直致力于投资建设高标准的仓储管理系统和流程，提高生产效率，直接惠及客户的供应链。客户现在能直观地追踪他们的产品，了解产品在仓储设施中拼箱、装载到集装箱中以及运输到港口的过程。

丹马士物流在越南拥有500多名员工，在越南开展业务、投资已超过20年。

（资料来源：http://www.caws.org.cn/news_view.asp?newsid=6770，中国仓储与物流网，2014-07-10.）

7.2.4 保税仓库

保税仓库是保税制度中应用最为广泛的一种形式，具有较强的服务功能和较大的灵活性，对于促进国际贸易和加工贸易的开展起到了重要作用。海关对保税仓库管理的基本依据是海关总署颁布的《中华人民共和国海关对保税仓库及所存货物的管理办法》。

【拓展视频】

1. 保税仓库的定义

保税仓库是指经海关核准的专门储存保税货物的专用仓库。根据国际上通行的保税制度要求，进境存入保税仓库的货物可暂时免纳进口税款，免领进口许可证或其他进口批件，在海关规定的存储期内复运出境或办理正式进口手续。但对国家实行加工贸易项下某些应事先申领配额许可证的商品，在存入保税仓库时，应事先申领进口许可证。

2. 保税仓库的作用

随着国际贸易的不断发展及外贸方式的多样化，商品进出口流动频繁，如进口原料、配件进行加工，装配后复出口、补偿贸易、转口贸易、期货贸易等灵活贸易方式的货物，进口时要征收关税，复出口时再申请退税，手续过于烦琐，不利于商品的国际流动和发展国际贸易。实行保税仓库制度就是解决这个问题的主要措施，能大大降低进口商品的风险，有利于鼓励进口，有利于开展多种贸易方式，营造良好的投资环境。

在对外贸易中，建立海关监督下的保税仓库主要具有以下几个方面的意义。

1) 有利于促进对外贸易

在国际贸易过程中，从询价、签订合同，到货物运输需要一段较长的时间，为了缩短贸易周期，降低国际市场价格波动的影响，先将货物运抵本国口岸，预先存入保税仓库，可以使货物尽快投入使用。也可先将货物存入保税仓库，待价格时机成熟再进入市场。

2) 有利于提高进口原材料的使用效益

利用保税仓库，可以使需要进口的原材料统一进口，相互调剂，提高原材料的利用率，降低进口价格，提高经济效益。

3) 有利于开展多种贸易方式，发展外向型经济

利用保税仓库的暂缓纳税等优惠条件，可以发展多种贸易方式，如来料加工；有利于扩大出口，增加外汇收入；还可以利用价格变化中的差价，开展转口贸易。

4) 有利于加强海关监管

随着贸易方式的灵活多样，海关的关税征收工作的难度也在加大，保税仓库出现后，海关工作人员可以借助仓库管理人员的力量进行协同管理，海关主要是制定各种管理制度，对保税仓库出入的货物实行核销监督管理，对加工业实行重点抽查和核销，以防内销行为的出现，增强了海关监管力度，同时简化了手续。

5) 有利于促进本国经济的发展

从事外贸的企业利用保税仓库，可以充分发挥仓库的效能，开展一系列的相关业务，如报关、装卸、运输、允许的加工、整理、修补、中转、保险、商品养护等，使外贸仓储逐渐发展成为综合性、多功能的商品流通中心，与此同时促进了国家对外贸易的发展，促使本国经济进入国际经济体系中，有利于国家经济的发展。

3. 保税仓库允许存放货物的范围

保税仓库一般用于存放暂时进境储存应复运出境的货物或海关批准暂缓纳税的进出口货物。根据我国的实际情况，海关允许存放保税仓库的货物有以下3类。

(1) 供加工贸易(来料加工、进料加工)加工成品复出口的进口料件。

(2) 经外经贸主管部门批准暂缓办理纳税手续进口储存待销的业务。包括寄售方式进口的维修零部件、免税外汇商品、保税生产资料市场所需的待销商品等。

(3) 转口贸易货物以及外商寄存、暂存货物以及国际航行船舶所需的燃料、物料和零配件等。

上述货物中第1类、第2类属于经海关核准暂免办理纳税手续的进口货物，第3类属于暂时进境储存后再复运出境的进境货物。

4. 保税仓库的类型

国际上一般将保税仓库分为公用型和自用型两类。"公用型保税仓库"是根据公众需要设立的，可供任何人存放保税货物；"自用型保税仓库"是指只有仓库经营人才能存放货物的保税仓库，但所有货物并非必须属仓库经营人所有。根据国际上的通行做法及我国保税仓库允许存放货物的范围，我国目前保税仓库的类型主要有以下3种。

1) 加工贸易备料保税仓库

这是一种为来料加工、进料加工等加工贸易储备进口原材料等物资提供服务的保税仓库。一般为开展加工贸易的经营单位申请设立的，属于"自用型保税仓库"。经营单位为了加工产品出口的需要，不断地从国际市场上购进所需原材料、零部件等物资，储存在保税仓库以备

随时加工成品出口。目前加工贸易备料保税仓库在我国保税仓库中是主要类型。

2) 寄售、维修、免税商品保税仓库

这一类保税仓库是为国外产品在我国国内寄售及维修进口机器设备所需零部件和进口外汇免税商品服务的，也属于"自用型保税仓库"。国外商品进境时存入保税仓库，待销售、维修或供应时，海关按规定予以征税或免税。

3) 公共保税仓库

这一类保税仓库可供各类进口单位共同存放货物，如转口贸易货物，外商暂存货物等。也可供加工贸易经营单位存放加工贸易进口料件，属"公用型保税仓库"，一般由该仓库的经营单位申请设立。

专栏 7-6

福保赛格的保税仓库

深圳赛格储运有限公司下属的福保赛格实业有限公司(以下简称福保赛格)在深圳市福田保税区拥有 28 000 平方米的保税仓。福田保税区的特点在于有通向香港落马洲的进出境通道(一号通道)和通向深圳市区的进出关通道(二号通道)。货物进出境只需向海关备案，而进出关则需要报关。客户可以利用保税区境内关外的政策优势，实现整批进境，分批入关的延迟纳税优惠，或反之提前退税的好处。

福保赛格的赢利模式是以仓库库位出租为核心的物流服务项目的收费。基本收费项目是仓租费。另外还有装车、卸车、并柜/拼箱的收费，对货物进行贴标、缩膜/打średnio、换包装、简单加工(如分包、重新组合包装、简单装配等)的收费，以及代客户进行报关、报检等服务项目的收费。主要支出是人工、水电、仓储物和设备折旧带来的维修维护费用等。

福保赛格的仓库主要是平面仓，有部分库区采用立体货架。以托盘为基本搬运单元，用叉车(以及地牛)进行进出库搬运和库内搬运。一楼是越仓区，有五辆燃气动力的叉车。二楼到十楼为储存区，每层都有一到两台电动叉车(用蓄电池驱动)。有两个大型货运电梯上下。车辆停靠的月台有十多个车位，可以停靠货柜车、箱式车等多种型号的运输车辆。

福保赛格面临的最大问题是如何提高资产回报率。保税仓的固定资产超过 8 000 万元，而每年的利润却不到 500 万元。与运输业务相比(货柜车辆的固定资产只有 1 000 多万元，每年贡献的利润却达到 2 000 万元以上)，资产回报率太低。提高保税仓库区工作人员士气，努力增强服务意识，注重品质提升；增大物流增值服务的比例，大幅提高仓租费以外的收入来源，争取到更多利润贡献率高的优质客户，淘汰利润率低的 C 类客户都是可能的解决途径。重要的是，根据 ISO 9000 质量管理的要求，在企业内部形成一种计划、执行、检查、处理(PDCA)的全体员工认同的管理文化，注重品质提升，树立以客户为中心的意识，"要把服务做在客户想到之前"，通过内部的管理流程挖潜和对外客户的优质增值服务来获得新的竞争优势。

(资料来源：孙国华. 物流与供应链管理[M]. 北京：清华大学出版社，2014.)

7.3 库存管理

库存管理是对库存货物的数量管理，主要内容就是保持一定的库存数量。但就库存管理所包括的内容来说，数量管理仅仅是其中的一个方面，并不是库存管理的全部内容。由于需求方式出现了个性化、多样化、特色化的改变，生产方式也变为多品种、小批量的柔性生产方式。物流也由少品种大批量物流进入多品种、小批量或多批次、小批量时代，库存管理功能从重视保管效率逐渐变为重视如何才能更顺利地进行发货和配送作业。信息技术在物流领域被广泛应用，如何利用计算机和网络技术实现库存管理的信息化成为提升仓储管理效率的关键。

7.3.1 库存和库存管理

1. 库存和库存管理的概念

1915年，经济学家哈里斯提出了"经济批量"问题，研究如何从经济的角度确定最佳的库存管理，这是现代库存理论的奠基石。随着运筹学、数理统计、系统工程等理论与方法的广泛应用和计算机的面世，库存管理逐渐成为一门比较成熟的科学。

库存是指暂时闲置的用于将来目的的资源，如原材料、半成品、产成品、机器、备品、备件等。库存管理是对仓储中的货物的数量进行管理。库存的商品已经脱离了生产环节，尚未被消费。理想的状态是，生产与需求同步，这样就可以不需要库存，从而减少物流活动，降低生产和流通的总成本。但是，现实是生产和消费大多数情况下并不同步，因而库存是必需。合理数量的库存能够提高顾客响应水平，保障生产稳定，还能够降低成本，加快库存周转，提高资金利用效率。

2. 库存的功能

在企业中，各个部门对待库存的态度并不相同。一般来说，营销部门希望保持足够的库存以快速满足用户期望，制造部门希望充足的库存以保持生产节奏和规模效益，采购部门也希望增加库存，这样可以通过批量购买来议价以及避免缺货而造成损失。财务部门希望减少库存占用的资金、加快库存周转和流动资金周转，物流部门希望降低因大量库存而带来的物流成本。库存具有以下几项功能。

（1）实现规模生产效益。制造、采购、运输的节奏各不相同，通过库存可以调节各个不同环节的规模数量。

（2）保持供需平衡。某些商品是季节性生产或季节性消费的，生产和需求的不同步需要通过库存来调节。

（3）应对需求波动和运作风险。避免因消费激增、运输延误、货物缺损等原因造成销售缺货，保证生产与运作的正常进行。

3. 库存管理的目标

由于诸多方面的原因，企业库存物料的数量是经常变动的，为了使库存量保持在合理的水平上，就要进行合理的、科学的库存控制。库存是把双刃剑，库存量过小，满足不了生产和市场的需要，顾客可能因为缺货而流失，生产库存万一缺货可能造成非常大的损失；库存量过大，仓库面积大，则资金占用多，成本高企。因此，需要科学管理库存，使库存维持在最佳水平。库存控制的目标是控制缺货和避免超储。

7.3.2 库存的种类

为了实现库存控制的目标，首先需要识别和有效地管理库存。从保障生产的角度来看，库存可以分为周转库存和安全库存。

1. 周转库存

周转库存是指销售或生产过程中补充的库存，是在一定条件下，为保证生产、流通的正常进行储存物资的合理周转量。通常根据订货周期和订货量来决定。订货周期越长、订货量越大，库存水平越高；反之，订货周期越短、订货量越小，库存水平越低。图 7.2 显示的是两种不同订货周期和订货量组合情况下的库存水平。图 7.2(a) 假定订货周期是 10 天，一次订货量是 400 件。那么，最高库存是 400 件，平均库存是 200 件。图 7.2(b) 假定订货周期是 10 天，一次订货量是 200 件。那么，最高库存是 200 件，平均库存是 100 件。

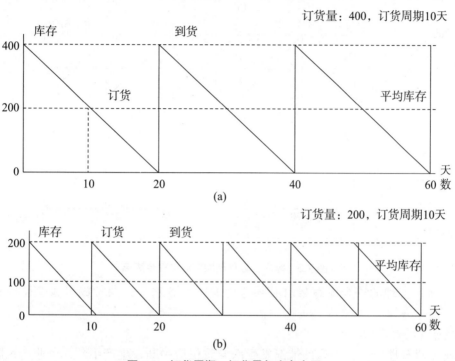

图 7.2 订货周期、订货量与库存水平

2. 安全库存

安全库存，也叫缓冲库存，是指当不确定因素（如大量突发性订货、交货期突然延期、临时用量增加、交货误期等）导致更高的预期需求或完成周期更长时的缓冲存货。从生产的角度看，安全库存是为了应付意外事故发生、保证生产平稳运行而设置的物料库存水平。当库存水平低于或达到安全库存时就必须结合实际情况考虑是否需要进行物料采购。

影响安全库存的因素有需求量的波动、订货周期的波动以及需求量和订货周期的双重波动，如图 7.3 所示。图 7.3(a) 正常需求是 10 天内消耗 200 件，刚好一个订货周期，如果考虑到需求增加了，就要动用安全库存，图中显示的是 10 天消耗了 250 件，在新的订货周期内，需要增加 50 件的订货，补充安全库存。图 7.3(b) 显示的是订货周期延长了，原本 10 天到货，推迟了 2.5 天，这时候也需要动用安全库存。图 7.3(c) 考虑了需求和订货周期的双重变动。

图 7.3 的例子中，确定的安全库存量是 50（单一因素变动）和 100（双重变动），如果波动幅度增大，就会出现断货。为了防止断货，就需要增加安全库存量。所以，安全库存量的大小与顾客服务水平密切相关，顾客服务水平越高，说明缺货发生的情况越少，从而缺货成本就较低，但增加了安全库存量，带来库存的持有成本上升；而顾客服务水平较低，说明缺货发生的情况较多，缺货成本较高，安全库存量水平较低，库存持有成

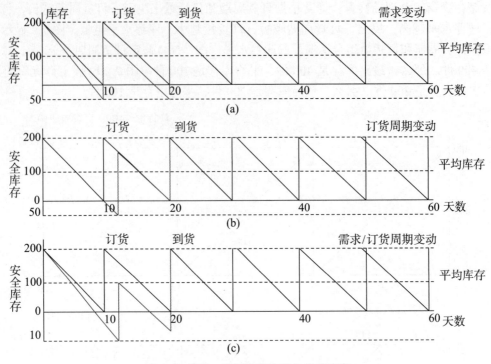

图 7.3 需求、订货周期变动与安全库存

本较低。确定合理的安全库存量时必须考虑顾客服务水平、缺货成本和库存持有成本等因素。

3. 减少安全库存的措施

企业经营管理中,由于意外情况发生而导致供应中断、生产中断,企业的风险随之加大,从而影响到为顾客服务,除非有可能使需求的不确定性和供应的不确定性消除或减到最小限度。通常有4种措施可以减少安全库存。

(1) 改善需求预测。预测越准,意外需求发生的可能性就越小,还可以采取一些方法鼓励用户提前订货。

(2) 缩短订货周期与生产周期。该周期越短,在该期间内发生意外的可能性也越小。

(3) 减少供应的不稳定性。途径一是让供应商知道生产计划,以便他们能够及早作出安排。途径二是改善现场管理,减少废品和返修品的数量,从而减少由于这种原因造成的不能按时按量供应的情况。途径三是加强设备的预防维修,以减少由于设备故障而引发的供应中断或延迟的情况。

(4) 运用统计的手法通过对前6个月甚至前1年产品需求量的分析,求出标准差(即得出上下浮动点)后制定适量的库存。

7.3.3 库存管理策略

库存管理是企业物流管理的核心活动之一。从管理学的角度看,库存管理就是企业为了满足生产和销售活动,对物品的有效存储进行的计划、组织和控制。如对存储的物品进行接收、发放、存储、保管等一系列的管理活动。在企业库存管理实践中,主要有以下几种管理库存的策略。

1. ABC 管理

库存 ABC 管理实际上是一种分类管理方法,就是将库存的物品按重要程度分为特别重要的库存(A 类库存)、一般重要的库存(B 类库存)和不重要的库存(C 类库存),针对不同级别的库存进行相应的管理和控制。ABC 管理包括两个步骤:一是制定分类的依据,并进行分类;二是根据分类的结果,进行库存管理。

实践中,库存物品的分类是一项复杂而又重要的工作,针对不同类型的企业以及存货性质的不同,需要采用不同的分类方法。如某存货单位比较统一或有统一计量规范,可以采取按项目所占库存金额和项目年消耗金额对库存物品进行分类。

按项目所占库存金额分类就是分别计算存货品种累积数目占品种总数的比例与其存货金额累计数所占库存总金额的比例,如存货品种累积数约占品种总数的 5%~10%,但金额占库存总金额的比例达到 70% 左右,设为 A 类;品种累积数占品种总数的 20%~30%,而金额占库存总金额的 20% 左右,设为 B 类;品种累积数占品种总数的 60%~70%,而金额占库存总金额的 15% 以下为 C 类。

按项目年消耗金额分类就是分别计算每种物品年消耗金额占全部物品消耗总金额的比例,与各类物品品种数占全部品种数的比例。如品种数占全部品种数的比例为 5%~15%,年消耗金额占年消耗总金额的比例为 60%~80% 的列为 A 类;品种数占比例为 15%~25%,金额占年消耗总金额比例为 15%~25% 的列为 B 类;品种数所占比例为 60%~80%,而金额占年消耗总金额比例仅为 5%~15% 的列为 C 类。

A 类库存属重点库存控制对象,要求库存记录准确,严格按照物品的盘点周期进行盘点,检查其数量与质量状况,还要制定不定期检查制度,密切监控该类物品的使用与保管情况。另外,A 类物品还应尽量降低库存量,采取合理的订货周期与订货量,杜绝浪费与呆滞库存。C 类库存无须进行太多的管理投入,库存记录可以允许适当的偏差,盘点周期也可以适当延长。B 类库存介于 A 与 C 类物品之间,采取适中的方法加以使用、保管与控制,如图 7.4 所示。

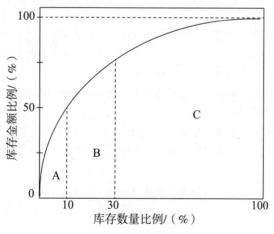

图 7.4 库存 ABC 管理示意图

专栏 7-7

ABC 库存管理在安科公司中的应用

安科公司按销售额的大小,将其经营的 26 种产品排序,划分为 ABC 类。排序在前 3 位的产品占到总销售额的 97%,把它们归为 A 类产品;第 4、5、6、7 种产品每种产品的销售额在 2% 左右,把它们归为 B 类;其余的 19 种产品(共占销售额的 1%),将其归为 C 类。其库存物品统计见表 7-2。

表 7-2 安科公司医疗用品库存物品的 ABC 分类

类别	库存物品	销售价值/万元	销售价值百分比/(%)	占总库存比例/(%)
A	3 种	5 625	97	11.5
B	4 种	116	2	15.4
C	19 种	58	1	73.1

从安科公司的 ABC 分类可以看出,A 类产品只占总库存的 11.5%,而其销售价值占总销售价值的 97%,B 类产品占总库存的 15.4%,其销售价值占总销售价值的 2% 左右,C 类产品占总库存的 73.1%,销售价值占总销售价值的 1% 左右。

在此基础上,安科公司对 A 类的 3 种产品实行连续性检查策略,即每天检查其库存情况。但由于该公司每月的销售量不稳定,所以每次订货的数量不相同。另外,为了防止预测的不准确及工厂交货的不准确,该公司还设定了一个安全库存量。案例资料显示,该类产品的订货提前期为 2 个月,即如果预测在 6 月份销售的产品,应该在 4 月 1 日下订单给供应商,才能保证产品在 6 月 1 日出库。该公司对 A 类产品的库存管理有以下方案。

安全库存 = 下一个月预测销量的三分之一

订货时间为:当实际的存货数量 + 在途产品数量 = 下两个月的销售预测数量 + 安全库存时,就下订单。

订货数量 = 第三个月的预测数量

安科公司对 B 类产品的库存管理采用周期性检查策略。每个月检查库存并订货一次,目标是每月检查时应有以后两个月的销售数量在库里(其中一个月的用量视为安全库存),另外在途还有一个月的预测量。每月订货时,再根据当时剩余的实际库存数量,决定需订货的数量,这样就会使 B 类产品的库存周转率低于 A 类。

对于 C 类产品,该公司则采用了定量订货的方法。根据历史销售数据,得到产品的半年销售量,为该种产品的最高库存量,并将其两个月的销售量作为最低库存。一旦库存达到最低库存时,就订货,将其补充到最高库存量。这种方法比前两种更省时间,但是库存周转率更低。

安科公司在对产品进行 ABC 分类以后,又对其客户按照购买量进行了分类。发现在 69 个客户中,前 5 位的客户购买量占全部购买量的 75%,将这 5 个客户定为 A 类客户。到第 25 位客户时,其购买量已达到 95%。因此,把第 6 到第 25 位的客户归为 B 类。其他的第 26~69 位客户归为 C 类。对于 A 类客户,实行供应商管理库存,一直保持与他们密切的联系,随时掌握他们的库存状况;对于 B 类客户,基本上可以根据历史购买记录,以需求预测作为订货的依据;而对于 C 类客户,有的是新客户,有的一年也只购买一次,因此,只在每次订货数量上多加一些,或者用安全库存进行调节。

(资料来源:根据公开资料整理。)

2. CVA 管理

ABC 管理法也有不足,即 C 类库存往往得不到应有的重视。例如经销鞋的企业会把鞋带列入 C 类库存,但如果鞋带短缺将会严重影响到鞋的销售。一家汽车制造厂商会把螺丝列入 C 类物资，但缺少一个螺丝往往会导致整个生产链的停工。因此有些企业在管理中引入了 CVA (Critical Value Analysis) 管理法。CVA 管理法就是关键因素分析法，它的核心思想也是分类问题，通常是把存货按照关键性分成 3~5 类，并采取相应的库存管理策略，见表 7-3。

表 7-3　CVA 管理法库存种类及其管理策略

库存级别	库存性质	库存管理策略
最高优先级	较硬的关键物资	不允许缺货
较高优先级	经营活动中的基础性物质	允许偶尔缺货
中等优先级	多属于比较重要的物资	允许合理范围内的缺货
较低优先级	经营中需用这些物资，但可替代性高	允许缺货

3. 定量库存控制法

定量库存控制法的基本原理是当库存数量下降到某个库存值时，立即采取补充库存的方法来保证库存的供应。这种控制方法必须连续不断地检查库存物品的库存数量，所以有时又称为连续库存检查控制法。假设每次订货点的订货批量是相同的，采购的前提也是固定的，并且物料的消耗也是稳定的，原理如图 7.5 所示。该方法的使用需要确定两个参数：订货点和经济订货批量。关于这两个参数的计算，请参考仓储管理与库存控制的有关书籍。

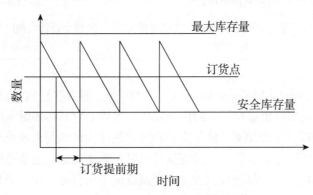

图 7.5　定量库存控制模型

4. 定期库存控制法

定期库存控制法是按一定的周期 T 检查库存，并随时进行库存补充，补充到一定的规定库存 S。这种库存控制方法不存在固定的订货点，但有固定的订货周期。每次订货也没有一个固定的订货数量，而是根据当前库存量 I 与规定库存量 S 比较，补充的量为 $Q=S-I$。但由于订货存在提前期，所以还必须加上订货提前期的消耗量。这种库存控制方法也要设立安全库存量，原理如图 7.6 所示。定期库存控制方法可以简化库存控制工作量，但由于库存消耗的不稳定性，有缺货风险存在，因此一般只能用于稳定性消耗及非重要性的独立需求物品的库存控制。该方法的使用需要确定订货周期和库存补充量，具体如何确定可参考有关仓储管理与库存控制的书籍。

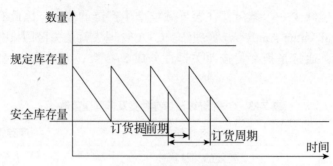

图 7.6 经济订货周期模型

表 7-4 定量库存控制法与定期库存控制法的区别

名称	定量库存控制法	定期库存控制法
订货时间	订货周期不固定	订货周期固定
订货数量	订货批量固定	订货批量不固定
库存检查	随时检查库存并作记录	在订货周期到来时检查库存
订货成本	较高	较低
订货对象	A 类物品，有时 B 类物品也可采用	B 类、C 类物品
订货种类	每种物品单独订购	多品种统一订购
缺货情况	只是已订货但货物还未收到的订货提前期内发生缺货	在整个订货周期内及订货提前期内均有可能发生缺货

5. 供应商管理库存

供应商管理库存 (Vendor Managed Inventory，VMI) 是一种在供应链环境下的库存运作模式，相对于按照传统用户发出订单进行补货的传统做法，本质上它是将多级供应链问题变成单级库存管理问题。VMI 是以实际或预测的消费需求和库存量作为市场需求预测与库存补货的解决方法，即由销售资料得到消费需求信息，供货商可以更有效地计划，更快速地反映市场变化和消费需求。VMI 是一种以用户和供应商双方都获得最低成本为目的，在一个共同的协议下由供应商管理库存，并不断监督协议执行情况和修正协议内容，使库存管理得到持续地改进的合作性策略。它与传统模式下库存管理的区别如图 7.7、图 7.8 和表 7-5 所示。

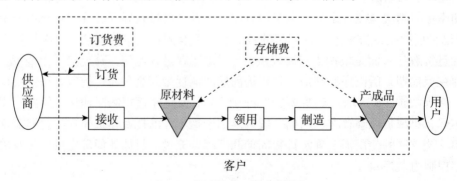

图 7.7 传统模式下的库存管理

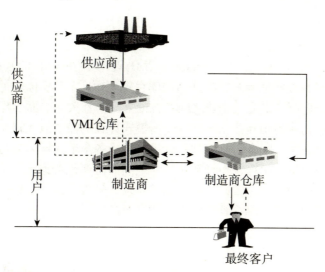

图 7.8 VMI 模式下的库存管理

表 7-5 传统的库存管理和 VMI 的比较

比较项目	传统业务模式	VMI 模式
采购订单	在传统的库存管理模式下,客户通过采购订单来定购自己需要的物料和数量	在 VMI 模式下,供应商负责订单的投放,客户只提供需求预测 (Forecast) 和要货申请 (Pull Signal)
存货透明度	客户只有在有需求的条件下,才将采购订单传送给供应商,不会和供应商共享其需求和存货信息	供应商可以实时地了解客户的库存水平,也可以掌握客户存货的消耗时间、地点和数量
存货补充	订单的投放时间和订单批量大小,以及订单的需求时间全部由客户确定,供应商只能被动地接受订单	订单的投放时间和订单批量大小由供应商确定,并按照客户需求日期进行补货
存货计划	客户负责维护库存计划,如存货天数、安全库存等	供应商根据双方的协议,确定库存计划

VMI 策略的实施可以分为以下步骤。

(1) 建立客户信息系统。要有效地管理销售库存,供应商必须能够获得客户的相关信息。通过建立客户的信息系统,供应商可以掌握需求变化的有关情况,把由批发商 (分销商) 进行的需求预测与分析功能集成到供应商的系统中来。

(2) 建立销售网络管理系统。供应商要更好地管理库存,必须建立起完善的销售网络管理系统,确保自己产品的需求信息和物流畅通。因此,必须做到:保证自己产品条码的可读性和唯一性;解决产品分类、编码的标准化问题;解决商品存储运输过程中的识别问题。

(3) 建立供应商与批发商 (分销商) 的合作框架协议。供应商与批发商 (分销商) 共同协商,确定订单处理业务的流程及与库存控制有关的参数、库存信息的传递方式 (如 EDI 或 Internet 等)。

(4) 变革组织机构。由于 VMI 策略改变了供应商的组织模式,所以变革组织机构十分重要。引入 VMI 策略后,订货部门产生了一个新的职能,即负责控制用户的库存、库存补给和服务水平。

6. 联合库存管理

1) 联合库存管理的定义

联合库存管理(Jointly Managed Inventory，JMI)是一种在 VMI 的基础上发展起来的上游企业和下游企业权利责任平衡和风险共担的库存管理模式。JMI 体现了战略供应商联盟的新型企业合作关系，强调了供应链企业之间双方的互利合作关系。联合库存管理是解决供应链系统中由于各节点企业的相互独立库存运作的模式导致的需求放大现象，提高供应链的同步化程度的一种有效方法。联合库存管理强调供应链中各个节点同时参与，共同制订库存计划，使供应链过程中的每个库存管理者都从相互之间的协调性考虑，保持供应链各个节点之间的库存管理者对需求的预期一致，从而消除了需求变异放大现象。任何相邻节点需求的确定都是供需双方协调的结果，库存管理不再是各自为政的独立运作过程，而是供需连接的纽带和协调中心。

2) 联合库存管理实施策略

(1) 建立供应链协调管理机制。为了发挥联合库存管理的作用，供应链各方应从合作精神出发，建立供应链协调管理的机制和合作沟通的渠道，明确各自的目标和责任，为联合库存管理提供有效的机制。

(2) 建立信息沟通渠道。为了提高整个供应链的需求信息的一致性和稳定性，减少由于多重预测导致的需求信息扭曲，应增加供应链各方对需求信息获得的及时性和透明性，应建立一种信息沟通的渠道或系统，以保证需求信息在供应链中的畅通和准确性。要将条码技术、扫描技术、POS 系统和 EDI 集成起来，并且要充分利用 Internet 的优势，在供应链中建立畅通的信息沟通桥梁和联系纽带。

(3) 发挥第三方物流系统的作用。实现联合库存可借助第三方物流(Third Party Logistics，TPL)具体实施。把库存管理的部分功能代理给第三方物流系统管理，可以使企业更加集中精力于自己的核心业务，第三方物流系统起到了供应商和用户之间联系的桥梁作用，为企业提供诸多好处。

(4) 选择合适的联合库存管理模式。供应链联合库存管理有两种模式：一是各个供应商的零部件都直接存入核心企业的原材料库中，就是变各个供应商的分散库存为核心企业的集中库存；二是无库存模式，供应商和核心企业都不设立库存，核心企业实行无库存的生产方式。

专栏 7-8

襄汉公司的联合库存管理策略

襄汉公司成立于 1993 年，是一家大型设备制造企业，主要生产举重机械设备和混凝土设备。为了应对需求波动和生产的不确定性，降低库存，并打破以往各自为政的库存管理方式，襄汉公司建立了全新的联合库存管理模式。

1. 原材料联合库存

为襄汉公司供应原材料的供应商们将材料直接存入公司的原材料库中，使以前各个供应商的分散库存变为公司集中库存。集中库存要求供应商的运作方式是按襄汉公司的订单组织生产，产品完成时，立即实行小批量、多频次的配送方式，直接送到公司的仓库补充库存。公司库存控制的管理重点是既保证生产需要，又要使库存成本最小。具体的操作程序：分析公司原材料供应商的资质状况，从中筛选出符合公司要求的供应商，并确定为合作伙伴；与确定的合作伙伴签订联合库存控制管理协议；加强公司联合库存控制管理，既保证账目、单据、货物相符，又要保证货物不损坏变质。

2. 产销联合库存

襄汉公司总库承担产品储备中心的职能，相当于整个全国分库的供应商。在分库所辖区域内，设立地区中心仓库，承担各分销商代销。中心仓库的管理人员由总部指派，负责产品的接收、配送和管理。各中心仓库在联合库存协调管理中心，即商务总库的领导下，统一规范作业程序，实时反馈产品需求信息，使联合库存协调中心能够根据进出库动态信息，了解产品供应情况，充分利用现有资源，合理调配，提高发货速度，以最低的消耗，实现最大收益，及时准确地保证分销商及市场的需求。

(资料来源：吴群．物流案例分析 [M]．北京：北京大学出版社，2014.)

7. 零库存管理

供应链管理中的采购和准时采购也叫 JIT 采购，最终都是想要实现企业物料供应的"零库存"管理，以保证物料供应和产品分配的顺畅，实现企业利益最大化。

"零库存"管理是物品存储优化理论，即仓储理论在管理实践中的运用，它并不是指企业所有的原材料、半成品、产品的库存为零，而是指在确保企业生产经营活动顺利进行的条件下，采用各种科学的管理手段，对库存进行合理的计算和有效的控制，尽可能降低库存量的一种方法。零库存并不等于不要储备或没有储备，也就是说某些经营实体不单独设立库存和储存物资，并不等于取消其他形式的储存活动。

实现企业零库存的方法主要有看板生产管理、按订单生产方式、准时采购、协作分包方式、委托保管方式、生产环节同步方式、水龙头方式、无库存储备和供应链配送方式等。

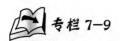

专栏 7-9

一汽大众的零库存管理

一汽大众汽车有限公司目前仅捷达车就有十七八种颜色的七八十个品种，而每辆车都有 2 000 多种零部件需要外购。公司的零部件却基本处于"零库存"状态。一个占地 9 万多平方米、可同时生产三种不同品牌、亚洲最大的整车车间，之所以能做到目前的水平，归根结底是由于零库存管理方式的成功实施。

一汽大众的零库存管理有两种方式。一种方式是电子看板，也就是公司每个月把生产信息用扫描的方式通过计算机网络传递到各供货厂，对方根据这些信息安排自己的生产，然后公司按照生产情况发出要求供货信息，对方则立即将所需的零部件在适当的时间内送达公司各车间的入口处，再由入口处将它们分配到车间的工位上。另一种方式是公司按过车顺序把配货单传送到供货厂，对方按顺序装货并直接把所需的零部件送到车间的各工位上，从而取消了中间仓库储存的环节。

一汽大众汽车有限公司实施零库存管理的效果十分明显，零部件的储备量大大下降，由此每年节约的费用达六七亿元人民币。与此同时，供货厂商也减少了 30%~50% 的在制品和产成品储备。

(资料来源：骆温平．物流与供应链管理 [M]．北京：电子工业出版社，2013.)

7.3.4 生产管理与库存

随着世界经济的快速发展和人们生活水平的不断提高，市场环境发生了巨大的变化，消费者需求日趋主体化、个性化和多样化，制造厂商面对一个变化迅速且无法预测的买方市场，传统的大批量的生产模式不再适应新的市场形势的需要，精益生产和敏捷制造等先进生产模式不断出现。适应不同生产模式的库存管理成为关键。

1. 生产管理的定义

生产管理是对企业生产系统的设置和运行的各项管理工作的总称，又称生产控制，包括以下内容。

(1) 生产组织工作。即选择厂址、布置工厂、组织生产线、实行劳动定额和劳动组织、设置生产管理系统等。

(2) 生产计划工作。即编制生产计划、生产技术准备计划和生产作业计划等。

(3) 生产控制工作。即控制生产进度、生产库存、生产质量和生产成本等。

2. 生产管理的任务

生产管理的目的就在于投入少、产出多，取得最佳经济效益。其任务表现在以下几个方面。

(1) 通过生产组织工作，按照企业目标的要求，设置技术上可行、经济上合算、物质技术条件和环境条件允许的生产系统。

(2) 通过生产计划工作，制定生产系统优化运行的方案。

(3) 通过生产控制工作，及时有效地调节企业生产过程内外的各种关系，使生产系统的运行符合既定生产计划的要求，实现预期生产的品种、质量、产量、出产期限和生产成本的目标。

3. 先进的生产模式

随着经济发展、技术进步以及消费者个性化需求的增长，企业生产系统中不断出现新型的生产模式，这些新型的生产模式以技术进步为基础、以顾客需求为导向，力图实现高效率、低成本的生产运作。例如以丰田汽车为代表的精益生产模式、以美国通用汽车及AT&T等企业为代表的敏捷制造模式等，都体现了这种生产模式上的创新。

4. 敏捷制造

关于JIT、精益生产，参见本书第3章相关内容，本章介绍敏捷制造。

1) 敏捷制造的定义

美国敏捷制造的研究组织(Agility Forum)将敏捷制造定义为：能在不可预测的持续变化的竞争环境中使企业繁荣和成长，并具有面对由顾客需求的产品和服务驱动的市场作出迅速响应的能力。敏捷制造的创立者认为，随着人民生活水平的不断提高，人们对产品的需求和评价标准将从质量、功能和价格转为最短交货周期、最大客户满意、资源保护、污染控制等。市场是由顾客需求的产品和服务驱动的，而顾客的需求是多样和多变的，因此企业需要具备敏捷性(Agility)，即必须能在无法预测、不断变化的市场环境中保持并不断提高企业的竞争能力。具备敏捷性的生产方式即敏捷制造。

2) 敏捷制造的要素

敏捷制造有三大组成要素。

(1) 集成。实现企业组织结构由金字塔式的多层次生产管理结构向扁平的网络结构转变；从以技术为中心向以人、组织、管理为中心转变；在企业物理集成、信息集成和功能集成的基础之上，实现企业的过程的集成、部门的集成。

(2) 高速。实现企业对市场机会的迅速响应，能够缩短产品的开发时间，缩短交货期，加快产品的周转率等。

(3) 各级工作人员的自信心和责任心。任何先进的制造系统都离不开实施人员的努力。离开了人的因素，根本谈不上先进思想的贯彻。员工不光是有熟练的劳动技能、专业知识，更重要的是要有责任心和自主意识。

3) 敏捷制造的特点

敏捷制造的目标是快速响应市场的变化，抓住瞬息即逝的机遇，在尽可能短的时间内向市场提供高性能、高可靠性、价格适宜的产品。为了实现这一目标，实现敏捷制造的企业应具有以下特点。

(1) 技术研发能力。信息时代的技术进步速度加快，互联网大大提高了信息传播速度和知识普及范围，新技术被全球各地的人迅速地吸收、掌握和应用。企业要保持领先地位，就要拥有强大的技术研发实力，确保新产品的及时更替。

(2) 生产的柔性能力。要想抓住市场机遇，把实验室里新产品的研发模型转化为在成本和价格上具备经济性的商品，必须有相应的生产体系。过去的生产线是为了配合大规模生产，生产效率高，但是比较刚性。这种生产线是要求产品部件化、部件标准化、加工工序规范化，然后应用泰勒的管理思想，把工人固定在一定节奏运转的生产线旁，从事几项简单的、极易熟练的加工工序。

(3) 个性化生产。敏捷制造型企业按订单组织生产，以合适的价格生产顾客的订制产品或个性化产品。这种方式取代了单一品种的生产模式，满足了顾客多种多样的要求。

(4) 企业之间的动态合作。敏捷制造要求企业对内部的生产工艺、流程、机构能迅速进行重组，以对市场机遇作出敏捷反应，生产出用户所需要的产品。当企业发现不能单独做出敏捷反应时，就要进行企业之间的合作。敏捷制造型企业不强调全能，而强调企业间的动态合作；不要求企业"大而全"，而要求企业能"精而深"，即拥有某个方面的核心竞争力。

(5) 激发员工的创造精神。敏捷制造型企业建立一种能充分调动员工积极性、保持员工创造性的环境，以巩固和提升企业持续的创新能力。

(6) 新型的用户关系。敏捷制造型企业强调与用户建立一种崭新的"战略依存关系"，强调用户参与制造的全过程。制造商发现最好的产品不是他们为客户设计的，而是他们和客户一起设计的。如海尔公司的"左开门冰箱"。当时，哈尔滨的一位用户因为家里的空间限制，希望冰箱能够是左开门，而不是标准冰箱的右开门。于是，他在海尔公司的电子商务网站上定制了左开门冰箱。由于海尔公司的冰箱生产部件是模块化，可以根据不同需要进行组装，7天后顾客就收到了产品。

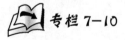
专栏 7-10

敏捷制造策略的应用

美国把敏捷制造看成是重振美国制造业雄风的关键。一些美国企业自觉应用敏捷制造和虚拟企业的思想，取得引人注目的成就。例如 AT&T 公司认为推出 Safari 笔记本计算机完全用 AT&T 公司自己能力完成从设计到制造的全过程所需时间太多，很可能会失去市场竞争取胜的机会。因此成立了 Safari 分部，并和 Marubeni Trading 公司联合组织产品的制造，充分利用该公司在日本和远东地区已有的制造网络，在决定生产该产品之后的四个月就生产出样品，第二年就开始销售 Safari 笔记本计算机，缩短了新产品投入市场的时间。目前，国内许多效益好的企业大都具有良好的专业特长，且能根据变化的竞争环境不断进行自我完善，并在作为合作的转包竞争中获得成功;许多服装伙伴积极参加国际大合作,如成都飞机制造公司在麦道加工厂成为一些国际名牌服装加工的合作伙伴,不但取得了经济效益,也提高了加工能力和管理水平。因此,用敏捷制造思想指导我国的企业参与市场竞争正在成为当今制造业的必然发展趋势。

(资料来源:董千里.供应链管理[M].北京:人民交通出版社,2002.)

5. 先进生产方式与库存管理

不断创新的生产方式对物流提出了新的要求。比如在传统的专业化、标准化生产模式下,通过生产的专业化和产品的标准化来降低成本,从而提高企业竞争力。这种模式下,各个工序都规定了标准时间定额,对应的物流管理也实行定额管理,根据物料消耗定额实施库存控制的管理与优化。

作为先进生产模式的精益生产,其宗旨是通过组织多品种、小批量生产来满足顾客多样化需求,通过提高生产设备和组织的柔性,达到满足顾客个性化需求和节约成本的均衡。为了满足精益生产模式的需要,物流管理产生了物料需求计划 MRP 管理方式,并在计算机信息技术支持下发展成 MRP Ⅱ 物流管理模式,对需求预测、主生产计划、物料需求计划、能力需求计划、物料采购计划等各个环节进行优化管理。

同样地,敏捷制造模式不仅强调生产的柔性,更强调企业间的动态合作,因此,企业物流管理必须拓展到供应链管理。这绝不仅仅是概念上的变化,它涉及生产技术、物流技术、生产组织,以及企业之间合作与战略互惠等方面。供应链物流管理成为敏捷制造模式的必要手段。生产模式与库存管理见表7-6。

表7-6 生产模式与库存管理表

生产模式	库存管理
标准化生产模式	物料消耗定额; 库存控制的管理与优化
精益生产模式	物料需求计划 MRP 管理方式; 对需求预测、主生产计划、物料需求计划、能力需求计划、物料采购计划等各个环节进行优化管理
敏捷生产模式	生产的柔性; 企业间的动态合作; 供应链物流管理

本 章 小 结

为了提高供应链的运作效率,需要提高对客户需求的响应速度和能力,即客户的需求响应(Demand Response,DR)。针对不同的生产方式,需要采取不同的需求响应策略,如现货生产、订单组装、订货生产、订单设计等方式下的需求响应策略。需求的快速响应有利于提高客户服务水平。客户服务是确定的社会组织(如物流企业)通过特定方式与相关的社会公众(如目标客户)进行沟通而产生的相互之间的关系。客户服务衡量标准可以用 7R 描述,即在合适的时间(Right Time)、合适的场合(Right Place),以合适的价格(Right Price)通过合适的渠道和方式(Right Channel Or Way)为合适的客户(Right Customer)提供合适的产品和服务

(Right Product Or Service)，使客户的合适需求 (Right Want Or Wish) 得到满足，客户价值得到提高。

安全库存是指当不确定因素导致更高的预期需求或完成周期更长时的缓冲存货。安全库存量的大小与顾客服务水平密切相关，顾客服务水平越高，说明缺货发生的情况越少，从而缺货成本就较低，但增加了安全库存量，带来库存的持有成本上升；反之则相反。安全库存的计算可分三种情况进行，但在实际运用中需要考虑企业生产模式的差异。目前企业的生产模式已经从手工生产、大批量生产向多品种、少批量的精益生产和敏捷制造转变。这对库存管理提出了新的要求。

国际物流货物仓储业务承担着进出口货物保管储存的任务，是国际物流流程中的重要环节，其管理水平的高低直接影响国际物流业务运作的效率。保税仓库是保税制度中应用最为广泛的一种形式，具有较强的服务功能和较大的灵活性，对于促进国际贸易和加工贸易的开展起到了重要作用。国际物流货物仓储业务运作基本程序包括签订仓储合同、货物的入库作业、在库作业和出库作业，做好这四个环节是国际物流仓储管理工作的基本要求。

库存有广义和狭义之分，广义的库存是指暂时处于闲置状态，尚未被利用的各类社会资源，与这种资源是否存放在仓库中，是否处于运动状态没有关系；狭义的库存是指放在仓库中，暂时未被利用的物品。库存管理是企业物流管理的核心活动之一。从管理学的角度看，库存管理就是企业为了满足生产和销售活动，对物品的有效存储进行的计划、组织和控制。在企业库存管理实践中，形成了 ABC 管理、CVA 管理、定量控制、定期控制、供应商管理库存、联合库存管理以及零库存管理等库存策略。面对庞大的产品信息量，库存管理信息系统的建设是进行管理库存的有效手段。

关键术语

需求响应　　国际货物仓储　　保税仓库　　库存管理　　供应商管理库存
联合库存　　敏捷制造

思 考 题

1. 什么是需求响应？需求响应与库存管理有什么关系？
2. 国际货物仓储的概念、特点及意义是什么？
3. 国际仓储的分类有哪些？
4. 什么是库存？
5. 什么是库存管理？库存管理系统的功能有哪些？
6. 库存管理的策略有哪些及其应用？
7. 什么是供应商管理库存？供应商管理库存有什么特点？
8. 什么是敏捷制造？敏捷制造的要素和特点是什么？

案例分析

虎彩公司的库存控制之道

东莞虎彩公司在库存管理上根据实际业务发展方向，通过多种途径加快库存周转，实现合理库存，最终提升产品竞争力。

目前，虎彩的印刷原材料库存结构为：成品占45%，半成品占2%，个性原材料占8%，其中原材料不良品约占4%。公司采取传统库存、供应商库存和联合库存3种管理方式。

(1) 常规库存采取传统库存管理方式。

(2) 部分生产性辅料如橡皮布、油墨、车间辅料采取供应商寄售的方式，使用时再作转账出仓处理，这种方式的优势是每年减少库存占用金额约730万元，并且交货次数减少、库存成本降低、缺货情况减少；劣势则表现为，增加库存占用空间，供应商需定期盘点。

(3) 对与两家长期固定合作的加工商采取联合库存管理，使用SAP系统设置对应仓位，方便物料调配，供应商直接供货到加工商仓库，减少发外运输成本，提高库存周转率。

针对传统库存管理方式，公司进行了局部改进和完善。改善前，所有原材料及机器零配件采用集中封闭式管理，库存摆放不规范，区域区分不明确，仓管员工作强度大，车间领料效率低，且库存备料大，容易产生呆滞库存；改善后，以生产车间及领料部门为中心，分区域划分库存，物料分类别上货架摆放并定点定置，其中胶膜及手工辅料转换为现场开放式库存管理，即物料存放在生产车间指定的现场，库存周转空间及发货效率得以提高，库存面积较之前减少了约800平方米，车间人员的领料时间节省了60%，同时车间指定相关负责人与仓管员对现场共同进行维护，确保现场物料摆放有序，达到5S现场管理要求，车间领料人员需严格遵守领料流程，先开领料单给仓库方可领料，仓管员需每周定期盘点，确保账实相符。

原材料库存每月依据以下几点进行需求预测。

(1) 正常订单需求和生产需求，提前两周下单给供应商，供应商需要提前三天左右发货，大宗物料按JIT要求按单、按量、按时配送。

(2) 常规通用物料，如包装物料，每月会按常规需求备安全库存。

(3) 原材料备料，在营销部门接到客户订单计划时，计划部门会按需求提前45~60天左右备料，这些备料主要是采购周期长、有特殊要求的纸张、油墨、电化铝等。

合理的库存控制策略能提高企业库存管理效率，及时发现并促使部门间相互配合解决问题。现在很多企业都加大对库存的管控，值得注意的是，提高库存管理水平并非一味降低库存量。造成库存高低的原因有多种，如市场需求价格走势、企业库存战略、整体运作水平等，企业应协调各方面，达到最优平衡点。

(资料来源：吴群. 物流与供应链管理 [M]. 北京：北京大学出版社，2015.)

思考题：

1. 传统库存管理、供应商库存管理和联合库存管理3种管理方式各自的优势和劣势分别是什么？

2. 虎彩公司为什么采取3种库存管理方式？这样做的优、缺点是什么？采用这3种库存管理方法需要公司提供什么样的资源和条件？

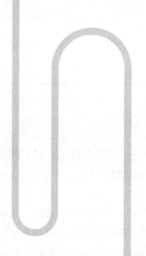

第 8 章 海关作业

【教学要点】

知识要点	掌握程度	相关知识	应用方向
海关与关税	了解	海关 关税	了解与国际物流相关的海关与关税知识
进出口通关	掌握	进出口货物通关的概念 进出口货物通关的时间和空间范围 进出口货物通关的主体 进出口货物通关的法律依据和基本制度 进出口货物通关程序 电子口岸与无纸化通关	进出口通关的相关内容
转运与联运通关	了解	转运通关 联运通关	了解联运与通关的程序
保税物流中心	掌握	保税物流中心的概念 保税物流中心的主要功能和优惠政策 保税物流中心存放货物范围 保税物流中心经营企业开展业务范围 保税物流中心进出口货物的报关与通关 保税物流中心与其他保税形式的区别	保税物流中心的相关内容

2015年上海跨境电商销售额突破4亿元

"我们能在跨境电商业务上取得这么快的发展,离不开海关的大力支持。海关会根据我们电商企业的出货计划,及时调配监管资源,设立跨境电商专用通道,24小时不间断办理监管放行业务。"上海基森公司关务经理介绍道。

上海基森公司是一家位于上海松江出口加工区内的物流仓储企业,专业从事第三方仓储物流服务,核心业务是为跨境电商业务提供专业的保税、仓储、包装和配送一体化服务。跨境电子商务是指分属不同关境的交易主体,通过电子商务平台达成交易、进行支付结算,并通过跨境物流送达商品、完成交易的一种国际商业活动。电子商务的特点是客户及订单信息的快捷实时交互传递。快捷交易的实现,需要快捷的商检、海关报关报检以及迅速便捷的仓储配送作业。上海基森的合作伙伴包括联想、宏基、富士康等电子工业巨头,也包括金宝贝这样著名的服装企业,还是天猫国际在松江的仓储服务合作商。消费者在天猫国际订购的很多商品,就是从国外进口到松江跨境电商分拨仓库存放后,再分拨和打包发往千家万户的。

松江出口加工区跨境电商的发展正是上海口岸跨境电商快速发展的一个缩影。目前,上海口岸的跨境电商正步入高速发展期,2015年,全年上海口岸跨境电商销售额突破4亿元,同比激增10.2倍。随着跨境电商的蓬勃发展,上海海关紧扣"互联网+"时代脉搏,从商品备案、口岸通关、缴税放行三个方面创新机制,推动跨境电商健康发展。

在商品备案方面,上海海关推出商品自动备案模式,对高、低风险商品自动筛选分流,分别实施人工审核备案和系统自动备案,大幅提升整体备案时效。

在口岸通关方面,指导电商企业采用"提前申报,货到验放"的通关模式,较好地避免了电商货物集中到港后因为货量过大而可能引发的申报迟滞问题,帮助电商企业节省口岸通关仓储时间及成本。

在通关环节方面,上海海关推出"行邮税担保实时验放"模式,采用电子计征、担保验放、汇总征税的方式,实现逐票实时扣税,将跨境电商包裹的进口通关速度提至"读秒"时代。而在以往,跨境电商涉税包裹需集中扣税,并要在收到国库实收税款回执后予以放行。

上海海关透露,未来还将进一步探索跨境电商的退换货模式,构筑完整的海关监管闭环,进一步解除消费者的后顾之忧,提升消费者购物体验。

(资料来源:根据上海基森 http://www.giessen.com.cn、海关总署 http://www.customs.gov.cn 等公开资料编写。)

导入案例中的上海基森公司专注的电子商务仓储物流业务,得益于上海海关的支持,实现了快捷的海关报关报验,从而实现快速准时的客户配送服务。众多的与上海基森相似的企业促进了电子商务的蓬勃发展。与跨境电商相比,一般国际贸易中面临的同样的海关、关税、通关等一系列国际物流问题更具有普遍意义。本章介绍海关作业,包括进出口通关、转运通关和保税物流中心等相关内容。

8.1 海关与关税

8.1.1 海关

1. 海关及海关的基本性质

关税的征收由一国政府设立的海关当局负责。《中华人民共和国海关法》(以下简称《海关法》)第二条规定:"中华人民共和国海关是国家的进出关境的监督管理机关。"中国海关实行垂直领导体制,中国海关的基本任务是出入境监管、征税、打私、统计,对外承担税收征管、通关监管、保税监管、进出口统计、海关稽查、知识产权海关保护、打击走私、口岸管理等主要职责。

【拓展视频】

从组织结构上看,我国海关实行垂直管理体制,在组织机构上分为三个层次:第一层次是海关总署,统一管理全国海关,向国务院负责;第二层次是直属海关,由海关总署领导,向海关总署负责。包括广东分署,天津、上海特派办,42个直属海关,2所海关院校;第三层次是各直属海关下辖的562个隶属海关机构,由直属海关领导,向直属海关负责。

2. 海关的基本任务

《海关法》第二条明确规定海关的任务主要有四项:监管进出境的运输工具、货物、行李物品、邮递物和其他物品,即货运监管;查缉走私;征收关税和其他税费,即征税;编制进出口贸易海关统计资料。

1) 监管

海关监管是指海关根据《海关法》及相关法律、法规规定,对进出境运输工具、货物、行李物品、邮递物和其他物品及其相关进出境行为,使用不同管理制度而采取的一种行政管理行为,其目的在于保证一切进出境行为、活动符合国家政策和法律的规范,以维护国家主权、利益和国内市场的稳定以及公平竞争。监管是海关最基本的任务,是其他任务的基础和根基,海关的其他任务都必须依赖于监管工作的顺利执行。在监管环节,海关监管需要负责交代和监督国家各项对外贸易制度的实施,如进出境国家管制制度、外汇管理制度、出入境商品检验检疫制度、文物出口管理制度等,从而在政治、经济、文化道德、公众健康等方面维护国家利益。

根据监管对象的不同,海关监管可分为海关对货物的监管、对物品的监管和对运输工具的监管三大体系,且每个体系都有其独特的管理程序和方法。

2) 查缉走私

查缉走私是海关为保证顺利履行进出境监管管理职能而采取的保障措施。查缉走私是指海关依照法律赋予的权利,在海关监管区和附近的沿海、沿边规定地区,为预防、制止、打击走私行为,以实现对走私活动的综合治理而采取的各项活动。

走私是指违反《海关法》及有关法律、行政法规,逃避海关监管,偷逃应纳税款,逃避国家有关进出境的禁止性或者限制性管理,非法运输、携带、邮寄国家禁止、限制进出口或者依法应当缴纳税款的货物、物品进出境,在境内销售的行为。走私在主观上逃避监管,并以偷逃关税、牟取暴利为目的,扰乱宏观经济秩序,冲击民族工业,腐蚀干部群众,毒化社会风气,引发违法犯罪,对国家危害性极大,必须予以严厉打击。

3) 征税

进出口税费是指海关代表国家,向准许进出口的货物、进出境物品征收的一种间接税,包括关税、增值税、消费税、船舶吨税和海关监管手续费等,其中增值税、消费税、船舶吨税属于海关代征的进口环节税。依法征收关税和其他税、费是《海关法》明确规定的海关的重要任务之一,亦是赋予海关的重要权力之一,也是国家保护国内经济、实施财政政策、调整产业结构、发展进出口贸易的重要手段。

关税是国家财政收入的重要来源,也是国家进行宏观调控的重要工具。关税的征收主体是国家,《海关法》明确将征收关税权力授予海关,由海关代表国家行使征收关税的职能。海关征税工作的基本法律依据是《海关法》《进出口关税条例》等。海关通过执行国家制定的关税政策，对进出口货物、进出境物品征收关税，起到保护国内工农业生产、调整产业结构、组织财政收入和调节进出口活动的作用。

4）编制进出口海关统计资料

海关统计资料是以实际进出口货物作为统计和分析的对象，通过收集、整理、加工处理进出口货物报关单或经海关核准的其他申报单证，对进出口货物的不同指标分别进行统计和分析，全面、准确地反映对外贸易的运行态势，及时提供统计信息和咨询，反映国家对外贸易方针、政策实行的实际情况，以便实施有效的统计监督，促进对外贸易的发展。根据有关规定，我国现在采用海关统计数据作为国家正式对外公布的进出口统计数据。

我国海关的统计制度规定，对于引起我国境内货物资源储备增加或减少的进出口货物，均列入海关统计；对于部分不能列入海关统计的进出境货物和物品，则根据我国对外贸易管理和海关管理的需要，实施单项统计。

海关统计是国家进出口货物贸易统计、国民经济统计的组成部分，是国家制定对外贸易政策、进行宏观调控、实施海关严密高效管理的重要依据，是研究我国对外关系发展和国际经济贸易关系的重要资料。

以上四项基本职能构成了海关对进出境活动的相辅相成的监督管理体系，监管职能是基础。征税、查缉走私、贸易统计等职能，一方面体现了监管职能的要求，另一方面也为实现监管职能提供了有力的保障。

3. 海关的权利

《海关法》在规定了海关的基本任务的同时，为保证海关各项职能的实现，赋予海关许多相关的权利。海关的权利，是指《海关法》和相关法律、行政法规赋予海关的对进出境运输工具、货物、物品进行监督管理的权利。海关的权利为海关职能的实现提供保障，又不超过职能行使的范围。海关权利隶属于行政权力，其行使具有一定的范围和条件，并应当接受执法监督。

1）海关权利的特点

（1）特定性。特定性包括两个方面的含义：一方面是主体的特定性。《海关法》第二条规定：海关是国家进出境监督管理机关。这从法律上明确了海关享有对进出关境活动进行监督管理的行政主体资格，具有进出关境监督管理权。其他任何机关、团体、个人都不具备行使海关权利的资格。另一方面，特定性体现在海关行使权力应在特定范围之内，此权利只适用于进出关境监督管理领域，而不适用于与进出关境无关的各项活动或行为。

（2）独立性。《海关法》第三条规定："海关依法独立行使职权，向海关总署负责"，这明确了我国海关的垂直领导管理体制，海关行使职权只对法律和上级海关负责，不受地方政府、其他机关、企事业单位或个人干预。《海关法》第七条规定："各地方、各部门应当支持海关依法行使职权，不得非法干预国家的执法行动。"此规定确保了海关在行政隶属关系上保持了独立性，而且在行使时不受到非法干预的影响。

（3）强制性。海关行政行为是由海关代表国家，以国家的名义实施的。海关权利的行使以国家法律和国家为后盾，具有强制性。如果管理相对人不服从海关监督管理或妨碍海关行使职权，将受到相应的法律制裁。同时，此强制性体现在海关权利的效力上，即海关行政行为已经做出，就应推定符合法律规定，对海关本身和海关管理相对人都具有约束力。没有被国家有关机关宣布为违法或无效之前，即使管理相对人认为海关行政行为侵犯其合法权益，也必须遵守和服从。

2) 海关权利的具体内容

根据《海关法》及有关规律、行政法规的规定，海关主要享有以下权利。

(1) 行政许可权。行政许可是指行政主体根据行政相对人的申请，通过签发许可证或执照的形式，依法赋予特定的行政相对人从事某种活动或实施某种行为的权利或资格的行政行为，此许可既包括对相对人一般义务的豁免，也包括允许相对人从事某种特定活动或行为。具体包括对特定地区、特定企业或有特定用途的进出口货物减征或免征关税；对企业报关以及从事海关监管货物的仓储、转关货物的境内运输、保税货物的加工等业务的许可；对报关员的报关从业许可等。

(2) 行政征收权。行政征收权是指海关根据国家有关进出境的各项法律、法规的规定，征收进出口行为直接相关的税、费的权利，主要包括进出口关税、进口环节增值税和消费税、海关监管手续费、滞报费、滞纳金。

(3) 行政强制权。行政强制权是指海关为履行对进出境活动进行监督管理的职能，而根据规定对行政相对人采取的行政强制措施。其目的是了解和掌握相关信息，采取合法、合理且有效的办法对进出口活动进行管理。根据《海关法》的规定，行政强制权具体包括检察权、查验权、查阅、复制权、查问权、查询权、连续追缉权、佩带和使用武装权、稽查权、保留权等。

(4) 其他行政权力。包括行政命令权、行政奖励权、行政裁定权、行政复议权、行政处罚权等。

为确保海关能够严格依法行政，保护国家法律、法规得以正确实施，同时也使当事人的合法权益得到有效保护，《海关法》中专门设立执法监管内容，对海关行政执法实施监督，即对海关权利的监督。

海关权利的监督及执法监督是指特定的监督主体依法对行政机关及其行政执法人员的行政执法活动实施具有法律效力的监察、督促行为。海关执法监督包括国家最高权力机关的监督、国际最高行政机关的监督、监察机关的监督、审计机关的监督、司法机关的监督、管理相对人的监督以及海关上下级机构间的相互监督、机关内部不同部门间的相互监督、工作人员间的相互监督等。

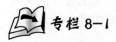
专栏 8-1

各国(地区)海关的异同

1. 美国海关(海关总署)

1789 年 7 月 31 日，第一届国会通过了《1789 年 7 月 4 日关税法案》，并由乔治·华盛顿总统签字生效。该法案授权对进口商品征收关税。美国海关总署早期的活动不但覆盖面广，而且影响深远。后来，它派生了一些其他政府机构，包括人口普查局、退伍军人事务部、美国海岸警卫队和国家标准与技术研究院。

2003 年 3 月，美国海关总署联合来自美国边境巡逻队等其他机构的人员，改组为美国海关和边境保护署，隶属于国土安全部。如今的美国海关和边境保护署负责确保所有进出口货物的合法性，美国海关是国家边境事务的首要管理机关，联邦政府财政部管辖下的征税和执行机关，总署设在华盛顿。其有以下主要职能。

(1) 确定和征收关税。

(2) 查禁和扣留违禁品。

(3) 办理人员、货物、运输工具等的进出境手续。

(4) 侦查和逮捕逃避法律与有关法规的责任者。

(5) 管理航行法。

(6) 执行和贯彻美国制定的版权、专利与商标法。

2. 英国税务海关总署

英国税务海关总署是英国政府的非部长制政府部门之一，主要职责包括征收税项（直接税：包括所得税、公司税、资本增值税、遗产税；间接税：包括增值税、印花税等）、进口管制及部分形式的国家支援。负责编制对外贸易统计，执行进出口贸易管制和外汇管制等非税收任务。

3. 日本海关（海关局）

日本海关总部为"日本海关及关税局"，隶属于财政部。日本海关是大藏省的下属机构，按行政区域设立，分为9个区域，设有东京、横滨、神户、大阪、名古屋、门司、长崎、函馆、冲绳9个海关。日本海关有三大职责。

(1) 征收进口关税、消费税和进口货物应纳的其他国内税（每年征税约5万日元，占日本年度税收的10%）。

(2) 对货物流动进行监管，防止有害物品走私进入日本（如麻醉品、火器和其他违禁品）。

(3) 促进贸易便利，协调国际贸易手续，促进世界经济增长和人民生活水平的提高。

此外还负责执行国家关于关税、吨税和特别吨税（大吨位船舶上的互惠税）政策和制度；负责管理、调研、起草关税的法令规章以及与其他国家签订的关税协定；对进出口货物、船舶、飞行器进行监视的管理业务；检查、取消和办理进出口许可证手续；征收进口税等。

4. 中国香港海关

中国香港为中华人民共和国的一个单独关税区，香港海关不受内地海关总署的管辖。香港海关是香港特别行政区政府保安局辖下的纪律部门。主要职责为进口及出口清关、征税、受理牌照及许可证申请、保障消费者权益及执行相关法例、保护知识产权工作及执行相关法例、毒品管制等。香港海关的首长为海关关长，由一名海关副关长协助处理部门事务，另五名首长级人员分别管辖五个工作单位。五个工作单位包括：行政及人力资源发展处（AD分处）、边境及港口处（BP分处）、税务及策略支援处（ES分处）、情报及调查处（Ⅱ分处），以及贸易管制处。

（资料来源：张晓芬，程春梅.现代海关通关实务[M].沈阳：东北大学出版社，2015.）

8.1.2 关税

关税是由海关代表国家，按照国家制定的关税政策和公布实施的税法和进出口税则，仅对进出关境的自由流通的货物和物品征收的一种流转税，其概念有狭义和广义之分。狭义关税是指进出境环节的关税本身；广义的关税不仅包括关税本身，还包括海关在进出境环节代征的增值税、消费税、船舶吨位税等国内税费。

关税从本质上而言，是国际交换和国际生产的一种交易费用，是不同国家的国民在国际经济交换中的利益补偿手段。设置关税，是对外经济贸易政策的辅助手段，具有维护国家主权和经济利益，保护本国生产，调节经济，增加国家财政收入等重要作用。

1. 关税的分类

关税分类的方法很多。按征收对象分类，可分为进口税、出口税和过境税；按征税标准分类，可分为从量税、从价税、复合税、选择税、滑动税、差价税和季节税等；按征税性质分类，可分为优惠关税和加重关税。

2. 进出口关税

进口关税是执行保护性关税政策的主要手段，也是世界各国税收体系中的关税主体，通常所说的关税一般都是指进口关税。进口关税有正税和附加税之分,正税是指根据《中华人民共和国进出口税则》(以下简称《税则》)中的法定税率征收的进口关税;附加税是指在征收正税的基础上额外加征的关税,如反倾销税、反补贴税、报复关税等。

征收出口关税将增加出口货物的成本,降低同别国产品的市场竞争力,不利于扩大出口,目前,发达国家已相继取消了出口关税,但一些发展中国家和经济落后的国家考虑到本国经济的需要,如增加本国财政收入,或限制本国某些产品或自然资源的输出等,并未完全取消出口关税。我国目前对盈利水平高的大宗出口商品,国际市场容量有限、盲目竞争会在国外形成削价竞争的商品,国内紧俏、需大量进口的商品,以及为保护国内资源需大量进口的商品征收出口关税。

$$关税税额 = 完税价格 \times 关税税率$$

1) 完税价格的审定

进出口货物报关时都有申报价格,但它不是海关用以计征关税的完税价格,而只是海关审定完税价格的基础。由于进出口交易情况复杂,为了防止国家税收流失和确保公平,海关必须根据统一的价格准则对进出口主体的申报价格进行审查,进而确定进出口货物的完税价格。为了正确审定进出口货物的完税价格,根据《海关法》和《中华人民共和国进出口关税条例》及其他有关法律、行政法规的规定,海关总署制定了《中华人民共和国海关审定进出口货物完税价格办法》(以下简称《审价办法》)。《审价办法》规定了进出口货物完税价格、特殊进口货物完税价格以及出口货物完税价格的审定办法。

(1) 进口货物完税价格。

① 审定成交价格法。进口货物的完税价格,由海关以申报的该货物的成交价格为基础审查确定,并应当包括货物运抵中华人民共和国境内输入地点起卸前的运输及其相关费用、保险费。进口货物的成交价格是指为符合一定条件经调整后的买方为购买该货物实付或应付的价格。换言之,进口货物的完税价格是以符合海关规定要求的成交价格为基础的 CIF 价。

以 CIF 价成交价成交,且成交价格符合海关规定要求的,完税价格等于 CIF 价格。

以 FOB 或 CFR 价成交,且成交价格符合海关规定要求的,则在此价格基础上,FOB 价计入运抵进口国口岸前的运输及其相关费用和保险费,CFR 价计入保险费,使其符合 CIF 价的要求。上述费用的计入按实际支出的金额计算,如无法计算,则按海关指定的费率参照计算,一般为:

$$完税价格 = \frac{(FOB 价 + 运费)}{(1 - 保险费率)}$$

或

$$完税价格 = \frac{CFR 价}{(1 - 保险费率)}$$

审定成交价格法是海关在实际工作中最基本和最常用的方法。

② 其他几种审定方法。进口货物的完税价格不能按上述方法确定时,海关一般应当依次使用相同货物成交价格法、类似货物成交价格法、倒扣价格法、计算价格法等合理方法估定完税价格。

海关在使用相同或类似货物成交价格法时,应当以与被估的进口货物同时或大约同时进口的相同或类似货物的成交价格为基础估定完税价格。并且应当首先使用同一生产商生产的相同或类似货物的成交价格,只有在没有同一生产商生产的相同或类似货物的成交价格的情况下，才可以使用同一生产国或地区生产的相同或类似货物的成交价格。如果有多个相同或类似货物的成交价格，应当以最低的成交价格为基础估定进口货物的完税价格。

使用倒扣价格法时，应当以与被估的进口货物相同或类似的进口货物在境内销售的价格为基础估定完税价格。在按该价格销售的货物同时符合规定条件时，将此销售价格扣除该货物的同等级或同种类货物在境内销售时的利润和一般费用及通常支付的佣金，货物运抵境内输入点之后的运费、保险费、装卸费及其他相关费用，进口关税、进口环节税和其他与进口或销售上述货物有关的国内税。

使用计算价格法时，应当将生产该货物所使用的原材料价值和进行配装或其他加工的费用、与向境内销售同等级或同种类货物的利润和一般费用相符的利润和一般费用、以及货物运抵境内输入地点起卸前的运输及相关费用和保险费加总，估定进口货物的完税价格。

使用合理方法时，应当根据估价原则，以在境内获得的数据资料为基础估定进口货物的完税价格。

(2) 特殊进口货物完税价格。

加工贸易进口料、件及其制成品须征税或内销补税时，海关按照上述进口货物完税价格的有关规定审定完税价格。

从保税区或出口加工区销往区外的寄售进口货物，以海关审定的进口成交价格或内销价格估定完税价格。对审核销售价格不能确定的，海关也依次使用相同货物成交价格法、类似货物成交价格法、倒扣价格法、计算价格法等合理方法估定完税价格。

减免或免税进口的货物需予补税时，应当以海关审定的该货物原进口时的价格，扣除折旧部分价值作为完税价格。

(3) 出口货物完税价格。

就估价准则和价格基础而言，出口货物完税价格的审定与进口货物完税价格的审定是基本一致的。出口货物完税价格是由海关以该货物向境外成交价格为基础审查确定，并应包括货物运至境内输出地点装载前的运输及其相关费用、保险费，但应当扣除其中所包含的出口关税税额，即出口货物完税价格是以离岸价格为基价的，其计算公式为

$$完税价格 = 离岸价格 - 出口关税$$

或

$$完税价格 = 离岸价格 - 完税价格 \times 关税税率$$

或

$$完税价格 = \frac{离岸价格}{(1+ 出口税率)}$$

如果交易采用 CFR 或 CIF 价格条件，海关将对有关价格进行调整，使之符合 FOB 价的标准。

出口货物成交价格不能确定时，海关将依次使用以下方法估定完税价格：同时或大约同时向同一国家或地区出口的相同货物的成交价格；同时或大约同时向同一国家或地区出口的类似货物的成交价格；根据境内生产相同或类似货物的成本、利润或一般费用以及境内发生运输及其相关费用、保险费计算所得的价格；按照合理方法估定的价格。

2) 关税税则

关税税则又称海关税则、关税税率表，是指一国制定和公布的对进出其关境的货物征收

关税的条例和税率的分类表。表内包括各项征税或免税货物的详细名称、税率、征税标准(从价或从量)、计税单位等。税则中的商品分类,世界上多数国家采用欧洲关税同盟拟定的《布鲁塞尔税则目录》。这个税则目录以商品性质为主,结合加工程度进行分类,把全部商品分为二十一大类,九十九(小类) 1 097 项税目。各国还可在税目下加列子目。税则中商品分类之所以如此繁细,反映了商品种类增多,同时也是为了便于实行关税差别和贸易歧视政策,它是一国关税政策的具体体现。

世界上大多数国家都根据适用对象实行差别关税,由此关税税则可分为单式税则制和复式税则制。单式税则制是一个税目只有一个税率,适用于来自任何国家的商品,没有差别待遇,又称一栏税则制;复式税则制是指一个税目有两个以上税率,对来自不同国家的进口商品,使用不同税率。通常设有普通税率、最惠国税率、协定税率、特惠税率等。

(1) 进口税率。

我国采用复试关税税则,即对一个税目均设有两个及以上的税率。目前,进口关税设置最惠国税率、协定税率、特惠税率和关税配额税率等税率,对来自不同国家的进口商品适用不同的税率。对进口货物在一定期限内可以实行暂定税率。

① 最惠国税率。原产于共同适用最惠国待遇条款的世界贸易组织成员的全部进口货物,以及原产于与我国签订含有互相给予最惠国待遇条款的双边贸易协定的国家或地区的全部进口货物,适用最惠国税率。

② 协定税率。原产于与我国签订含有关税优惠条款的区域性贸易协定的国家或地区的部分进口货物,适用协定税率。

③ 特惠税率。原产于与我国签订含有特殊关税优惠条款贸易协定国家或地区的部分进口货物。

④ 普通税率。原产于与我国未订有关税互惠协议的国家或地区的所有进口货物,以及原产地不明的进口货物,适用普通税率。

⑤ 关税配额税率。关税配额制度是一种在一定数量内进口实行低关税,超过规定数量就实行高关税的国际通行办法。相对于超过数量就不能进口的配额制度而言,关税配额制度具有灵活性,体现了关税杠杆的调节作用。按照国家规定,实行关税配额管理进口货物,在关税配额内的,适用关税配额税率。通关时进口地海关凭《进口货物征免税证明》予以按关税配额税率计征关税。

⑥ 暂定税率。为了满足特定时期对关税税率进行临时性变更的需要,国务院关税简则委员会有权负责制定暂定税率。暂定税率通常按年度制定,并且可以随时根据需要恢复按照法定税率征税。当进口商品名称及税号与年度表相同的则实施进口暂定税率;应当适用暂定税率;适用普通税率的进口货物,不适用暂定税率。

⑦ 其他税率。现行《税则》中的进口商品大多实行从价税率,其税率为完税价格的一定百分比。但对于鸡、啤酒、原油、胶卷等进口商品,实行以元/千克、元/升、元/吨和元/平方米为单位的从量税率;对录像机、摄像机、放像机等进口商品,实行从价税率和从量税率两种征税标准相结合的复合税率。

(2) 出口税率。

我国出口税率没有普通税率和最惠国税率之分。为鼓励国内企业出口创汇,提高国内产品在国外市场的竞争力,我国对绝大多数货物不征出口关税,即使征收,其税率也不高,从20%、25%、30%、40% 到 50% 共五个税率级次。根据需要也可制定实施出口暂定税率,适用出口税率的出口货物有暂定税率，应当优先适用暂定税率。

进出口货物，应当适用海关接受该货物申报进口或者出口之日实施的税率。进口货物到达前，经海关核准先行申报的，应当适用装载该货物的运输工具申报进境之日实施的税率。

3) 关税计征作业程序

关税计征的一般作业程序是：审核报关单证，确认单证齐全，单货相符；正确归类，确定税率；审定完税价格，货物以外币计价成交时，应先填写税款缴款书，再按外汇牌价将完税价格折合成人民币，然后计算出税款，并填发税款缴款书交纳税义务人缴纳税款。

3. 海关代征税

当货物经海关征收关税进口后，由于其在国内流通，就与国内其他产品一样也需缴纳国内应征的各种税费。为简化征税手续，方便货物进出口，同时有效避免货物进口后另行征税可能造成的漏征，国家规定将一部分应由国家税务机关征收的国内税费如增值税、消费税等，在货物进口时就交由海关代征，因此，在实际工作中常常称之为海关代征税。

消费税和增值税的计算公式为

$$从价消费税税额 = \frac{(到岸价格 + 进口关税税额)}{(1-消费税税率)} \times 消费税税率$$

$$从量消费税税额 = 应税消费品数量 \times 消费税单位税额$$

$$增值税税额 = (到岸价格 + 进口关税税额 + 消费税税额) \times 增值税税率$$

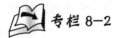

专栏 8-2

跨境电子商务零售进口税收新政策

2016年4月8日起，跨境电商零售进口税收政策及行邮税调整正式实施，对于跨境电商零售进口商品，全部按照货物征收关税和进口环节增值税、消费税。电商业务调整将传导到跨境快递业务，但新税制带来的通关效率提升将大幅缩短快递时间。

根据财政部、海关总署、国家税务总局联合发布的《关于跨境电子商务零售进口税收政策的通知》，跨境电商零售进口商品的单次交易限值为人民币2 000元，个人年度交易限值为人民币20 000元。如果购买的商品在上述限值以内，将暂时不收取关税，进口环节增值税和消费税暂按法定应纳税额的70%征收。超过单次限值、累加后超过个人年度限值的单次交易，以及完税价格超过2 000元限值的单个不可分割商品，均按照一般贸易方式全额征税。

据悉，在跨境电商进口发展初期，我国对低于1 000元人民币的跨境电商零售进口商品征收行邮税，多数商品完税税率为10%，税额低于人民币50元的进口物品予以免征。行邮税本质上是针对非贸易入境的个人物品和邮递物品的简便税收措施，遵循的是"自用、合理数量"原则。而海淘、代购等跨境零售进口，本质是一种贸易行为，已经超出了消费者自用范围。

为了营造公平竞争环境、缩小套利空间，此次跨境电商税收新政出台的同时也进行了行邮税改革。此前，行邮税共设4档税率：10%、20%、30%和50%；调整后，行邮税税率分别为15%、30%和60%。

新政出台后总体上比过去的税率水平有所提高，但对于不同商品的税费有增亦有减，并非全面上涨。例如，以往几乎不用交税的奶粉、纸尿裤等热门母婴产品，按新税制计算，税率涨幅约11.9%；人民币1 000元的化妆品按以往规定，需缴纳50%即人民币500元的行邮税，而按照新规，需分别缴纳30%消费税和17%增值税，按70%征收后，最终要交税人民币329元，反而更加便宜。

有专家分析，比照过去按行邮税政策清关，政策范围内的跨境电商零售进口商品通关会更加快捷。由于商品具有交易、支付、物流等电子信息,海关通过信息系统建设,能够较大幅度地提高通关效率,消费者跨境网购收到商品的时间将由上月缩短至 1~2 个星期。

(资料来源:http://www.zgjtb.com/2016-04/11/content_79961.htm,中国交通新闻。)

8.2 进出口货物通关

8.2.1 进出口货物通关的概念

企业从事进出口活动时必然会遇到进出口货物通关的问题。"通关"这个术语是随着我国由计划经济体制向社会主义市场经济体制转轨而从境外引进的。通关,在《关于简化和协调海关制度的国际公约》(即《京都公约》)中定义为:"系指完成必需的海关手续以使货物出口、为境内使用而进口或置于另一种海关制度下。"按照中文的语境,通关,是指货物从进入关境边界或申请出境到办结海关手续的一项海关制度。这一定义表明通关具有以下特征:

(1) 海关是一项海关制度,这项制度不仅反映在货物经过海关的短暂期间,而且表现为货物在进出口环节办结《海关法》规定的全部手续的过程。对于不同性质的货物,其通关的期间有时很短,有时却能长达一年甚至几年,所以说通关不是瞬间完成的,而是一个过程。

(2) 通关作为一项海关制度,不仅包括货物在进出口办理海关各项手续的有关环节,即程序,同时也包括了《海关法》对各类不同性质的货物进出口时的一些实质性要件,即实体条件,所以,不能认为海关就是程序和手续,而应视为实体要求与程序手续的统一,为此,用制度来概括更为合适。

(3) 上述定义中所说的办结海关手续,在实践中一般又简称为结关。结关是海关对进出口货物实施监管的终结。对于出口货物来说,海关放行并离开中国关境即为结关。对于进口货物而言,根据货物的性质不同,其结关的标志也不尽相同。如一般贸易的进口货物,海关放行即为结关。对于保税货物、暂时进出口货物、特定减免税货物等进口货物,则以海关核销作为结关。过境、转运、通运货物以离开中国关境为结关。另外,中国关境,是指中国《海关法》实施的领域,即中国大陆的整个区域。中国香港、澳门特别行政区和台湾地区根据中英、中葡政府的协议和台湾加入 WTO 的协议规定是中国的单独关境区。本书中所述及的进出境,都是指进出关境,而不是进出国境。

8.2.2 进出口货物通关的时间和空间范围

在传统的海关制度里,进出口货物通关的时间范围,是指进口货物从进入关境起到海关放行,出口货物从向海关申报出口并运入海关监管区起到运离关境止。但是,随着我国改革开放的深入和多种贸易方式的并存,货物(尤其是进口货物)的通关时间出现了前伸后延的情况。随着预申报、预归类等措施实施,进口货物通关前伸至尚未进入关境的预申报阶段,而对于保税货物、特定减免税货物等则后延至核销方为通关的结束,其间长达一年至几年。这一变化不仅使海关的监督管理面临时间拉长的一些新课题,同时对作为收货人、经营人的企业也提出了一系列管理上的新要求,这些都是现代通关制度的重要特点。

在传统的海关制度里,进出口货物通关的空间范围仅限于海关监管区,即设立海关的机场、港口、车站、国界通道、国际邮件交换站等场所，以及尚未设立海关，但是经国务院批准的进出境地点。但是，随着我国从沿海到内地的进一步对外开放，对外经济活动在全国范围内普遍发展，大大拓展了货物通关的空间范围。其一，在内地设立了更多的海关，使得海关监管区不再局限于对外开放的口岸，非口岸的区域性海关数量也不少。其二，海关监管的范围又延伸到其他由海关监管业务的场所，即虽未设有海关机构，但有海关监管业务的场所也涵盖在海关监管区内，如保税仓库、出口监管仓库、保税工厂等。这一变化使得海关人员除了继续维持在口岸第一线执行监管任务，同时有更多的人将深入企业履行对仓储、加工业务的监管职责，由此使得海关与一部分经营进出口业务的企业有了更多的交往和联系。因此，可以说，国家对进出口货物的宏观调控，是通过海关对企业的进出口活动的监管得以实现的，由此使得货物进出口通关的空间范围体现为遍布全关境的一个个海关监管区，海关执法的空间范围有很大的拓展。

【拓展文本】

专栏 8-3

北京海关区域通关一体化持续推进京津冀一体化发展

通关一体化改革被业内人士称作是改革开放以来海关最具革命性的改革。区域通关一体化的亮点在于从根本上打破了地域限制和关区的行政界线，各地区各种类别企业都是用一体化通关模式，从而营造了"可预见、低成本、高效便利"的通关环境。北京海关区域通关一体化作为京津冀一体化发展中的重要一环，正在为京津冀协同发展发挥着积极作用，也为企业带来了真正的实惠，成为京津冀一体化发展的持续动力。

以往，海关遵循属地原则，各地方海关为各自独立的监管体系。实现区域通关一体化以后，取消了按照属地报关的"门槛"，企业可以自主地选择申报、纳税、验放地点和通关模式，办理手续过程也大大简化。

自 2014 年 7 月 1 日京津冀海关区域通关一体化改革率先实施已有两年的时间。两年来，该政策惠及了该区域 5.9 万家进出口企业。仅北京地区，就有近 8 600 家进出口企业受惠。据北京海关相关人员介绍，2015 年，京津冀区域通关一体化报关单总量 12.26 万票，比例由年初的 2.42% 上升到 3.24%。

2015 年 7 月，全国京津冀、长江经济带、广东地区、东北地区和丝绸之路经济带共 5 个区块已经实现区域通关一体化在全国的全覆盖。

实现全国一体化通关后，北京海关申报货物进出境地为京津冀区域外的报关单 1 095 票，货物总值 104.27 亿元，货运量 1 991.5 万吨，征收税款 18.2 亿元。货物进出境口岸主要集中在上海、青岛、南京关各口岸。

据北京海关工作人员介绍，京津冀一体化全面开展以来，各项工作进展顺利，改革红利释放明显。改革前，首都机场口岸的进出口货物只能凭借北京海关的放行指令才可提取货物，在新的一体化模式下，企业在区域内任一海关即可完成申报、审接单、缴税、放行等通关手续，为企业节省了通关成本，清关更加便利。

不仅如此，在现场通关环节，北京海关采取一系列措施，保障一体化改革顺利推进。例如，对于异地通关的报关单现场不再进行审核，直接予以放行；设置专用窗口，处理涉及各关区间协调处置相关事宜，加强联系沟通，提高处置效率；优化查验作业模式，试行"人机一体""远程查验"等智能化手段，不断降低企业物流成本。

海关实行一体化通关模式后，清关时间由原先的 3~4 个工作日，缩短到 1~1.5 个工作日，减少了通关时间。而且，货物口岸放行，直接用普通车辆就能进行货物运输，减少了很多货运成本及仓储成本。在通关现场，不少办理通关业务的企业都表示，通关一体化之后，速度比之前加快不少，随之而来的是人力成本和时间成本的减少，对企业来说，是值得拍手称快的改变。

(资料来源：http://biz.timedg.com/2016-04/12/20414591.shtml，中国金融信息网，2016-04-12.)

8.2.3 进出口货物通关的主体

进出口货物通关的主体是指参与通关过程的相关各方,包括通关的管理主体和通关的当事人。

1. 进出口货物通关的管理主体

进出口货物通关的管理主体,包括海关和有关的国家机关。有关的国家机关有国家发改委、商务部、工商行政管理局、国家质量检验总局等,这些国家机关对进出口货物在通关过程中所涉及其职能管理的部分行使管理权。海关则是对进出口货物通关全面管理的国家机关。

根据《海关法》第二条的规定,海关是国家的进出关境监督管理机关。根据现行口岸管理的职责,凡是进出境的人由边防管理,而进出境的物由海关管理。海关的进出境管理的任务主要有四项:监管进出境的运输工具、货物、行李物品、邮寄物品和其他物品;征收关税和其他税费;查缉走私和海关统计。

国家赋予海关对进出境通关管理主要有以下行政权力。

(1) 检察权。海关可以检查进出境运输工具。在海关监管区和海关附近沿海沿边规定地区,海关可以检查有藏匿走私货物、物品嫌疑的场所和走私嫌疑人的身体;在上述区域以外,在调查走私案件时,经直属海关关长或其授权的隶属海关关长批准,除公民住所外的涉嫌藏匿走私货物的场所,海关可以检查。

(2) 查验权。海关有权查验进出境货物、物品。

(3) 查阅复制权。海关可以查阅进出境人员的证件;查阅、复制与进出境的运输工具、货物、物品有关的合同、发票、账册、单据、记录文件、业务函电、录音录像制品和其他有关材料。

(4) 查问权。海关有权对违反《海关法》或其他法律、行政法规的嫌疑人进行查问,了解和调查其违法行为。

(5) 查询权。海关在调查走私案件时,经直属海关关长或其授权的隶属海关关长批准,有权查询涉案单位和个人在金融机构、邮政机构的存款、汇款情况。

(6) 调查权。海关对违法走私案件,有权向当事人及有关证人调查收集证据。

(7) 扣留权。对违反《海关法》或其他有关法律、行政法规的进出境运输工具或物品以及与之有关的合同、发票、账册、单据、记录文件、业务函电、录音录像制品和其他有关资料,海关有权扣留。

在海关监管区和海关附近沿海沿边规定地区,对有走私嫌疑的运输工具、货物、物品和走私罪嫌疑人,经直属海关关长或其授权的隶属海关关长批准,可以扣留;对走私罪嫌疑人的扣留时间不超过24小时,在特殊情况下可以延长至48小时;在上述区域以外,对其中有证据证明有走私嫌疑的运输工具、货物、物品才可以扣留。

(8) 关税征收保全和强制扣缴权。关税纳税人在纳税期间内有转移或藏匿货物、财产的迹象,经海关要求但其拒绝提供担保时,海关有权采取通过银行冻结其相当于税款的存款或查扣其相当于税款的货物或财产,这是税收保全措施。当纳税人超过纳税期限3个月仍未交纳税时,海关有权采取强制措施:将货物提取变卖,所得款项抵缴税款;通过银行在纳税人或担保人账上强制扣缴;查扣纳税人的其他货物或财产,变卖所得款项抵缴税款。

(9) 稽查权。海关对进出口货物自放行或核销之日起3年内,有权对与货物直接相关的企业、单位的会计账册、单证、报关资料等进行稽查。

(10) 连续追缉权。进出口境运输工具或者个人违抗海关监管逃逸的，海关可以连续追至海关监管区和海关附近沿海沿边规定地区以外，将其缉拿归案处理。

(11) 佩带和使用武器权。海关为履行职责，可以配备武器。海关人员佩带和使用武器的规定，由海关总署会同公安部门制定后，报国务院批准后实施。

(12) 行政处罚权。对违规和走私的单位和个人，海关可以依法予以行政处罚。

2. 进出境货物通关的当事人

进出境货物通关的当事人，有以下几类。

(1) 进口货物的收货人和出口货物的发货人。收发货人要向海关办理货物的进出口手续，是通关的主要当事人。

(2) 进出境运输工具的承运人。承运人是指进出境运输工具的所有权人或对运输工具的运输行为负完全责任的人。运输工具进出境要向海关办理通关手续，所以，承运人也是通关的当事人。

(3) 报关代理人。进出口货物绝大多数是由报关企业代理报关的，报关代理人是实际向海关办理通关手续的人，由此而成为通关的当事人。

(4) 进出境货物的经营管理人。保税仓库、出口监管仓库、加工贸易企业的经营管理人，本身并不是收发货人，而只是保税货物和海关监管货物储存的经营管理人。由于保税仓库和出口监管仓库是通关的空间范围，作为经营管理人也就成为通关的当事人。

3. 进出口货物通关的相关人

知识产权的权利人，当其知识产权受到侵犯时，能主动请求海关中止侵权货物的通关，所以，知识产权的权利人也可以是货物通关相关当事人。

8.2.4 进出口货物通关的法律依据和基本制度

我国进出口货物通关的法律依据主要有《中华人民共和国对外贸易法》(以下简称《对外贸易法》)和《海关法》。《对外贸易法》从广义上讲是指调整我国对外贸易活动中产生的社会关系的法律规范。规定了我国对外经贸活动的基本原则、制度和规则。此外，《中华人民共和国进出口商品检验法》(以下简称《进出口商品检验法》)、《中华人民共和国进出境动植物检疫法》(以下简称《进出境动植物检疫法》)、《中华人民共和国外汇管理条例》(以下简称《外汇管理条例》)等，从外经贸的各个环节分别加以规定，从而形成了对外经济贸易的法律制度。这些法律制度规范着从贸易谈判到贸易完成的全过程，是货物进出口的法律依据。《海关法》是我国对外经济贸易法律制度的重要组成部分。广义的《海关法》是指规定海关的组织和行为，调整海关和进出境活动当事人之间和海关与其他机关之间在进出境监督管理活动中发生的社会关系的法律规范的总称。狭义的《海关法》即指《中华人民共和国海关法》，它规定了海关的性质、任务、权力及通关的原则、基本制度和规则，是广义《海关法》的母法。《海关法》是根据国家对外经济贸易管理的准则和要求，结合货物通关的特征而制定的，所以，是进出口货物通关的具体行为准则。

我国《对外贸易法》和《海关法》对进出口货物的海关确立了以下几项基本制度。

1. 禁止、限制进出境物品制度

根据世界贸易组织有关成员国的贸易制度公开和透明度原则，我国国家和海关总署颁布行政法规明确规定了禁止、限制进出我国关境的物品名称。

1) 禁止进境的物品

(1) 各种武器、仿真武器、弹药及爆炸物品。

(2) 伪造的货币及伪造的有价证券。

(3) 对中国政治、经济、文化、道德有害的印刷品、胶卷、照片、唱片、影片、录影带、录像带、激光视盘、计算机存储介质及其他物品。

(4) 各种烈性毒药。

(5) 鸦片、吗啡、海洛因、大麻及其他能使人成瘾的麻醉品、精神药品。

(6) 带有危险性病菌、害虫及其他有害生物的动物、植物及其他产品。

(7) 有害人畜健康的、来自疫区的以及其他能传播疾病的食品、药品或其他物品。

2) 禁止出境的物品

(1) 列入禁止进境范围的所有物品。

(2) 内容涉及国家秘密的手稿、印刷品、胶卷、照片、唱片、影片、录音带、录像带、激光视盘、计算机存储介质及其他物品。

(3) 珍贵文物及其他禁止出境文物。

(4) 濒危的和珍贵动物、植物 (均含标本) 及其种子和繁殖材料。

3) 限制进境的物品

(1) 无线电收发信机、通信保密机。

(2) 烟、酒。

(3) 濒危的和珍贵动物、植物 (均含标本) 及其种子和繁殖材料。

(4) 国家货币。

(5) 海关限制进境的其他物品。

4) 限制出境的物品

(1) 金、银等贵金属及其制品。

(2) 国家货币。

(3) 外币及其有价证券。

(4) 无线电收发信机、通信保密机。

(5) 贵重中药材。

(6) 一般文物。

(7) 海关限制出境的其他物品。

上述禁止、限制进出境的物品由海关在货物进出口通关时监控。

2. 进出口配额和许可证制度

进出口配额是指一国政府在一定时期内对某些敏感商品的进口或出口进行数量或金额上的控制,是国家对一定产品实行数量限制的手段,是非关税壁垒措施之一,其目的旨在调整国际收支和保护国内工农业生产。出口配额的货物包括计划配额、主动配额和被动配额。这里说的计划配额,主要是对关系国计民生的或占出口主要地位的大宗资源性和传统出口商品,国家实行计划性有序出口。主动配额是我国对国际市场占主导地位的主要出口商品实行配额,以抑制过量出口。被动配额则是应进口国的要求或进口配额而对某些出口货物实行配额管理。

进出口许可证是国家许可外贸经营者进口或出口货物的凭证,也是海关对进出境货物监管的重要依据。进出口许可证管理是指国家限制进出口目录项下的商品进出口,必须从国家指定的机关领取进出口许可证,没有许可证一律不准进口或出口。进出口许可证管理是世界上许多国家普遍采用的限制进出口贸易的手段,它是一种既严格又灵活的贸易措施。当前,世界上许多国家对敏感性商品的进出口都制定有配额或许可证管理措施。从各国的情况来看,配额和许可证这两种手段既可以单独使用,也可以结合在一起使用。对进出口配额的商品,企业取得了配额额度后要向外经贸主管部门领取进出口许可证,凭证进出口。除此以外,我国还对一些非配额管理的商品实行进出口许可证管理,必须持有外经贸主管部门签发的进出口许可证方能进出口。这些商品主要是国家监控的化工原料、光盘生产线以及重要的名、特、优商品等。这些商品通关时,海关凭许可证验放。

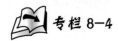
专栏 8-4

稀土出口配额被取消

商务部于 2015 年发布了《2015 年出口许可证管理货物目录》,明确稀土出口执行出口许可证管理,仅需企业拿出口合同申领出口许可证。稀土出口配额正式取消,这是自 2010 年中国稀有金属出口政策调整以来首次出现的重大变化。

稀土出口配额取消主要源于世贸组织(WTO)裁定。在美国、欧盟、日本就中国稀土、钨、钼等相关产品出口管理措施案上诉 WTO 后,经过多次博弈,最终裁定中国限制稀土出口之举违反国际贸易条例。

据了解,中国稀土出口配额制度始于 1998 年。自 2010 年中国削减稀土出口规模以来,全球稀土库存近乎耗尽。中国稀土消费量约占全球 70%,供应量则占全球 90%。而中国对钨、钼、稀土实行出口配额制度,但近 3 年来,轻稀土出口配额大量闲置。

根据商务部、海关总署公布的《2015 年出口许可证管理货物目录》,我国取消稀土出口配额管理,只需凭出口合同即可申领出口,无须提供批文。在新的出口许可目录中,矾土、焦炭、钨及钨制品、碳化硅、锰、钼和氟石等其他品种也被取消出口配额管理。

(资料来源:http://finance.eastmoney.com/news/1355,20150106464231688.html,东方财富网,2015-01-06.)

3. 关税减免制度和出口退税制度

1) 关税减免制度

《海关法》规定,关税减免包括法定减免税、特定减免税和临时减免税。

(1) 法定减免税是指依照《海关法》和有关法律、行政法规的规定,应当予以减免进出口关税的项目。主要有无商业价值的广告和货样,外国政府、国际组织无偿赠送的物资,在海关放行前遭受损害或损失的货物,规定数额以内的物品等。

(2) 特定减免税是指法定减免税之外,国家对特定地区、特定企业或特定用途的进出口货物给予关税减免。如对进出经济特区、技术产业开发区、对外开放地区、高新技术产业开发区的商品的关税减免等。

(3) 临时减免税是指在法定减免税和特定减免税之外,国家为照顾某些纳税人的特殊情况和临时困难或者支持社会公益事业而给予的关税减免。

2) 出口退税制度

出口退税是一个国家和地区,对已报送离境的出口货物退还或免征其在出口前生产或流通各环节已经缴纳的间接税(我国目前主要包括增值税和消费税)税款的一项税收制度(措施)。因此，出口退税是针对出口货物，只有在货物出口后方可申请退税，退税时，必须有货物出口的凭证。目前在税收处理上，货物进入出口加工区视为离境，而货物进入保税区则不视为离境。另外，出口退税以征税为前提，即只能是对已征税的出口货物退还其已征的增值税、消费税税额，不征税的出口货物则不能退还上述"两税"。

出口退税的货物范围分为一般出口退税货物和特准退税货物两种。一般出口退税的货物范围包括：必须是属于增值税、消费税征税范围内的货物；必须是报关离境的货物；必须是财务上已做销售处理的货物；必须是出口收汇并已核销的货物。特准退税货物范围主要有外商投资企业采购国产设备、利用外国政府贷款或国际金融合作组织贷款、通过国际招标由国内企业中标的机电产品、对外承包工程公司运出境外用于对外承包项目的货物等。

4. 进出口商品检验制度

我国《进出口商品检验法》规定，一切进口商品都必须在法定期限内进行检验，未经检验的，不准安装投产、不准销售、不准使用。一切出口商品也必须经过检验，未经检验或检验不合格的，不准出口，其目的是维护当事人的合法权益和国家信誉。检验的标准是：凡合同有约定的，按合同约定的标准检验；如合同未作约定或约定不明确的，按有关标准或规定检验。检验的内容包括商品的质量、数量或包装。检验机构分两种情况：凡是列入国家质检总局制定的《商品种类表》的进出口商品、必须由质检机构强制检验，海关凭检验合格证书查验放行；凡未列入上述种类表中的进出口商品，则由有关企业、部门自行查验。

5. 进出境动植物检疫制度

根据《进出境动植物检疫法》的规定，对进出境的动植物及其制成品，必须由国家质检总局的口岸检疫部门进行检疫，合格的出具检疫合格证书。凡检疫不合格的，禁止进出境。动植物检疫是为了防止动植物传染病、寄生虫病和植物危险性疾病、虫、杂草以及其他有害生物传入、传出国境造成危害。随着世界上有些地区发生疯牛病、口蹄疫等，加强动植物检疫势在必行。动植物检疫的范围还包括装载动植物的进出境运输工具、装载容器、包装物等。海关凭检验合格证书查验放行。

6. 外汇管理制度

《中华人民共和国外汇管理条例》规定，对企业外贸用汇实行结汇、售汇管理。企业外汇收入按当日汇价卖给指定的经营结汇、售汇业务的金融机构；企业外贸所需用汇，凭合同和有关单证到外汇管理部门申请外汇额度后到经营结汇、售汇业务的金融机构。

外汇管理部门凭海关签发的货物出口证明对企业出口收汇进行核销，并根据进口货物报关单上海关认可的单价和总价用汇情况进行付汇核销。由此可见，海关所提供的实际进出口货物及价格资料等是国家外汇管理的重要依据，是外汇管理制度的组成部分。

8.2.5 进出口货物通关的程序

我国进出口通关的程序可以分为一般通关程序和特定通关程序。

我国《海关法》规定的一般通关程序，也可称为普通程序，适用于一般贸易进出口的货物和进出境运输工具的通关。

一般通关程序应该按照报关、查验、征税、放行四个环节依次进行，如图8.1所示。

【拓展视频】

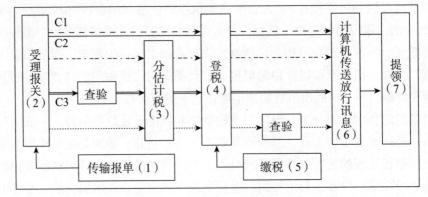

图 8.1 一般货物进口流程

注：→表示所有货物应共同办理的项目；--►表示 C1(免审免验)报单通关流程；—►表示 C2(文件审核)免验报单通关流程；⇒表示 C3(货物查验)先验后税报单通关流程；⋯►表示 C3(货物查验)先税后验报单通关流程。

1. 报关

报关是指运输工具和货物在进境后或出境前，由有关当事人根据《海关法》规定的要求和方式向海关所做的声明。《海关法》规定的要求是指根据货物的性质、种类和特征，《海关法》分别规定了进出境的条件，有关当事人应将具备法定进出境条件的细节向海关申报并附上必要的单证。《海关法》规定的方式主要是书面方式，目前可分为用纸质申报方式和电子报关方式。纸质申报方式是传统的报关方式，现今仍广泛采用。电子报关方式是高科技手段在通关领域的应用，现已被广泛采用。由于现阶段的技术应用水平尚不高，还不能完全舍弃纸质报关单，所以纸质报关单和电子报单并用。

2. 查验

查验是货物通关的法定环节之一，是对进出口货物的品名、规格、原产地、数量、价格等商品要素是否与报关单所列项目一致而进行的实际核查。在传统海关制度下，每一票货物几乎都要开箱查验。在现代海关制度下，为加快进出口货物的通关速度，实行抽查。抽查的比例和方式也从经验性、主观性的抽查而发展成为以风险分析为基础的分类管理方法，对不同类别的企业和不同性质的货物通关实施不同的查验比例和方法。

3. 征税

对于应税的进出口货物，应按《海关关税条例》和《进出口税则》的规定征收关税和其他税费。

4. 放行

放行是一种要式的行政行为，必须由海关在报关单上盖上放行印记后方为有效。放行对于一般贸易进出口货物来说是海关监管的终结，允许货物进入自由流通状态的体现。

特定通关程序适用于保税货物、暂时进出境货物、特定减免税进口货物等海关监管货物的通关。对于上述货物，放行并不意味着海关监管的终结，只是在海关现场监管的结束，通关的过程尚未完成。特定通关程序由两个环节组成，即核查和核销。

核查是海关对适用特定通关程序的进口货物在放行后和结关前进行核对和查验的行为。由于这些货物通关期限很长，少则 6 个月，多则 1 年甚至几年，为使这些货物能按照《海关法》规定的要求或条件运作或适用，海关在监管期限内不定期地实施核查，如发现未按《海关法》规定运作或使用，擅自出售、转让或移作他用，则可依法予以处理。

核销是保税货物、暂时进出境货物、特定减免税进口货物等在海关放行后按法定要求运作或使用后,由海关核定销案,准许货物出口或永久留在关境内的海关行政行为。核销意味着这些货物办结了海关手续,海关监管终结。

此外,我国为了在加入 WTO 后与国际社会接轨,在原先实施信任放行程序的基础上,对在企业分类管理评估中被列为 A 类管理的企业实施优先通关程序,即:A 类管理企业的进出口货物可以优先受理报关、优先查验和办理放行;优先实行"门对门"验货;对属于海关必检商品目录中的商品,免予取样化验即可放行,以及优先提供 EDI 联网报关等优先待遇。

海关对具备一定条件的大型高新技术企业的进出口货物实行便捷通关程序,即海关对适用便捷通关的企业实行信用管理,进出口货物主要根据企业的申报审核放行,在通关现场一般不开箱查验,进出口地海关也不得自行到企业稽查。凡确需对货物在通关现场进行开箱查验的,应按审批程序办理报批手续后方可。

对于转关运输,海关总署已于 2001 年决定,在长江、珠江水域和广东、沪苏陆路的长江三角洲和珠江三角洲地区,正式启动"两水两路"快速通关系统。在实行转关快速通道后,可以一改过去转关运输两次报关、两次查验、两次放行的通关状况,企业可以采用提前报关方式,减少办理转关申报单、联系单、预录入等手续,并提前向质检局等有关部门领取"通关单",申请在口岸通道式直接放行,待货物运至指运地后办理通关手续,从而一次报关、一次查验、一次放行,实现转关运输货物通关的提速运行。

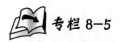

专栏 8-5

海关总署－汇总征税政策

2015 年 7 月 27 日起,海关总署面向全国海关推广汇总征税业务。在该业务模式下,海关对符合条件的进出口纳税义务人在一定时期内多次进出口货物应纳税款实施汇总征税。这是海关总署深化税收征管改革、提高贸易便利化、促进外贸稳增长的又一创新之举。

1. 汇总征税改革的整体情况

自 2013 年 10 月起,海关总署即在部分直属关区选取 AA 类企业(现高级认证企业)开展汇总征税试点工作。截至 2015 年 6 月,参与试点海关 28 个,企业 81 家,汇总征税 150 亿元,涉及报关单 6.4 万票。据试点情况显示,汇总征税有效缓解了逐票征税与通关效率之间的矛盾,显著缩短通关时间、降低通关成本,引导企业在守法自律、规范申报的基础上提高资金使用效率、降低经营成本,是深受企业欢迎和期待的海关改革项目之一。借此,海关总署在前期试点的基础上,优化应用系统功能,扩大企业适用范围,简化企业备案手续,自 2015 年 7 月 27 日起向全国正式推广汇总征税,以满足企业诉求,进一步释放改革红利。

汇总征税模式是海关总署深化税收征管改革、便利企业通关的创新之举,创造性地实现了税收征管的时空延伸,是一种新型集约化征税模式。简而言之,在汇总征税模式下,信誉良好的进出口企业凭借商业银行出具的保函或提交保证金向注册地海关办理汇总征税备案,企业在全国各地进口口岸办理货物通关时,海关暂不打印税单征税,而是在扣除与应缴税款相应金额的信用额度后,即可办理货物放行手续,所有税款于次月前五个工作日集中缴税即可。

2. 汇总征税改革的创新之举

(1) 在汇总征税模式下,企业可申请使用一定额度的保函金额,当其每月以汇总征税方式向海关申报的税款总金额在保函可用额度内时,该企业即可每月结算并统一向海关支付税款。这不仅能够大幅缩短企业通关时间,提高通关效率,更有效缩减了进出口企业资金压力,降低通关成本。

(2) 属地管理,简化手续。企业就近向属地直属海关的关税职能部门提出申请,手续简化、便捷办理。

海关评估通过后，企业即可在全国口岸海关汇总征税。汇总征税的适用范围也从试点时的 AA 类企业（现高级认证企业）拓展到一般认证企业（原 A 类企业），覆盖面扩大近 10 倍。

（3）一份保函，全国通用。企业向属地直属海关提交保证金或者银行保函备案，即可在申请的多个直属海关范围内通用，体现通关一体化改革目标，手续简便、高效，扩展了担保资金的适用区域，提高保函使用效率。

（4）担保额度循环使用。汇总征税作业系统可实现担保额度的智能化管理，根据企业税款缴纳情况循环使用。企业进口申报时，总担保账户自动扣减应缴税额；缴税后，担保额度自动恢复。企业无须重复办理海关担保手续，担保资金使用效率成倍提高，运营成本降低。

（资料来源：http://www.customs.gov.cn/publish/portal0/tab49564/info777751.htm，中国海关总署，2015-11-12。）

8.2.6 电子口岸与无纸化通关

1. 电子口岸

我国于 1998 年根据国务院指示开始筹建电子口岸，通过"电子底账＋联网核查"，实现相关部委之间执法和管理的相互联系、相互支持、互为印证、互为条件的管理模式，以提高政府部门的管理和服务水平。中国电子口岸的主要功能有数据交换、事务处理、身份认证、存证举证、标准转换、查询统计、网上支付、网路隔离等功能。目前，中国电子口岸已开发应用项目达 30 余个，公安部、铁道部、商务部、海关总署、税务总局、工商总局、质检总局、外汇局 8 个部门实现了联网应用，香港工贸署、澳门经济局以及 13 家商业银行、19 万家企业已经加入。

我国通过建设电子口岸，基本实现了进出口数据跨部门交换、联网核查和企业网上办理进出口手续，从源头上防范和打击了走私、骗汇、骗税等违法犯罪活动，在整顿和规范经济秩序、促进对外贸易发展、促进国家电子政务建设方面取得良好的社会效益和经济效益。

2. 无纸化通关

无纸化通关是利用电子口岸及海关业务信息化管理系统，改变海关凭进出口企业递交书面报关单及随附单证办理通关手续验放的做法，直接对企业联网申报的进出口货物报关电子数据进行无纸审核、验放处理的通关方式。实行无纸通关，能实现海关与企业、场站、监管仓库等相关单位联网，企业可不再向海关递交纸面单证而进行网上申报。

无纸通关实现了海关管理的科学高效。海关通过前期的企业信誉管理、通关过程中的电子数据审核实现海关的有效监管。通过简化通关作业手续，保证企业合法进出的物流顺畅通关。

目前，我国口岸物流信息化水平迅速提高。2002 年开始启动的电子大通关，正在向税务、工商、商检、海事、银行等方面拓展，将逐步形成真正意义上的"无纸化大通关"。我国口岸物流总体规模将持续增长，口岸特别是沿海大型港口作为进出口贸易枢纽，对区域经济的带动作用越来越明显。

【拓展文本】

专栏 8-6

中国海关全面开展自动进口许可证无纸化通关

中国商务部会同海关总署发布公告，于 2016 年 2 月 1 日起，将自动进口许可证无纸化通关范围由目前试点的 10 个海关推广至全国所有海关。

2014 年，中国国务院办公厅关于支持外贸稳定增长和加强进口的两个政策文件明确提出，要"推行通关作业无纸化,加快通关速度""加快自动进口许可管理商品无纸化通关试点"。为推动落实这一贸易便利化措施,2015 年以来,中国商务部会同海关总署在上海等 10 个海关试点自动进口许可证无纸化通关,发布使用规范,完成平台开发,为申请签发提供制度保障和技术支持,并多次组织全国发证机构及地方企业开展许可证电子证书试运行专题培训,进行广泛宣传。据悉,截至 2015 年年底,中国海关共签发自动进口许可证电子证书超过 7.5 万份,占全部自动进口许可证的近 60%。同时,企业问卷调查显示,近 98% 的涉证企业对试点表示满意。

(资料来源:http://www.mofcom.gov.cn/article/i/jyjl/l/201602/20160201253877.shtml,商务部,2016-02-16。)

8.3 转运与联运通关

8.3.1 转运通关

1. 转运货物的含义

转运货物是指从一国境外启运,经过该国境内海关换装运输工具而不经过该国内陆直接运往第三国的运输方式。

2. 转运货物的范围

转运货物必须满足以下条件之一。

(1) 持转运或联运提货单。

(2) 进口载货清单上已注明是转运货物。

(3) 持有普通提货单,但于起卸前向海关声明转运的。

(4) 误卸的进口物品,经运输工具经营人提供确实证件予以证明的。

(5) 因特殊原因申请转运并获得海关部门批准的。

3. 转运货物通关规则

1) 转运货物的通关

转运货物载运进境后,承运人或其代理人应在进口载货清单上列明转运货物的名称、数量、启运地、目的地等内容后向入境地海关申报,经海关审核认为符合条件准予转运后,在海关的监管下换装运输工具并载运出境。

2) 转运货物境内留存规则

我国《海关法》规定,转运货物在境内留存待运的期限为 3 个月。自转运货物入境之日起的 3 个月内必须转运出境。超过法定期限仍未转运出境,则由海关将转运货物提取变卖处理。

转运货物在我国境内留存期间应存入海关指定或认可的仓库、场所,并不得开拆、改换包装或进行加工。海关对转运货物保留检察权。

4. 转运货物的报关与通关程序

转运货物进行报关分为以下几步。

(1) 运输工具负责人或其代理人填写"外国货物转运准单"向海关申报,提供列明转运货物的名称、数量、起运地和到达地等内容的"进口载货清单",经海关核实批准后,在海关指定的地点换装运输工具。

(2) 在海关规定的时间内出境。

(3) 运输工具负责人或其代理人在出境地海关同时办理货物进出口报关手续,即先出口申报并在报关单上注明为转运货物,出口申报后再办理进口报关手续,在进口报关单上注明集装箱号、封志号、出口报关号。最终将进口报关单号填写在出口报关单上。

8.3.2 联运通关

1. 联运货物的含义

联运货物是指经由两种以上运输工具运抵目的地的货物。

2. 海空或空海联运转运货物的通关

1) 海空或空海联运转运货物的通关

(1) 加封、押运。

① 海运转空运的整装货柜，以船边提柜方式办理，并经海关检视后加封转运，必要时海关应派员押运。

② 海运转空运的并装货柜或空运转海运的转口货柜，一律于港区或机场内，在关员监视下，装入保税卡车或其他经海关核准的运货工具加封转运，必要时海关应予以查核货名及数量并视需要派员押运。

(2) 海关手续简化。

经海关核准的海空或空海联运转口货物，须装柜(打盘)者，海关应核准直接运往储存一般出口货物的码头(机场)或内陆的集散站、出口货栈，在关员监视下办理装、打盘作业。

2) 转口货物需转运至其他关税局出口者

(1) 海空或空海联运货物。

① 以整装货柜装运者，应以船边(机)提柜(物)方式办理，并经海关检视货柜号码无误与货柜构造及装置无异状后加封转运，必要时海关应予开柜查核货名及数量并视需要派员押运。

② 以非整装货柜装运者，应于关员监视下装入保税卡车或其他经海关核准的运货工具加封转运，必要时海关应予以查核货名及数量并视需要派员押运。

③ 运输业者应依起运地关税局指定的转运路线及时间运达目的地关税局，其载运途中不得无故逗留或绕道他处。逾时到达或不依路线行使者，运输业者应以书面形式向起运地关税局提出说明。

(2) 海运货物由卸存港直接以海运方式转运其他关税局出口者。

① 承载海运方式转运货物的运输业者，应缮具海上走廊货柜清单(注明转口货柜)并检同转运准单，经起运地关税局稽查单位核准并经关封，凭以办理装运及卸船作业。

② 同一转运准单的货物，运抵目的地关税局后应卸存同一集散地(或码头专区)或货栈内，不得分置。转口货物运抵目的地关税局时，应直接进入转运准单目的地栏所载的码头(机场)或内陆集散站或货栈，经海关驻库关员签收货柜运送单或货物载运单或海上走廊货柜清单后，依规定加封或押运装船(机)出口。其须装柜(打盘)者另予监视作业。

8.4 保税物流中心

8.4.1 保税物流中心的概念

保税物流中心是在海关监管下设立，且由物流企业经营保税货物仓储、转运、简单加工、配送、检测维修和报关，并为用户提供具备了运输、仓储、分拣、货代、信息、装卸、配送等多环节物流服务功能的场所。通过保税物流中心，能够较好地整合保税仓库和出口监管仓库的功能，有效解决保税仓库和出口监管仓库相互隔离，分别专门存放进境、出口货物所引发的种种问题，集成、拓展"两仓"功能，并根据现代物流的发展需要赋予若干新功能，是拓展保税业务的新模式。

【拓展图文】

我国的保税物流中心分为A型保税物流中心和B型保税物流中心。

1. A型保税物流中心

A型保税物流中心是指经海关批准，由中国境内企业法人经营、专门从事保税仓储物流业务的海关监管场所。A型保税物流中心按照服务范围分为公用型物流中心和自用型物流中心。

公用型物流中心是指由专门从事仓储物流业务的中国境内企业法人经营，向社会提供保税仓储物流综合服务的海关监管场所。

自用型物流中心是指中国境内企业法人经营，仅向本企业或者本企业集团内部成员提供保税仓储物流服务的海关监管场所。

2. B型保税物流中心

B型保税物流中心是指经海关批准，由中国境内一家企业法人经营，多家企业进入并从事保税仓储物流业务的海关集中监管场所。

8.4.2 保税物流中心的主要功能和优惠政策

保税物流中心的功能主要包括保税仓储、简单加工和增值服务、国际物流配送、进出口贸易、国际中转和转口贸易、物流信息处理等。为了扶持保税物流中心的发展，国家给予了一系列优惠政策，综述如下。

(1) 海关赋予保税物流中心口岸功能：企业可直接在保税物流中心所在地主管海关报关，保税物流中心货物能直接辐射国内、国际两个市场。

(2) 境内货物进入保税物流中心视为出口，享受出口退税政策，并在进入中心环节退税。

(3) 境外货物进入保税物流中心，海关给予保税。

(4) 保税物流中心货物销售到境内时，企业可以按保税物流中心的实际贸易方式向海关办理进口报关手续。

(5) 保税物流中心内的货物可在保税物流中心企业之间，保税物流中心企业之间，保税物流中心与保税区、出口加工区、保税仓库、出口监管仓库和其他保税物流中心等海关监管区域、场所之间进行自由转移和跨关区报关提取等。

通过赋予以上功能和政策，把保税区的区港联动的各种优势，从港口转移到内陆保税物流中心，使内陆地区同样具有保税区的区港联动的区位优势、功能优势和政策优势，以满足内陆地区发展国际物流的需求。

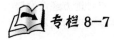专栏8-7

保税货物与减免税货物的区别

(1) 性质不同。减免税货物是国家对特定地区、特定企业、特定用途的进口货物，为支持、鼓励其在国内使用或消费给予的税收优惠；而保税货物则是以复运出境为前提，不是在国内使用或消费，而是为支持鼓励其出口给予的保税优惠。

(2) 货物范围不同。减免税货物的范围主要是固定资产投资部分，如机器设备、仪器、仪表等；保税货物则集中于流动资产部分，如商品、原材料、零部件、元器件等。

(3) 海关手续不同。减免税手续和保税手续均须在进口货物前到海关办理，但前者是办理减免税申请，海关签发《征免税证明》，后者是办理保税合同登记备案，海关核发《加工贸易登记手册》。

(4) 海关监管不同。减免税货物和保税货物均属于海关监管货物。但前者，海关实行时效管理，以监管时限为解除监管的依据，经营者承担不得擅自转让、出售的法律义务；海关对后者实行核销管理，以复出口为解除监管的依据，经营者不仅要求承担不得擅自转让、出售的法律义务，还要履行复出口义务。

(资料来源：张晓芬，程春梅. 现代海关通关实务 [M]. 沈阳：东北大学出版社，2015.)

8.4.3 保税物流中心的设立

1. 保税物流中心申请设立的条件

根据《中华人民共和国海关对保税物流中心(A 型)的暂行管理办法》和《中华人民共和国海关对保税物流中心(B 型)的暂行管理办法》(自 2005 年 7 月 1 日开始实行)，和《海关法》的规定，保税物流中心类型的不同，其设立条件也不相同。表 8-1 将这两种类型的保税物流中心的设立条件进行了比较。

表 8-1 A 型与 B 型保税物流中心的设立条件

比较 \ 类型	A 型保税物流中心	B 型保税物流中心
相同点	设立物流中心的申请由直属海关受理，报海关总署审批 符合海关对物流中心的监管规划建设要求	
	设置符合海关监管要求的安全隔离设施、视频监控系统等监管、办公设施	
	建立符合海关监管要求的计算机管理系统，提供供海关查阅数据的终端设备，并按照海关规定的认证方式和数据标准，通过"电子口岸"平台与海关联网，以便海关在统一平台上与国税、外汇管理等部门实现数据交换及信息共享	
不同点	公用型物流中心的仓储面积，东部地区不低于 20 000 平方米，中西部地区不低于 5 000 平方米 自用型物流中心的仓储面积(含堆场)，东部地区不低于 4 000 平方米，中西部地区不低于 2 000 平方米	物流中心仓储面积，东部地区不低于 10 万平方米，中西部地区不低于 5 万平方米
	符合国家土地管理、规划、消防、安全、质检、环保等方面的法律、行政法规、规章及有关规定	选址在靠近海港、空港、陆路交通枢纽及内陆国际物流需求量较大、交通便利、设有海关机构且便于海关集中监管的地方经省级人民政府确认，符合地方经济发展总体布局，满足加工贸易发展对保税物流的需求

2. 物流中心经营企业应当具备的条件

根据两个《办法》和《海关法》的相关规定，申请设立保税物流中心的企业需要具备一定的资质，根据所申请设立保税物流中心类型的不同，企业资质要求也不尽相同，表 8-2

比较了申请A、B两种类型的保税物流中心的企业所应具备的资质。

表8-2 申请A、B两种类型的保税物流中心的企业所应具备的资质

比较 \ 类型	A型保税物流中心	B型保税物流中心
相同点	经工商行政管理部门注册登记，具有独立的企业法人资格	
不同点	注册资本不低于3 000万元人民币	注册资本不低于5 000万元人民币
	具备向海关缴纳税款和履行其他法律义务的能力	具备对中心内企业进行日常管理的能力；具备协助海关对进出物流中心的货物和中心内企业的经营行为实施监管的能力
	具有专门存储货物的营业场所，拥有营业场所的土地使用权 租赁他人土地、场所经营的，租期不得少于3年	
	经营特殊许可商品存储的，应当持有规定的特殊经营许可批件 经营自用型物流中心的企业，年进出口金额(含深加工结转)东部地区不低于2亿美元，中西部地区不低于5 000万美元 具有符合海关监管要求的管理制度和符合会计法规定的会计制度	

3. 保税物流中心存放货物范围与保税物流中心经营企业开展业务范围

1) 保税物流中心存放货物范围

根据两个《办法》的相关规定，两种类型的保税物流中心可以存放的货物的范围是完全一样的，包括以下内容。

(1) 国内出口货物。

(2) 转口货物和国际中转货物。

(3) 外商暂存货物。

(4) 加工贸易进出口货物。

(5) 供应国际航行船舶和航空器的物料、维修用零部件。

(6) 供维修外国产品所进口寄售的零配件。

(7) 未办结海关手续的一般贸易进口货物。

(8) 经海关批准的其他未办结海关手续的货物。

2) 保税物流中心经营企业开展业务范围

根据两个《办法》的相关规定，两种类型的保税物流中心经营企业可以开展的业务范围也是完全一样的，包括以下内容。

(1) 保税存储进出口货物及其他未办结海关手续货物。

(2) 对所存货物开展流通性简单加工和增值服务。

（3）全球采购和国际分拨、配送。
（4）转口贸易和国际中转业务。
（5）经海关批准的其他国际物流业务。
3）保税物流中心经营企业在物流中心内不得开展下列业务。
（1）商业零售。
（2）生产和加工制造。
（3）维修、翻新和拆解。
（4）存储国家禁止进出口货物，以及危害公共安全、公共卫生或者健康、公共道德或者秩序的国家限制进出口货物。
（5）法律、行政法规明确规定不能享受保税政策的货物。
（6）其他与物流中心无关的业务。

4. 保税物流中心进出口货物的报关与通关

1）保税物流中心与境外之间的进出货物报关

海关对两种类型的物流中心与境外之间大的进出货物报关的规定是相同的。

（1）物流中心与境外间进出的货物，应当在物流中心主管海关办理相关手续。物流中心与口岸不在同一主管海关的，经主管海关批准，可以在口岸海关办理相关手续。

（2）物流中心与境外间进出的货物，除实行出口被动配额管理和中华人民共和国参加或者缔结的国际条约及国家另有明确规定的以外，不实行进出口配额、许可证件管理。

（3）从境外进入物流中心内的货物，其关税和进口环节海关代征税，凡属于按规定存入物流中心范围内的货物予以保税；物流中心企业进口自用的办公用品、交通、运输工具、生活消费用品等，以及物流中心开展综合物流服务所需进口的机器、装卸设备、管理设备等，按照进口货物的有关规定和税收政策办理相关手续。

2）保税物流中心与境内之间的进出货物报关

（1）A型保税物流中心与境内之间的进出货物报关。

① 物流中心内货物跨关区提取，可以在物流中心主管海关办理手续，也可以按照海关其他规定办理相关手续。

② 企业根据需要经主管海关批准，可以分批进出货物，并按照海关规定办理月度集中报关，但集中报关不得跨年度办理。

③ 物流中心货物进入境内视同进口，按照货物实际贸易方式和实际状态办理进口报关手续；货物属许可证件管理商品的，企业还应当向海关出具有效的许可证件；实行集中申报的进出口货物，应当适用每次货物进出口时海关接受申报之日实施的税率、汇率。

④ 货物从境内进入物流中心视同出口，办理出口报关手续。如需缴纳出口关税的，应当按照规定纳税；属许可证件管理商品，还应当向海关出具有效的出口许可证件。

⑤ 从境内运入物流中心的原进口货物，境内发货人应当向海关办理出口报关手续，经主管海关验放；已经缴纳的关税和进口环节海关代征税，不予退还。

⑥ 除法律、行政法规另有规定外，按照以下规定办理。

海关给予签发用于办理出口退税的出口货物报关单证明联的情况有：货物从境内进入物流中心已办结报关手续的；转关出口货物，启运地海关在已收到物流中心主管海关确认转关货物进入物流中心的转关回执后；境内运入物流中心供物流中心企业自用的国产的机器设备、装卸设备、管理设备、检验检测设备等。

海关不予签发用于办理出口退税的出口货物报关单证明联的情况有：境内运入物流中心供物流中心企业自用的生活消费用品、交通运输工具；境内运入物流中心供物流中心企业自用的进口的机器设备、装卸设备、管理设备、检验检测设备等；物流中心之间，物流中心与出口加工区、保税物流园区、物流中心(B型)和已实行国内货物入仓环节出口退税政策的出口监管仓库等海关特殊监管区域或者海关保税监管场所的货物往来。

⑦ 企业按照国家税务总局的有关税收管理办法办理出口退税手续。按照国家外汇管理局有关外汇管理办法办理收付汇手续。

⑧ 下列货物从物流中心进入境内时依法免征关税和进口环节海关代征税：用于在保修期限内免费维修有关外国产品并符合无代价抵偿货物有关规定的零部件；用于国际航行船舶和航空器的物料；国家规定免税的其他货物。

⑨ 物流中心与保税区、出口加工区、保税物流园区、物流中心(A型、B型)、保税仓库和出口监管仓库等海关特殊监管区域或者海关保税监管场所之间货物的往来，按照有关规定办理。

(2) B型保税物流中心与境内之间的进出货物报关。

① 物流中心货物跨关区提取，可以在物流中心主管海关办理手续，也可以按照海关其他规定办理相关手续。

② 中心内企业根据需要经主管海关批准，可以分批进出货物，并按照海关规定办理月度集中报关，但集中报关不得跨年度办理。

③ 物流中心货物进入境内视同进口，按照货物实际贸易方式和实际状态办理进口报关手续；货物属许可证件管理商品的，企业还应当向海关出具有效的许可证件；实行集中申报的进出口货物，应当适用每次货物进出口时海关接受申报之日实施的税率、汇率。

④ 货物从境内进入物流中心视同出口，办理出口报关手续，如需缴纳出口关税的，应当按照规定纳税；属许可证件管理商品，还应当向海关出具有效的出口许可证件。

⑤ 从境内运入物流中心的原进口货物，境内发货人应当向海关办理出口报关手续，经主管海关验放；已经缴纳的关税和进口环节海关代征税，不予退还。

⑥ 除法律、行政法规另有规定外，按照以下规定办理。

海关给予签发用于办理出口退税的出口货物报关单证明联的情况有：货物从境内进入物流中心已办结报关手续的；转关出口货物，启运地海关在已收到物流中心主管海关确认转关货物进入物流中心的转关回执后；境内运入物流中心供中心内企业自用的国产的机器设备、装卸设备、管理设备、检验检测设备等。

海关不予签发用于办理出口退税的出口货物报关单证明联的情况有：境内运入物流中心供中心内企业自用的生活消费用品、交通运输工具；境内运入物流中心供中心内企业自用的进口的机器设备、装卸设备、管理设备、检验检测设备等；物流中心之间，物流中心与出口加工区、保税物流园区、物流中心(A型)和已实行国内货物入仓环节出口退税政策的出口监管仓库等海关特殊监管区域或者海关保税监管场所的货物往来。

⑦ 企业按照国家税务总局的有关税收管理办法办理出口退税手续。按照国家外汇管理局有关外汇管理办法办理收付汇手续。

⑧ 从物流中心进入境内时依法免征关税和进口环节海关代征税的货物有：用于在保修期限内免费维修有关外国产品并符合无代价抵偿货物有关规定的零部件；用于国际航行船舶和航空器的物料；国家规定免税的其他货物。

⑨ 物流中心与保税区、出口加工区、保税物流园区、物流中心(A型、B型)、保税仓库和已实行国内货物入仓环节出口退税政策的出口监管仓库等海关特殊监管区域或者海关保税监管场所之间货物的往来,按照有关规定办理。

⑩ 物流中心内货物可以在中心内企业之间进行转让、转移并办理相关海关手续。未经海关批准,中心内企业不得擅自将所存货物抵押、质押、留置、移作他用或者进行其他处置。

8.4.4 保税物流中心与其他保税形式的区别

【拓展视频】

在经济全球化进程中,海关特殊监管区域日益成为促进对外贸易、提高区域竞争力的重要载体,并以两仓、保税港区、保税物流园区、保税物流中心等多种形式出现。这些特殊监管区域是国际物流与国内物流的特殊连接点。我国海关特殊监管区域保税物流的主要形式见表8-3。

表8-3 我国海关特殊监管区域保税物流的主要形式

形式	两仓		保税物流中心		区港联动——保税物流园区	保税港区
	保税仓库	出口监管仓库	保税物流中心(A型)	保税物流中心(B型)		
功能定位	存放进口保税货物	存放出口货物	保税仓库和出口监管仓库的整合、优化、提升	B型是A型的集约化监管	依托保税区和港口,发挥保税区和港口的功能优势	加工、贸易、仓储、展示
退税政策	无	货物离境退税	入中心退税		入区退税	入港退税
审批权限	直属海关		海关总署		国务院	

1. 保税仓库和出口监管仓库

保税仓库和出口监管仓库(简称"两仓")是我国最基本、应用最广泛的保税物流形式之一。目前,我国有约700家保税仓库和出口监管仓库。

【拓展图文】

保税仓库是指经海关批准设立的专门存放保税货物及其他未办结海关手续货物的仓库。存入保税仓库的保税货物,进库时以及在库期间,海关不征税;出库时如转运出口或加工贸易也不征税,若转为内销,则在出库环节办理缴税手续。

出口监管仓库是指经海关批准设立,对已办结海关出口手续的货物进行仓储、保税物流配送、提供流通性增值服务的海关专用仓库。出口监管仓库是海关监管场所。存入出口监管仓库的货物,视为正式出口货物。出口货物存入出口监管仓库后,货物所有权属于外商。

2. 区港联动——保税物流园区

区港联动是指整合保税区的政策优势和港区的区位优势,在保税区和港区之间开辟直通道,将物流仓储的服务环节移到口岸环节,扩展港区功能,实现口岸增值,推动转口贸易及物流业务的发展。区港联动——保税物流园区是指经国务院批准在保税区的规划面积或者毗邻保税区的特定港区内设立的、专门发展现代国际物流业的海关特殊监管区域。区港联动试点一般以保税物流园区命名,因此,区港联动——保税物流园区也简称保税物流园区,其定位为国际中转、国际配送、国际采购和国际转口贸易等。保税物流园实行鼓励进出口的税收导向政策，除享有保税区"免税、免征、保税"等政策外，国内货物进区视同出口，可以办理出口退税，区内交易免征增值税，基本实现了物流无税或者保税运作。

3. 保税港区

保税港区是指"经国务院批准，设立在国家对外开放的口岸港区和与之相连的特定区域内，具有口岸、物流、加工等功能的海关特殊监管区域"。保税港区是我国在对外开放进程中的一种海关特殊监管模式，是自由港的雏形。保税港区以发展现代物流作为区和港之间的结合点，具备港口、物流和加工三大基本功能，重点发展港口作业、保税仓储、国际贸易、国际中转、国际配送、国际采购、加工制造、检测维修和商品展示等功能性业务，并拓展金融贸易、信用保险等相关功能。

保税港区是我国目前开放程度最高、政策最优惠、功能最齐全和区位优势最明显的海关特殊监管区。保税港区在区域政策上叠加"入区退税"政策，实现与出口加工区、保税物流园区在政策上的统一，享有保税区、出口加工区、保税物流中心和保税仓库的优惠政策叠加。保税港区主要税收政策是"境内关外、适当开放"，即国外货物进入保税港区保税，国内货物进入保税港区退税，货物在区内交易不征增值税和消费税。

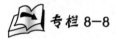

专栏 8-8

充分利用保税政策

D公司是美国一家经营灯具业务的跨国企业。公司从中国进口产品，经北太平洋航线以集装箱运输方式运达美国西海岸，随后销售到美国各地或者转售到其他美洲国家。在国内，D公司的客户是西尔斯、沃尔玛之类的大型销售企业，国外客户则主要是专营进出口业务的经销商。

以前，公司在货物运抵美国西海岸后直接做进口报关，支付12.5%的海关关税。随后，货物被运到公司设在附近的中转仓库中，等待来自客户的订单。接到订单后，公司会根据客户的要求对商品进行简单加工、处理，主要是重新包装，将不同款式的产品按订单要求组合在一起等。对美国本土的客户可以直接发货，如果是海外的客户则还需要办理再出口手续。

现在，来自中国的灯具经海路运抵西海岸后，随即采取保税方式由铁路运到俄亥俄州的自由贸易区。D公司在该自由贸易区内设有保税工厂，在这里完成商品组合、包装工作。如果订单来自国外，那么公司会直接将灯具再出口到其他国家，无须支付进口关税。从关税的角度看，就好像产品从没有进入美国一样。如果订单来自本国的零售企业，那么在发往零售店前需要缴纳进口关税。但与以前不同的是，缴纳关税的时间比以前推迟了30天，相当于每年节约数万美元。

(资料来源：王晓东，赵忠秀. 国际物流与商务[M]. 北京：清华大学出版社，2008.)

本 章 小 结

海关是我国进出关税的监督管理机关。海关的基本任务是：监管、查缉走私、征税、编制进出口海关统计资料等。海关的权利主要包括：行政许可权、行政征收权、行政强制权、其他行政权力等。关税是由海关代表国家仅对进出关境的自由流通的货物和物品征收的一种流转税。关税按征收对象可以分为进口关税和出口关税两种。

通关，是指货物从进入关境边界或申请出境到办结海关手续的一项海关制度。进出口通关涉及通关的时间、通关的空间范围、通关的主体、通关的当事人，进出口货物通关的法律依据和基本制度。一般通关程序包括报关，查验，征税，放行。

转运货物是指从一国境外启运，经过该国境内海关换装运输工具而不经过该国内陆直接运往第三国的运输方式。联运货物是指经由两种以上运输工具运抵目的地的货物。

保税物流中心的功能主要包括保税仓储、简单加工和增值服务、国际物流配送、进出口贸易、国际中转和转口贸易、物流信息处理等。我国划分为 A 型和 B 型两种保税物流中心。

关键术语

　　海关　　关税　　通关　　转运货物　　联运货物　　保税物流中心

思 考 题

1. 海关的基本任务是什么？
2. 海关权利的特点和基本内容是什么？
3. 如何用审定成交价格确定进出口货物的完税价格？
4. 简述进出口货物的一般通关程序和特殊通关程序？
5. 联运货物、转运货物的含义是什么？
6. 保税物流中心的含义是什么？
7. A 型保税物流中心和 B 型保税物流中心设立条件的相同点和不同点是什么？
8. 保税物流中心与其他保税形式的区别是什么？

案例分析

货物出保税区未经检验擅自使用案

2009 年 12 月 21 日，某公司向检验检疫部门办理了一批 1 000 吨柴油的报检手续，该批柴油储存在某保税罐中。12 月 26 日，该公司在未经检验检疫部门重量检验的情况下，擅自将其中 494.219 吨柴油从保税罐中提出，调运至上海某公司。

检验检疫部门根据《进出口商品检验法》第三十三条的规定，对该公司实施了行政处罚。保税区是经国务院批准设立、海关实施特殊监管、我国目前开放度和自由度最大的经济区域。保税区具有"境内关外"的特点。

由于其"身处境内"，对于涉及安全、卫生、健康、环保等项目的货物从境外进保税区时，如属于卫生检疫和动植物检疫范围的，应当实施卫生检疫和动植物检疫；如属于用做原料的固体废物、旧机电产品、成套设备的，则应当实施检验和监管。

由于其"形同关外"，从境外进入保税区时，一般货物不需要进行商品检验；但如果从保税区输往境内非保税区，属于食品卫生监督检验和商品检验范围的货物，如同境外进入境内，应当实施检验。

由于保税区自身的特殊性以及设立时间不长等原因，部分企业对于保税区相关的检验检疫规定在认识上存在一定的误区：一是认为在进入保税区时不需要进行商品检验的货物，在出保税区时也同样可以不经过检

验;二是将进入保税区时实施的卫生检疫或者动植物检疫误认为是该货物已完成了相关的检验检疫手续,不清楚应检物在出保税区时仍需向目的地检验检疫机构报检并接受检验。

(资料来源:王昭凤.国际物流管理[M].北京:电子工业出版社,2013.)

思考题:

1. 什么是保税物流中心?在保税物流中心,海关的作用是什么?
2. 在通关时,检验检疫的作用是什么?通过过程中应该注意哪些问题?

第 9 章 国际货物的包装和检验检疫

【教学要点】

知识要点	掌握程度	相关知识	应用方向
国际货物包装	了解	包装技术 包装容器 包装的种类 合同中的包装条款	国际货物包装是促进国际物流合理化的重要领域
出入境检验检疫概述	了解	出入境检验检疫的概念、意义和作用	了解意义和作用
出入境检验检疫机构	了解	国家出入境检验检疫局 国际上的检验检疫机构	相关机构实施检验检疫职能
出入境检验和检疫的内容	掌握	质量检验 数量和重量检验 包装检验 装运技术检验 出入境动植物检疫 出入境卫生检疫 进出口商品鉴定	出入境检验检疫的相关内容
出入境检验和检疫的流程	掌握	报检 抽样 检验 签发证书	出入境检验检疫的相关流程

国际货物的包装和检验检疫 第9章

一根实木条引发的货物退运案

2009年7月,某进出口公司向国外出口7个集装箱装运的钢丝绳。在货物出运前,公司新进上岗的装卸工人因考虑到此批货物重量较大,为了方便客户利用铲车卸货,在夹板盘上加钉了未进行除害处理、未加施IPPC标识的实木条。该公司也未就该木质包装向当地检验检疫机构报检。货物到达目的国后,该国海关在检验过程中发现,包装物中混有实木包装且未加施IPPC标识,强制将全部货物做退运处理。

【拓展视频】

检验检疫部门依据《进出境动植物检疫法实施条例》第五十九条第一款第一项的规定,对该公司处以相应的罚款。根据《出境货物木质包装检疫处理管理办法》(国家质检总局第69号令),从2005年3月1日起,出境货物木质包装应当按照规定的检疫除害处理方法实时处理,并按照要求加施IPPC专用标识。出境货物使用的木质包装不是获得检验检疫许可的处理单位生产并施加有效IPPC标志,发货人又不依法向检验检疫机构报检致使涉案木质包装已经出口的,属于未依法报检的违法行为。

该进出口公司装卸工人加装实木条,完全是出于方便收货人卸货的考虑,并不存在逃避检验检疫监管的主观故意,但最终导致了货物被强制退运的结果,使企业蒙受了巨大损失,也给中国出口货物造成了不好的国际影响。

(资料来源:王昭凤.国际物流管理[M].北京:电子工业出版社,2013.)

在国际商品交易中,由于买卖双方处于不同的国家和地区,因而一般不当面交接货物,再加上要经过长途运输或多次装卸,这样在货物到达后,很容易出现品质、数量、包装等与合同规定不符的情况,从而引发争议。为保障买卖双方的利益,避免争议的发生或发生争议后便于分清责任,就需要由一个权威、公正、专业的检验鉴定机构对卖方交付的货物的品质、数量、包装等进行检验,或对装运技术、货物残损短缺等情况进行检验鉴定,并出具检验证书,作为买卖双方交接货物、支付货款和进行索赔理赔的依据。

由于国际贸易和跨国经营具有投资大、风险高、周期长等特点,从而使得商品检验成为国际物流系统中的一个重要的子系统。通过商品检验,确定交货品质、数量和包装条件是否符合合同规定。如果发生问题,可分清责任,向有关方面索赔。国际物流人员掌握进出口商品检验检疫的国际国内法规、申报检验的内容和程序等检验检疫知识,是顺利执行每项国际货物买卖合同、安全快捷地完成货物交接和货款收付的重要保障。本章主要阐述与国际物流密切相关的国际货物包装、出入境检验检疫机构、出入境检验检疫的内容和流程。

9.1 国际货物包装

9.1.1 包装的意义与目的

商品的包装是商品生产过程的继续,是流通领域的首道工序。包装绝不是可有可无的,它是商品进入流通领域的必备条件之一。如对一个生产饮料的工厂,仅仅生产出饮料是不够的,消费者不可能都到工厂去买饮料喝,而需要用各种容器将饮料包装好,装入罐中、瓶中送到消费市场上去,以满足社会需求。除了极少数的原材料外,绝大部分商品都要有适当的包装，才便于进行装卸、储存、运输、入库码堆和保管等业务。

随着商品生产和商品流通的发展，商品包装已逐渐发展成一门综合性学科——商品包装学。它不仅包括包装机械、包装材料、包装工艺，而且还包括包装标准、包装美术等许多内容。

国际货物包装的目的是保护货物本身质量和数量上的完整无损；便于装卸、搬运、堆放、运输和理货；对危险品货物包装还有防止其危害性的作用；打破国际贸易壁垒和限制；促进商品的销售。

【拓展文本】

在国际贸易过程中，多数商品在运输、装卸、分配、使用过程中都离不开包装。这是由于进出口业务中商品一般需要经过长距离的辗转运输，因此，经过适当包装的商品，便于运输、装卸、搬运、储存、保管、清点、陈列和携带，且不易丢失或被盗，为各方面提供便利。由于危险货物具有易燃、易爆、有毒及放射性等特性，如果在国际运输过程中，危险品包装的性能不符合要求，或者使用不当，很容易引起起火、爆炸，因此对危险品货物的合理包装能够保障国际运输的安全。此外，不少国家对进口商品的包装有各自不同的规定，凡不符合要求的均不准进口或进口后亦不准投入市场销售，合理的包装有利于保证出口产品顺利进入国际市场。在国际贸易中，商品的良好包装，是吸引顾客、进行价格竞争的重要手段之一，也是实现商品价值和使用价值的重要手段，是商品生产和消费之间的桥梁。因此，在国际贸易中，包装是货物说明的重要组成部分，是主要交易条件之一，并应在合同中订有包装条款。一些国家的法律规定，如卖方交付的货物未按约定的条件包装，或者货物的包装与行业习惯不符，买方有权拒收货物。如果货物虽按约定的方式包装，但却未按约定与其他货物混杂在一起，买方即可以拒收违反规定包装的那部分货物，甚至可以拒收整批货物。因此，搞好包装工作和按约定的条件包装，对国际商品与货物包装具有重要的意义。

9.1.2　包装的种类

为了对国际货物的包装进行经济合理的管理，有必要对国际货物包装进行分类。一般来说，按功能不同对包装分类，可分为运输包装和商业包装。

1. 按功能不同分类

1) 运输包装

运输包装是以运输、保管为主要目的的包装，也就是从物流需要出发的包装，亦称工业包装。我国的国家标准对运输包装的定义是："以运输贮存为主要目的的包装。它具有保障产品的安全，方便储运装卸，加速交接、点验等作用。"从我国国家标准中可以看出，运输包装涉及多部门、多作业。包装的好坏在一定意义上反映了一个国家的综合生产力发展水平。在国际包装标准中，"运输包装"前须冠以"完整的、满装的"定语，即必须是毫无损坏的、内装被保护的产品经过包装所形成的总体。

对运输包装有着重要影响的是产品脆值、固有频率和允许损耗率3个要素。

(1) 脆值：产品在损坏前可承受的最大冲击加速度值。

(2) 固有频率：产品包装受到损坏的重要原因之一是共振，预先得知产品的固有频率，则可采取措施，避免共振产生。

(3) 允许损耗率：任何包装欲坚固到百分之百地不发生损坏是很难的，应提请企业制定商品的允许损耗率，以有利于采用合理包装。

在运输包装中按包装的大小不同又分为单件运输包装和集合运输包装。

(1) 单件运输包装，指在国际物流过程中作为一个计件单位的包装。常见的有：箱，如纸箱、木箱、条板箱、金属箱；桶，如木桶、铁桶、塑料桶、纸桶；袋，如纸袋、草袋、麻袋、布袋、纤维编织袋；包，如帆布包、植物纤维或合成树脂纤维编织包；此外还有篓、筐、罐、捆、玻璃瓶、陶缸、瓷缸、瓷坛等。

(2) 集合运输包装，又称成组化运输包装，指将一定数量的单件运输包装的商品组合成一件大的包装或装入一个大的包装容器内。集合包装可以提高港口装卸速度，便利货运，减轻装卸搬运的劳动强度，降低运输成本和节省运杂费用，更好地保护商品的质量和数量，并促进包装的标准化。集合包装通常采用的是集装箱、集装包、集装袋和托盘。

2) 商业包装

商业包装，又称零售包装或消费者包装，是在商品制造出来以后用适当的材料或容器进行的包装，直接接触商品，直接与消费者见面。

不过在有些情况下运输包装同时又是商业包装，例如装橘子的纸箱应属于运输包装，连同箱子出售时，也可视为商业包装。此外还可以采用商业包装的办法来做运输包装，以使运输包装更加合理并促进销售，如家电用品就是兼有商业包装性质的运输包装。

商业包装的主要功能是定量功能(形成基本单件或与此目的相适应的单件)、标识功能(容易识别)、商品功能(创造商品形象)、便利功能(处理方便)和促销功能(具有广告效力，唤起购买欲望)。主要目的则在于促销或便于商品在柜台上销售或为了提高作业效率。

为了使商业包装适应国际市场的需要，在设计和制作商业包装时，应体现便于陈列展售、便于识别商品、便于携带及使用、要有艺术吸引力的要求。

出口商品的包装应符合科学、经济、牢固美观、适销等方面的要求。超级市场和一些连锁商店里没有售货员，只有少数理货员和收银员。各种商品分别摆在货架上全靠产品的自我介绍。如自我介绍不突出就不能引起顾客的兴趣和促使顾客产生购买的欲望。因此，无论是做广告还是制作包装都要考虑 AIDMA 的因素。它是 Attention、Interest、Desire、Memory、Action 等单词的缩写，其意思就是要使商品的包装能引起消费者的注意，从而使其感兴趣，产生购买的欲望，即使顾客一时不买也会牢记不忘，终归会有一天让其采取购买行动。

2. 按形态不同分类

按形态不同对包装进行分类，大致包括逐个包装、内部包装和外部包装 3 种。

(1) 逐个包装。所谓逐个包装是指交到使用者手里的最小包装，把物品全部或一部分装进袋子或其他容器里并予以密封的状态或技术。

(2) 内部包装。内部包装是指将逐个包装的物品归并为 1 个或两个以上的较大单位并放进中间容器的状态或技术，其中也包括为保护里边的物品，在容器里放入其他材料的状态和技术。

(3) 外部包装。外部包装是指从运输作业的角度考虑，为了对物品加以保护并为方便搬运，将物品放入箱子、袋子等容器里的状态和技术，包括缓冲、固定、防湿、防水等措施。

3. 其他包装分类方法

(1) 按商品销售地点不同分为内销包装和外销包装。外销包装的特点是要适应进口国的国情、气候、风俗、习惯等要求。此外，由于搬动装卸次数多，因此在构造、包装技法、图案等方面应与上述要求相一致。

(2) 按包装使用次数不同分类，包装可分为一次性使用包装和重复使用包装。重复使用包装又可分为两种情况：一是收回复制再用；二是回收后可直接复用。

(3) 按包装材料不同分类，包装可分为纸制包装、塑料包装、金属包装、木制包装、玻璃与陶瓷包装等。

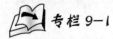

专栏 9-1

国际贸易中木质包装材料管理准则 ISPM 15

2002 年 3 月，国际植物保护公约 (International Plant Protection Convention，IPPC) 发布了国际植物检疫措施标准第 15 号出版物《国际贸易中木质包装材料管理准则》(Guidelines for Regulating Wood Packing Material in International Trade)，简称第 15 号国际标准 (ISPM 15 标准)，即为国际木质包装检疫措施标准。

木质包装是有害生物传播和扩散的重要途径，而且由于木质包装往往重复使用，产地难于确定，不可能通过风险分析来确定采取措施的必要性。因此，IPPC 制定了《国际贸易中木质包装材料管理准则》，建议所有国家或地区采取统一的木质包装管理措施，降低有害生物传播和扩散的风险。

《国际贸易中木质包装材料管理准则》明确了木质包装除害处理及标识方法，建议所有国家或地区采用该标准，而不再提出进一步的要求，如出具植物检疫证书等。《标准》要求输出国对木质包装除害处理过程实施监控，给予实施除害处理木质包装生产企业特定的编码。输入国有权对采用国际贸易中木质包装材料管理准则的木质包装实施检疫。

9.1.3 包装容器

1. 包装袋

【拓展图文】

为物品采用包装袋包装是柔性包装中的重要技术。包装袋材料是柔性材料，有较高的韧性、抗拉强度和耐磨性。一端包装袋结构是筒状结构，一端预先封死，在包装结束后再封装另一端，包装操作一般采用填充操作。包装袋广泛用于运输包装、商业包装、内装、外装，因而使用较为广泛。包装袋分成集装袋、一般运输包装袋和小型包装袋。

(1) 集装袋。这是一种大容积的运输包装袋，盛装重量在 1 吨以上。集装袋的顶部一般装有金属吊架或吊环等，便于铲车或起重机的吊装、搬运。装卸时可打开袋底的卸货孔，进行卸货，非常方便。适合装运颗粒状、粉状的货物。

集装袋一般采用聚丙烯、聚乙烯等聚酯纤维纺织而成。由于集装袋装卸货物、搬运都很方便，装卸效率明显提高，近年来发展很快。

(2) 一般运输包装袋。这类包装袋的盛装重量是 0.5~100 公斤，大部分是由植物纤维或合成树脂纤维纺织而成的织物袋，或者是由几层柔性材料构成的多层材料包装袋。例如，麻袋、草袋、水泥袋等。主要包装粉状、粒状和个体小的货物。

(3) 小型包装袋。这类包装袋盛装重量较少，通常用单层材料或双层材料制成。对某些具有特殊要求的包装袋也有用多层不同材料复合制成。包装范围较广，液状、粉状、块状和异型物等都可采用这种包装。

上述几种包装袋中，集装袋适合运输包装，一般运输包装袋适于外包装及运输包装，小型包装袋适合内装、个装及商业包装。

2. 包装盒

包装盒是介于刚性和柔性包装两者之间的包装技术。包装材料有一定柔性，不易变形，有较高的抗压强度，刚性高于袋装材料。包装结构是规则几何形状的立方体，也可裁制成其他形状，如圆盒状、尖角状，一般容量较小，有开闭装置。包装操作一般采用码入或装填，然后将开闭装置闭合。包装盒整体强度不大，包装量也不大，不适合做运输包装，适合做商业包装、内包装，并适合包装块状及各种异型物品。

3. 包装箱

包装箱是刚性包装技术中的重要一类。包装材料为刚性或半刚性材料，有较高强度且不易变形。包装结构和包装盒相同，只是容积、外形都大于包装盒，两者通常以 10 升为分界。包装操作主要为码放，然后将开闭装置闭合或将一端固定封死。包装箱整体强度较高，抗变形能力强，包装量也较大，适合做运输包装、外包装，包装范围较广，主要用于固体杂货包装。主要包装箱有以下几种。

(1) 瓦楞纸箱。瓦楞纸箱是用瓦楞纸板制成的箱形容器。瓦楞纸箱的外形结构分类有折叠式瓦楞纸箱、固定式瓦楞纸箱和异形瓦楞纸箱三种。按构成瓦楞纸箱体的材料来分类，有瓦楞纸箱和钙塑瓦楞箱。

(2) 木箱。木箱是流通领域中常用的一种包装容器，其用量仅次于瓦楞箱。木箱主要有木板箱、框板箱、框架箱三种。

(3) 塑料箱。一般用做小型运输包装容器，其优点是自重轻，耐蚀性好，可装载多种商品，整体性强，强度和耐用性能满足反复使用的要求，可制成多种色彩以对装载物分类，手握搬运方便，没有木刺，不易伤手。

(4) 集装箱。由钢材或铝材制成的大容积物流装运设备，从包装角度看，也属一种大型包装箱，可归属于运输包装的类别之中，也是大型反复使用的周转型包装。

4. 包装瓶

包装瓶是瓶颈尺寸有较大差别的小型容器，是刚性包装中的一种。其所用的包装材料有较高的抗变形能力，刚性、韧性要求一般也较高。个别包装瓶介于刚性与柔性材料之间，瓶的形状在受外力时虽可发生一定程度变形，外力一旦撤除，仍可恢复原来瓶形。包装瓶结构是瓶颈口径远小于瓶身，且在瓶颈顶部开口；包装操作是填灌操作，然后将瓶口用瓶盖封闭。包装瓶包装量一般不大，适合美化装潢，主要为商业包装、内包装使用，主要包装液体、粉状货。包装瓶按外形可分为圆瓶、方瓶、高瓶、矮瓶、异形瓶等若干种。瓶口与瓶盖的封盖方式有螺纹式、凸耳式、齿冠式、包封式等。

5. 包装罐(筒)

包装罐是罐身各处横截面形状大致相同，罐颈短，罐颈内径比罐身内颈稍小或无罐颈的一种包装容器，是刚性包装的一种。包装材料强度较高，罐体抗变形能力强。包装操作是装填操作，然后将罐口封闭，可做运输包装、外包装，也可做商业包装、内包装用。包装罐主要由小型包装罐、中型包装罐和集装罐三种，其中集装罐是典型的运输包装，适合包装液状、粉状及颗粒状货物。

9.1.4 包装技术

产品的种类繁多，性能各异，产品包装必须针对产品的类别、性能及其形态等，采用正确的包装方法、相应的包装技术，以最低的物资消耗，保障产品完美地输送到消费者手中。

1. 包装设计要素

包装的设计与包装功能、包装分类有着不可分割的联系。根据各种目的、用途设计的包装，就有着不同的性能，属于不同的类别。影响工业包装设计的因素很多，但归纳起来主要有以下要素。

(1) 了解对被包装物在物流过程中，尤其在运输和储存环节上可能经受的外界影响、危害等实际情况，以便采取相应的包装措施。

(2) 对被包装物的物理性能、化学性能和其他一些特殊性能都应有清楚的了解，这也是包装设计的最基本的条件。

(3) 熟悉各种包装材料的性质与被包装货物的适应性，以便采取理想的包装技法。

(4) 考虑包装方法的实施和包装作业的方便性，尤其要考虑使用包装机械作业的可能性及生产效率。

(5) 在保证包装要求、质量的前提下，在包装设计时应进行周密的核算，力求做到包装材料消耗合理，经济耐用，效益理想。

(6) 包装技术的选择还要注意符合和遵守有关的标准(包括国际的、国家的、地方的、企业的)和有关的法规(如《商标法》《海关法》《食品卫生法》《医药管理条例》等)。力求做到包装标准化，而且要符合运输部门和其他有关部门对包装的规定和要求。

2. 包装机械与包装技法

【拓展视频】

包装机械是指完成全部和部分包装过程的机器设备。包装机械很多，通常是按包装工序来使用包装机械。包装工序有裹包、灌装、充填等，完成这些包装工序的包装机称之为包装主机。另外，还有完成洗涤、烘干、检测、输送等工作的辅助包装机械等。

货物在物流过程中发生破损的原因很多，必须采取不同包装技术加以防范。

(1) 缓冲包装技术(防震包装技术)。货物在物流过程中发生破损的主要原因是受运输的震动、冲击以及在装卸作业过程中的跌落等外力作用。不同的物品承受外力的作用程度虽然有所不同，但若超过一定程度便会发生毁损。为使外力不完全在物品上发生作用，必须采取某些缓冲的办法，使外力对物品的作用限制在毁坏限度之内。这种方法为缓冲包装法。

(2) 防水包装。防水包装是为了防止水分浸入包装物而影响内装物质量而采取一定防护措施的包装。包装在运输、装卸、搬运过程中，为防止外界雨、淡水、海水等渗入包装内，影响内装物资质量，采用某些防水材料做阻隔层，并用防水黏结剂或衬垫、密封等措施，以阻止水浸入包装内部。

(3) 防潮包装。防潮包装是为了阻止因潮水侵入包装件，影响内装货物质量而采取一定防护措施的包装。实施防潮包装是用低透湿度或透湿度为零的材料，将被包装物与外界潮湿的大气相阻隔。

(4) 防锈包装。防锈包装是为了阻止防止潮湿空气或雨水等侵入包装件，而使金属腐蚀的包装技法。在金属表面采用涂防锈材料，以破坏化学腐蚀的条件是防锈包装最常使用的手段。

(5) 防霉包装。防霉包装是为了防止因霉毒侵袭内装物而生霉、影响产品质量，所采取的一定防护措施的包装方法。

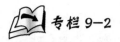

专栏9-2

不同气候条件下的国际货物包装设计

台湾地区的一家公司往中东运输玻璃杯,用木箱作为包装箱并用干草作为填充物。然而,等货物运到目的地时,大部分玻璃杯都碎了。因为中东地区的天气比较干燥,当木箱运抵中东地区时,木箱里作为填充物的干草里的潮气全都散发后体积变小了,结果在箱子里就有了多余的空隙,船的来回颠簸使得玻璃杯互相碰撞而破碎。这就说明在不同地点对包装的要求是不一样的,同样的包装方法,在一个地方有效,在另一个地方可能是无效的。

另一家台湾公司也遇到了类似的问题。当这家台湾公司将一批羊毛运到伊朗时,对方拒绝接收货物,对方认为台湾公司在货物的重量上存在欺骗行为。在拖延了很长时间后,这家台湾公司才发现羊毛在从我国台湾这样的天气比较潮湿的地区发出时含有许多潮气,当运到伊朗时由于这里的气候比较干燥,原来羊毛里的潮气都散发掉后,重量当然就轻了。而到这时,双方都已浪费了许多宝贵的时间,在经济上造成了很大的损失。

该案例说明在不同的气候条件下,对商品的包装要进行专门设计。例如,桂格燕麦公司就是专门使用一种特制的真空密封锡罐来包装其向炎热和潮湿的国家销售的产品。

(资料来源:张思颖,胡西华.国际物流[M].武汉:华中科技大学出版社,2015.)

9.1.5 合同中的包装条款

包装是进出口交易的重要内容,买卖双方必须认真洽商,对商品包装取得一致意见,并在合同中做出明确具体的条款规定。

国际货物买卖合同中的包装条款,主要包括包装材料、包装方式、包装费用和运输标志等主要内容,如果卖方提供的包装与合同规定不符合,买方有权索赔损失,甚至拒收货物。

订立合同中的包装条款,应注意以下问题。

1. 包装方式的选择

选择包装方式,要考虑到商品的特点和不同运输方式的要求。商品种类繁多,特点各异,对商品包装的要求也不同,要求为不同的商品制定不同的包装。比如有的商品容易破碎,有的容易变潮,有的容易腐烂,所以应该根据商品不同的特点进行包装。不同的运输方式对商品包装的要求也是不一样的。如海上运输商品容易受潮,要求有防潮包装。

2. 包装方式的规定

包装方式的规定要尽量明确,不能含糊不清或错列。有的合同里规定采用海运包装或习惯包装,这样显得太笼统,容易引发争端。

3. 包装费用的规定

包装费用由谁负担,包装由谁提供,要做出明确具体的规定。在国际贸易中通常有3种做法。

(1) 由出口商提供包装,包装和商品一同交给进口商,包装的成本打在货价里,不另外收费。大部分商品都采用这种做法。

(2) 出口商提供包装,货用完后,如果出口商打算把原来的包装收回,应在合同中订明。

(3) 由进口商按合同规定提供包装或标准。这主要是进口商对包装有具体的要求或出口商提供的包装材料不符合要求。

4. 运输标志的规定

运输标志又称唛头,它通常是由一个简单的几何图形和一些字母、数字及简单的文字组成，其作用在于使货物在装卸、运输、保管过程中容易被有关人员识别，以防错发错运。

运输标志主要内容包括收货人代号、发货人代号、目的港(地)名称、件数、批号。此外，有的运输标志还包括原产地、合同号、许可证号和体积与重量等内容。

运输标志通常还包括指示性标志和警告性标志。指示性标志是提示人们在装卸、运输和保管过程中需要注意的事项，一般都是以简单、醒目的图形和文字在包装上标出，故有人称其为注意标志。警告性标志又称危险货物包装标志。凡在运输包装内装有爆炸品、易燃物品、有毒物品、腐蚀物品、氧化剂和放射性物质等危险货物时，都必须在运输包装上标明用于各种危险品的标志，以示警告，便于装卸、运输和保管人员按货物特性采取相应的防护措施，以保护物资和人身的安全，如图9.1和图9.2所示。为了适应国际贸易和国际物流的需要，国际标准ISO 780—1997《包装——搬运图示标志》对包装储运图示标志的名称、图形、尺寸、颜色及使用方法等作了规定。我国的国家标准《GB/T 191—2008 包装储运图示标志》大致等效于国际标准ISO 780—1997。

图9.1 常见指示性标志

包装标志17
一级放射性物品标志
(符号：黑色；底色：白色；
附一条红竖线)

包装标志18
二级放射性物品标志
(符号：黑色；底色：上黄下白；
附二条红竖线)

包装标志19
三级放射性物品标志
(符号：黑色；底色：上黄下白；
附三条红竖线)

包装标志21
杂类标志
(符号：黑色；底色：白色)

包装标志4
易燃气体标志
(符号：黑色或白色；底色：正红色)

包装标志8
易燃固体标志
(符号：黑色；底色：白色红条)

包装标志12
有机过氧化物标志
(符号：黑色；底色：柠檬色)

包装标志16
感染性物品标志
(符号：黑色；底色：白色)

包装标志20
腐蚀品标志
(符号：上黑下白；底色：上白下黑)

图9.2 常见警告性标志

运输标志的内容繁简不一,由买卖双方根据商品特点和具体要求商定。一般是买方设计确定,但如果卖方要求由其指定运输标志,买方也可接收,但必须在包装条款中订明提出运输标志的时间,否则卖方可自行决定。

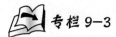

专栏 9-3

世界部分国家对进口商品包装的规定

在国际贸易中,由于各国国情不同及文化差异的存在,对商品的包装材料、结构、图案及文字标志等的要求也有所不同。了解这些规定,对我国外贸出口大有裨益。

1. 禁用的包装材料

危害水稻、棉花等经济作物及森林的材料,如稻草、棉花、木材等。如美国规定,为防止植物病虫害的传播,禁止使用稻草做包装材料,如被海关发现,必须当场销毁,并支付由此产生的一切费用。新西兰农渔部农业检疫所规定,进口商品包装严禁使用土壤、泥灰、干草、稻草、麦草、谷壳或糠、生苔物、用过的旧麻袋及其他废料。澳大利亚防疫局规定,凡用木箱包装(包括托盘用木料及箱内用木料)的货物进口时,均需提供熏蒸证明。

2. 禁用标志、图案

法国人视鲜艳色彩为高贵,备受欢迎,视马为勇敢的象征;忌核桃,厌恶墨绿色,忌用黑桃标志,商标上忌用菊花;视孔雀为恶鸟,忌讳仙鹤、乌龟,不宜用作商标。英国人商标上忌用人物肖像,以及大象、山羊图案,却喜好白猫;与法国人一样,英国也视孔雀为恶鸟,不宜用作商标,而视马为勇敢的象征。对德国出口的商品和包装,禁用类似纳粹和军团符号做标记。阿拉伯国家规定进口商品的包装禁用六角星图案,因为六角星与以色列国旗上的团相似。利比亚对进口商品包装禁止使用猪的图案和女性人体图案。此外,欧洲人除比利时人视猫为不祥之外,大都喜欢黑猫。另外国际上视三角形为警告性标志,所以忌用三角形做出口产品的商标。

3. 包装文字

各国对包装上使用文字都有相应的法律规定,如希腊商业部规定,凡进口到希腊的外国商品包装上的字样,除法定例外者,均要以希腊文书写清楚,否则将追诉处罚代理商、进口商或制造商。加拿大政府规定,进口商品包装上必须使用英、法两种文字。销往我国香港的食品标签,必须用中文,但食品名称及成分,须同时用英文注明。销往法国的产品的装箱单及商业发票须用法文,包装标志说明不以法文书写的应附法文译注。

(资料来源:王时晖.国际物流管理[M].天津:天津大学出版社,2012.)

9.2 出入境检验检疫概述

9.2.1 出入境检验检疫的概念

出入境检验检疫工作是国家出入境检验检疫部门依照国家检验检疫法律、法规的规定,对进出境的商品(包括动、植物产品)的质量、数量、重量、包装、安全、卫生以及运载这些商品、动植物和旅客的交通工具、运输设备,分别实施检验、检疫、鉴定、监督管理和对出入境人员实施卫生检疫及口岸卫生监督的统称。

9.2.2 出入境检验检疫的意义

（1）出入境检验检疫工作是使国际贸易活动能够顺利进行的重要环节，即出入境检验检疫是进出口货物交接过程中不可缺少的一个重要环节。

（2）它是一个国家为保障国家安全，维护国民健康，保护动物、植物和环境而采取的技术和行政措施。

（3）为了加强对进出口商品的检验工作，我国颁布了《中华人民共和国进出口商品检验法》。该法规定，我国商检机构和国家商检部门应对进出口商品实施检验；凡未经检验的进出口商品，不准销售、使用；凡未经检验合格的商品不准出口。

9.2.3 出入境检验检疫的作用

中华人民共和国成立后，党和政府非常重视出入境检验检疫工作，建立了独立自主的检验检疫机构，停止了外国在中国的检验鉴定工作，并制定了检验检疫的法律及法规。随着改革开放和国家经济的不断发展，对外贸易的不断扩大，出入境检验检疫对保证国民经济的顺利发展，保证农林牧渔业的生产安全和人民健康，维护对外贸易有关各方的合法权益和正常的国际经济贸易秩序，促进对外贸易的发展起到了积极的作用。它的作用主要体现在以下几个方面。

1. 出入境检验检疫是国家主权的体现

出入境检验检疫机构作为涉外经济执法机构，根据法律授权，代表国家行使检验检疫职能，对一切进入中国国境和开放口岸的人员、货物、运输工具、旅客行李物品和邮寄包裹等实施强制性检验检疫；对涉及安全卫生及检疫产品的国外生产企业的安全卫生和检疫条件进行注册登记；对发现检疫对象或不符合安全卫生条件的商品、物品、包装和运输工具，有权禁止进口，或视情况在进行消毒、灭菌、杀虫或其他排除安全隐患的措施等无害化处理并重验合格后，方准进口。对于应经检验检疫机构实施注册登记的向中国输出有关产品的外国生产加工企业，必须取得注册登记证书，其产品方准进口。这些强制性制度，是国家主权的具体体现。

2. 出入境检验检疫是国家管理职能的体现

出入境检验检疫机构作为执法机构，根据法律授权，对列入应实施出口检验检疫对象和范围的人员、货物、危险品包装和装运易腐易变的食品及冷冻品的船舱、集装箱等，按照中国的、进口国的，或与中国签有双边检疫议定书的外国的或国际性的法规和标准的规定，实施必要的检验检疫；对涉及安全、卫生、检疫和环保条件的出口产品的生产加工企业，实施生产加工安全或卫生保证体系的注册登记，或必要时帮助企业取得进口国有关主管机关的注册登记；经检验检疫发现检疫对象或产品质量与安全卫生条件不合格的商品，有权阻止出境；不符合安全条件的危险品包装容器，不准装运危险货物；不符合卫生条件或冷冻要求的船舱和集装箱，不准装载易腐易变的粮油食品或冷冻品；对未取得安全、卫生、检疫注册登记的涉及安全卫生产品的生产厂、危险品包装加工厂、肉类食品加工厂，不得生产加工相关产品。

经检验检疫合格的产品或取得生产加工安全卫生注册登记编号的企业，包括取得国外注册的企业，消除了国外的贸易技术壁垒，获得市场准入资格，使其产品在进口国能够顺利通关入境。上述这些对出境货物、包装和运输工具的检验检疫和注册登记与监督管理，具有相当的强制性，是国家监督管理职能的具体体现。

3. 出入境检验检疫是国家维护根本经济权益与安全的重要技术贸易壁垒措施

世界各主权国家为保护人民健康，保障工农业生产、基本建设、交通运输和消费者的安全，相继制定了有关食品、药品、化妆品和医疗器械的卫生法规，各种机电与电子设备、交通运输工具和涉及安全的消费品的安全法规，动植物及其产品检疫法规，检疫传染病的卫生检疫法规，规定该产品进口或人员入境，都必须持有出口国官方检验检疫机构证明符合相关安全、卫生与检疫法规标准的证书；甚至还规定生产加工企业的质量与安全卫生保证体系，必须经过出口国或进口国官方注册批准，并使用法规要求的产品标签和合格标志，其产品才能取得市场准入资格。许多法规标准已成为国际法规标准，例如，出口危险品包装必须符合联合国海协的危险货物运输规则中的规定。

中国检验检疫机构对出口产品或我国生产加工企业的官方检验检疫与监督认证，是打破国外的贸易技术壁垒，取得国外市场准入资格，并使我国产品能在国外顺利通关入境的保证。中国检验检疫机构加强对进口产品的检验检疫和对相关的国外生产企业的注册登记与监督管理，是采用符合国外通行的技术贸易壁垒的做法，以合理的技术规范和措施保护国内产业和国家经济的顺利发展，保护消费者的安全健康与合法权益，建立起维护国家根本利益的可靠屏障。

4. 出入境动植物检疫有利于保护农林牧渔业、农畜产品和人体健康的安全

保护农、林、牧、渔业生产安全，使其免受国际上重大疫情灾害影响，是中国出入境检验检疫机构担负的重要使命。对动植物及其产品和其他检疫物品，以及装载动植物及其产品和其他检疫物品的容器、包装物和来自动植物疫区的运输工具(含集装箱)实施强制性检疫。这对防止动物传染病，寄生虫和植物危险性病，虫、杂草及其他有害生物等检疫对象和其他危险疫情传入或传出，保护国家农、林、牧、渔业生产安全和人民身体健康，履行我国与外国签订的检疫协定书的义务，打破进口国在动植物检疫中设置的贸易技术壁垒，从而使中国农、林、牧、渔产品在进口国顺利通关入境，这对于促进农畜产品对外贸易的发展具有重要作用。

【拓展视频】

5. 国境卫生检疫有利于防止检疫传染病的传播

中国边境线长、口岸多，对外开放的海、陆、空口岸有100多个，是世界各国开放口岸最多的国家之一。近年来，各种检疫传染病和监测传染病仍在一些国家和地区发生和流行，还出现了一些新的传染病，特别是鼠疫、霍乱、黄热病、艾滋病等一些烈性传染病，及其传播媒介。随着国际贸易、旅游和交通运输的发展，出入境人员迅速增加，随时都有传入的危险，给各国人民的身体健康造成威胁。因此，对出入境人员、交通工具、运输设备以及可能传播传染病的行李、货物、邮包等物品实施强制性检疫，对防止检疫传染病的传入或传出，保护人体健康具有重要作用。

综上所述，出入境检验检疫对保证国民经济的发展，消除国际贸易中的技术壁垒，保护消费者的利益和贯彻中国的对外交往，都有非常重要的作用。随着改革开放的不断深入和对外贸易的不断发展，以及中国加入世界贸易组织，出入中国国境的人流、物流、货流的范围之广、规模之大、数量之多是前所未有的，中国出入境检验检疫作为"国门卫士"，将会继续发挥其不可替代的、越来越重要的作用。

9.2.4 进出口商品检验检疫证书的作用

出入境检验检疫的工作成果主要表现为检验检疫机构出具的各种证书、证明,一般称为商品检验证书或检验证书。检验检疫工作的作用通过检验证书的实际效能体现出来,在国际贸易活动中进出口商品的检验检疫主要表现为经济效能,具体有以下几个方面。

(1) 作为报关验放的有效证件。许多国家的政府为了维护本国的政治经济利益,对某些进出口商品的品质、数量、包装、卫生、安全、检疫制定了严格的法律、法规,在有关货物进出口时,必须由当事人提交检验机构符合规定的检验证书和有关证明手续,海关当局才准予进出口。

(2) 买卖双方结算货款的依据。检验部门出具的品质证书、重量或数量证书是买卖双方最终结算货款的重要依据,凭检验证书中确定的货物等级、规格、重量、数量计算货款,这是买卖双方都接受的合理、公正的结算方式。

(3) 计算运输、仓储等费用的依据。检验中,货载衡量工作所确定的货物重量或体积,是托运人和承运人间计算运费的有效证件,也是港口仓储运输部门计算栈租、装卸、理货等费用的有效文件。

(4) 办理索赔的依据。检验机构在检验中发现货物品质不良,或数量、重量不符,违反合同有关规定,或者货物发生残损、海事等意外情况时,检验后签发的有关品质、数量、重量、残损的证书是收货人向有关责任人提出索赔的重要依据。

(5) 计算关税的依据。检验检疫机构出具的重量、数量证书,具有公正、准确的特点,是海关核查征收进出口货物关税时的重要依据之一。残损证书所标明的残损、缺少的货物可以作为向海关申请退税的有效凭证。

(6) 作为证明情况、明确责任的证件。检验检疫机构应申请人申请委托,经检验鉴定后出具的货物积载状况证明、监装证明、监卸证明、集装箱的验箱及拆箱证明,对船舱检验提供的验舱证明、封舱证明、舱口检视证明,对散装液体货物提供的冷藏箱货舱的冷藏温度证明、取样和封样证明等,都是为证明货物在装运和流通过程中的状态和某些环节而提供的,以便证明事实状态,明确有关方面的责任,也是船方和有关方面免责的证明文件。

(7) 作为仲裁、诉讼举证的有效文件。在国际贸易中发生争议和纠纷,买卖双方或有关方面协商解决时,商检证书是有效的证明文件。当自行协商不能解决,提交仲裁或进行司法诉讼时,商检证书是向仲裁庭或法院举证的有效文件。

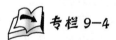
专栏 9-4

商品检验证书的作用

某一进口方委托银行开出的信用证上规定:卖方须提交"商品净重检验证书"和"商品质量检验证书"。出口商收到买方开来的信用证后,便积极安排报检和装船手续,在报检的时候出口商只要求检验机构对商品质量进行检验并出具了质量检验证书,出口商自己清点了商品重量后自己签发了一份重量单,然后凭着一系列单据包括质量商检证书和重量单,出口商到议付行进行议付,而议付行则以出口商提供的商检证书与信用证不符不予议付。

请问:议付行的行为合理吗?这里商检证书的作用是什么?

分析：议付行的拒付是合理的。因为商品净重检验证书是由商检机构签发的关于货物重量的证明文件，而重量单为发货人所出具的货物重量说明文件，二者是不同的。商检证书是卖方办理货款结算的依据。

(资料来源：冯德连，查道中.国际贸易理论与实务[M].合肥：中国科学技术大学出版社，2015.)

9.3 出入境检验检疫机构

自法国政府建立世界上第一个检验机构后，至19世纪，较发达的西方国家普遍设立了检验检疫机构。当前活跃在国际贸易领域中的各类商品检验检疫机构、鉴定机构有1 000多家，其中既有官方机构，也有民间和私人机构。有的综合性检验鉴定公司的业务遍及全世界，是国际物流活动中的重要环节，发挥着越来越重要的作用。

9.3.1 我国的进出口商品检验检疫机构

中华人民共和国质量监督检验检疫总局是我国主管出入境卫生检疫、动植物检疫、商品检验、鉴定、认证和监督管理的行政执法机构。

为履行出入境检验检疫职能，国家质检总局在全国34省(自治区、直辖市)共设有35个直属出入境检验检疫局，海陆空口岸和货物集散地设有近300个分支局和200多个办事处。

自2000年1月1日起，我国实施"先报检，后报关"的检验检疫货物报关制度，将原卫检局、动植物局、商检局进行的检验"三检合一"，全面推行"一次报检、一次取样、一次检验检疫、一次卫生除害处理、一次收费、一次发证放行"的工作规程和"一口对外"的国际通用的检验检疫模式。对实施进出口检疫的货物启用"入境货物通关单"和"出境货物通关单"，并在通关单上加盖检验检疫专用章，对列入《出入境检验检疫机构实施检验检疫的进出口商品目录》范围内的进出口货物，海关一律凭货物报关地的出入境检验检疫局签发的"入境货物通关单"或"出境货物通关单"验放。

国家出入境检验检疫局主要履行以下职责任务。

(1) 组织实施出入境检验检疫、鉴定和监督管理；负责国家实行进出口许可制度的民用商品入境验证管理；组织进出口商品检验检疫的前期监督和后续管理。

(2) 组织实施出入境卫生检疫、传染病监测和卫生监督；组织实施出入境动植物检疫和监督管理；负责进出口食品卫生、质量的检验、监督和管理工作。

(3) 组织实施进出口商品法定检验；组织管理进出口商品鉴定和外商投资财产鉴定；审查批准法定检验商品的免验和组织办理复验。

(4) 管理和组织实施与进出口有关的质量认证认可工作并负责监督检查。

(5) 负责涉外检验检疫和鉴定机构(含中外合资、合作的检验、鉴定机构)的审核认可并依法进行监督。

(6) 负责出口商品普惠制原产地证和一般原产地证的签证管理。

(7) 负责管理出入境检验检疫业务的统计工作和国外疫情的收集、分析、整理，提供信息指导和咨询服务。

(8) 拟定出入境检验检疫科技发展规划；组织有关科研和技术引进工作；收集和提供检验检疫技术情报。

(9) 垂直管理出入境检验检疫机构。

(10) 开展有关的国际合作与技术交流，按规定承担技术型贸易壁垒和检疫协议的实施工作，执行有关协议。

9.3.2 国际上的检验检疫机构

当前国际贸易领域中有的综合性检验鉴定公司业务遍及全世界，涉及国际贸易中各类商品的检验鉴定工作。其中有些比较著名的检验机构由于其检验比较公正、合理、科学，已被许多国家所认可，其鉴定结果亦成为商品进入国际市场的通行证。

1. 瑞士通用公证行

瑞士通用公证行(Societe Generale De Surveillance，SGS)是从事检验、试验、质量保证和认证的国际性检验机构，是当今世界上最大的民营检验鉴定公司。该公司成立于1879年，总部设在瑞士日内瓦，在全球有85 000多名员工运作1 800多个分支机构和实验室。SGS的检验业务服务范围和覆盖的地理区域都很广泛，在国际检验界占据重要的地位。

【拓展视频】

SGS的核心服务包括检验、测试、认证和鉴定4类。

(1) 检验。SGS提供世界领先的全方位检测和验证服务，例如转运时检查贸易商品的状况和重量，帮助控制数量和质量，满足不同地区和市场的所有相关监管要求。

(2) 测试。SGS的全球测试设施网络配备知识渊博、经验丰富的人员，能够帮助客户降低风险、缩短上市时间并根据相关的健康、安全和规范标准对产品的质量、安全和性能进行测试。

(3) 认证：通过认证后，提供认证证书，证明客户的产品、流程、系统或服务是否符合国内和国际标准及规范或客户定义的标准。

(4) 鉴定。为了确保产品与服务遵守全球标准与当地法规，通过将全球覆盖率与几乎包括各个行业的当地知识、无与伦比的经验和专业知识相结合，SGS涵盖了从原材料到最终消费的整条供应链。

SGS的业务范围非常广泛，包括粮食农副产品、石油化工产品、矿产冶金产品、各类工业品、消费品，以及承担与政府合约的综合性进口检验业务。特别在粮食谷物和石油化工产品领域具有绝对的权威。

在我国，SGS集团与隶属于原国家质量技术监督局的中国标准技术开发公司于1991年成立了合资公司——通标标准技术服务有限公司，在全国已建成了50多个分支机构和100多间实验室，拥有13 000多名训练有素的专业人员。业务范围和服务能力全面覆盖工业及建筑业、汽车、矿产、石化、农产及食品、纺织品及服装鞋类、电子电气、轻工家居、玩具及婴幼儿用品、生命科学、化妆品及个人护理产品、医疗器械等多个行业的供应链上下游。

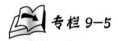

专栏 9-5

全面进口监管计划与商品检验

全面进口监管计划(Comprehensive Import Supervision Scheme, CISS),是 20 世纪 60 年代初期发展起来的一种非关税贸易措施,通常由进口国政府有关部门,如中央银行、财政部、商业部等颁布法令,指定一家或数家公证行对本国进口货物实行强制性的装船前检验,以防止套汇、避税等非法活动。

CISS 业务集中在少数几个跨国公证行,这些跨国公证行主要有天祥集团(INTERTEK)、必维(BUREAU VERITAS,简称 BV)、瑞士通用公证行(SGS)、克泰科纳(COTECNA)和日本海外货物检查株式会社(OMIC)等。实行"全面进口监管计划"的国家有选择地与上述跨国公证行签订合约。

在我国, CISS 检验由通标标准技术服务有限公司(SGS-CSTC)实施检验。通标标准技术服务有限公司是由 SGS 集团和原中国国家质量技术监督局所属中国标准技术开发公司(CSTC)合资建立的检验认证服务公司,是中国第一家加入国际检验机构联盟(IFIA)的检验、鉴定、测试和认证服务公司。

目前,实施 CISS 的国家大约有 50 余个,包括安哥拉、阿根廷、玻利维亚、布基纳法索、布隆迪、柬埔寨、喀麦隆、中非、刚果共和国、科特迪瓦、厄瓜多尔、几内亚、肯尼亚、马拉维、马里、毛里塔尼亚、墨西哥、巴拉圭、秘鲁、菲律宾、卢旺达、塞内加尔、刚果民主共和国、赞比亚等国家。

"全面进口监管计划"并不是针对某一个特定国家,由于我国与上述实施 CISS 的国家贸易往来比较频繁,我国的许多出口货物装船前都需要申请 CISS 检验。

CISS 检验的主要内容包括品质检验、数量/重量检验、包装检验、监视装载、价格比较、海关税则分类等。

2. 劳氏船级社

劳氏船级社(Lloyd's Register Of Shipping)为世界上规模最大、历史最悠久的船舶入级和海事鉴定权威公证机构, 1760 年成立于英国伦敦, 在全球 100 多个国家设有 230 多个办事机构, 拥有专职及兼职验船师 3 000 人。劳氏船级社从事船舶定级检验, 对船舶载重线、设备安全、无线电信、客船安全性等施行法定检验, 其船舶载重线标志为"LR"。劳氏船级社还从事吨位丈量、载重条件审查、防火及灭火设备审查、海事鉴定、残损鉴定等业务活动。劳氏船级社在办理国际船级业务方面占有垄断地位, 在海运、保险业界信誉卓著。

劳氏船级社与我国船舶检验局、商检机构均建立了检验合作关系。

3. 天祥集团

天祥集团是全球领先的质量和安全服务机构,总部设在伦敦, 1996 年,由世界著名检验集团——英之杰(INCHCAPE)改名而来,其企业成长轨迹可以追溯到 19 世纪末期,当时由一家海运检测机构和一家测试实验室构成了这家检验实验室的最初业务。目前,天祥集团在全球 100 多个国家已拥有超过 41 000 名员工, 1 000 多个实验室。

【拓展视频】

天祥集团为众多行业提供专业、创新的解决方案。从审核、验货、测试、培训,到咨询、认证,天祥集团为整体供应链提供完整的解决方案。

天祥集团的专业服务涵盖全球每一个行业,从纺织、玩具、电子产品、建筑、暖气设备、医药产品,到石油、矿产品、汽车部件、食品以及货物无损检测。天祥集团集团在 2015 年度的总收入达到 21.6 亿英镑。

天祥集团于 1989 年在中国深圳正式设立合资公司,这是第一家进入中国市场的外资第三方检测机构。目前,天祥集团已在上海、广州、北京、天津、杭州、无锡、青岛等 40 多个城市设立了 100 多家实验室和办公室,员工人数从最初的十几名发展到今天的 9 000 多名。天祥集团不仅为中国制造商进入国外市场提供服务，同时，也为国外企业进入中国市场提供帮助。

此外，日本海事检定协会 (NKKK)、日本海外货物检查株式会社 (OMIC)、美国食品和药物管理局 (FDA)、美国保险商实验室 (UL) 等检验部门都与我国检验机构有着业务往来与合作关系。

9.4 出入境检验和检疫的内容

检验检疫机构对于进出口商品检验鉴定的具体内容，根据商品的不同特性，法律、法规规定的不同内容，或是根据合同中的具体规定，有关技术标准的规定，以及根据申请委托人的意愿而不同。一般情况下，检验和检疫的主要内容有质量、数量、包装、装运技术、动植物检疫、卫生检疫及其他进出口商品特定检验检疫。

9.4.1 质量检验

1. 质量检验的内容

质量检验也称为品质检验，是检验工作的主要项目。质量检验主要包括以下内容。

(1) 外观质量：检查商品的外观形态、尺寸规格、样式、花色、造型、表面缺陷、表面加工装饰水平以及视觉、嗅觉、味觉等。

(2) 内在质量：内在质量所含内容较多，其中成分检验包括有效成分的种类、含量、杂质及有害成分的限量等。性能检验包括商品应具备的强度、硬度、弹性、伸长率、耐热性等物理性能，耐酸/碱性、抗腐蚀性、溶解性、化学相容性等化学性能。机械性能检验包括抗压、抗拉、冲击、振动、跌落等。使用性能检验包括完成规定的动作、特定的使用效果，如汽车的车速、刹车要求、电视机的声响、图像效果、机器生产出完好的产品等。

(3) 特定质量检验项目：这一检验项目是指为了安全、卫生、环境保护等目的，针对不同商品而特别要求的质量检验，如对食品卫生质量的检验，检验食品中有害生物、食品添加剂、农药残留量、重金属含量等；对动植物的检验检疫；废气、噪声、废水的限量检验等。

2. 质量检验的方法

质量检验的方法因项目不同而不同，需要按照有关标准或技术规定的要求执行。一般而言，有以下几种检验方法。

1) 化学分析检验

对商品进行化学分析，多用于确定商品的纯度、成分、杂质含量等。有重量法、气体分析法等。

2) 仪器分析检验

利用现代化的高精度分析仪器测定商品中成分含量的方法，对其主成分及微量杂质的测定可以精确到百万分级或十亿分级，具有结果准确、快速、高效的特点，如原子吸收光谱仪、气象色谱仪、液相色谱仪等。该检验往往与计算机同时使用，可取得良好的测试效果。

3) 感官检验

感官检验是利用人体的各种感觉器官，如视觉、嗅觉、味觉、触觉以及积累的实践经验检验商品品质的方法。用该种方法主要检验的是外形、外观、硬度、弹性、气味、味道、声音等方面。感官检验是运用人体的视、触、味、听、敲、抖、折、弯、照、量和数等功能来完成商品的检验工作。其中有些手段还要借助一定的工具，例如量尺、衡器等。

感官检验可以用于一般商品的检验，例如对纺织品的外观疵点和花色图案的检验，棉花的品级检验，皮张的路分检验等；也可以用于高档精密商品的检验，例如食品的风味检验，烟、酒、茶的气味检验，收音机等的音质检验，电视机的图像检验，机械产品的外观检验等。由于感官检验简单、方便、迅速、灵活，再加上目前有些感官检验项目用仪器设备检验不了，因此在国际贸易中感官检验仍被广泛采用。

4) 物理检验

物理检验是用各种仪器、设备、量具等，测量或比较各种产品的物理性能或物理量的数据，进行系统整理，从而确定商品质量的一种检验方法。

物理检验的范围很广，例如金属材料的机械性能检验(硬度、拉力、冲击、扭转、弯曲、剪切、疲劳、渗透性、焊接性以及金属材料的宏观组织鉴定、微观组织分析等)；纺织品的幅度、长度、密度、质量、断裂强度、伸长率、回潮率、缩水率、撕破强度、折皱弹性、起皮起球、防水性能、厚度、硬挺度、耐磨度、色牢度等的测定；化工产品中的密度、折光度、熔点、沸点等的测定；石油产品的密度测定；润滑油的黏度测量；沥青的针入度、软化点、延性检验；纸张的硬度(包括拉力、环压、耐折度、撕裂度、耐破度、挺度)检验；电工类产品的电阻、电感绝缘、磁性等测试；机械类产品的尺寸、精度、表面粗糙度、强度的测定等。此外还有无损检测、振动检验、噪声测定等。

5) 微生物检验

微生物检验是生物检验中的一种方法。它主要是测定商品内所存在的微生物类别，测定有关致病微生物是否存在，从而判定商品卫生质量及是否符合卫生标准，如显微观察法、细菌培养法、纯种分析法、形态观察法等。

检验机构在完成进出口商品的质量检验后签发品质检验证书或专项检验证书、兽医检验证书等。

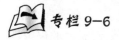

专栏9-6

山东2 200吨出口大蒜不合格遭韩国退回

2014年11月，韩国政府通过招标决定进口我国山东省兰陵县生产的大蒜2 200吨。中标后，兰陵县的蒜农根据标书要求进行了备货，在国内通过了收货方韩国农水产食品流通公社的质检后，由该公社打上铅封放入集装箱。这批大蒜于12月初从中国发往韩国釜山港口，并于12月中旬抵达。大蒜到港后，韩国食品医药安全处、韩国农管所对大蒜分别进行了动植物检疫和质量检验。经过检验，农管所称这批大蒜质量检验不合格，"重缺点大蒜超标"，要求返送货物。重缺点大蒜是指有病虫害、带伤、形状不良及发霉、腐烂的大蒜，根据韩国政府的标书，重缺点大蒜应占所有大蒜的5%以下。此次大蒜贸易的代理公司韩国大农农产独孤女士向媒体解释称，发货前和到港后质检结果不同是因为质检方法不同：韩国农水产食品流通公社在质检前，每袋大蒜可先剔除出少于3%的整头坏蒜，再进行检验；而韩国农管所则直接在每袋中抽取四分之一的大蒜进行检验，因此检测出的重缺点大蒜比例会更高。

(资料来源：冯德连，查道中.国际贸易理论与实务[M].合肥：中国科学技术大学出版社，2015.)

9.4.2 数量和重量检验

商品的数量或重量是贸易合同中的重要内容,因其直接涉及该笔交易的成交金额与最终结算,与双方利益的关系最为直接,因此数量或质量检验是检验工作的主要内容之一。

1. 数量检验

在对外贸易合同中常用的数量计量方式有以下几种。

(1) 对机电仪器类产品、零部件、日用轻工品常用个数计量,如个、只、件、套、打、台等,这种方式简单明确、检验方便,直接清点即可。

(2) 一些纺织品、布匹、绳索等用长度计量,计量单位为米、英尺等。

(3) 玻璃、胶合板、地毯、塑料板、镀锌钢板等常用面积计量,计量单位为平方米、平方英尺等。

(4) 木材多用体积计量,按立方米、立方英尺等单位计量。

(5) 有些液体、气体产品用容器计量,计量单位为升、加仑等。

2. 重量检验

1) 计量方式

国际贸易中常用的计量方式包括以下 3 种。

(1) 毛重。毛重是指商品本身的重量加上包装的重量。

(2) 净重。净重是指商品本身的重量,即商品的毛重减去包装的重量。

(3) 以毛作净。以毛作净是以商品的毛重作为净重,即不必扣减皮重,一般用于包装相对于货物本身而言重量很轻,或包装本身不便计量等情况。

大部分商品都按净重计价,但具体计算时也有以毛作净的情况。

对于纺织纤维,如棉、毛、丝等,因其含水率变化会影响重量,在计重时引入公量的概念。公量重是以商品的干态重量加上标准含水率时的水分重量为计价重量。

2) 计量单位

计量单位多使用公吨、公斤为单位,也使用英制长吨、美制短吨、磅、盎司等单位。

3) 计量方法

(1) 衡量计重。衡量计重是使用最多的计重方式,使用小至天平、台秤,大到汽车衡、轨道衡、料斗秤等衡器,经校准后对不同商品衡重。天平的精密度很高,精密天平的误差在十万分之一或更小,大型衡器的允许误差可在 ±0.2%。

(2) 水尺计重。水尺计重是利用阿基米德原理,测量出船只在装货前、后或卸货前、后的吃水差,计算出船舶的排水量,扣除船上其他物料的重量并修正后得出所装货物的重量,是适用于矿石、粮谷等低值散装物料重量检验的一种快速方法,其允许误差为 ±0.5%。

(3) 容器计重。容器计重是用于散装液体商品,如原油、成品油、植物油等的一种计重方式,通过测量油舱、油罐在装货前、后,或卸货前、后的液体,计算出装或卸货的实际重量,计算时要考虑到液体物料的温度、密度、罐体变形等因素,其允许误差为 ±0.4%。

(4) 流量计计重。流量计计重是一种仪器计重方式,通过流量计直接测得装或卸的液体或气体商品的重量,使用简单方便,其允许的误差为 ±0.4%。

4) 溢短装条件

对于农产品、矿产品、石油产品等散装商品,实际交货重量往往难以准确与合同规定数量相同。买卖双方一般在合同中约定一个可以灵活的幅度,即为溢短装条件。

溢短装条件可以明确规定允许多装或少装某个百分数,或规定交货数量"约"为若干吨等。最后结算时以重量检验证书的准确重量结算。

有的合同还对重量短少规定了免赔率,主要考虑到运输流通过程中的损失,实际检验重量在低于合约规定一定百分数内时,可视为足重。

9.4.3 包装检验

包装检验是根据合同、标准和其他有关规定,对进出口商品的外包装和内包装以及包装标志进行检验。

为了确保出口危险货物安全运输,对装运危险货物的包装容器必须进行性能检验,检验合格者才准予装运危险货物。在对危险货物包装出口时,还必须申请商检部门进行使用鉴定,以便确认正确合理地使用包装容器,取得使用鉴定证明后才准予装运出口。

依据联合国制定的"危险货物运输建议"和国际海事组织的《国际海运危险货物规则》,危险货物共分为9大类:爆炸品,压缩、液化或加压溶解的气体,易燃液体,易燃固体,氧化剂和有机氧化物,有毒物质和有感染性的物质,发射性物质,腐蚀品,以及其他危险货物,近3 000种危险货物。凡属于所列的危险货物必须实施包装性能检验和使用鉴定。

原国家商检局《出口商品运输包装检验管理办法(试行)》规定,凡列入种类表和其他法律规定需经商检机构检验的商品,即所谓法定检验商品,必须申请商检机构对其运输包装进行性能检验,未经商检机构检验合格,不准用于盛装出口商品。商检机构还接受有关部门的申请或委托,对法定商品外商品的运输包装进行性能检验。

进行包装检验时首先核对外包装上的商品包装标志(标记、号码等)是否与进出口贸易合同相符。对进口商品主要检验外包装是否完好无损,包装材料、包装方式和衬垫物等是否符合合同规定的要求,对外包装破损的商品要检查其是否由于包装不良所引起。出口商品的包装检验可分为危险货物包装检验和一般货物包装检验,除包装材料和包装方法必须符合外贸合同、标准规定外,还应该检验商品的内外包装是否牢固、完整、干燥、清洁,是否适于运输和保护商品质量、数量的要求。

出入境检验检疫机构对进出口商品的包装检验,一般在现场抽样检验,或与衡器计量同时结合进行。

运输包装性能检验的典型项目有跌落实验、准码试验、气密试验以及液压试验等。

9.4.4 装运技术检验

根据对外贸易关系人的申请,或依据有关法律、法规的规定,检验机构对出口商品的装卸条件、装载技术等内容进行检验鉴定,主要包括以下检验项目。

1. 船舱检验

船舱检验包括干货舱检验、油舱检验、冷藏舱检验,目的在于确认船舱对所装货物的适载性。

干货舱检验对船舱、船底、污水道、管道、船壁、船顶、船口框、护货板等固定设备情况以及铺垫物料进行检验,要求清洁、干燥、无异味、无虫害,适于装载货物。

油舱清洁检验包括检查油舱内各部位及管道有无油污、锈渍、有害有毒物质,以及是否符合清洁、干燥、无异味的要求。对于装运食用植物油的船舱,依法执行食用卫生条件检验。

油舱紧固检验是对油舱、暖气管、油舱有关部位进行紧密性试验,通常用水压、油压或气压试验,检查舱内各衔接部位有否泄漏现象,符合技术要求时,方可装载液体物品。

对冷藏舱检验时,除检查清洁、干燥、无异味等条件外,还应重点检查其制冷效能和绝热设施是否良好,以确保承载货物的卫生和安全。

对于装运粮油食品、冷冻品等易腐烂变质食品出口的船舱由检验机构实施强制性检验,经验舱不合格的,不准装载。

2. 进出口集装箱鉴定

检验机构对装运易腐烂变质食品的集装箱实施强制性检验,以保证出口食品的卫生质量。对其他进出口集装箱,凭对外贸易关系人的申请,办理鉴定业务。

集装箱的监视装箱,也称装箱鉴定,根据拟装货物的特性,鉴定集装箱的结构、卫生、冷冻等条件,制定装箱计划和保护措施,指导和监视装货,鉴定所装货物的数量、包装、标志并对集装箱签封,出具鉴定证书。

集装箱的监视卸箱,也称卸箱鉴定,是对进口集装箱货物核查其集装箱号码、封识号及外观状态,检查卸货前货物在箱内状态,监视卸货,鉴定所卸货物的数量、包装、标志,确定货损、货差,出具鉴定证书。

此外,还可接受集装箱的承租鉴定、退租鉴定,以及集装箱的清洁、温度、风雨紧固性等单项鉴定。

3. 监视装载

监视装载简称监装,是检验部门对出口商品装货进行的监视鉴定工作。对货物监视时,首先要对装运出口货物的船舱进行检验,或对集装箱进行检验,确认其适货性。同时审核承运人的配载计划是否符合货运安全的需要,监督承运人按照商品的装载技术要求进行装载,并出具监视装载证书。

4. 积载鉴定

积载鉴定是根据对外贸易关系人的申请,检验部门对出口商品装载情况进行的鉴定。鉴定时应审核承运人的配载计划是否合理,注意其安全、稳定性,防止货物互相串味等。检查装船技术措施是否符合保护货物的质量、数量完整和安全的要求,如是否有良好的加固、隔离、衬垫及通风措施等,据实出具鉴定证明。

5. 货载衡量鉴定

货载衡量是对贸易成交将要运输的商品进行衡量体积和衡定重量的工作,是由承运人或托运人申请检验部门办理的鉴定业务。其主要目的是计算运输中的运费。同时,为订舱、配载提供准确的货物体积和重量数据,以保证船舶合理配载及安全、平稳。

9.4.5 出入境动植物检疫

为防止动物传染病、寄生虫病和植物危害性病、虫、杂草及其他有害生物传入或传出国境,保护农、林、牧、渔业和人体健康,保障我国国际贸易活动的正常进行,按照《中华人民共和国进出境动植物检疫法》的规定,对进出境的动植物、动植物产品和其他检疫物,装载动植物、动植物产品和其他检疫物的装载容器、包装物以及来自动植物疫区的运输工具,依法实施检疫。

依据《中华人民共和国进出境动植物检疫法》,我国禁止下列各类物品进境。

(1) 动植物病原体、害虫以及其他有害生物。
(2) 动植物疫情流行的国家和地区的有关动植物、动植物产品及其他检疫物。
(3) 动物尸体。
(4) 土壤。

我国政府规定应受检疫的范围有以下内容。

(1) 动物 (包括试验动物、观赏动物、演艺动物及其他动物)：家畜、家禽、野生动物、蜜蜂、鱼 (指淡水鱼)、蚕等，以及动物的胚胎、受精卵等。

(2) 动物产品：生的皮张、毛类、鱼类、脏器、油脂、鱼液、蛋类、精液、骨、蹄、角、干鱼、鱼籽、骨粉、血粉及动物性生药材。

(3) 植物：栽培植物、野生动物及种子、苗木、繁殖材料等。

(4) 植物产品：粮食、豆类、棉花、油类 (指未经炼制的油籽，不包括各种植物油)、麻类、烟草、籽仁、干果、仙果、蔬菜、药材、原木 (指木材，包括藤、竹)、饲料等。

我国出入境检验检疫局统一管理全国进出境动植物检疫工作。进口动植物、动植物产品和其他检疫物，经检验合格的，准予进口，海关凭口岸动植物检疫机关的检疫证书或在报关单上加盖的印章验放。经检疫不合格的，由口岸动植物检疫机关签署"检疫处理通知单"，通过货主或者其代理人作除害、退回或销毁处理，经除害处理合格的，准予入境。输出动植物、动植物产品和其他检疫物，经检疫合格或经除害处理后合格的，准予出境，海关凭口岸动植物检疫机关的检疫证书或在报关单上加盖的印章验放。检疫不合格又无有效方法作除害处理的，不准入境。

对出口动物产品的检疫，除必须符合我国有关规定外，还必须符合进口国政府的有关法令要求。进口国一般要求由出口国官方兽医、检疫部门出具检疫证书，我国需由出入境检验检疫机构办理证明出口的有关畜禽产品来自、生长在、暂养在、宰杀在、加工分割在、储存在一定半径范围之内，一定期限内未发生过某些指定的传染病的非疫区。检疫对象主要有猪水泡病、非洲猪瘟、口蹄疫、牛瘟、牛肺疫、麻痹菌、传染性贫血病、鸡鸭瘟等。出口的畜禽在屠宰时，要经宰前宰后检验，在证书中证明宰前健康无病，宰前3个月内未注射过防疫针；宰后解剖检查内脏无疾病、肌肉无肿瘤、结核、组织坏死、寄生虫病和其他疾病等。

9.4.6 出入境卫生检疫

(1) 按照我国《中华人民共和国进出境卫生检疫法》及其实施细则的规定，出入境的人员、交通工具、集装箱、运输设备以及可能传播检疫传染病的行李、货物、邮包等必须接受卫生检疫。经卫生检疫机关许可，方准入境或出境。

入境或出境的微生物、人体组织、生物物品，血液及其制品等特殊物品，也应当主动接受检疫。经卫生检疫机关许可，方准带入或带出，海关凭卫生检疫机关签发的有关证明放行。

(2) 国境卫生检疫机关根据国家规定的卫生标准，对过境口岸的卫生状况和停留在过境口岸的入出境交通工具的卫生状况实施卫生监督。这个规定是对国境口岸及交通工具提出的卫生法律要求，如国境口岸内的涉外宾馆供应公司应建立健全卫生制度和卫生设施；饮用水、食品必须符合我国卫生标准，否则必须进行整顿、改进。

(3) 国境卫生检疫机关负责传染检疫监测工作，主要监测的传染病为鼠疫、霍乱、黄热病三种。此外还有流行性感冒、疟疾、脊髓灰质炎、流行性斑疹伤害、回归热及登革热。另外，依据我国政府有关规定，自1988年起将艾滋病纳入传染病监测管理。

经国境口岸入出境的有关人员，必须按规定在法定时间内（通常为一年）到国境卫生检疫机关监测体检点接受传染病监测体检，领取证书。卫生检疫机关有权要求出入境人员出示传染病监测体检证明书、健康证书或者其他有关证书。

(4) 卫生处理。对出入境交通工具以及货物、尸体有下列情况之一者，应当由卫生检疫机关实施消毒、防鼠、除虫或者由其他卫生处理：①来自检疫传染病疫区的。②被检疫传染病传染的。③对出入境废旧物品和曾行驶于境外港口的废旧交通工具，视其污染程度而定，对污染严重的实施销毁。④凡入出境的尸体、骸骨，对不符合卫生要求的，而且若是因患检疫传染病死亡的病人尸体，实施火化，不得移运。⑤不符合卫生要求的入出境邮包。

我国出入境检验检疫局是负责我国出入境卫生检疫工作的政府机构。

9.4.7 进出口商品鉴定

检验机构办理进出口商品鉴定业务，须凭申请办理，不属于强制性检验。检验机构根据对外贸易、运输和保险合同规定的有关各方，即进口商品收货、用货单位代理接运部门以及出口商品的生产者、供货单位和经营部门的申请，外国检验机构的委托，办理进出口商品鉴定业务，签发各种鉴定证书，供申请单位作为办理商品交接、结算、计费、理算、通关、计税、索赔或举证等的有效凭证。

进出口商品鉴定业务范围包括以下 4 类。

1. 进出口商品质量鉴定

进出口商品质量鉴定包括品质鉴定、数量鉴定、重量鉴定，而重量鉴定又包括衡器计重、水尺计重、容器计重、流量计计重等鉴定业务。此外，还有残损鉴定，其中有舱口检视、载损鉴定、监视卸货、海损鉴定和残损鉴定五个科目。

残损鉴定是进出口商品重量鉴定的一个重要组成部分。在国际贸易的货物流通过程中，由于货物的质量、运输环节、人为因素、意外灾害等原因，常常会使货物到达收货人手中时发生变质、短少、破损等问题，统称为残损。进出口货物发生残损时，贸易关系人可以向商检部门申请残损鉴定。

货物在流通过程中发生残损的原因常见的有残破、变质、变形、短缺、火损、锈损、串味以及虫蛀、鼠咬等。商检部门在进行残损鉴定中要查明致损原因，判别责任归属，如船残、原残、工残、港残或是海残。确定商品的受损程度，包括数量、重量的短少变化、品质变异、降级情况等。对残损商品要进行估损和贬值，对有的残损商品还要考虑加工、整理、改装、换包装、修理等费用。最后出具残损鉴定证书，供申请人向有关责任方及保险公司办理索赔。

2. 外商投资财产鉴定

外商投资财产鉴定包括价值鉴定、损失鉴定、品种及数量鉴定以及与外商投资财产有关的其他鉴定。

外商投资财产鉴定是指对国外的公司、企业、其他经济组织或个人在中国境内开办的外商投资企业及各种对外补偿方式中，国外投资者投入的财产的鉴定工作。

按照原国家商检局和财政部颁发的《外商投资财产鉴定管理办法》规定，国家进出口商检局负责管理全国范围内的外商投资财产鉴定工作。原各地商检局及其下属业务机构负责管理和办理执行本地区的外商投资财产的鉴定工作。

外商投资财产鉴定包括以下内容。

(1) 价值鉴定。价值鉴定是对买卖、合资、入股、保险、纳税、信贷、转让、清算等各类经济、贸易活动中外商投资财产的现时价值进行鉴定。

(2) 损失鉴定。损失鉴定是对外商投资财产因自然灾害、意外事故引起损失的原因、程度及残余价值和损失清理费用的鉴定，以及对因抢救财产、防止灾害蔓延、事故扩大所采取的必要施救措施而造成损失所需费用的鉴定。

(3) 品种、质量、数量鉴定。品种、质量、数量鉴定是对外商投资财产的品种、型号、质量、数量、规格、商标、新旧程度以及出厂日期、制造国别、厂家等进行的鉴定。

商检部门出具的上述财产鉴定证明是证明投资各方投入财产价值量的有效依据，各地会计师事务所可凭此办理外商投资财产的验资工作。

3. 集装箱鉴定

集装箱鉴定包括装箱鉴定、拆箱鉴定、承租鉴定、退租鉴定以及集装箱清洁和测温等单项鉴定。

4. 其他鉴定业务

其他鉴定业务包括签封样品和拣封样品、舱容丈量、熏蒸证明、销毁证明、产地证明、价值证明、发票签证等业务。

目前，我国进出口商品的鉴定工作，统一由出入境检验检疫局或其指定的检验机构办理。为了引进国外先进的检验鉴定办法、标准和管理手段，进一步开放和利用国内外两个检验市场、两种资源，提高我国商检在国际检验市场竞争中的地位、综合实力以及整体优势，经国家有关部门批准，也可与国外检验机构合作，共同开展商品检验业务。

9.5 出入境检验和检疫的流程

凡属法定检验检疫商品或合同规定需要检疫机构进行检验并出具检验证书的商品，对外贸易关系人应及时提请检疫机构检验，我国进出口商品的检验程序主要包括4个环节：报检、抽样、检验和签发证书。

9.5.1 报检

进出口报检是指对外贸易关系人向检疫机构申请检验。报检也称报验。凡属检疫范围内的进出口商品都必须报检。报检单位首次报检时须持本单位营业执照和政府批文办理登记备案的手续，取得报检单位代码。其报检人员须经检验检疫机构培训合格后领取"报检员证"，凭证报检。代理报检单位须按规定办理注册登记手续，其报检人员须经检验检疫机构培训合格后领取"代理报检员证"，凭证办理代理报检手续。

1. 报检范围

1) 需向检验机构申报出口检验的范围

出口商品及其运载工具属下列情况之一者必须向检验机构报检。

(1) 列入《商检机构实施检验的进出口商品种类表》(以下简称《种类表》)内的出口商品。

(2) 出口商品的卫生检验。

(3) 出口危险货物包装容器的性能鉴定和使用鉴定。

(4) 转运出口易腐烂变质食品、冷冻品的船舱、集装箱等运载工具的适载检验。

(5) 对外贸易合同(包括信用证、购买证等)规定由商检机构检验出证的出口商品。

(6) 出口动物产品的检疫和监督消毒。

(7) 其他法律或行政法规规定须经商检机构检验出证的出口商品。

(8) 与进口国政府有约定必须凭我国商检机构证书方准进口的商品,如:澳大利亚为防止中国的病虫害传入澳洲,特规定从中国进口的红木家具或木箱等,需要中国商检机构签发的熏蒸证书;法国卫生当局对从中国进口的水产品,需要中国商检机构签发的食品卫生证书;日本厚生省对进口的鳗鱼、虾、肉类食品,实施重点抽查药物和农药残留量等,要求商检机构出具证明;俄罗斯海关对从中国进口的商品,需要凭中国商检机构签发的品质证书正本验放等。

(9)《种类表》内出口商品的包装容器的性能鉴定。

(10) 对外贸易关系人要求对出口商品检验、鉴定的其他项目。

2) 需向检验机构申报进口检验的范围

国家对进口商品的检验实行统一管理,分工负责。法定检验的进口商品必须在规定期限内进行检验。未经检验,不准安装投产,不准销售,不准使用。

下列范围的进口商品必须报请商检机构进行检验。

(1) 列入《种类表》内的进口商品。

(2)《进口商品安全质量许可制度目录》(以下简称《目录》)内的商品。

(3) 外贸合同规定须凭商检机构检验证书计价结算的进口商品。

(4) 其他法律、行政法规规定必须由商检机构检验的进口商品。

(5) 其他需要由商检机构签发证书的进口商品。

《种类表》以外的进口商品和《目录》以外的进口商品到货后,由收用货单位自行检验,检验机构实行监督管理。但当收用货部门检验后发现商品的品质、规格等与合同不符,重量、数量短少,或者商品有残、损、溃、毁等情况,需要向国外发货人或承运人或保险人提出索赔的,收用货人应依法申请商检机构复验或鉴定,并取得相应商检证书,据此向责任方提出索赔。

2. 报检时应提供的单证

凡是履行出口商品报检程序和手续的单位或个人统称为出口商品的报检人。报检人应在商检部门规定的报检时间、报检地点履行报检手续,同时提供必要的文件、资料,并配合商检业务部门看货,抽取样品。报检人有权要求商检部门在规定期限内完成检验、出具证书。报检人对检验结果有异议时,有权依照有关程序提请复验。

报检人在报检时应填写规定格式的报检单,加盖报检单位印章,提供与出入境检验检疫有关的单证资料,并按规定交纳检验检疫费。

3. 进口报检的时间要求

报检的时间应以进口商品的品种为依据,并考虑合同中规定的索赔有效期限、品质保证期限以及规定的向商检机构报检的期限。

(1) 一般商品应该在货物到达报检地点 3 天内,向货物所在地的商检机构报检。

(2) 在口岸卸货时发现有残损、短少的进口商品,应当立即向口岸商检机构报检,以便在卸货地检验,以确定残损、短少情况,判明原因和责任归属。

(3) 列入《种类表》内的进口商品以及必须经商检机构检验出证的《种类表》以外的进口商品，收用货部门或代理人均应在索赔有效期截止之前 1/3 的时间内，向货物的所在地商检机构报检。

(4) 延长索赔期。货物到达目的地时，索赔有效期已临近，来不及完成检验出证的报检人应该提前向国外办理延长索赔的手续，以便在卖方责任终止前检验出具商检证书。

合同规定的索赔有效期，有的是从进口时间算起，有的是从卸货完毕的时间算起，具体由 30 天、35 天、90 天或 3 个月等。有的是以提单签发日期起 6 个月或品质规定 180 天、重量 150 天，这段时间包括航运时间、待泊时间或卸货时间。

(5) 对承运人提出索赔的期限。根据提单条款一般规定为 1 年，《海牙规则》和布鲁塞尔 1968 年修改的《海牙规则》均规定为 1 年。《中国海洋运输公司提单条款》的规定也是 1 年。一般是从货物卸毕日期算起。

(6) 对保险公司索赔的期限。中国人民保险公司《海洋运输货物保险条款》规定，分责任起讫期限和索赔时效期限。责任起讫期限是指保险的责任期限，索赔时效期限是指向保险公司索赔的期限，具体期限见保险单中的规定。

4. 进口报检的地点要求

(1) 进口货物的残损鉴定在口岸申请报检。在口岸商检机构受理报检后，某些特殊情况不能在口岸完成商检鉴定任务时，口岸商检机构可以办理易地检验、鉴定手续，在货物的目的地商检机构完成检验、鉴定任务。有些特殊情况包括国家法律规定必须迅速远离口岸的商品，如危险品等，必须服从国家法令的规定。对于需要到货物目的地安装后才能进行检验、鉴定的商品，或者口岸没有足够检验场地对某种商品实施检验时，国际贸易惯例规定允许离开口岸执行检验、鉴定任务。

(2) 大宗散装进口商品的鉴定及合同规定凭卸货口岸商检机构的品质、重量检验证书作为计算价格、结算货款的商品，应在口岸商检机构申请报检。

(3) 进口的农产品、畜产品，经过国内转运后，容易造成水分挥发、散失或货物腐烂变质，不能反映到货时的品质状况的，原则上应在卸货口岸进行报检。

(4) 进口化工原料和化工产品，分拨调运后，不宜按原发货批号抽取该商品的代表性样品，应在货物到达口岸办理申请报检。

(5) 集装箱运输的进口商品，在口岸拆箱后转运到内地的，应在口岸报检。

5. 报检及证单的更改

报检人申请撤销报检时，应书面说明原因，经批准后方可办理撤销手续。报检后 30 天内未联系检验检疫事宜的，作自动撤销报检处理。

报检人申请更改证单时，应填写更改申请单，交附有关函电等证明单据，并交还原证单，经审核同意后方可办理更改手续。

品名、数量、检验检疫结果、包装、发货人、收货人等重要项目更改后与合同、信用证不符的，或者更改后与进、出口国家或地区法律法规规定不符的，均不能更改。

9.5.2 抽样

检验检疫机构接受报检后，须及时派人到货物堆存地点进行现场检验鉴定。检验的内容包括货物的数量、重量、包装及外观等项目。现场检验一般采取国际贸易中普遍使用的抽样法（个别特殊商品除外）。抽样时须按规定的抽样方法和一定的比例随机抽样，以便样品能代表整批商品的质量。

进出口商品种类繁多，情况复杂，有时一批商品的数量很大甚至达几万吨，有的为了充分利用仓库而采用密集堆垛，有的散装商品采取露天存放等，这些都给抽样工作带来困难。为了切实保证抽样工作的质量，同时又要便利对外贸易，必须针对不同商品的不同情况，灵活地采用不同的抽样方式。常用的抽样方式有以下几种。

(1) 登轮抽样。进口大宗商品，如散装粮谷、铁矿砂等，采取在卸货过程中登轮抽样的办法，可随卸货进度，按一定的比例，抽到各个部位的代表性样品，然后取得代表性的检验样品。

(2) 甩包抽样。例如进口橡胶，数量很大，按规定以10%抽样，采取在卸货过程中，每卸10包甩留1包，供抽样用，既可使抽样工作便利，又能保证样品的代表性。

(3) 翻垛抽样。出口商品在仓库中密集堆垛，难以在不同部位抽样时，如有条件应进行适当翻垛，然后进行抽样，这种方式要多花一定的劳力。

(4) 出厂、进仓时抽样。在仓容紧张、翻垛困难的情况下，对出口商品可事先联系安排在出厂时或进仓时进行抽样，同时加强批次管理工作。

(5) 包装前抽样。为了避免出口商品抽样时的拆包损失，特别是对用机器打包的商品，在批次分清的前提下，采取在包装前进行抽样的方法。

(6) 生产过程中抽样。有些出口商品，如冰蛋、罐头等，可在生产加工过程中，根据生产批次，按照规定要求，随生产抽样，以保证代表性，检验合格后进行包装。

(7) 装货时抽样。出口大宗散装商品，有条件的可在装船时进行抽样。如原油用管道装货时，可定时在管道中抽取样品。出口食盐在装船时每隔一小时抽样一次，样品代表性都很好。但采用这种方式时必须事先研究，出口商品的品质必须符合出口合同的要求，或是按检验机构的实际检验结果出证进行结算的才适用，否则在装船后发生检验不合格，就难以处理。

(8) 开沟抽样。出口散装矿产品，如佛石、煤矿等，都是露天大垛堆存，抽样困难，且品质又不够均匀，一般视垛位大小，挖掘2~3条深1米的沟，以抽取代表性样品。

(9) 流动间隔抽样。大宗矿产品抽样困难，可结合装卸环节，在输送带上定时抽取有足够代表性的样品。

不论采取上述何种形式的抽样，所抽取的样品必须遵循抽样的基本原则，即能代表整批商品的品质。

9.5.3 检验

1. 出口商品的检验方式

1) 商检自检和共同检验

商检机构在受理了对外贸易关系人对出口商品提出的品种、规格、数量、重量、包装以及安全、卫生的检验鉴定申请后，自行派出检验技术人员进行抽样、检验鉴定，并出具商检证、单，这种检验形式就是商检自检。但是商检自行检验在对某些或商品的某个项目检验中并不排除需要申请人或有关单位提供某些帮助，例如检测的仪器设备、工具上的帮助，以及提供一些劳力帮助等。

共同检验简称共检。商检机构在接受了对外贸易关系人对出口商品提出的检验申请后，于有关单位商定，由双方各派检验人员共同检验，最后出具检验结果证单。或者是检验机构与有关单位各承担商品的某部分项目的检验鉴定，共同完成该批商品的全部项目的检验工作，最后出具检验鉴定证单。共同检验是组织社会力量检验的一种手段，有关单位在执行检验、鉴定任务时，应该严格按照合同、信用证或标准进行，并对检验结果负责。

2) 出口检验与预先检验

出口检验是指商检机构对准备装运出口的商品按照外贸合同或信用证、标准等规定进行的检验。商检机构在接受了报检人的申请后，按照约定的时间，到货物堆存地点进行抽样、检验。经检验合格后，签发商检证单即可出口。出口检验货物必须具备下列装运条件。

(1) 货物是生产、加工完毕的产品，除散装货、裸装货以及汽车、拖拉机等整机货物以外，货物已包装完毕，外包装符合出口要求。

(2) 外贸经营单位已对外签订外销合同，凭信用证支付货款的，已收到信用证，明确了检验依据。

预先检验简称预验。预验是商检机构为了方便对外贸易，根据需要，对某些经常出口的商品进行预先检验。受理预先检验的范围包括：尚未成交的出口商品；已成交签订了销售合同，但尚未接到信用证，不能确定转运条件的出口商品；必须在生产过程中实施检验以把住质量关，使成产品质量有一定稳定性的出口商品。

3) 产地检验

产地检验是商检机构为了配合生产加工单位和出口经营单位做好出口检验派出检验人员到出口商品的生产产地进行检验。产地检验有两种形式。

(1) 与出口检验相同。这种形式的产地检验，商品按照出口要求生产、加工、包装完毕，经产地检验合格后，刷好标记号码，具备了装运条件，商品就可以装运出口。

(2) 与出口预验相同。这种形式的产地检验，检验合格后运往口岸或出口装运点待运出口，在货物具备了装运条件后，申请人再申请查验换证或办理放行出口。

产地检验主要适用于大宗出口的农产品，如棉花、粮谷、柑橘、苹果、核桃以及花生等商品的检验。由于这些商品产地分散，生产季节性强，集中口岸检验有一定困难，而且有些商品要在产地发运，所以需要检验人员到商品产地进行检验。

4) 内地检验与口岸检验

根据我国商检法规的规定，内地省市的出口商品需要由内地检验机构进行检验。经内地检验机构检验合格后，签发"出口商品检验换证凭单"。当商品的装运条件确定后，外贸经营单位持内地检验机构签发的"出口商品检验换证凭单"向口岸检验机构申请查验放行。

口岸查验是指经产地检验机构检验合格、运往口岸待运出口的商品，运往口岸后申请出口换证时，口岸检验机构派人进行的查验工作。

5) 免检

根据我国《进出口商品免验方法》规定，凡列入《种类表》和其他法律、行政法规规定须经检验机构检验的进出口商品，经收货人、发货人申请，国家检验部门审查批准，可以免予检验。申请免检，应当具备以下条件。

(1) 在国际上获质量奖的商品。

(2) 经国家商检部门认可的国际有关组织实施质量认证，并经检验机构检验，质量长期稳定的商品。

(3) 连续3年出厂合格率及检验机构检验合格率均为100%，并且没有质量异议的出口商品。

(4) 连续 3 年检验机构检验合格率及用户验收合格率均为 100%，并且获得用户好评的出口商品。

2. 进口商品的检验方式

1) 进口商品的自验

进口商品的收用货单位、经营单位或代理接运单位，按照《中华人民共和国进出口商品检验法》规定，向商检机构报检的列入《种类表》内的进口商品和其他法律、法规规定须经商检机构检验的进口商品和对外贸易合同中指明凭商检机构检验的品质、质量检验或鉴定结果进行结算的进口商品，由商检机构自行派人执行抽样检验或鉴定，并出具检验证单，称为商检自验。进口商品经商检机构检验、鉴定后，对符合合同、标准及有关法律、法规规定的品质、规格、数量、卫生、安全、包装等技术条件的产品，签发"检验情况通知单"。如果进口商品经商检机构检验、鉴定后，不符合合同、标准规定的，签发商检证书，由对外贸易关系人在索赔有效期内，向责任方提出索赔。对于外贸合同规定凭商检证书结算的进口商品，经商检机构检验后，出具商检证书供买卖双方结算货款用。

2) 进口商品的共同检验

商检机构受理对外贸易关系人提出的对进口商品进行品质、规格、数量、质量、安全、卫生、包装、残损等检验或鉴定后，商检机构确定与有关单位各派检验人员共同执行检验，或者由商检机构指定有关单位承担进口商品的部分项目检验、鉴定，商检机构承担抽样和其余部分项目的检验、鉴定，共同完成该批商品的全部项目检验、鉴定，由商检机构确认有关单位的检验结果，汇总对外出具商检证单，称为共同检验。对进口商品执行共同检验，不论有关单位承担多少检验项目，对外贸易关系人或收用货部门都要按规定向商检机构办理正式的报检手续，并提交有关单证、资料。进行共同检验时，必须严格按照合同、标准规定，对检验中出现的问题由商检机构按照规定解决，做出最后结论。

如果有关单位不能按合同、标准和商检机构的规定要求进行检验、鉴定，商检机构可视情况，将共同检验改为商检、自检。

9.5.4 签发证书

对于出口商品，经检验部门检验合格后，凭《出境货物通关单》进行通关。如合同、信用证规定由检疫部门检验出证，或国外要求签发检验证书的，应根据规定签发所需证书。

对于进口商品，经检验合格后签发《入境货物通关单》进行通关。凡由收、用货单位自行验收进口商品的，如发现问题，应及时向检验检疫局申请复验。如复验不合格，检疫机构即签发检验证书，以供对外索赔。

本章小结

做好包装工作和按约定的条件包装，对国际商品与货物包装具有重要的意义。改进包装的不合理性，发挥包装的作用，是促进物流合理化的重要方面，也是一个重要领域。

商品检验检疫是国际物流系统中一个重要的子系统。通过商品检验检疫，确定交货品质、数量和包装条件是否符合合同规定。如发现问题，可分清责任，向有关方面索赔。对进出口商品进行检验检疫，通常是国际货物买卖合同中的一项重要内容，也是一个国家为保障国家安全、维护国民健康、保护动物、植物和环境而采取的技术法规和行政措施。

世界上大多数主权国家一般都设有专门的检验检疫机构。我国的商品检验检疫机构是国家质量监督检验检疫局及其设在全国各口岸的出入境检验检疫局。此外，我国还有专业部门负责的其他检验机构。

检验检疫机构对于进出口商品检验鉴定的具体内容，根据不同商品的不同特性，法律、法规规定的不同内容，或是根据合同中的具体规定，有关技术标准的规定，以及根据申请委托人的意愿而不同。主要的检验项目有进出口商品的质量检验、数量和重量检验、装运技术检验、出入境动植物检疫、出入境卫生检疫和处理、进出口商品鉴定。我国进出口商品的检验检疫程序主要包括四个环节：报检、抽样、检验和签发证书。

国际货物包装　　合同中的包装条款　　出入境检验检疫　　报检　　抽样

思 考 题

1. 包装有哪些种类？
2. 国外知名的检验检疫机构有哪些？
3. 出入境检验检疫工作的主要内容有哪些？
4. 质量检验的主要项目有哪些？
5. 出入境动植物检疫的内容是什么？
6. 进出口检验检疫的流程有哪几个环节，每个环节的主要内容是什么？

天祥集团助力沃尔玛赢得中国市场

"天祥集团是最早进入中国的外资检验测试机构，既熟知国际先进的质量控制体系，又了解中国当地的立法、文化和市场状况，能够将国际化专业技能和资源与本土化服务结合起来，帮助我们建立零售产品安全质量控制解决方案，提供技术与管理方面的支持。使我们能够将主要精力投入到核心的商业活动中来。"沃尔玛(中国)质量保证总监刘秉屹这样评价天祥集团的服务。

天祥集团是全球领先的质量和安全服务机构，从审核、验货、测试、培训，到咨询、认证，为整体供应链提供完整的解决方案。

沃尔玛公司由美国零售业的传奇人物山姆·沃尔顿先生于1962年在阿肯色州成立。经过四十多年的发展，沃尔玛公司已经成为美国最大的私人雇主和世界上最大的连锁零售商，多次荣登《财富》杂志世界500强榜首及当选最具价值品牌。

目前，沃尔玛在全球28个国家开设了超过1 100家商场，下设70个品牌，员工总数220多万人，每周光临沃尔玛的顾客达2.5亿人次。2015财政年度销售额达4 957亿美元。2015年，沃尔玛公司再次荣登《财富》世界500强榜首，并在《财富》杂志"2015年最受赞赏企业"调查的零售企业中排名第一。

沃尔玛于1996年进入中国，在深圳开设了第一家沃尔玛购物广场和山姆会员商店。目前沃尔玛在中国经营多种业态，包括购物广场、山姆会员商店、社区店等，截至2015年，已经在全国169个城市开设了433家商场，在全国创造了超过十万个就业机会。

1. 业务挑战

中国市场非常大，在地域特性及消费习性上存在很大差异，消费者的文化、品位都不尽相同，造成的结果是，同是沃尔玛商店但由于地区不同，所销售的商品可能也会有所不同。沃尔玛在中国的经营始终坚持本地采购，为了满足消费者的不同需求，在每一家沃尔玛门店，销售的产品中本地产品超过95%。自2007年实施"农超对接"项目后，目前，沃尔玛中国与近2万家供应商建立了合作关系，2015年，沃尔玛通过直接采购项目使两百多万中国农民受益。

不止于此，沃尔玛不仅要保证庞大的供应链的平稳与顺畅、终端产品的质量安全，同时还要把控超市卖场自制产品、自有品牌的产品安全质量问题。面对诸多繁复艰巨的品控工作，沃尔玛急需食品安全和产品质量的管理，及熟知各种产品法规和行业标准的专业人员；产品安全的保障需要在整条供应链的各个环节都有相应的对策，这一切都决定了仅仅依靠零售商的技术力量是无法完成供应商管理和产品安全保障工作的。

2. 解决方案

作为沃尔玛指定的第三方质量检测服务机构，天祥集团自2006年与沃尔玛合作以来，在门店管理、自制产品、自有品牌的审核、检测和认证等方面进行了不断深入的合作，取得了值得肯定的成绩。天祥集团作为国内首家外资检验测试机构，凭借国际先进的质量控制体系的建立和管理经验，帮助沃尔玛在中国建立了零售产品安全质量控制解决方案，提供专业的质量审核、检测、认证服务。同时，基于天祥集团在中国20年的业务积累，比较了解中国的《产品安全法》《食品安全法》等的标准和要求。目前，天祥集团与沃尔玛的具体合作主要有：自有品牌产品的质量维护，包括自有品牌供应商的审核及产品的监督检测；食品供应商的审核评估，包括工厂资质审核及监督持续改进；门店卫生抽样检测，包括在所有商店抽取样品送交实验室进行检测；农场质量监控，包括良好农业规范审核，农药残留监督监测等。沃尔玛的商店和供应遍及全国，有些供应商甚至在其他国家和地区。天祥集团的服务网络在中国分布很广，也有全球网络的支持，能够有效地覆盖沃尔玛所处的地域。另外，天祥集团为沃尔玛提供相关法规、标准的培训，针对重大事件解决方案以及食品行业时事新闻等。

3. 商业结果

天祥集团自2006年与沃尔玛合作以来，依托一百多年来在众多产品领域所积累的世界先进的质量安全管理经验与专业的检测技术投入到沃尔玛的产品质量安全管理中去，根据中国市场的法规、标准、产品的质量要求和市场监管的执行机制，对沃尔玛产品在生产前、生产中及门店销售的质量和安全进行监控，确保产品的安全。在门店管理、自制产品、自有品牌三个层面展开了深入合作，每年对近千家供应商进行年度审核；每季度对上百家门店进行季度抽样检测；不定期对沃尔玛几十家农产品基地进行抽样检测；使沃尔玛在产品供应链的可追溯性、透明度和可持续发展上获得提高。天祥集团努力做好沃尔玛零售环节的产品质量保证和提升食品安全管理，以维护沃尔玛产品在中国市场的信誉。

(资料来源：天祥集团官网 (www.intertek.com.cn)，有增删。)

思考题：

1. 天祥集团是一家什么样的机构，它如何帮助沃尔玛开拓中国市场？
2. 沃尔玛通过与天祥集团合作，可以获得哪些利益？
3. 对打算开拓海外市场的中国企业来说，天祥集团可以提供哪些帮助？

第10章 国际物流信息管理

【教学要点】

知识要点	掌握程度	相关知识	应用方向
物流信息技术	掌握	EDI 条码技术 射频技术 全球卫星定位系统 地理信息系统等	物流信息技术的作用和意义
国际物流信息系统	掌握	国际物流信息系统概述 物流信息系统的作用与功能 企业物流信息系统运作模式	企业物流信息系统的运作模式
电子商务下的物流信息系统	了解	电子商务概述 国际物流电子商务管理 电子商务下国际物流信息系统的应用	了解电子商务

导入案例

中国物资储运总公司仓储信息管理系统

中国物资储运总公司是国有储运系统中最大的国有储运企业，是中国最大的以提供仓储、分销、加工、配送、国际货运代理、进出口贸易以及相关服务为主的综合物流企业之一。

应仓储管理发展的需求，中国物资储运总公司委托时力科技(Forlink)对其仓储业务进行信息系统的建设和改造。时力科技以中国物资储运总公司的标准化储运业务流程规范为基础，提出了For-WMS仓储解决方案。该系统通过为企业提供科学规范的业务管理、实时的生产监控调度、全面及时的统计分析、多层次的查询对账功能、包括网上查询在内的多渠道方便灵活的查询方式、新型的增值业务的管理功能，不仅满足了中国物资储运总公司生产管理、经营决策的要求，而且有力地支持了中国物资储运总公司开发新客户。

基于标准业务流程之上的仓储管理信息系统For-WMS，采用大集中方式实现中国物资储运总公司对全国性仓储业务的统一调控。通过先进的通信技术和计算机技术实时反映库存物资状况，使管理人员可以随时了解仓库管理情况。系统对库存物品的入库、出库、在库等各环节进行管理，实现对仓库作业的全面控制和管理。

For-WMS在包含了一般仓库管理软件所拥有的功能外，另增加了针对库内加工，存储预警，储位分配优化，在库移动、组合包装分拣，补货策略等的强大功能，仓库管理系统解决了实际的企业运作过程中的生产管理监控、灵活分配岗位角色等实际问题。主要功能模块由仓储协调管理、资源管理、标准化管理、业务管理、统计查询等。

(1) 仓储协调控制模块。为了便于处理储运业务活动中的特殊情况，满足客户需要，提高仓容利用率，软件中对临时发货、以发代验、多卡并垛等具体情况都有相应处理办法，在维护标准业务流程统一性的同时，又体现出一定的灵活性。仓储协调控制模块包括补货、存储预警、储位分配优化、在库移动组合、包装分拣。通过登录互联网，无论是单个仓库存货的货主会员，还是多个仓库存货的会员，以及集团客户，都可以得到满意的查询结果。

(2) 储运业务管理模块。储运业务管理包括收货(一般收货、中转收货)、发货(自提发货、代运发货、分割提货、指定发货、非指定发货、以发代验、临时发货、中转发货)、过户(不移位过户、移位过户)、并垛、移垛、退单、变更、挂失、冻结/解冻、存量下限、特殊业务申请/审批、盘点、清卡/盈亏报告、存档工作、临时代码管理(申请/审批/替换)等。

(3) 资源管理模块。资源管理模块分为仓库资料管理、合同管理、客户资料管理。在客户档案中被确定为集团客户或地区级客户，还包括分支机构管理功能，用来设置总公司、地区级、普通级客户之间的隶属关系。另外，软件设计中，充分考虑到合同的重要性，包括仓储合同、代运合同、中转合同、租赁合同、抵押合同。合同管理和客户资料管理可由合同管理员负责。

(4) 标准化管理。标准化管理的主要功能是在数据准备好之后，系统并行之前的初始数据的建立和录入工作，如在系统运行过程中基础数据发生了变化，也在此处进行修改。是系统正常运行，数据准确的基础。标准化管理主要包括货物代码管理、货物临时代码管理、仓库仓容管理、仓库基本资料管理、初始码单录入。

码单是动态表现仓储物品进出库变化的核心单据，在仓储管理工作中起着十分重要的作用。码单的电子化有助于实现理货员间的不定位发货工作制度，对提高劳动效率，保证二十四小时发货提供了条件。电子码单的另外一个突出作用是可以实现货主指定发货，一次结算，减少了客户过去一笔业务来回奔波的麻烦，也为开展电子商务和物流配送奠定了基础。

中国物资储运总公司以For-WMS仓储管理系统为支撑，整合物流组织体系，重构仓储管理模式，有效地降低了运营成本,取得了明显的经济效益,良好的信息系统大大提高了服务水平,赢得了客户的尊敬与信赖。

(资料来源:http://www.chinawuliu.com.cn/information/201112/20/176221.shtml,中国物流与采购网,2011-12-20。)

随着物流供应链管理的不断发展,以及各种物流信息的复杂化,各企业迫切要求物流信息化,而计算机网络技术的盛行又给物流信息化提供了技术上的支持。因此,物流信息系统得到了迅速发展,并且为企业带来了更高的效率,同时物流信息系统也是国际物流发展的一个必不可少的分支。本章介绍国际物流信息管理相关知识,首先介绍几种典型的物流信息技术,然后介绍物流信息系统,最后介绍电子商务背景下的物流信息系统。

10.1 物流信息技术

每天在全球范围内发生着数以百万计的商业交易,每一笔商业交易的背后都伴随着物流和信息流。供应链上的贸易伙伴都需要通过这些信息对产品进行发送、跟踪、分拣、接受、存储、提货以及包装等。在世界信息化高度发展的电子商务时代,物流和信息流的相互配合体现得越来越重要,在物流管理中必然要用到越来越多的现代物流技术。

物流信息是指伴随着物流活动而产生的各种数据和信息,这些信息描述了物流活动的状态和特征。物流信息通常由促销与销售信息、生产与采购信息和物流作业信息构成。物流信息的特点是,信息几乎都与实体货物相关,描述时间和空间的间隔,涉及供应链伙伴关系。

物流技术一般是指与物流要素活动有关的所有专业技术的总称,可以包括各种操作方法和管理技能,如流通加工技术、物品包装技术、物流标识技术、物品实时跟踪技术等。物流技术还包括物流规划、物流评价、物流设计、物流策略等。当计算机网络技术的应用普及后,物流技术中综合了许多现代信息技术,如地理信息系统(GIS)、全球卫星定位系统(GPS)、电子数据交换(EDI)、条码技术等。

现代信息技术在物流各个作业环节中的应用,是物流现代化极为重要的领域之一,尤其是飞速发展的计算机网络技术的应用使物流信息技术达到新的水平。同时,随着物流信息技术的不断发展,快速、精确和全面的物流信息技术开拓了以时间和空间为基本条件的物流业,产生了一系列新的物流理念和新的物流经营方式,推动着物流业的变革。这一切充分说明物流业的发展必须以一些实实在在的技术改进为前提。

10.1.1 主要的物流信息技术

1. 条码技术

1) 条码技术简介

条码是一种信息代码,是由一组宽度不同、反射率不同的条和空按规定的编码规则组合起来,用以表示一组数据的符号。这种黑色的、粗细不同的线条表示一定的数据、字母信息和某些符号,如图10.1(a)所示。它是一种用光点扫描阅读设备识别阅读并适用数据输入计算机的特殊代码。目前世界上应用的码制已达100多种,较为常见的有EAN码、UPC码、三九码、二五码等。

条码技术是一项信息处理技术，是能够实现快速、准确而可靠地采集大量信息的有效手段。条码技术的应用解决了数据录入和数据采集的瓶颈问题，为物流管理提供了有力的技术支持。条码技术是实现 POS 系统、EDI、电子商务、供应链管理的技术基础，是物流管理信息化的重要技术手段。

条码技术包括编码技术、符号技术、识别与应用系统设计技术等，主要用于自动识别和计算机数据输入。条码技术中应用的主要设备是条码编制器、条码打印机、条码扫描笔、台式或手持式扫描器、条码译码器等设备。通常这些设备和计算机终端、自动扫描器连接在一起，以实现数据录入和自动化操作。

由于条码技术具有输入速度快、信息量大、准确度高、成本低、可靠性强等优点，因而发展十分迅速。从产生至今的 40 年中，它已广泛应用于交通运输业、商业贸易、生产制造业、仓储业等生产及流通领域。它为物流管理的各个环节提供了一种通用的语言符号，目前这种技术已被成千上万家公司应用于许多领域。

2）二维码

条码技术的发展十分迅速，由于一维条码所能代表的资料容量有限，并且它仅能识别商品，而不能描述商品，因此一维条形码已经越来越多地被多维码代替。目前使用比较广泛的是二维条码，如图 10.1(b) 所示。二维条码是用某种特定的几何图形按一定规律在平面分布的黑白相间的图形记录数据符号信息的，它在代码编制上巧妙地利用构成计算机内部逻辑基础的"0""1"比特流的概念，使用若干个与二进制相对应的集合形体来表示文字数值信息。

（a）一维条码　　　　　　　（b）二维条码

图 10.1　条码

二维条码/二维码可以分为堆叠式/行排式二维条码和矩阵式二维条码。堆叠式/行排式二维条码形态上是由多行短截的一维条码堆叠而成；矩阵式二维条码以矩阵的形式组成，在矩阵相应元素位置上用"点"表示二进制"1"，用"空"表示二进制"0"，由"点"和"空"的排列组成代码。

(1) 堆叠式/行排式二维条码。堆叠式/行排式二维条码又称堆积式二维条码或层排式二维条码，其编码原理是建立在一维条码基础之上，按需要堆积成两行或多行。它在编码设计、校验原理、识读方式等方面继承了一维条码的一些特点，识读设备与条码印刷和一维条码技术兼容。但由于行数的增加，需要对行进行判定，其译码算法与软件也与一维条码不完全相同。有代表性的行排式二维条码有：Code 16K、Code 49、PDF 417 等。

(2) 矩阵式二维码。短阵式二维条码(又称棋盘式二维条码)是在一个矩形空间通过黑、白像素在矩阵中的不同分布进行编码。在矩阵相应元素位置上，用点(方点、圆点或其他形状) 的出现表示二进制"1"，点的不出现表示二进制"0"，点的排列组合确定了矩阵式二维条码所代表的意义。矩阵式二维条码是建立在计算机图像处理技术、组合编码原理等基础上的一种新型图形符号自动识读处理码制。具有代表性的矩阵式二维条码有 Code One、Maxi Code、QR Code、Data Matrix 等。

在目前存在的几十种二维条码中，常用的码制有 PDF 417 二维条码、Datamatrix 二维条码、Maxicode 二维条码、QR Code、Code 49、Code 16K、Code one 等，如图 10.2 所示。除了这些常见的二维条码之外，还有 Vericode 条码、CP 条码、Codablock F 条码、田字码、Ultracode 条码、Aztec 条码。

PDF 417

Datamatrix

QR Code

图 10.2 不同码制的二维条码

二维条码与一维条码相比，有以下明显的优势和特点。

(1) 高密度编码，信息容量大。可容纳多达 1 850 个大写字母、2 710 个数字、1 108 个字节，或 500 多个汉字，比普通条码信息容量高约几十倍。

(2) 编码范围广。该条码可以把图片、声音、文字、签字、指纹等可以数字化的信息进行编码，用条码表示出来；可以表示多种语言文字；可表示图像数据。

(3) 容错能力强，具有纠错功能。这使得二维条码因穿孔、污损等引起局部损坏时，照样可以正确得到识读，损毁面积达 50% 仍可恢复信息。

(4) 译码可靠性高。它比普通条码译码错误率百万分之二要低得多，误码率不超过千万分之一。

(5) 可引入加密措施，保密性、防伪性好。

(6) 成本低，易制作，持久耐用。

(7) 条码符号形状、尺寸大小比例可变。

(8) 二维条码可以使用激光或 CCD 阅读器识读。

条形码已经成为产品流通的通行证。若将条形码定位、印刷(标贴)在不同的商品或包装上，通过条形码扫描器能在数秒内得知不同商品的产地、制造商家、产品属性、生产日期、价格等一系列的信息。条形码所包含的数据信息，构筑了物流信息系统的开端，实现了物流在仓储、运输、分拣、加工及配送等环节上高效准确地监控货物的同时，也实现了从单据到实务的有效管理。

【拓展视频】

条形码实际上是一种国际通用语言，在进出口货物的出入仓库管理、大型国际配送加工中心的货物分拣等应用中，通过对条形码识别，可以进行国际沟通，省却了在不同国家语言文字的转换问题，有力支持了物流的国际化，更好地实现了国际物流。

2. EDI 技术

1) EDI 技术简介

EDI (Electronic Data Interchange)，即电子数据交换技术，是计算机与计算机之间结构化的事物数据交换，它是通信技术、网络技术与计算机技术的结合。构成 EDI 系统的要素包括 EDI 软件和硬件、数据标准化与通信网络，其中数据标准化是 EDI 的关键部分。EDI 按照规定的通用标准格式，将数据和信息规范化、标准化，并将标准的信息通过通信网络传播，在计算机应用系统间，直接以电子方式进行数据交换和自动处理。EDI 的工作流程如图 10.3 所示。

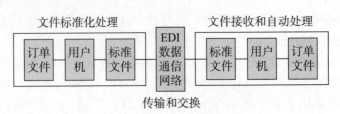

图 10.3　EDI 工作流程

EDI 的目的是通过建立企业间的数据交换网来实现票据处理、数据加工等事务性工作的自动化、省力化、及时化和正确化，同时通过有关销售和库存信息的共享来实现经营活动的效率化。企业通过 EDI 交换的数据，一方面是交易的数据，如订购、付款等，另一方面是处理的数据，即对产品进行直接的信息交换，如技术绘图、生产模型数据等，如图 10.4 所示。EDI 也可以交换文本数据，如简讯、表格、或由文字、图片和表格组成的完备的文件。

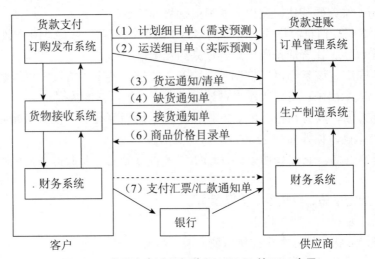

图 10.4　美国汽车工业行动组 (AIAG) 的 EDI 应用

2) EDI 优势

EDI 具有明显的优势，主要体现在以下几个方面。

(1) 节约时间和降低成本。由于单证在贸易伙伴之间的传递是完全自动的，所以不再需要重复输入、传真和电话通知等重复性的工作，因此可以极大地提高企业的工作效率和降低运作成本，使沟通更快、更准。

(2) 提高管理和服务质量。将 EDI 技术与企业内部的仓储管理系统、自动补货系统、订单处理系统等企业 MIS 系统集成使用之后，可以实现商业单证快速交换和自动处理，简化采购程序，减少营运资金及存货量、改善现金流动情况等，也可以使企业更快地对客户的需求做出响应。

(3) 提高企业竞争力。目前，许多国际和国内的大型制造商、零售企业等大公司对贸易伙伴都有使用 EDI 技术的要求。当这些企业评价一个新的贸易伙伴时，是否具有 EDI 能力是一个重要指标。某些国际著名的企业甚至会减少和取消给那些没有 EDI 能力的供应商的订单。因此，采用 EDI 技术是企业提高竞争能力的重要手段之一。

3) EDI 技术在国际物流中的应用

EDI 是目前较为通用的商务、管理业务信息交换方式，它使业务数据自动传输、处理。从而大大提高了工作效率和效益。由于使用 EDI 能有效地减少直至最终消除贸易过程中的纸面单证，因而 EDI 也被称为"无纸贸易"。

EDI 最初由美国企业应用在企业间的订货业务活动中，其后 EDI 的应用范围从订货业务向其他业务扩展，如 POS 销售信息传送业务、库存管理业务、发货送货信息和支付信息的传送业务等。近年 EDI 在物流中广泛应用，被称为物流 EDI。所谓物流 EDI 是指货主、承运业主以及其他相关的单位之间，通过 EDI 系统进行物流数据交换，并以此为基础实施物流作业活动的方法。物流 EDI 的参与单位有货主(如生产厂家、贸易商、批发商、零售商等)、承运业主(如独立的物流承运企业等)、实际运送货物的交通运输企业(铁路企业、水运企业、航空企业、公路运输企业等)、协助单位(政府有关部门、金融企业等)和其他的物流相关企业(如仓库业者、货运代理业者等)。物流 EDI 的框架结构如图 10.5 所示。

以下是一个由发送货物业主、物流运输业主和接收货物业主组成的物流模型，这个物流模型的运作包括以下几个步骤。

(1) 发送货物业主(如生产厂家)在接到订货后制定货物运送计划，并把运送货物的清单及运送时间安排等信息通过 EDI 发送给物流运输业主和接收货物业主(如零售商)，以便物流运输业主预先制定车辆调配计划和接收货物业主制订货物接收计划。

(2) 发送货物业主依据顾客订货的要求和货物运送计划下达发货指令、分拣配货、打印出物流条形码的货物标签，并贴在货物包装箱上，同时把运送货物品种、数量、包装等信息通过 EDI 发送给物流运输业主和接收货物业主。物流运输业主依据请示下达车辆调配指令。

(3) 物流运输业主在向发送货物业主取运货物时，利用车载扫描读数仪读取货物标签的物流条形码，并与先前收到的货物运输数据进行核对，确认运输货物。

(4) 物流运输业主在物流中心对货物进行整理、集装、制作送货清单并通过 EDI 向收货业主发送发货信息。在货物运送的同时进行货物跟踪管理，并在货物交给收货业主之后，用 EDI 向发货业主发送完成运送业务信息和运费请示信息。

(5) 收货业主在货物到达时，利用扫描仪读取货物标签的条形码，并与先前收到的货物运输数据进行核对确认，开出收货发票，货物入库。同时通过 EDI 向物流运输业主和发送货物业主发送收货确认信息。

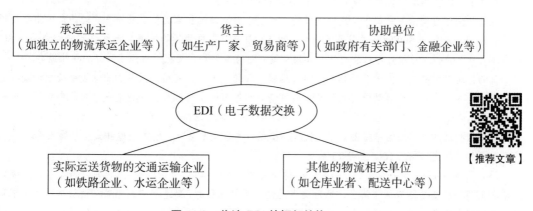

图 10.5 物流 EDI 的框架结构

近年来，国际运输领域已经通过 EDI 系统用电子提单代替了传统的提单，实现运输途中货物所有权的转移。电子提单是一种利用 EDI 系统对海运途中的货物所有权进行转让的程序。由于提单是货物所有权的凭证，长期以来的国际贸易实践形成了通过背书来实现货物所有权的转让，而电子提单则是利用 EDI 系统根据特定密码使用计算机进行的，因此它具有许多传统提单无法比拟的优点，一方面表现在所有权快速、准确地转移。EDI 是一种高度现代化的通信方式，可利用计算机操纵、监管运输活动，使所有权快速、准确地转移。在近海运输中，常常出现船货到港而提单未到的事情，电子提单的使用，使这个问题迎刃而解。另一方面电子提单可防冒领，避免误交。承运人可通过 EDI 系统监视提单内容，以防止托运人涂改、欺骗收货人与银行；托运人、银行或收货人可以监视承运人的行程，以避免船舶失踪。

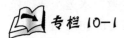
专栏 10-1

国际上著名的 EDI 应用系统

随着 EDI 技术的发展，许多国家建立了规模不同的 EDI 应用系统，较为著名的有以下几种。

1. 美国新奥尔良港的 CRECSCENT 系统

CRECSCENT 的全称是"全港业务集成系统"。最初的突破是来自海关的美国海关自动商务系统(ASC)，它能在海船抵达港前 24 小时对货物进行"预结关"处理。为能和海关同步工作，全港业务集成系统传输仓单给海关的 ASC 系统，接受海关对仓单的放行信息，再将放行信息传输给有关的货物承运人或代理人。

全港业务集成系统的对外应用的功能主要是泊位安排、仓单处理、危险品查询、进口放行、代发传真给内陆承运人、卸船清单、给有关方发送报文的电子邮箱等。全港业务集成系统的港内应用部分的主要功能有泊位确认及通知、到港/离岗信息、预约集装箱起重机、结算装卸费用、合同管理、工资及人事管理。全港业务集成系统的应用使新奥尔良港发生了显著的变化。

2. 美国西雅图港的货物信息交换 (LINX) 系统

西雅图港和塔科马港为能开展 EDI 服务，开发研制了货物信息交换系统。该系统使贸易公司和运输公司之间的信息交换更加迅速和正确，使货物在世界各地的运输更加合理化。该系统是在 Sterling 软件环境下，通过电子信箱进行货物信息交换。在美国和加拿大的用户可以通过电话的 800 号免费访问这个网络，也可以访问世界各地的贸易伙伴。使用货物信息交换系统可以进行到货通知单、远洋/公路/铁路/空运的单据、订仓的申请和确认、交货/提货单、码头大门业务、装货单、发货单、装货状态、状态的查询和应答等信息的交换。

3. 法国勒阿佛尔港的货物快速自动结关 (ADEMAR+) 系统

在货物快速自动结关系统中，港口的货物在通过政府、商业和海关检查时是全自动的，由集装箱场站的计算机终端与海关的 SOFI (海关信息系统)实时交换信息。港口的货物快速自动结关系统和海关的 SOFI 系统合二为一，使得文件的处理功能与货物在港口的转运完全同步，极大地提高了港口的吞吐能力。

货物快速自动结关系统管理货物的进口、拆箱、输送、出口、装箱，以及货物是否要接受检查、是否要转运等。现在，货物快速自动结关系统已扩展到港口运输链的所有成员，形成了一个内部专用网，每月处理 250 多个成员的 100 多万次的货物交换信息，业务包括当地海关和其他地方的海关，船公司和船公司代理，船舶经纪人和船舶报关费的结算者、报关代理、报关方和联运服务方、前方仓库和集装箱码头等。

4. 新加坡的港口网络 (PORTNET) 系统

港口网络在 1989 年正式建成，当初，航运公司和代理可以访问港口网络系统的数据库，获得诸如泊位计划和集装箱动态的港口运作信息，之后逐步提供包括船舶到港/离港动态、船舶在港动态以及化学品信息数据库的信息服务。港口网络信息交换的范围进一步扩大到港口用户与港务局之间，以及港口用户与用户之间。内陆承运人可以向港口网络提交和输入货物的装运信息，以后该系统又进一步与贸易网络 (TRADENET

配套，提供一体化服务，港口用户可以通过港口网络向贸易发展局、海关和有关当局提交进出口货物的电子申报业务。目前，该系统已与2个东盟国家的港口和6个非东盟国家的港口实现了互联互动，保证了信息的实时更新和查询。

(资料来源：冯湛青.国际物流与风险管理[M].北京：北京大学出版社，2014.)

3. 射频识别技术

1) 射频识别技术的概念

射频识别技术(Radio Frequency Identification，RFID)俗称电子标签，它的主要核心部件是一个电子标签，直径不到2毫米，通过相距几厘米到几米距离内传感器发射的无线电波，可以读取电子标签内储存的信息，识别电子标签代表的物品、人和器具的身份。RFID是一种非接触式的自动识别技术，它通过射频信号自动识别目标对象并获取相关数据，识别工作无须人工干预，可工作于各种恶劣环境。RFID技术可识别高速运动物体并可同时识别多个标签，操作快捷方便。

【拓展视频】

2) RFID的基本组成部分

最基本的RFID系统由3部分组成。

(1) 标签(Tag)：由耦合元件及芯片组成，每个标签具有唯一的电子编码，附着在物体上标识目标对象。

(2) 阅读器(Reader)：读取(有时还可以写入)标签信息的设备，可设计为手持式或固定式。

(3) 天线(Antenna)：在标签和读取器间传递射频信号。

3) RFID的工作原理

RFID工作过程中，通常由阅读器在一个区域内发射射频能量形成电磁场，作用距离的大小取决于发射功率。标签通过这一区域时被触发，发送存储在标签中的数据，或根据阅读器的指令改写存储在标签中的数据。阅读器可接收标签发送的数据或向标签发送数据，并能通过标准接口与计算机网络进行通信。具体流程如图10.6所示。

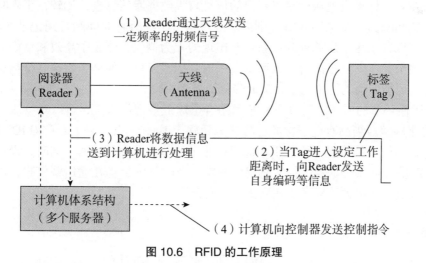

图10.6 RFID的工作原理

(1) 编程器预先将数据信息写入标签中。

(2) 阅读器经过发射天线向外发射无线电载波信号。

(3) 当射频标签进入发射天线的工作区时,射频标签被激活后即将自身信息经标签天线发射出去。

(4) 系统的接收天线接收到射频标签发出的载波信号,经天线的调节器传给阅读器,阅读器对接到的信号进行解调解码,送后台计算机。

(5) 计算机控制器根据逻辑运算判断射频标签的合法性,针对不同的设定作出相应的处理和控制,发出指令信号控制执行机构的动作。

(6) 执行机构按计算机的指令动作。

(7) 通过计算机通信网络将各个监控点连接起来,构成总控信息平台。

4) RFID 在国际物流中的应用

RFID 技术在物流领域主要用于对物品跟踪、运载工具和货架的识别等。以下为射频技术在国际物流中的典型应用。

(1) 集装箱自动识别系统。集装箱上需要安装标签。当集装箱从汽车、火车、货船到达或离开货场时,通过射频识别设备,对集装箱进行自动识别,并将识别信息通过各种网络通信设施传递到信息系统,实现集装箱的动态跟踪,同时阅读器可以非常容易地校验集装箱等密闭容器内的货物,而无须花费大量的人力和时间进行开箱检查、手工点货和货单校对,不仅加快了车辆进港提箱的速度,而且对车辆提箱进行严密的管理并有效地降低了工作人员的劳动强度,减少了人为因素造成的差错,提高集装箱的运输效率。

(2) 智能托盘系统。在每个托盘上都安装射频标签,把射频阅读器安装在托盘进出仓必经的通道口上方。当叉车装载托盘货物通过时,阅读器获得标签内的信息,并传递给计算机,记录托盘的通过情况;当托盘装满货物时,自动称重系统会自动比较装载货物的总重量与存储在计算机中的单个托盘重量,获取差异,了解货物的实时信息。通过使用射频技术,可高效地获得仓库中货物、托盘状况,提高仓库管理水平。

(3) 通道控制系统。为仓库中可重复使用的各个包装箱都安装上作为唯一标识的射频标签。在包装箱进出仓库的通道进出口处安装射频阅读器,阅读器天线固定在上方。当包装箱通过天线所在处,计算机把从标签里获得的信息与主数据库信息进行比较,正确时绿色信号灯亮,包装箱可通过;如果不正确,则激活红色信号,同时将时间和日期记录在数据库中。该系统消除了以往采用纸质单证管理系统常出现的人为错误,建立了高效和良好的信息采集途径,大大地节约了时间。同时,该系统采用射频标签还可以使公司快速获得信息反馈,包括损坏信息、可能取消的订单信息,从而降低消费者风险。

(4) 在运输环节的应用。射频识别技术结合全球卫星定位系统,可以对物流运输过程进行全面可视化跟踪。当贴有电子标签的货物和运输工具,经过一些设立了 RFID 读写系统的地理位置时,运输工具可以不用停下来而直接通过,节省了通关时间。同时,设立在运输路径上的 RFID 系统可以对车辆进行实时定位跟踪,及时了解货物在途运输信息,便于公司进行远程调度管理,并极大地提高了在途货物的安全性。

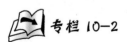
专栏 10-2

RFID 自动识别让供应链可视化

与传统的条形码扫描技术相比,RFID 具有明显的优势。首先,RFID 突破了条形码技术所受的距离限制,将扫描距离由原来的几英寸延长至 90 英寸。其次,RFID 系统可应用于任何需要唯一标识的商品,从服装、导弹、宠物到食品皆可。电子标签中的信息可以比较简单，如宠物主人的姓名地址、衣物的洗涤说明，也可能复杂到诸如汽车的组装说明。最后，用户不必再到堆满无数不能"说话"的物品的仓库去苦苦搜寻，而是去"倾听"仓库中物品自己"坦白"的声音。这样，物品的搜寻过程得以极大的简化。RFID标签能够产生稳定的数据流，利用接收器就能传输到基于互联网或内联网的企业系统中，如SCM、ERP系统。

2010年，全球RFID市场预计达到55亿美元，美国市场约为30亿美元。随着RFID在政府、私人企业的广泛应用，RFID的市场规模还将呈现突破性的增长。

目前，RFID在服装行业的应用处于扩张阶段，玛莎百货、美国服饰等品牌纷纷加入RFID队伍中。2010年，全球服装企业(包括洗衣店)共使用2亿枚RFID标签。而当年RFID标签的总销售量约为23.5亿枚。微软、IBM和惠普也对这个市场窥觊已久，均投资数亿美元开发出实现RFID数据与供应链系统对接的软件方案。全球最大的零售商沃尔玛也将RFID纳入其供应链的核心战略中。最初，沃尔玛要求公司的前100大供应商对所有送往达拉斯分销中心的货物都贴上RFID标签。目前，已经有600多家供应商加入RFID阵营。此外，有1 000家沃尔玛门店正在使用RFID，另有400家门店和六大分销中心也计划引入该技术。2010年，沃尔玛甚至使用更为复杂的电子标签来追踪每一件内衣和每一条牛仔裤，而不只是标识整批衣服的外包装。沃尔玛计划未来要在每件衣服上嵌入所谓的可移除式"智能标签"。在收银台和门店的任何角落都能用手持式扫描器读取智能标签的内容。这样，沃尔玛的管理层就能随时知道，哪个型号的Wrangler牛仔裤快要缺货，或者说哪个型号需要再次补货等。2008年1月，所有的山姆会员店都强制应用RFID系统，如果供应商送来的货物没有贴上RFID标签，就要缴纳每个纸箱2美元的罚款。沃尔玛一直致力于技术的提升。据其自身估计，RFID技术将为公司创造2.87亿美元的额外收入。

随着技术的日渐成熟与普及，RFID将对B2B电子商务产生深远的影响。RFID不仅能降低整个行业供应链的商品跟踪成本，还能降低出错的概率，提高商品配送的准确度。

(资料来源：[美] 肯尼思·劳东，卡罗尔·圭尔乔·特拉弗. 电子商务：商务、技术、社会 [M]. 7版. 劳帼龄，译. 北京：中国人民大学出版社，2014.)

4. 销售时点系统

1) 销售时点系统的概念

销售时点信息系统又称为POS (Point Of Sale)系统，是条形码在物流中主要的应用方面。销售时点信息系统是指通过自动读取设备在销售商品时直接读取商品销售信息(包括品名、单价、数量、时间、店铺等)，并通过通信网络和计算机系统传送至有关部门进行分析加工以提高经营效率的系统。POS系统最早应用于零售业，以后逐渐扩展至其他服务行业，如金融、宾馆等。相应的，POS系统的适用范围也从企业内部扩展到整个供应链。

销售时点信息系统包含前台POS系统和后台MIS系统两大部分。POS系统结构如图10.7所示。

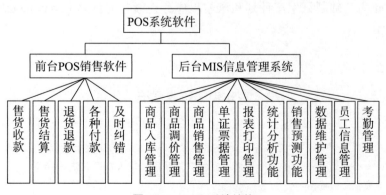

图10.7　POS系统结构

2) POS 系统的特征

POS 系统有以下特征。

(1) 分门别类管理。POS 系统的分门别类管理不仅针对商品，而且还可针对员工及顾客，方便单品管理、职工管理和顾客管理。

(2) 自动读取销售时点信息。POS 系统最大的特征是销售商品的同时获得实时的销售信息。POS 系统在顾客购买商品结账时，通过条形码扫描自动读取商品条形码标签上的标识信息，通过查询商品信息数据库获得更多的销售信息。

(3) 集中管理。各个 POS 终端获得的销售时点信息以在线联结方式汇总到企业总部，与其他部门发送的有关信息一起，由总部的信息系统加以集中，并进行分析加工。

(4) POS 系统是连接供应链的有力工具，可以实时获得最新的、第一手的顾客购买信息，这些销售信息对于供应链上的其他企业至关重要。POS 系统可以认为是供应链信息管理的起点。

3) POS 系统的运行步骤

(1) 贴条形码。店面销售商品都贴有表示该商品信息的条形码或自动识别标签。

(2) 读取数据并结算。在顾客购买商品结账时，收银员使用扫描器自动读取商品条码或 OCR 标签上的信息，通过店铺内的微型计算机确认商品的单价，计算顾客购买金额等，同时返回收银机，打印出顾客购买清单和付款总金额。

(3) 向物流中心传递信息。各个店铺的销售时点信息通过 WAN 以在线联结方式即时传送给总部或物流中心。

(4) 物流中心作业。在总部、物流中心和店铺之间利用销售时点信息来进行库存调整、配送管理、商品订货等作业。通过对销售时点信息进行加工分析来掌握消费者的购买动向，找出畅销商品和滞销商品，以此为基础，进行商品品种配置、商品陈列、价格设置等方面的作业。

(5) 数据在供应链上下游传输。在零售商与供应链的上游企业结成协作伙伴关系的条件下，零售商利用 WAN 在线联结的方式把销售时点信息即时传送给上游企业。例如在沃尔玛与供应链的上游企业 (批发商、生产商、物流作业等) 结成协作伙伴关系 (也称战略同盟) 的条件下，沃尔玛利用 WAN 以在线联结方式把销售时点信息即时传送给上游企业，这样上游企业可以利用销售现场最及时准确的销售信息制定经营计划，进行决策。例如，生产厂家利用销售时点信息进行销售预测，掌握消费者购买动向，找出畅销商品和滞销商品，把销售时点信息 (POS 信息) 和订货信息 (EOS 信息) 进行比较分析，来把握沃尔玛的库存水平，以此为基础制订生产计划和沃尔玛库存连续补充计划 (Continuous Replenishment Program，CRP)。

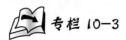
专栏 10-3

京东电子签收系统

2016 年年初，由京东运营研发部研发的青龙系统电子签收功能上线了，自此，京东自营商品用户在接收快递时，只要在快递员的 POS 机上签名即可，这标志着京东实现了供应链全流程的电子化。粗略估算，使用了电子签收后，每个配送员一天能节约半个小时的送货时间，每天能多配送 5~6 单，而仅仅是单据成本，京东一年也能省下数亿元的费用。

该系统从 2015 年 2 月开始立项研发，在当年底研发完成，从 2016 年开始做试点推广，并经历了三次比较大的调整。首先是推出了配送员 POS 一体机，实现了简单图片管理系统；随后，图片存储和图片处理与京东云打通，具备了一个非常稳定的信息存储环境；最后，京东电子签名接入了国家认证，物流小票认证和 POS 小票认证，从而全部符合了政府出台的电子签名规范。

具体来说，京东电子签收系统由五部分组成，包括青龙电子小票管理系统、电子小票图片云存储系统、第三方电子签名 CA 认证前置系统、POS 一体机设备及基于京牛 APP (京东配送员专属 APP) 的加密通道。无论是对接消费者的使用环节，还是后台信息的安全、存储能力，或是涉及国家法规的标准问题，京东电子签单系统都已兼顾。

京东电子签收意义何在？

首先，从用户体验的反馈来看，无论是消费者还是配送员都有了更便捷的配送体验。以配送员为例，省去了交货时处理纸质签单的步骤，每人每天大约可节省 30 分钟的配送时间，相当于一人每天可增加 5~6 单的配送量，假设一个配送员过去一天配送 100 单，那就是提高了 6% 的效率，对于 2015 年双 11 创下单日下单量 3 200 单的京东来说，效率的提升是非常惊人的。

此外，用户的电子签收信息会自动上传到系统，免除了后续纸质小票需人工整理、保存的麻烦，也节约了由上千吨物流小票和 POS 小票产生的物料、库房租金、运输成本等；此外，当用户有售后需求时，系统中的电子签名可以随时调取查询，从而免去了工作人员费力查找的时间成本，效率会大大提升。

从商业流程再造的层面观察，京东电子签收的意义不仅在于流程的简化和绿色环保的施行，更重要的是，电子签收的落地让京东完成了物流全流程电子化的最后一步，在用户满意度、商家效率提升、平台可控性、国家法律等方面都实现了均衡。

可以说，这是对电商领域颠覆式的流程再造，也意味着，中国电商又向着全面 e 化的时代向前迈进了一步。未来，电商的交易效率或将出现指数级的提升。

(资料来源：凤凰财经网，http://finance.ifeng.com/a/20160310/14261948_0.shtml，2016-03-10.)

5. 地理信息系统

地理信息系统 (Global Information System，GIS) 是 20 世纪 60 年代开始迅速发展起来的地理学研究新成果，是多种学科交叉的产物，它以地理空间数据为基础，采用地理模型分析方法，适时地提供多种空间的动态地理信息，是一种为地理研究和地理决策服务的计算机信息系统。

GIS 的基本功能是将表格型数据 (来自数据库、电子表格文件或直接在程序中输入) 转换为地理图形显示，然后对显示结果浏览、操作和分析。其显示范围可以从洲际地图到非常详细的街区地图，显示对象包括人口、销售情况、运输路线等内容。

GIS 应用于物流分析，主要是指利用 GIS 强大的地理数据功能来完善物流分析技术。国外公司已开发出利用 GIS 为物流分析提供专门工具的软件。

完整的 GIS 物流分析软件集成了车辆路线模型、最短路径模型、网络物流模型、分配集合模型和设施定位模型等。

1) 车辆路线模型

用于解决一个起始点、多个终点的货物运输中，降低物流作业费用，并保证服务质量的问题。包括决定使用多少辆车，每辆车行驶路线等。

2) 网络物流模型

用于解决寻求最有效的分配货物路径问题，也就是物流节点布局问题。如将货物从 n 个仓库运到 m 个商店，每个商店都有一定的需求量，因此需要确定由哪个仓库提货送到哪个商店的运输费用最小。

3) 分配集合模型

可以根据各个要素的相似点把同一层上的所有或部分要素分为几个组,用以解决确定服务范围和销售市场范围等问题。如某公司要设立 X 个分销点,要求这些分销点要覆盖某一地区,而且要使每个分销点的顾客数目大致相同的问题。

4) 设施定位模型

用于确定一个或多个设施的位置。在物流系统中,仓库和运输线共同组成了物流网络,仓库处于网络的节点上,节点决定着路线。如何根据仓库的实际需要并结合经济效益等原则,在既定区域内设立多个仓库,每个仓库的位置,每个仓库的模型,以及仓库之间的物流关系等,运用此模型均能得到解决。

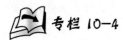

专栏 10-4

白沙烟草物流 GIS 配送优化系统

白沙物流烟草配送 GIS 系统利用 WEB/GIS 强大的地理数据功能来完善物流分析,及时获取直观可视化的第一手综合管理信息,即可直接合理调配人力、运力资源,求得最佳的送货路线,又能有效地为综合管理决策提供依据。白沙烟草物流开发使用 GIS 线路优化系统后,可以实现以下六大应用功能。

(1) 烟草配送线路优化系统。选择订单日期和配送区域后自动完成订单数据的抽取,根据送货车辆的装载量、客户分布、配送订单、送货线路交通状况、司机对送货区域的熟悉程度等因素设定计算条件,系统进行送货线路的自动优化处理,形成最佳送货路线,保证送货成本及送货效率最佳。线路优化后,允许业务人员根据业务具体情况进行临时线路的合并和调整,以适应送货管理的实际需要。

(2) 烟草综合地图查询。能够基于电子地图实现客户分布的模糊查询、行政区域查询和任意区域查询,查询结果实时在电子地图上标注出来。通过使用图形操作工具如放大、缩小、漫游、测距等,来具体查看每一客户的详细情况。

(3) 烟草业务地图数据远程维护。提供基于地图方式的烟草业务地图数据维护功能,还可以根据采集的新变化的道路等地理数据及时更新地图。具有对客户点的增、删、改;对路段和客户数据的综合初始化;对地图图层的维护操作;地图服务器系统的运行故障修复和负载均衡等功能。

(4) 烟草业务分析。实现选定区域,选定时间段的烟草订单访销区域的分布,进行复合条件查询;在选定时间段内的各种品牌香烟的销量统计和地理及烟草访销区域分布;配送车组送货区域的地图分布。在各种查询统计、分析现有客户分布规律的基础上,通过空间数据密度计算,挖掘潜在客户;通过对配送业务的互动分析,扩展配送业务(如第三方物流)。

(5) 烟草物流 GPS 车辆监控管理。通过对烟草送货车辆的导航跟踪,提高车辆运作效率,降低车辆管理费用,抵抗风险。其中车辆跟踪功能是对任一车辆进行实时的动态跟踪监控,提供准确的车辆位置及运行状态、车组编号及当天的行车线路查询。报警功能是当司机在送货途中遇到被抢被盗或其他紧急情况时,按下车上的 GPS 报警装置向公司的信息中心报警。轨迹回放功能是根据所保存的数据,将车辆在某一历史时间段的实际行车过程重现于电子地图上,随时查看行车速度、行驶时间、位置信息等,为事后处理客户投诉、路上事故、被抢被盗提供有力证据。

(6) 烟草配送车辆信息维护。根据车组和烟草配送人员的变动,及时在这一模块中进行车辆、司机、送货员信息的维护操作,包括添加车辆和对现有车辆信息的编辑。

白沙物流烟草配送 GIS 及线路优化系统的上线运行,标志着白沙物流的信息化建设迈上了一个新的台阶,对白沙打造数字化的跨区物流企业进程中起到巨大推动作用。

(资料来源:王小宁.电子商务物流管理[M].北京:北京大学出版社,2012.)

6. 全球卫星定位系统

全球卫星定位系统(Global Positioning System，GPS)，是利用分布在距离地面2万千米高空的多颗卫星对地面目标的状况进行精确测定以进行定位、导航的系统，主要用于船舶和飞机导航、对地面目标的精确定时和精密定位、地面及空中交通管制、空间与地面灾害检测等。20世纪90年代以来，全球卫星定位系统在物流领域得到了越来越广泛的应用。

GPS在物流领域主要具有以下应用。

1) 用于汽车定位、导航

导航是GPS的首要功能，飞机船舶、地面车辆以及步行者都可以利用导航接收器进行导航。利用一台GPS接收机，就可以给出其所在的准确的地理位置。如今车载导航系统已经得到了广泛的应用，车辆导航已经成为全球卫星定位系统应用的最主要领域。

2) 用于车辆跟踪调度

配合车辆信息发射装置可以对移动车辆进行实时动态跟踪，利用无线通信设备将目标的位置和其他信息传送至主控中心，在主控中心进行地图匹配。主控中心就能对移动车辆的正确位置、速度和状态等必要的参数进行调度和管理，提高运营效率。

3) 用于铁路运输管理

我国铁路部门开发的基于GPS计算机信息管理系统，可以通过GPS和计算机网络实时收集全路列车、机车、车辆、集装箱及所运货物的动态信息，可实现列车、货物追踪管理。铁路部门运用这项技术可大大提高铁路网及其运营的效率，为货主提供更高质量的服务。

4) 用于空中交通管理、航路导航和监视

国际民航组织提出用未来导航系统(Future Air Navigation System，FANS)取代现行航行系统，它是一个以卫星技术为基础的航空通信、导航、监视(Communication，Navigation，Surveillance，CNS)和空中交通管理(Air Traffic Management，ATM)系统，利用全球导航卫星系统GNSS实现了飞机航路、终端和进场导航。该系统的使用可降低机场的飞机起降时间间隔，使起降路线灵活多变，使更多的飞机以最佳航线和高度飞行，还可减少飞机误点，增加飞机起降的安全系数。

10.1.2　物流信息技术的作用

物流信息技术的使用大大提高了物流作业的效率，加强了对物流作业的规范管理，降低了物流作业的成本。具体表现在以下方面。

(1) 简化工作流程和信息流，大量消减纸质单证，减少单据工作量，实现无纸化贸易。

(2) 消除重复和交接作业中可能造成的错误，提高作业质量。

(3) 使物流业务程序与贸易、运输和后勤保障等方面更加紧密的联系起来，满足便利性、快捷性、可靠性等要求。

(4) 企业可以更准确的了解物品相关信息，如种类、生产商、颜色、尺寸等，实现商品从原料、半成品、成品、运输、仓储、配送、销售，甚至退货处理的所有环节实时监控，并即时作出反应，极大地提高自动化程度和管理效率。

10.2 国际物流信息系统

10.2.1 国际物流信息系统概述

1. 国际物流信息的构成及特征

国际物流信息是国际物流活动的反映,也是组织、调控国际物流活动的依据。就流通运行的内部构成而言,商流、物流、信息流是流通过程中密不可分的"三流",它们互为依存,又各自具有不同的性质、结构、作用和约束条件,各自有其独有的特征和运动规律。其中,国际物流中的信息流是指信息在供方与需方之间的流动与交换过程,在国际物流组织与管理过程中具有独特的重要作用。国际物流信息的主要内容包括进出口单证的作业过程、支付方式信息、客户资料信息、市场行情信息和供求信息等。

与国内物流中信息流相比,国际物流的信息流具有以下特点。

1) 国际物流中的信息多而复杂

物流本身的功能要素、系统与外界的沟通已经很复杂,而国际物流又在这复杂系统上增加了国家和地域差异的要素。国际物流不仅表现为地域和空间的广阔,而且涉及的内外因素更多,物流过程延续的时间更长,其直接后果是使信息更加复杂和信息处理难度更大。

2) 国际物流中的信息具有更强的时效性

国际物流流程相对较长,这种连续的过程必须在对多种因素的预测基础上进行。而整个流程涉及不同的国家和地区,不仅受各国政治因素和经济因素的影响,而且受各种不同的自然因素的影响。相对而言,短时期的政治和经济状况相对确定,容易预测;但具体的物流设施状态、物流环节运作状态和自然因素,尤其对运输有重大影响的天气因素则难以提前预料,它们具有更强的及时性要求。因此,影响物流流程的各种因素的时效性对于物流过程高效运营具有重要意义。国际物流必须根据流程,准确了解运输、存储、配送、搬运及生产、销售各个环节的及时性信息,才能有效地组织国际物流。

3) 国际物流信息具有明显的动态回馈性

国际物流跨地域作业,其运作环节多而复杂,只有取得各有关国家和地区的各个物流环节之间的协助与配合,才能使整个物流过程顺畅进行,这就需要相关的信息跟踪和反馈。这种信息的跟踪和反馈就形成了动态的信息流。以国际海运为例,当物品的载体——国际货船离港的次日,相应信息便分别向发运国和到货国发出,通知货物发出,进行海运保险申请书和制作运费保险报告等。当货物运送完毕时,信息流将不同港口的集装箱海运日程及时报告行踪,并预报到港地点、时间和各种服务,如果发生问题,信息流立刻发出警告信息。通过动态跟踪和反馈的信息流,经营者可以随时掌握国际物流的流动状态,及时调整和处理相关的业务。这样,既可以根据事态的变化,及时采取应对和防护措施,将环境和条件变化造成的损失降低到最低程度,又可以合理配置人力、物力和设备等物流资源,以达到最大限度地降低国际物流总成本,提高经济效益的目的。

4) 国际物流要求信息高度标准化

国际物流运作所面对的物流环境非常复杂。不同的国家在物流设施、人员的运作能力、技术水平和宏观物流环境等方面存在较大的差异。不同国家的生产力和科技发展水平的不同,会造成国际物流处于不同科技条件的支撑下,甚至有些地区根本无法应用某些技术;同时，不同国家有不同物流标准，如技术标准、运作标准、新型系统的运作环境等。这些都会导致各环节之间协调的困难。此外，不同的语言也会造成对信息的曲解。信息标准化可以保证不同国家和地区人们对同一信息的统一认知和理解，保证国际物流流程中信息的准确传递，从而保证国际物流的正常运行。

2. 国际物流信息系统的含义

信息系统是一种由人、计算机(包括网络)和管理规则组成的集成化系统。该系统利用计算机软硬件、管理规程与管理模型、数据等，为一个组织的作业、管理和决策提供信息支持。

企业复杂的管理活动给管理信息系统提供了典型的应用环境和广阔的应用舞台。企业信息系统主要进行管理信息的收集、传递、储存、加工、维护和处理，这是一类最复杂的管理信息系统，它能实测企业的各种运行状况，利用过去的数据预测未来，从全局出发辅助企业决策，利用信息控制企业行为，帮助企业实现规划目标。

物流管理信息系统(Logistic Management Information Systems，LMIS)又称物流信息系统(LIS)，是企业管理信息系统的一个重要子系统，是通过对与企业物流相关的信息进行加工处理来实现对物流的有效控制和管理，并为物流管理人员和其他企业管理人员提供战略及运作决策的人机系统。由于企业采取了划分成多个子系统的组织结构，各个子系统往往注意追求本子系统利益的最优化，而把局部目标置于整体目标之上，引起各子系统行动上的不协调，使企业整体利益受到损害。因此，物流信息系统应与企业信息系统其他功能模块(如财务系统、客户管理系统等)协调行动，合理对接，实现功能的优化。优化整体利益，统筹规划各功能子系统是企业管理信息系统取得成功的关键。

在物流领域中，管理信息系统的发展大致经历了四个阶段：早期简单的库存管理或运输管理的雏形阶段；广泛应用条形码、语音、射频自动识别系统、自动分拣系统、货物自动跟踪系统等自动化设备的应用阶段；物流管理融入企业甚至行业的管理中，与MRP、MRPⅡ、ERP等其他信息系统相结合的阶段；电子商务下的物流信息系统阶段。

国际物流信息系统(International Logistics Information System，ILIS)是国际物流系统的一个子系统。国际物流信息系统从本质上讲是把各种国际物流活动与某个一体化过程(如交易、管理控制、决策分析以及制定战略计划)连接在一起的通道，主要是指以计算机为工具，对国际物流信息进行收集、存储、检索、加工和传递的人机交互系统。其主要功能是采集、处理和传递国际物流和商流的信息情报。国际物流信息系统的特点是信息量大，交换频繁，时间性强；环节多，点多，线长。必须建立技术先进的国际物流信息系统才能支撑国际物流的运作。

10.2.2 物流信息系统的作用与功能

1. 物流信息系统的作用

物流管理信息系统是把各种物流活动与某个一体化过程连接在一起的通道，实现业务处理、管理控制、决策分析以及制订战略计划四个功能层次。物流信息系统主要具有以下作用。

(1) 使物流各环节的工作更加协调。

(2) 信息共享，提高效率。

(3) 信息统一管理，减少冗余，避免信息的不一致。
(4) 提供决策支持。
(5) 与客户的信息共享、互动。
(6) 提高服务质量，改善客户关系。
(7) 降低营运成本。

2. 物流信息系统的功能

物流管理的基本功能通常包括仓储管理、运输管理、配送管理等，因此，仓储管理信息系统、运输管理信息系统、配送管理信息系统是最常见的物流管理信息系统。根据应用对象的不同，它们可以是独立应用的系统，也可以是整合在一起的集成系统。物流管理信息系统实现对物流服务全程的管理，控制物流服务全过程，具备以下功能。

1) 集中控制功能

集中控制功能主要对物流全过程进行监控，其实现的功能控制有业务流程的集中管理、各环节的收费管理、责任管理、结算管理、成本管理、仓储环节的管理、运输环节的管理、统计报表系统等，通过对各环节数据的统计和分析，得出指导企业运营的依据。

2) 运输流程管理功能

运输流程管理功能主要是针对运输流程的各个环节而实施的接单管理、发运管理、到站管理、签收管理以及运输过程中的单证管理，如路单、报关单、联运提单、海关提单等，如图 10.8 所示。

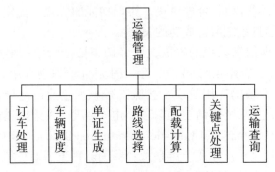

图 10.8　运输流程管理的功能图

3) 调度管理功能

调度管理功能用于解决运输过程中的货物配载、车辆调度、车辆返空等问题。通过使用物流信息系统能够更好地利用运输工具的装载空间，更合理地进行车辆的调度，并能圆满地解决大型运输集团中各分公司车辆返空的问题。

4) 仓储管理功能

仓储管理功能针对货物的入库、出库、在库进行管理，其中在库管理是指对库中作业的管理，如货物的包装、拆卸、库中调配、配货等典型的物流服务。通过对出入库货物数量的计算，可以得出准确的货物结存量。此外，还可以根据物流订单信息进行库存的预测管理，如图 10.9 所示。

5) 统计报表功能

统计报表功能是最主要的信息输出手段，是企业决策者和客户了解业务状况的依据。它既可以提供动态的统计报表功能，也可以提供多种特定的统计报表，如货物完整率报表、时

国际物流信息管理 第10章

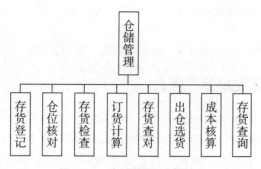

图10.9　仓储管理的功能图

间达标率报表、延期签收统计报表、业务量分析图、财务结算统计表等。

6) 财务管理功能

财务管理功能管理物流业务中和成本、费用相关的各种数据，并建立物流系统和专业财务系统的数据接口。

7) 客户查询功能

客户查询功能为客户提供灵活多样的查询条件，使得客户可以共享物流企业的信息资源，如货物的物流分配状况、货物的在途运输状况、货物的库存情况、残存情况、签收情况等。

8) 客户管理功能

物流服务是以客户为中心的服务，所以对于任何一个物流系统来说客户管理系统是必不可少的。它主要由三部分组成：托运人管理、收货人管理、中间承运人管理。

 专栏10-5

安利的信息化系统

近年来安利在中国市场的业绩攀升，全球市场更是阔步发展，这与其高效顺畅的物流流程，及其背后强大的信息化系统支撑是分不开的。从进入中国市场以来，安利的信息化管理投资接近6亿元。安利的信息化管理应用AS/400，信息化系统平台是由安利自己的团队创建并与世界结合。安利根据不同的需求，工厂运用JDE系统，物流方面运用IOS系统，店铺运用POS系统，多种不同的系统有效地结合在一起，通过这些系统，提升物流效率。

几年前，安利就开始着眼于物联网的发展，网络订货作为初试B2C模式在家居送货中应用。通过强大信息服务系统，商品从工厂出货就与IOS系统结合，IOS系统可以看到店铺每天的销售情况，预估销售数量、运输路程、区域性需求等信息。系统可以看见所有产品的流动状况，使生产企业能及时安排生产，并预先制定补货计划，避免出现库存严重不足甚至是断货的现象。

此外，安利在中国的信息要与安利全球对接，安利全球信息管理系统可以有效地对安利整个运转情况进行调控。

为了实施更精益化的管理，安利(中国)在整条物流供应链都投资建立了现代化信息系统，安利物流中心采用RF无线射频仓库管理系统极大提高了仓库的管理水平，实现了收货自动化、数据及时化、盘点随时化、操作简单化、运作无纸化的现代化仓储管理模式。先进的IOS库存管理系统则对物流中心仓库、全国外仓、家居送货配送中心以及全国店铺实施全面的库存管理，最大限度地优化整条供应链的库存管理水平，大大降低了物流成本。而运用于全国店铺的POS系统则实现了全国的店铺销售的系统化管理，将每日的营业信息及时提供给管理层。

强大的信息系统,提高了安利物流的准确性,加快了从工厂到外仓再到店铺的运作效率,成功实现了物流管理的全程信息化。

(资料来源:[英]艾伦·哈里森.物流管理(英文版)[M].4版.北京:机械工业出版社,2013.)

10.2.3 企业物流信息系统的运作模式

企业物流运作模式由于企业类型如生产厂商、批发厂商及第三方物流企业等的不同而不同,同时,也因为企业在供应链上的地位,包括所处的位置以及与上下游客户之间的关系的不同,处理的方式与方法也不同。因此,没有也不可能存在统一的物流信息系统模式。以下介绍主要的企业物流信息系统运作模式。

1. 生产企业的物流信息系统

生产制造企业的物流可以划分为充实原材料、零部件等采购活动的供应物流、产品生产过程中的制造物流,以及将生产出的产品向批发商或零售商传递的销售物流三种类型。因此,生产厂商具有自己独特的物流信息系统。

1)制造企业零配件采购供应信息系统

生产制造企业的物流管理是为顺利生产,对原材料、物料、日常耗用品等的采购时间、路线、存储等进行计划、管理、控制。随着管理理念的更新,这一阶段的物流已经向生产过程进行延伸,也开始包括对物资在生产过程中的包装、搬运、存储等进行设计、计划、管理等企业内部物流。图10.10反映了汽车制造厂零配件物流中心信息系统的运营模式。该信息系统接收汽车总装厂的短期生产计划及突发的电子看板,自动实现JIT配送作用管理。同时,根据JIT思想,信息系统根据零配件的库存大小以及补货提前期,向供应商发出补货通知,供应商根据补货通知,组织货源并送货到零配件中心仓库。

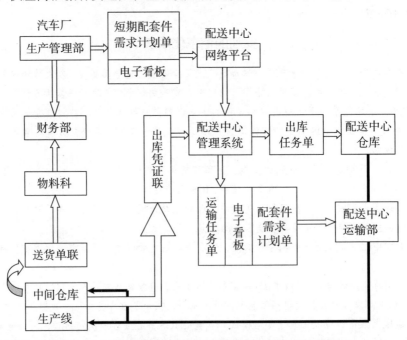

图10.10 汽车制造厂零配件物流中心信息系统的运营模式

注:⇒表示信息流;→表示物流。

2) 生产企业产成品分销信息系统

生产企业根据市场需求组织生产，产品信息即进入物流中心，信息系统则接受各个分销商的订单，将商品分拨到各地去。当前电子商务盛行，利用互联网进行 B2B 或 B2C 的网站不断涌现，生产制造商纷纷建立自己的网站进行网上销售，直接面对用户，根据客户的订单进行采购和销售，减少了库存，也降低了中间流通费用。图 10.11 反映了产成品分销物流信息系统的运作模式。

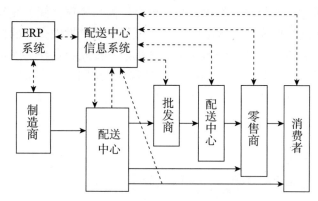

图 10.11　产品分销物流信息系统的运作模式

注：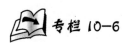表示物流；------►表示信息流。

专栏 10-6

国美 ERP 系统引领行业潮流

2011 年 12 月 1 日，国美电器宣布，国美 ERP 系统成功上线，实现了制造商与渠道商的共赢。ERP 的成功上线给国美的发展再次注入了巨大的活力，ERP 系统使国美在产品供应、物流送货、上门安装等方面的服务能力大大提升，在家电行业遥遥领先。

国美 ERP 系统构建了真正的联合供应体，实现了订单协同、库存协同等多个协同。在订单协同方面，通过 ERP 系统的补货数据，国美可以每周向供应商发布准确的订单。系统可预测出补货需求，由国美品类部合理调整后将数据发给供应商，这样既可保证 80% 以上订单的准确性，也方便供应商提前做好产品的物料准备。国美新的 ERP 上线以后，更大程度上保障了货物的供给需求，同时系统支持全国库存分享到门店，极大程度上增强了商品流通的能力，保证有货率，减少库存积压；在库存协同方面，国美每月向供应商提供一次精细化到地区的库存分拆数据，可针对需求双方共同协作对处理的问题做出解释。

同时，国美 ERP 系统创新性地运用了全球领先的批次管理模型，批次管理能够管理每一个单独商品的整个生命周期，包括从订单到入库，到门店，到消费者，甚至到售后的全部流程。所有数据均在系统有非常明确地体现。因此，系统得以优化与供应链的采购、退换货、促销、结算等一系列流程，真正做到与所有供应商之间的交易都基于真实的、客观的数据。这也就打破了此前家电产业链供需不对接的痼疾，实现了信息的共享与透明，供应商借助国美开放的 ERP 系统和权限，可以实时掌握终端的销售、库存信息，从而更好地安排生产与配送。

ERP 的上线还把国美网上商城带进了一个崭新的阶段。电子商务的核心系统就是后台信息管理系统，而作为全球最先进的信息化系统，ERP 系统充分保证了国美物流、资金流、信息流的高效整合，再加上领先的订单执行系统，国美网上商城不仅可以实时掌握每一个环节，实现订单过程的可控性，而且还可以通过数据化的需求来推动供应商逐步实现标准化和模块化,最终降低整条供应链的成本,也从根本上杜绝了丢单、订单不执行和信息滞后等问题。

国美 ERP 的成功上线,使每个环节的资源都得到最合理的利用,优化了资源配置,提高了企业整体效率,同时也在家电零售行业树立了新标杆。

(资料来源:吴群.物流案例分析 [M].北京:北京大学出版社,2014.)

2. 批发商的物流信息系统

批发企业在流通过程中起中介作用,减少单个厂商与零售商间的交易次数,在降低流通整体成本的同时,实现零售业一定程度的多样化进货要求。批发企业的机能大致可以划分为备货、物流、信息、金融和零售店经营支援 5 种机能。批发企业作为连接厂商与零售业的经济主体,在流通过程的中间阶段积聚商品,向零售业迅速提供其所需求的产品和服务。

批发商物流信息系统的目的是使企业的采购、销售、配送、资金结算等能够以最低的成本、最快的速度实现。批发商物流管理信息系统的业务主要由订单管理、采购管理、销售管理、配送管理、库存管理、账务处理等子系统组成。

批发企业的物流较为复杂,信息系统既要完成批发中心具体物流运作管理,同时也承担着采购进货、销售出货业务的管理。其运作模式如图 10.12 所示。

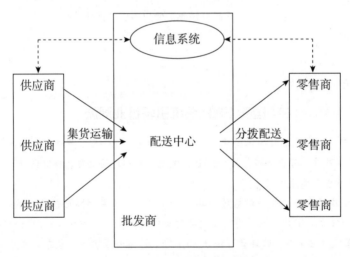

图 10.12 批发企业配送信息系统运作模式

注:──▶表示物流;┄┄▶表示信息流。

3. 第三方物流企业的信息系统

第三方物流企业的特点是服务于多个货主企业,通过第三方物流企业的物流管理信息系统将供应链上的各个节点(如制造商、零售商)及相应的交通运输工具(承运人)链接起来。

第三方物流为了给客户提供一体化的物流服务,其信息系统更加强调与所用客户信息系统(包括 ERP)的对接,强调与海关、金融、保险机构信息系统的对接。系统包括业务管理系统(订单处理系统、物流可视化系统)、配送中心作业管理系统(仓库管理系统、输配送管理系统)、业务支持与辅助决策系统(客户关系管理、内部事务管理、成本财务结算管理及绩效评价分析系统)。第三方物流企业信息系统运作结构模式如图 10.13 所示。

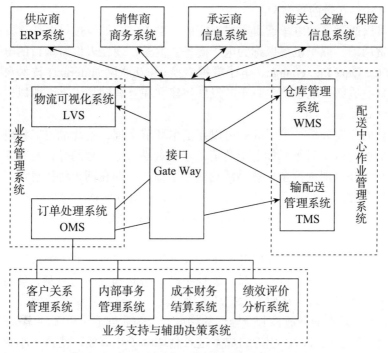

图 10.13 第三方物流企业信息系统运作结构模式

10.3 电子商务下的国际物流信息系统

  国际物流运营的基础是物流信息，需要用信息流来控制实物流，因此企业普遍把物流信息化作为合理化运营的重要标志。国际物流信息管理基于互联网技术，创造性地推动物流行业发展，它能够对国际物流过程中产生的全部或部分信息实施采集、分类、传递、汇总、识别、跟踪、查询等一系列处理活动，实现对货物流动过程的控制，从而降低成本、提高效益。国际物流信息管理是现代物流的灵魂，是现代物流发展的必然要求和基石。

  国际物流电子商务管理则是更大范围的物流信息化管理，它从国际物流企业内部拓展到企业外部。一方面，国际物流企业可以自营电子商务平台，能够被更大范围的货主客户找到，从而在全国乃至世界范围内拓展业务，贸易公司和工厂能够更加快捷地找到性价比合适的物流企业；另一方面，第三方电子商务物流平台致力于把世界范围内更大数量的物流需求方和物流服务提供方聚集到一起，提供中立、诚信、自由的网上物流交易平台，帮助物流供需双方高效达成交易。

10.3.1 电子商务概述

1. 电子商务的定义

  电子商务源于英文 Electronic Commerce (EC)，是指通过包括互联网在内的计算机网络所进行的一切产品及服务的交易活动的全过程。主要包括信息搜索、订货与支付、物流管理、网上购物、企业之间的网上交易和在线电子支付等新型的商业运营模式，其实质包含两个方面：一是电子方式；二是商贸活动。

电子商务可以通过多种电子通讯方式来完成。简单的，如通过打电话或发传真的方式来与客户进行商贸活动，似乎也可以称为电子商务，但是，现在人们所探讨的电子商务主要是以 EDI (Electronic Data Interchange，电子数据交换) 和互联网 (Internet) 技术来完成的。随着互联网技术的日益成熟，电子商务真正的发展将建立在互联网技术上，所以也有人把电子商务成为 Internet Commerce (IC)。

从贸易活动的角度分析，电子商务可以在多个环节实现，由此也可以将电子商务分为两个层次：较低层次的电子商务，如电子商情、电子贸易、电子合同等；最完整也是最高级的电子商务是能利用互联网进行全部贸易活动的电子商务，即在网上将信息流、商流、资金流和部分物流完整实现，也就是说，从寻找客户开始，一直到洽谈、订货、在线付(收)款、开具电子发票以至于到报关、电子纳税等都通过互联网直接完成。

2. 电子商务的特点

(1) 电子商务将传统的商务流程电子化、数字化，一方面以电子流代替了实物流，可以大量减少人力、物力，降低了成本；另一方面突破了时间和空间的限制，使得交易活动可以在任何时间、任何地点进行，从而大大提高了效率。

(2) 电子商务所具有的开放性和全球性的特点，为企业创造了更多的贸易机会。

(3) 电子商务使企业可以以相近的成本进入全球电子化市场，使得中小企业有可能拥有和大企业一样的信息资源，提高了中小企业的竞争能力。

(4) 电子商务重新定义了传统的流通模式，减少了中间环节，使得生产者和消费者的直接交易成为可能，从而在一定程度上改变了整个社会经济运行的方式。

(5) 电子商务一方面破除了时空的壁垒，另一方面又提供了丰富的信息资源，为各种社会经济要素的重新组合提供更多的可能，这将影响到社会的经济布局和结构。

(6) 互动性。通过互联网，商家之间可以直接交流、谈判、签合同，消费者也可以把自己的反馈建议反映到企业或商家的网站，而企业或者商家则要根据消费者的反馈及时调查产品种类及服务品质，做到良性互动。

3. 电子商务的应用范围

电子商务涵盖的范围很广，一般可分为企业对企业 (Business-to-Business，B2B)、企业对消费者 (Business-to-Consumer，B2C)、个人对消费者 (Consumer-to-Consumer，即 C2C)、企业对政府 (Business-to-Government) 这 4 种模式，其中主要的有企业对企业，企业对消费者两种模式。随着国内互联网使用人数的增加，利用互联网进行网络购物并通过网上付款的消费方式已日渐流行，市场份额也在迅速增长，电子商务网站层出不穷。

【拓展视频】

10.3.2 国际物流与电子商务管理

电子商务作为数字化生存方式，代表未来的贸易方式、消费方式和服务方式。因此，要求整体生态环境要完善，打破原有物流行业的传统格局，建设和发展以商品代理和配送为主要特征，物流、商流、信息流有机结合的社会化物流配送中心，建立电子商务物流体系，使各种流的流动畅通无阻，这才是最佳的电子商务境界。

1. 国际物流和电子商务的关系

1) 电子商务是国际物流信息化的基础

过去人们对物流在电子商务环境下可能发生的变化认识不足，对电子商务的认识只局限在信息流、商流和资金流的电子化、网络化，忽视了物流的电子化，认为物流仍然可以由传统的经销渠道完成。但随着电子商务的推广，物流对电子商务的依赖越来越明显。

物流信息化表现为物流信息的商品化、物流信息搜索的数据化和代码化、物流信息处理的电子化和计算机化、物流信息传递的标准化和实时化、物流信息储存的数字化等。随着电子商务的发展，在国际物流业中的应用将得到普遍推广。信息化是一切的基础，没有物流的信息化，任何先进的技术装备都不可能应用于物流技术领域，未来信息技术和计算机的发展将彻底改变国际物流运营的现状。

2) 国际物流是实现电子商务的保证

(1) 国际物流为电子商务企业生产提供保障。无论在传统的贸易方式下，还是在电子商务下，生产都是商品流通之本，而生产的顺利进行需要各类物流活动支持。生产的全过程从原材料的采购开始，便要求有相应的物流活动，将所采购的材料运送到位，否则，生产就难以进行；在生产的各工艺流程之间，也需要原材料、半成品的物流过程，即所谓的生产物流，以实现生产的流动性；部分余料、可重复利用的物资的回收，就需要所谓的回收物流；废弃物的处理则需要废弃物物流。可见，整个生产过程实际上就是系列化的物流活动。合理化、现代化的国际物流，通过降低费用从而降低成本、优化库存结构、减少资金占压、缩短生产周期，保障了现代化生产的高效进行。相反，缺少了现代化的国际物流，生产将难以顺利进行，那无论电子商务是多么便捷的贸易形式，仍将是无米之炊。

(2) 国际物流服务于电子商务商流。在商流活动中，商品所有权在购销合同签订的那一刻起，便由供方转移到需方，而商品实体并没有因此而移动。在传统的交易过程中，除了非实物交割的期货交易，一般的商流都必须伴随相应的物流活动，即按照需方(购方)的需求将商品实体由供方(卖方)以适当的方式、途径向需方转移。而在电子商务下，消费者通过上网点击购物，完成了商品所有权的交割过程，即商流过程。但电子商务的活动并未结束，只有商品和服务真正转移到消费者手中，商务活动才告以终结。

(3) 国际物流是实现电子商务"以顾客为中心"理念的根本保证。从原始买卖到如今的电子商务，其中最大改变就是电子商务不受时间、地点的限制。电子商务可以把所有的商品买卖虚拟成一个大的商场，在任何时间、地点都可以买到世界上任何一种商品。电子商务的出现，在最大程度上方便了最终消费者。而商品能否安全迅速地送达到消费者手中，这就需要解决物流及配送等问题。电子商务的发展需要物流做基础，物流是实现"以顾客为中心"理念的根本保证。

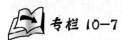
专栏 10-7

阿里苏宁联姻后加速融合，电商、物流和售后体系全面打通

阿里巴巴集团和苏宁云商于 2016 年 4 月联合宣布，双方将在整个 4 月全方位"联合练兵"，在供应链深度合作的基础上，推出更多品牌单品创新模式，帮助消费者尽享购物服务新体验。

从4月9日开始,在天猫购买手机、数码、家电的消费者可享受苏宁的最近门店、仓储所提供的各项服务,包括极速物流配送、家电上门以旧换新、免费上门安装、3c数码产品维修等售后服务。其中,在北京、上海、广州、深圳、杭州、南京六大城市主城区,手机、数码、家电配送将实现半日达。

2015年8月10日,阿里巴巴集团CEO张勇在南京出席阿里苏宁达成全面战略合作发布会时曾提出:"要用最快的时间将双方的合作变成消费者实实在在的方便和实惠。"而今,这一目标已经实现,双方全面打通电商、物流、售后服务、营销、金融、大数据等线上线下的体系,引领中国零售行业变革提效。

据了解,在创新运营模式上,苏宁已与天猫电器城、天猫手机形成最强组合,集中凸显品牌优势,通过C2B定制、新品门店体验、最近门店退换货等多重方式为消费者提供丰富的商品和体验。以2016年3月为例,天猫、苏宁联合华为、魅族、荣耀、三星、乐视等众多手机品牌签署战略合作协议,制定了全年1 000亿元的销售目标。

在物流和服务上,苏宁的1 600多家线下门店和3 000多家售后服务网点已与阿里巴巴的线上体系和菜鸟物流实现无缝对接。在手机、数码、家电等类目,消费者线上购买后,将由苏宁线上门店和各城市中心仓储就近发货。苏宁物流拥有的452万平方米仓储面积,4个航空枢纽、12个自动化分拣中心、660个城市配送中心正逐步成为菜鸟合作伙伴和有效补充,并开始服务淘宝、天猫消费者和品牌商家。

此外,在苏宁全国各大城市的1 600多家门店陆续推出的"苏宁天猫综合服务台",为天猫用户提供"门店扫码领红包"、"以旧换新"和"售后维修保养"等综合服务。

(资料来源:每经网,http://www.nbd.com.cn/articles/2016-04-07/996391.html,2016-04-07.)

2. 跨境电商的几种国际物流模式

【拓展视频】

当电子商务交易主体位于不同关境时,就形成了跨境电子商务。跨境电子商务是指分属不同关境的交易主体,通过电子商务平台达成交易、进行支付结算,并通过跨境物流送达商品、完成交易的一种国际商业活动。支持跨境电商的国际物流主要有以下几种模式。

1) 邮政包裹模式

邮政网络基本覆盖全球,比其他任何物流渠道都要广。这主要得益于万国邮政联盟和卡哈拉邮政组织(KPG)。万国邮政联盟是联合国下设的一个关于国际邮政事务的专门机构,通过一些公约法规来改善国际邮政业务,发展邮政方面的国际合作。卡哈拉组织要求所有成员国的投递时限要达到98%的质量标准,如果货物没能在制定日期投递给收件人,那么负责投递的运营商要按货物价格的100%赔付客户。这些严格的要求都促使成员国之间深化合作,努力提升服务水平。例如,从中国发往美国的邮政包裹,一般15天以内可以到达。据不完全统计,中国出口跨境电商70%的包裹都是通过邮政系统投递,其中中国邮政占据50%左右。中国卖家使用的其他邮政包括香港邮政、新加坡邮政等。

2) 国际快递模式

全球四大商业快递巨头,即DHL、TNT、FEDEX和UPS,通过自建的全球网络,利用强大的IT系统和遍布世界各地的本地化服务,为网购中国产品的海外用户带来极好的物流体验。例如,通过UPS寄送到美国的包裹,最快可在48小时内到达。然而,优质的服务伴随着昂贵的价格。一般中国商务只有在客户时效性要求很强的情况下,才使用国际商业快递来派送商品。

3) 国内快递模式

在跨境物流方面,国内快递"四通一达"中申通、圆通布局较早,但也是近期才发力拓展,比如美国申通2014年3月才上线,圆通也是2014年4月才与大韩通运展开合作。顺丰的国际化业务则要成熟一些,目前已经开通到美国、韩国、日本、新加坡、马来西亚、泰国、越南等国家的快递服务,发往亚洲国家的快件一般2~3天可以送达。在国内快递中,EMS的国际化业务是最完善的,依托邮政渠道,EMS可以直达全球60多个国家,费用相较于四大快递巨头要低,中国境内的出关能力很强,达到亚洲国家2~3天,到欧洲国家则5~7天。

4) 专线物流模式

跨境专线物流一般是通过航空包舱运输方式运输到国外,再通过合作公司进行目的国派送。专线物流的优势在于其能够集中大批量到某一特定国家或地区的货物,通过规模效应降低成本。因此,价格一般比商业快递低。在时效上,专线物流稍慢于商业快递,但比邮政包裹快很多。最普通的专线物流产品是美国专线、欧洲专线、澳洲专线、俄罗斯专线等,也有不少物流公司推出了中东专线、南美专线、南非专线。

5) 海外仓储模式

海外仓储服务是指为卖家在销售目的地进行货物仓储、分拣、包装和派送的一站式控制与管理服务。确切来说,海外仓储包括头程运输、仓储管理和本地配送三个部分。头程运输是指中国商家通过海运、空运、陆运或者联运将商品运送至海外仓库。仓储管理是指中国商家通过物流信息系统,远程操作海外仓储货物,实时管理库存。本地配送是指海外仓储中心根据订单信息,通过当地邮政或快递将商品配送给用户。

【拓展文本】

3. 电子商务时代的国际物流管理

电子商务时代的到来促使国际物流运营信息化向更大范围发展,从而使国际物流具备一系列新特点。

1) 信息化范围扩大

电子商务时代,物流信息化表现为物流信息的商品化、物流信息搜集的数据库化和代码化、物流信息处理电子化和计算机化、物流信息传递的标准化和实时化、物流信息存储的数字化等。条码技术、数据库技术(Database)、电子订货系统(Electronic Ordering System, EOS)、电子数据交换、快速反应及有效地客户反映(Effective Customer Response, ECR)、企业资源计划(ERP)等技术与观念在国际物流运营中将会得到普遍应用。电子商务带来国际物流信息化范围的扩大,依靠物流大范围的信息化,任何先进的技术设备都可以应用于物流领域,信息技术及计算机技术在物流中的应用将会彻底改变国际物流运营的面貌。

2) 操作自动化

自动化的基础是信息化,核心是机电一体化,外在变现是无人化,效果是省力化,另外还可以扩大物流作业能力、提高劳动生产率、减少物流作业的差错等。电子商务环境下,物流自动化的设施非常多,如条码/语音/射频自动识别系统、自动分拣系统、自动存取系统、自动导向车、货物自动跟踪系统等。这些设施在发达国家已普遍用于物流作业流程中,我国的物流自动化正在加速发展。

3) 运营网络化

国际物流运营网络化有两层含义:一是国际物流的末端——配送系统的通信网络化,包括物流配送中心与供应商或制造商的联系要通过计算机网络,另外与下游顾客之间的联系也通过计算机网络通信,例如物流配送中心向供应商提出订单,可以使用计算机通信方式,借助于增值网(Value Added Network,VAN)上的电子订货系统(EOS)和电子数据交换技术(EDI)来自动实现,物流配送中心通过计算机网络收集下游客户的订货过程也可以自动完成;二是组织管理网络化,即所谓的企业内部网(Intranet)。例如,苹果手机所采取的"全球运筹式产销模式",这种模式按照客户订单组织生产,生产采取分散形式,即将全世界的手机制造资源都利用起来,采取外包的形式将一部手机的所有零部件、元器件、芯片外包给世界各地的制造商去生产,然后通过全球的物流网络将这些零部件、元器件和芯片发往同一个物流配送中心进行组装,由该物流配送中心将组装的手机迅速发给订户。这一过程离不开高效的国际物流运营网络,需要实施电子商务管理。

4) 物流智能化

物流智能化是物流自动化和信息化的高层次应用,物流作业过程中大量的运筹和决策,如库存水平确定、运输路径选择、自动导向车运行轨迹和作业控制、自动分拣机运行、物流配送中心经营管理的决策支持等问题需要借助大量知识去解决。在物流自动化进程中,物流智能化是不可回避的技术难题。依靠专家系统、机器人等相关技术,物流智能化已成为物流电子商务管理的新趋势。

5) 组织柔性化

组织柔性化本来是为实现"以顾客为心"理念而在生产制造领域提出的,但要真正做到柔性化,即真正地能根据消费者需求的变化来灵活调节生产工艺,没有配套的柔性化的物流系统是不可能实现的。20世纪90年代,世界生产领域纷纷推出弹性制造系统(Flexible Manufacturing System,FMS)、计算机集成制造系统(Computer Integrated Manufacturing System,CIMS)、制造资源系统(Manufacturing Requirement Planning,MRP)、企业资源计划(ERP)以及供应链管理的概念和技术,这些概念和技术的实质是要将生产、流通进行集成,根据需求末端的实际需求组织生产,安排物流活动。因此,柔性化的物流正是适应生产、流通与消费的需求而发展起来的一种新型物流模式。这就要求物流配送中心要根据消费需求"多品种、小批量、多批次、短周期"的特色,灵活组织和实施国际物流作业。

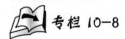
专栏 10-8

拉手网联手 IBM 构建信息管理系统

2012年,团购网站拉手网宣布与IBM公司达成合作,IBM将为拉手网提供全球ERP实施服务,构建针对团购网站的整合解决方案。据悉,此次合作是IBM首次与国内团购网站进行合作。这也是国内团购网站的一次高瞻远瞩之举,将打破粗放型管理模式带来的发展瓶颈,引领整个团购行业朝着精细化管理方向迈出实质性的一步,对全行业实现跨越式发展意义深远。

1. 团购"大跃进"结束,专注精细化运营

回顾过去几年的团购行业,似乎是一部高浓缩版的电影,经历了迅速崛起,千团竞争,行业洗牌,格局显现……2012年,随着轰轰烈烈的团购大跃进时代的结束,一线团购网站开始回归根本,专注于精细化运营能力。拉手网与IBM的紧密合作,意味着团购网站自身的整合与蜕变时期正式拉开帷幕。

据悉,团购行业初期,团购网站几乎将全部精力都投入"快跑"和"扩张"上,对于后台信息处理系统的构建一般都是"打补丁"式的发现问题再解决问题。但随着团购网站规模的扩张,业务模式的开拓、用户

和商户的不断增加,"打补丁"式的解决方案开始捉襟见肘,难以照顾全局。内部运营管理与自身高速发展的脱节,成为制约团购网站发展的一大障碍。

在信息社会,IT 系统直接支撑着现代化企业的运营模式,所有的互联网公司发展到一定的量级,都会把 ERP 当作头等大事来抓,如新浪、腾讯、阿里巴巴。而这对于电商企业来说更具意义,因为电商企业本身就是架构于 IT 系统之上的,由"电子"和"商务"结合而成的。曾有业内人士把 ERP 形容成电商企业的"脊柱",其能更好地管理公司业务流程和关键的商业数据。而电商行业也有很多企业已经启动了这一信息化的建设,如京东商城、苏宁易购等。

2. 拉手网引领团购,步入高效运营时代

对消费者而言,团购的本质还是电子商务,电子商务的核心系统是后台信息处理系统。能否快速高效且准确地处理大量用户的订单、了解消费需求、配送物流管理及商品管理,这些是检验电子商务企业是否成熟和具有竞争力的标准。

拉手网此次与 IBM 合作,通过采用全球顶级的信息化系统建设,打造国内电子商务最为先进的后台信息化系统,不仅能够实现物流、资金流、信息流高效整合,提升整体效率,强大的系统优势也能让拉手网从容应对呈爆炸性增长的用户群和商户群。信息化建设将影响拉手网工作的每一个环节,订单处理、销售、客服这三个重要环节将会更加透明和高效,后台信息化系统将帮助拉手网对客户需求做出更加快速的反应,实现更加精准和高效的商户管理。

与 IBM 合作将有效地整合拉手网线上、线下核心业务的运营维度,提升内部管控能力和现代化水平。实现企业经济效益最大化的同时,给消费者带来最大化的权益保证。IBM 大中华区成长型企业事业群总经理潘伟雄表示:"IBM 将针对团购领域定制整合解决方案,帮助拉手网打造世界级的信息化管理系统。"

(资料来源:吴群. 物流案例分析 [M]. 北京:北京大学出版社,2014.)

10.3.3 电子商务下国际物流信息系统的应用

电子商务下的国际物流信息系统根据使用的领域不同,可以分为运输管理系统、仓储管理系统、配送管理系统、装卸搬运自动化控制系统等典型的信息系统,还有如报关货代系统、语音拣选系统、办公自动化系统、企业资源规划系统等辅助信息管理系统。这些不同的子系统之间可以预留接口,在需要的情况下进行集成。以下重点对运输信息管理系统和语音拣选系统进行介绍。

【拓展文本】

1. 运输信息管理系统的应用

运输信息管理系统可以分为货物跟踪系统和运输车辆运行管理系统。

(1) 货物跟踪系统是指物流运输企业利用物流条码和 EDI 技术及时获取有关货物运输状态的信息(如货物品种、数量、货物在途情况、交货期限、发货地、到达地、货主、送货车辆、送货负责人等),提高物流运输服务质量的系统。通过货物跟踪系统,可以实时跟踪货物在途和车辆运行情况,提供增值性物流服务,从而满足现代商务对物流的需要。

(2) 运输车辆运行管理系统是针对物流运输作业中的运输车辆处于分散状态而开发的对在途运输车辆管理的信息系统。通过定位系统,确定车辆在路网中的位置,可及时调配车辆,快速满足用户需求,避免车辆完成运输任务后放空。

2. 语音拣选系统的应用

语音拣选方案是一种速度更快、效率更高的拣选方案,可取代纸质拣货单和手持扫描终端,适用于劳动密集型、高吞吐量、高库存的行业领域。其独特性优势表现在可在订单准确率、退货、操作效率、培训和劳动力成本、安全性 / 人体工程学以及投资回报等诸多方面为企业带来切实可见的好处。语音拣选可以简单地分为 3 个步骤:第一步,操作员听到语音指示,指令给出一个巷道号和货位号,要求操作员说出货位校验号;第二步,操作员会把这个货位校验号读给系统听,当系统确认后,系统会告诉操作员所需选取的商品和数量;第三步,操作员从货位上搬下商品,然后进入下一流程。整个操作过程非常简单,并且系统对操作员的口音没有要求,各地的口音和方言,语音技术都能很方便地识别。语音技术的应用,可以加快工作速度,提高工作效率和准确率。

本章小结

物流信息是指伴随着物流活动而产生的各种数据和信息,这些信息描述了物流活动的状态和特征。物流信息的特点是,信息几乎都与实体货物相关,描述时间和空间的间隔,涉及供应链伙伴关系。现代信息技术在物流各个作业环节中的应用,是物流现代化极为重要的领域之一。物流信息技术主要有条码技术、EDI 技术、RFID 技术、POS 系统等。

EDI 技术,即电子数据交换技术,是计算机与计算机之间结构化的事物数据交换,它是通信技术、网络技术与计算机技术的结合。目的是通过建立企业间的数据交换网来实现票据处理、数据加工等事务性工作的自动化、省力化、及时化和正确化,同时通过有关销售和库存信息的共享来实现经营活动的效率化。RFID 技术可以通过一组电子标签,来识别高速运动物体并可同时识别多个标签,操作快捷方便。POS 系统,即销售时点信息系统,是指通过自动读取设备在销售商品时直接读取商品销售信息(包括品名、单价、数量、时间、店铺等),并通过通信网络和计算机系统传送至有关部门进行分析加工以提高经营效率的系统。

物流管理信息系统是通过对与企业物流相关的信息进行加工处理来实现对物流的有效控制和管理,并为物流管理人员和其他企业管理人员提供战略及运作决策的人机系统。国际物流信息系统从本质上讲是把各种国际物流活动与某个一体化过程(如交易、管理控制、决策分析以及制定战略计划)连接在一起的通道,主要是指以计算机为工具,对国际物流信息进行收集、存储、检索、加工和传递的人机交互系统。企业物流信息系统运作模式,随着企业类型如生产厂商、批发厂商及第三方物流企业等的不同而不同,同时,也因为企业在供应链上的地位包括所处的位置以及与上下游客户之间的关系的不同,处理的方式与方法也不同。

电子商务是通过包括互联网在内的计算机网络所进行的一切产品及服务的交易活动,得益于信息技术的进步而蓬勃发展。电子商务是国际物流信息化的基础,国际物流是实现电子商务的保证。实现跨境电子商务的几种国际物流模式有邮政包裹、国际快递、专线物流、海外仓等。

关键术语

| 国际物流信息 | 物流信息系统 | 物流信息技术 | 企业资源信息技术 |
| 企业信息系统 | 电子商务 | 跨境电商 | |

思 考 题

1. 什么是物流信息？它有哪些特点？有哪些作用？
2. 国际物流信息包括什么？有什么特点？
3. 常用的物流信息技术有哪些？
4. 简述 MRP、MRP Ⅱ 和 ERP 的联系与区别。
5. 简述物流信息系统与企业信息系统的关系。
6. 简述电子商务与国际物流的关系。
7. 跨境电商的主要国际物流模式有哪些？
8. 电子商务背景下国际物流信息管理系统呈现什么特点？

案例分析

EDI 助美的实现"敏捷供应链"

创业于 1968 年的美的集团，是一家以家电业为主，涉足房产、物流等领域的大型综合性现代化企业集团。随着业务在全球范围内的不断扩大，美的已经形成了一个覆盖全球，从生产制造、供应商、物流、渠道到客户的庞大企业供应链群。2010 年，美的制定的"十二五"发展规划提及构建"敏捷供应链"来面对日益激烈的竞争，以实现企业目标。

敏捷供应链的第一步，便是提升供应链成员在业务合作中大量信息交换的速度和准确性，这将直接影响到整个供应链的运作效率。美的的供应链伙伴群体十分庞大，上下游企业和合作伙伴众多，每年需要交换大量的单据，美的与业务伙伴之间典型的信息交互如图 10.14 所示。

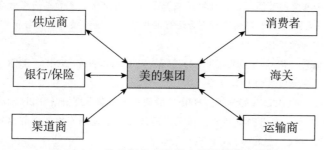

图 10.14 美的与业务伙伴之间的信息交互图

之前，美的是采用人工的方式实现对大量业务单据的接收、处理和发送，需要花费较长时间来完成单据的处理，同时，人工处理方式难免发生错误。为了满足美的与供应链合作伙伴之间的实时、安全、高效和准确的业务单据交互，提高供应链的运作效率，降低运营成本，美的迫切需要利用企业级(B2B)数据自动化交互和传输技术，即 EDI(电子数据交换)方案来解决这个问题。

1. EDI 方案的决策

在选型的时候，美的着重 EDI 解决方案的以下特性。

(1) 美的供应链内众多的合作伙伴，包括供应商、物流商、渠道商、银行和保险机构等都有自己的业务数据标准和传输协议，同时，美的内部各子应用系统也有各自的数据标准，因此 EDI 平台方案必须具备强大的数据处理能力，能够将各类异构数据迅速转换为标准 EDI 报文，同时还要具备支持多种传输协议的能力。

(2) EDI 平台作为连接美的与众多合作伙伴的中间平台，是双方进行业务数据集成和交互的核心，处理速度直接影响到业务流程的效率，因此需要具备数据快速处理和传输的能力，同时，整个处理和传输过程应该完全自动化而无需人工干涉。

(3) 随着业务不断发展，美的供应链内的合作伙伴、业务流程、数据标准会发生相应的变动，因此 EDI 平台方案必须具备良好的柔韧性，以迅速适应业务需求的变更和拓展。

经过反复的筛选和比较，美的最终选择业界领先的供应链管理解决方案提供商 SinoServices（锐特信息）为其提供 EDI 解决方案和技术支持。SinoServices 提供了 SinoEDI 企业级数据整合解决方案，主要的功能模块如图 10.15 所示。

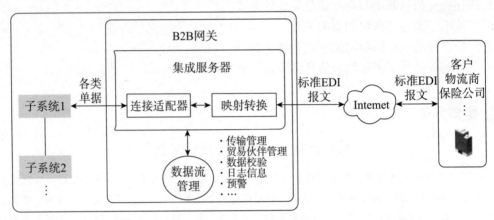

图 10.15 美的 EDI 功能模块

SinoEDI 企业级数据整合解决方案支持各类传输协议、加密算法，同时也是一款性能非常优异的数据处理平台，支持任意数据格式之间的转换，数据流程可灵活定制，路由功能强大，且具备各类适配器与后台系统、数据源的集成。开发、部署由图形化的统一开发平台来完成，简单易用。它具备以下优点。

(1) 高度灵活、反应敏捷，可高效、快速地适应业务需求的变化。不管是有新的合作伙伴的加入，还是有新的数据格式，EDI 平台都可在不影响现有平台运行的情况下，快速接入新合作伙伴，增加新的数据格式，且平台架构不会发生任何大的变化。

(2) 支持任何数据格式。例如：EDIFACT、ANSI X12、RosettaNet、XML、IDOC、Flat File 等，强大的 EDI 引擎可支持各个时期各个版本的 EDI 标准。

(3) 安全、高效、统一的 B2B 传输网关。B2B 传输网关不仅提供了一个 B2B 传输的统一接入点，便于管理，具备强大的合作伙伴管理 (TPM) 功能；同时，保证所有通过网关的数据都能安全发送与接收，提供多层次的安全防护，包括协议安全策略、SSL/TLS 策略等。

(4) 强大的数据并发及处理能力。EDI 平台独特的设计，具备高效的数据处理能力，性能极其出色。

(5) 与后台各种系统实现无缝集成。如 SAP、IBM MQ、J2EE 应用、数据库等都有相应的直连接口，便于美的内部各业务系统与 EDI 平台的高度集成。

利用 SinoEDI 企业级数据整合解决方案，美的和各业务伙伴之间大量的数据和业务表单往来便可实现完全的自动化传输和识别，而不受各类数据源的结构和传输协议的影响。

2. 应用效益

美的的 EDI 成功运转一年多后，已接入伊莱克斯、北滘码头、中信保等业务合作伙伴，美的已经收获了集成、开放、灵活的 EDI 应用所带来的效益。

美的与业务伙伴之间的数据交互由过去的人工方式转变为完全的自动化，极大地提升了供应链的工作效率。

实施 EDI 之前和之后美的的业务流程变化如图 10.16、图 10.17 所示。

以前的人工处理方式需要从美的的各个业务子系统如 ERP、CRM 等提取出相关数据，再人工转换成合作伙伴所需要的单据格式，通过邮件、传真、电话等方式向相应的接收方发送(人工转换的过程可在美的或合作伙伴方进行)。同样地，当从合作伙伴处接收到各类异构形态的单据之后，要通过人工方式识别、读取，并录入相应的子系统中。

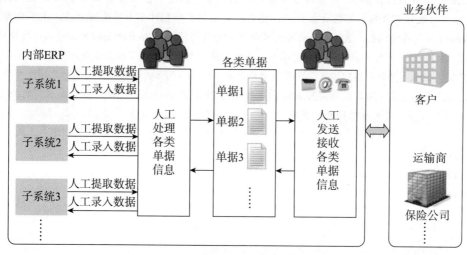

图 10.16　EDI 实施之前的美的业务流程图

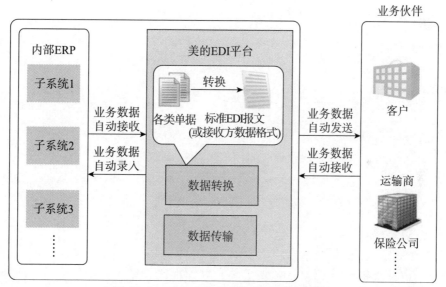

图 10.17　EDI 实施之后的美的业务流程图

实施 EDI 之后，工作流程变为 EDI 平台自动接收各子系统发出的数据，再自动转换成标准 EDI 报文(或者合作伙伴系统能够直接识别的数据格式)，再自动传输给接收方，整个过程无须人工干预，极大地提升了工作效率。

3. 实施经验

在美的的 EDI 项目以及与其合作伙伴进行对接的实现上，通过美的、美的合作伙伴和 SinoServices 三方的共同努力，对整个项目进行统筹安排、分步实施，确保项目的顺利实施。项目的成功上线以及后期应用的深化在于做好以下内容。

(1) 企业相应业务流程的改造。之前，企业内部和业务伙伴之间已形成了相应的业务操作流程，而采用

EDI之后，业务操作流程将有所调整，更新后的流程通过EDI平台固化下来，形成了统一的、规范的数据交互模式。

(2) 项目进行过程中往往会涉及企业内部和企业间多个业务部门的合作，因此沟通至关重要。SinoServices对美的的业务和IT人员做了完善的EDI知识、EDI平台操作和业务流程变更等方面的培训，并配合美的做好EDI项目的宣传推广，让相关人员充分了解EDI平台带来的效益。在项目实施前期，SinoServices作为美的的代表，直接与美的合作伙伴进行沟通，同时，SinoServices把与美的合作伙伴之间的沟通汇总给美的，并为其作相应的说明和解答，这样的沟通方式大大加快了项目实施的进程。

(3) 根据美的业务伙伴的实际情况，推荐最简便的解决方案。例如，合作伙伴与美的之间使用的是Excel单证往来，SinoServices可为其设计具有类似EDI功能的Excel单证格式，完全不改变其日常的业务单证制作流程。这样可以最迅速地推广EDI的应用。

(资料来源：王爽，鲁艳萍. 物流信息技术[M]. 北京：中国水利水电出版社，2014.)

思考题：

1. 美的集团的EDI实施特点和流程是什么？
2. EDI能为企业的物流运作带来哪些效益？

第 11 章　国际区域物流

【教学要点】

知识要点	掌握程度	相关知识	应用方向
自由贸易区的定义	掌握	区域经济一体化 FTA 与 FTZ 辨义	自由贸易区在发展物流中的作用
自由贸易区的发展	理解	自由贸易区发展的原因 NAFTA 和 CAFTA	我国自由贸易区的建设
国际区域物流的概念与特征	掌握	区域物流 国际区域物流	国际区域物流的特征
我国发展区域物流的意义与作用	理解	区域物流在经济发展中的作用	我国自由贸易区形成的必然性

联邦快递的"亚洲一日达(AsiaOne)"

联邦快递(FedEx)是1973年开始运营的一家美国快递服务公司,最初十年间通过开展美国主要城市间的隔夜达快递业务获得快速发展,成为美国历史上第一家创办不足10年,公司的年度营业收入就达到10亿美元的公司。到了20世纪80年代末,联邦快递把业务拓展到了全球90个国家和地区,营业收入超过35亿美元,拥有员工5.4万人。不到20年的时间里,它已经成长为全球隔夜快递业的领头羊。到2015年,联邦快递服务于全球220多个国家和地区,拥有超过160 000名员工,营业收入475亿美元,是世界第二大快递物流公司。

联邦快递预见到亚洲经济的增长潜力和市场空间,于1992年将太平洋总部从夏威夷移至香港,与亚洲客户建立更紧密的联系。1995年,联邦快递开通了亚洲一日达(AsiaOne)递送网络,连接11个主要的亚洲中心,在亚洲地区内开展隔日递送业务。从开始经营本土业务到设立亚洲区域网络,这家美国公司才刚刚创立二十多个年头。

为了开拓中国业务,1984年,联邦快递与中外运合作开展中美间的快递业务。1995年,联邦快递以6 750万美元收购了美国的一家货运航空公司——长青国际航空(Evergreen)。当时这是唯一一家直飞中美两国的货运航班。在完成此收购之后,联邦快递成为第一家提供由美国直飞至中国的国际快递物流公司,把美中主要城市之间快递时间缩短到3天。1999年,联邦快递与大田物流组建了合资企业——大田联邦快递有限公司。大田物流是一家民营物流企业,规模虽小,但经营灵活、效率高,联邦快递在合资企业中拥有50%的股权,有充分的经营主动权。事实上,联邦快递希望拥有更加自主的经营战略。在2005年年底中国对快递业的政策完全放开前夕,以4亿美元现金收购合资企业大田联邦快递有限公司中大田持有的50%股份,以及大田集团的国内快递网络,实现了中国国内快递业务的独立运作。

2003年,联邦快递每周11个航班直行往来于美国和中国的香港、北京、上海、广州及深圳。在所有的快递公司中,联邦快递拥有最多的美中直飞货运航班。按照联邦快递创始人和首席执行官弗雷德·史密斯的话说:"我们的目标是打造网络。如果我们的假设是正确的,一旦建好了网络,增长前景将无限。我们也将有望享有领导地位。"

2005年,FedEx宣布投资1.5亿美元在广州白云国际机场建设全新的亚太转运中心。该转运中心于2009年正式投入运营,每周联邦快递有16条国际货运航线、136架货机进出这个新转运中心。联邦快递公司正式将其亚太区转运中心的业务操作从菲律宾的苏比克湾转移至广州白云国际机场,该中心在未来30年里将成为联邦快递公司在整个亚太地区的中心。

广州亚太转运中心使得联邦快递能够在亚洲复制它赖以成功的"轴辐式系统"(Hub-And-Spoke),这种模式让联邦快递继续在亚洲地区隔日快递运输领域处于市场领先地位。这个称作"亚洲一日达(AsiaOne)"的隔日递送服务,涵盖了20个亚洲主要贸易中心,包括曼谷、北京、宿务、广州、河内、胡志明、香港、雅加达、吉隆坡、马尼拉、墨尔本、大阪、槟城、首尔、上海、深圳、新加坡、悉尼、台北以及东京。通过"亚洲一日达(AsiaOne)"网络,亚洲主要贸易中心的货件两个工作日内就可以从亚洲递送至北美洲境内的目的地,在两到三个工作日内将货件递送至主要的欧洲和南美洲市场。可承接的货件包括文件、包裹和货物。

在FedEx的官网上,这样描述"亚洲一日达"业务:FedEx在亚洲不断扩展的全新配送网络,利用隔日递送服务连接该地区内的各大主要贸易中心,并以前所未有的方式将亚洲与世界相连接。无论您运送的是高价电子产品还是大宗货物,FedEx都能以其他运输业者无法比拟的速度和连接网络,将您的货件送达世界上经济发展速度最快的地区。

(资料来源:根据联邦快递官网和其他公开材料整理编写。)

从联邦快递在亚洲拓展区域性递送网络的策略可以看出,随着经济全球化、区域经济一体化的发展,物流网络化发展的趋势日益明显。在全球物流网络市场的发展中,国际区域物流市场的发展成为影响和制约物流企业战略发展的关键。本章将对国际区域物流进行介绍,内容包括自由贸易区的概念、世界典型的自由贸易区、自由贸易区与区域物流;国际区域物流的概念与特征;我国发展区域物流的意义与作用。

11.1 自由贸易区与区域物流

自由贸易区作为一个开放的经济体,是国内和国际两种资源的集汇地,在推动一国多边贸易的发展中起到了重要的作用。随着世界经济和贸易一体化的发展,已经在全世界范围内形成了多层次、复合功能的自由贸易区,这些自由贸易区在推动区域工业和区域物流发展中也起到了重要的作用。本节将介绍自由贸易区的概念、作用、分类以及自由贸易区的发展模式。

11.1.1 自由贸易区的概念

1. 基于贸易协定的自由贸易区

本书第 5 章已经介绍过两种形式的自由贸易区,即基于世界贸易组织所定义的 FTA (Free Trade Area) 和基于国际海关组织定义的 FTZ (Free Trade Zone),并且也详细介绍了基于国际海关组织定义的 FTZ,本章将就基于世界贸易组织所定义的 FTA 展开讨论。

世界贸易组织 (WTO) 及其前身关贸总协定 (GATT) 关于自由贸易区的定义,在关贸总协定 (GATT) 第 24 条第 8 款中有相关规定,所谓自由贸易区 (Free Trade Area, FTA) 是指"由两个和两个以上关税领土所组成的,对这些成员领土间的产品的贸易,已实质上取消关税或其他贸易限制的集团"。例如,由美国、加拿大、墨西哥三国组成的北美自由贸易区 (NAFTA) 就是符合这种定义的自由贸易区。

这个定义可以称作基于协定的自由贸易区,是两个或两个以上国家或地区通过签署协定,在 WTO 最惠国待遇基础上,相互进一步开放市场,分阶段取消绝大部分货物的关税和非关税壁垒,在服务业领域改善市场准入条件,实现贸易和投资的自由化,从而形成涵盖所有成员全部关税领土的"大区"。这种自由贸易区是区域经济一体化的重要内容与体现形式。

2. 自由贸易区的作用

自由贸易区最直接的作用是促进区域内的贸易增长。在货物贸易领域,在符合原产地要求的前提下,自贸协定伙伴国之间的绝大部分产品实行零关税或者优惠关税,进口企业可以从伙伴国找到优惠的供货渠道,出口企业降低了出口商品的成本,有利于扩大全球市场份额。

自贸协定关税减让包括三种类型,即零关税、优惠关税和例外产品。零关税产品,是指自协定生效当年或者约定的某年份开始,进口关税降低为零;优惠关税产品,是指自协定生效后,关税分阶段降低到一定水平;例外产品,极少数产品不进行关税减让,仍适用最惠国关税。通过举例可以看出零关税效应能使出口产品更具价格竞争力:假如我国企业的某产品出口到尚未签署自贸协定的国家,这个国家仍适用最惠国关税(假定为 20%)。假定该产品的到岸价格为 100 美元,该产品的进口商需要向进口国海关缴纳 USD100×20%=USD20 美元的关税，还需要缴纳增值税等附加税费(假定税费率 20%)USD120×20%=USD24 美元。这样，该产品在进口国的实际价格就是 144 美元。如果该产品出口到与我国签署自贸协定的国家，就可以节省关税，而只需缴纳增值税等税费(仍假定税费率 20%)USD100×20%=USD20 美元，这样，该产品在进口国的实际价格就是 120 美元。向自贸协定伙伴国出口可以降低价格 24 美元，这就是零关税效应。

理论研究显示，区域内成员相互之间取消关税和贸易数量限制措施之后直接对各成员贸易发展所产生的影响包括两种形态，一种叫作"贸易创造效应"，另一种叫作"贸易转移效应"。贸易创造效应是指区域内成员相互之间由于交易成本下降和贸易限制取消，导致本国内高成本产品被区域内其他成员低成本商品所替代，以及过去受到对方数量和高关税限制的本国低成本商品出口扩大，从而给区域内进出口双方带来更多贸易机会和经济利益。贸易转移效应是指原有与区域外国家之间的贸易往来，由于区域内交易成本的降低可能被区域内成员之间的贸易所取代。自由贸易区的真正积极意义在于贸易创造而非贸易转移。

缔结自由贸易协定之后，还可以间接地促进区域内生产率的提高，带来成员经济增长加快的作用。这种间接作用也包括两种效果，即"市场扩张效应"和"促进竞争效应"。市场扩张效应是指随着贸易规模的扩大，导致生产和流通的规模效益，并带来产业集聚效果。促进竞争效应是指随着区域统一市场的形成，将促进区域内垄断行业的竞争，提高生产效率。

贸易创造效应、贸易转移效应、市场扩张效应和促进竞争效应都能够带来区域内的贸易量的增长，只不过贸易转移效应可能带来负面影响，因为区域内的低效率产品可能会取代区域外的高效率产品。贸易量增长将带来区域内物流市场的扩大，物流企业迎来发展空间和商机。

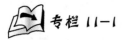

发展中的区域贸易协定

世界贸易组织(WTO)的基本使命是推动世界贸易自由化，贸易自由化的核心内容是降低关税税率。世贸组织成员众多(截至 2015 年年底，WTO 拥有 162 个成员)，达成一致协议交易成本高、时间长，多哈回合谈判历经 12 年才取得零的突破，达成《巴厘一揽子协定》。在通过 WTO 多边框架推动贸易自由化面临困难的情况下，各国纷纷在区域内寻求解决办法，区域贸易协定就是一条可行的道路。

区域贸易协定(Regional Trade Agreement，RTA)是一个区域内的国家为了实现贸易自由化而共同签署的协定，通常是以自由贸易协定(Free Trade Agreement，FTA)的形式呈现的，当然也包括优惠贸易协定(PTA)和关税同盟协定(CUA)。FTA 是两国或多国间具有法律约束力的契约，目的在于通过降减关税或其他壁垒来促进贸易便利化。自 20 世纪 90 年代以后，世界签署 RTA、FTA 数目呈加速上升态势。1990—2015 年，共有 244 项 RTA 生效，而 1970—1990 年间只有 11 项。截至 2016 年 3 月，共有 267 项 RTA 生效，如图 11.1 所示。

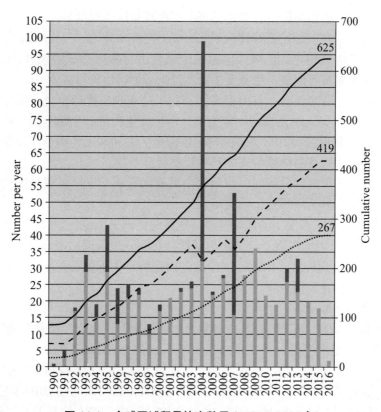

图 11.1 全球区域贸易协定数目（1990—2016 年）

注：▇ 表示 Notifications of RTAs in force；▇ 表示 Notifications of Inactive RTAs；—— 表示 Cumulative Notifications of RTAs in force and inactive RTAs；--- 表示 Cumulative Notifications of RTAs in force；…… 表示 Cumulative Number of Physical RTAS in force。

  由于 RTA 迅速增加，世贸组织成员几乎都以某种形式加入了一个或多个区域贸易协定，有的成员甚至参加了超过 20 个的 RTA。大多数 RTA 是由两个国家（或地区）签订的，但最近多变的 RTA 不断出现，比如有 12 个成员国参与的亚太区域的跨太平洋伙伴关系协定（Trans-Pacific Partnership Agreement，TPP），再比如由东盟十国发起的，邀请中国、日本、韩国、澳大利亚、新西兰、印度共同参加（"10+6"）的区域全面经济伙伴关系（Regional Comprehensive Economic Partnership，RCEP）。

  区域贸易协定的出现是为了实现 WTO 多边框架难以达成的目标，但并不能代替 WTO，比如知识产权问题、技术标准问题、非关税贸易壁垒问题等还要在 WTO 框架下才能取得进展。可以说 RAT 与 WTO 是相辅相成的关系。

（资料来源：根据世界贸易组织 www.wto.org 官网资料整理。）

11.1.2 自由贸易区的发展

1. 自由贸易区发展的原因

  当今世界，自由贸易区的发展形势非常迅猛，在全球范围内其数量已经达到数十个，范围遍及各大洲，是区域经济一体化的主要形式之一。其中，北美自由贸易区和东盟自由贸易区最具典型意义，而北美自由贸易区也是世界上最大的自由贸易区。其他自由贸易区还有中欧自由贸易区、欧盟—拉美自由贸易区等。总体来看，世界各国都非常重视通过建立和发展自由贸易区来为自己的经济发展服务，目前除亚洲的中国、日本、韩国以外，世界上几乎各主要贸易国均已参加自由贸易区，有的还是多个自由贸易区的成员。

自由贸易区的产生和迅猛发展有其深刻的历史、经济、政治、文化原因。

(1) 与多边贸易体制相比，区域内国家易于就自由贸易区达成协议并产生实效。同时，现有的自由贸易区大多富有成效，也激发了更多国家参加自由贸易区。

(2) 就地区或邻近国家而言，自由贸易区有利于进一步发挥经贸合作的地缘优势。邻近国家间的自由贸易区具有人员往来与物流便利、语言文化相近、生活习惯类似等多种有利条件。因此，邻近国家和地区间具有更多的有利条件来扩大和加深经济合作以获得互利双赢的效果，其效果比参加多边贸易体系带来的利益要更明显一些。

(3) 在加入多边合作机制的同时，缔结自由贸易区有利于推动各成员国内的经济结构改革，从而可以借助更多外力来推进国内改革。

(4) 20 世纪 90 年代一再发生的地区性经济危机的教训，也促使世界各国更加重视地区经济合作的制度化。1997 年的东南亚经济危机证明，在同一地区国家之间，危机蔓延的速度往往更快，相互影响也更为强烈。因此，加强地区内经贸合作不仅有助于防范新的危机，而且也有助于世界经济的稳定发展。

2. 我国自由贸易区的发展

我国在积极推动 WTO 框架下的多边贸易自由化的同时，也积极推动自由贸易区的建设。以实施内地与香港更紧密经贸关系安排 (Closer Economic Partnership Arrangement，CEPA) 为开端，相继与东盟、巴基斯坦、智利、新西兰、新加坡等国家签署了自由贸易协定。2002 年 11 月，我国与东盟签署了《中国—东盟全面经济合作框架协议》，决定在 2010 年建成中国—东盟自贸区，并正式启动了自贸区建设的进程。2004 年 11 月，我国与东盟签署了《货物贸易协议》，提出了世界上最大的减税计划，计划到 2006 年中国—东盟的平均关税降低到 8.1%，2007 年降低到 6.6%，2009 年，降低到 2.4%，2010 年，降低为 0。受惠于自由贸易协定，中国与东盟的贸易额从 2004 年的 1 059 亿美元，增长到 2007 年的 2 025 亿美元，提前 3 年实现贸易额 2 000 亿美元的目标。中国—东盟自由贸易区是我国第一个建成的自由贸易区，截至 2015 年 6 月，我国已经签署并正在实施的自由贸易协定有 14 个 (详见表 11-1)，还有 5 个正在谈判之中。

表 11-1 我国自由贸易区建设情况

国别 / 地区	进展状况
《内地与香港关于建立更紧密经贸关系的安排》(CEPA)	2003 年 6 月签署，2004 年 1 月生效。2004—2008 年又连续签署和实施 5 个补充协议
《内地与澳门关于建立更紧密经贸关系的安排》	2003 年 10 月签署，2004 年 1 月生效。2004—2008 年又连续签署和实施 5 个补充协议
中国—东盟自贸区系列协议	2002 年 11 月，签署《中国—东盟全面经济合作框架协议》 2004 年 11 月，签署《货物贸易协议》，并于 2005 年 7 月开始实施 2007 年 1 月，签署《服务贸易协议》
中国—智利自由贸易协定	2005 年 11 月，我国与智利签署了《中智自贸协定》，并于 2006 年 11 月开始实施 2008 年 4 月，双方签署《中智自贸区服务贸易协定》
中国—巴基斯坦自贸协定	2006 年 11 月，两国签署《中国—巴基斯坦自贸协定》，并于 2007 年 7 月开始实施

续表

国别/地区	进展状况
中国—新西兰自贸协定	2008年4月，两国签署《中国—新西兰自贸协定》，于2008年10月开始实施。该协定是我国与发达国家达成的第一个自由贸易协定
中国—新加坡自贸协定	2008年10月，签署《中国—新加坡自贸协定》
中国—秘鲁自贸协定	2009年4月，签署《中国—秘鲁自由贸易协定》。2010年3月1日起实施。该协定是我国与拉美国家达成的第一个一揽子的自由贸易协定
中国—哥斯达黎加自贸协定	2010年4月，签署《中国—哥斯达黎加自由贸易协定》。2011年8月1日起正式生效。涵盖货物贸易、服务贸易、原产地规则、海关程序、技术性贸易壁垒、卫生和植物卫生措施、贸易救济、知识产权、合作等内容，是我国与中美洲国家达成的第一个一揽子的自由贸易协定
中国—冰岛自贸协定	2013年4月《中国—冰岛自由贸易协定》签署，2014年7月1日生效
中国—瑞士自贸协定	2014年4月《中国—瑞士自由贸易协定》，签署同年7月生效。是中国对外达成的水平最高、最为全面的自贸协定之一
中国—澳大利亚自贸协定	2015年6月，《中国—澳大利亚自由贸易协定》签署，2015年12月20日生效。涵盖货物贸易、服务贸易与投资。是我国首次与经济总量较大的发达经济体谈判达成自贸协定，也是贸易投资自由化整体水平最高的自贸协定之一
中国—韩国自贸协定	2015年6月，《中国—韩国自由贸易协定》签署，2015年12月20日生效。是东北亚地区的第一个自贸区，有利于促进区域经济一体化和全球产业链的融合

（资料来源：根据公开资料整理，资料截至2015年6月。）

11.1.3 世界典型的自由贸易区

1. 北美自由贸易区 (North American Free Trade Area，NAFTA)

1) NAFTA的产生

北美自由贸易区由美国、加拿大和墨西哥3国组成，三国于1992年8月12日就《北美自由贸易协定》达成一致意见，并于同年12月17日由三国领导人分别在各自国家正式签署。1994年1月1日，协定正式生效，北美自由贸易区宣布成立。

2) NAFTA的发展历程

(1) 美加自由贸易区的建立。1985年3月，加拿大总理马尔罗尼在与美国总统里根会晤时，首次正式提出美、加两国加强经济合作、实行自由贸易的主张，于1987年10月达成了协议，1988年1月2日，双方正式签署了《美加自由贸易协定》。经美国国会和加拿大联邦议会批准，该协定于1989年1月生效。

《美加自由贸易协定》规定在10年内逐步取消商品进口(包括农产品)关税和非关税壁垒，取消对服务业的关税限制和汽车进出口的管制，开展公平、自由的能源贸易。在投资方面两国将提供国民待遇，并建立一套共同监督的有效程序和解决相互间贸易纠纷的机制。另外，为防止转口逃税，还确定了原产地原则。美、加自由贸易区是一种类似于共同市场的区域经济一体化组织，标志着北美自由贸易区的萌芽。

(2) 北美自由贸易区的成立。由于区域经济一体化的蓬勃发展和《美加自由贸易协定》的签署，墨西哥开始把与美国开展自由贸易区的问题列上了议事日程。1986 年 8 月，两国领导人提出双边框架协定计划，并于 1987 年 11 月签订了一项有关磋商两国间贸易和投资的框架原则和程序的协议。在此基础上，两国进行多次谈判，于 1990 年 7 月正式达成了美墨贸易与投资协定 (也称"谅解"协议)。同年 9 月，加拿大宣布将参与谈判，三国于 1991 年 6 月 12 日在加拿大的多伦多举行首轮谈判，于 1992 年 8 月 12 日达成了《北美自由贸易协定》。该协定于 1994 年 1 月 1 日正式生效，北美自由贸易区宣告成立。

3) NAFTA 发展对跨区域合作的启示

(1) 区域合作能使发达地区保持国际竞争力。发达地区想要保持较强的国际竞争力，最重要的是使本地区一直处于国际经济发展的主流地位，极力避免边缘化。保持区域经济的主流地位就必须融入某个区域一体化组织并尽量在这个大区域中占据重要地位或者核心地位。在我国的跨区域合作中，如泛珠三角区域合作，通过由粤港澳合作形成的大珠三角发达区域的主导和带动，使自己在经济一体化中继续保持和提升国际竞争力。

(2) 区域合作以经贸为主，通过协议循序渐进发展。北美自由贸易区由于是在发达国家与发展中国家建立的自由贸易区，有关协议国对实现区域内自由贸易采取了以合作协议来逐步推进的方式。各协议国签订了大量的双边和多边协议，如消除关税和削减非关税壁垒、开放服务贸易、便利和贸易有关的投资，以及实行原产地原则等。考虑到不同国家的发展水平，主要协议条款规定在 10 年内逐步消除所有贸易和投资限制，对几个敏感行业的过渡期为 15 年。这个复杂的国际协议框架提供了一整套的规则和制度框架来管理三国之间的贸易和投资关系，同时提供了吸纳新成员和采用新的争端解决程序的机制，这是先前其他国际经济协定中都不具备的。这样一种事先确定制度和法律框架的合作，对我国的跨区域合作是有借鉴意义的。

(3) 区域合作注重产业一体化中的分工协作。北美自由贸易区的成立，将美国、加拿大和墨西哥共同纳入一个产业一体化中的分工协作体制。最明显的是加拿大的原材料、墨西哥的劳动力与美国的技术管理相结合，形成了以美国为轴心的生产和加工一体化。其中美、加生产一体化主要表现为水平的产业内分工，如两国在飞机和汽车制造、钢铁、食品加工、化学品和布料加工业等方面形成了更密切的产业内联系。而美墨生产一体化的行业主要集中在电器、汽车和服装这几个行业，带有明显的垂直的产业内分工的特点，主要是美国将零部件运到墨西哥加工后再返回美国。这种产业一体化中的分工协作体制使各国的产业优势得到更大的发挥，这对我国的跨区域合作是很有启示的。

(4) 虽然对相对落后地区有一定扶持，但对消除贫困不成功。北美自由贸易协定注意到各国经济发展水平的不同，在合作协议中也有对相对落后的国家的产业提供保护和一定的扶持，但对墨西哥这个发展中国家来说，北美自由贸易区的发展对消除贫困来说，并没有提供帮助。据有关数据显示，十年来墨西哥的贫困问题不仅没有解决，反而更加严重。当然，墨西哥的贫困问题并不一定是 NAFTA 带来的后果，但这一机制中缺乏对解决贫困问题的协议却是事实。这和欧盟不同，欧盟内部由于建立了消除地区差距和贫困的机制，较好地解决了此类问题。而这一问题是我国在建立跨区域合作组织中应该考虑的。

2. 中国—东盟自由贸易区 (China-ASEAN Free Trade Area, CAFTA)

1) CAFTA 的产生

中国—东盟自由贸易区是中国与东盟十国组建的自由贸易区。2001 年 11 月，中国与东盟各国领导人共同决定在十年之内建立"中国—东盟自由贸易区"。2002 年 1 月，朱镕基总理和东盟 10 国领导人共同签署了《中国—东盟全面经济合作框架协议》(简称《框架协议》),标志着中国与东盟的经贸合作进入了一个新的历史阶段。2004 年 1 月,《中国—东盟全面经济合作框架协议货物贸易协议》正式签署,协议规定从 2005 年 7 月 20 日起,中国与东盟开始全面关税减让。2007 年 1 月 14 日,在菲律宾举行的第十二届东盟峰会上,中国与东盟领导人共同签署《服务贸易协议》。2009 年 8 月,中国与东盟签署了自贸区《投资协议》。2010 年,中国与东盟老成员,即文莱、印度尼西亚、马来西亚、菲律宾、新加坡和泰国建成自由贸易区。

2) CAFTA 的发展过程

(1) 启动并大幅下调关税阶段 (2002—2010 年)。自 2002 年 11 月双方签署以中国—东盟自贸区为主要内容的《中国—东盟全面经济合作框架协议》,至 2010 年 1 月 1 日,中国对东盟 93% 产品的贸易关税降为零。

(2) 全面建成自贸区阶段 (2011—2015 年)。东盟越、老、柬、缅四国与中国贸易的绝大多数产品亦实现零关税,与此同时,双方实现更广泛深入的开放服务贸易市场和投资市场。

(3) 自贸区巩固完善阶段 (2016 年后)。促进中国、东盟之间的企业对话与合作;促进中国与东盟之间的贸易与投资联系;促进各自国家的经济发展和中国—东盟自由贸易区建设。

3) CAFTA 取得的成效

自 2002 年 11 月中国与东盟签署的《全面经济合作框架协议》,设定 2010 年中国和东盟将全面建成自贸区的目标以来,双边贸易发展迅速,从 2003 年的 782 亿美元,迅速增长到 2008 年的 2 311 亿美元,年均增长 24.2%。我国从东盟的第六大贸易伙伴成为第三大贸易伙伴,东盟从我国第五大贸易伙伴上升为第四大贸易伙伴。随着双边贸易的快速增长,我国与东盟相互投资的规模也不断扩大。东盟对我国实际投资额从 2003 年的 29.3 亿美元增长到 2008 年的 54.6 亿美元。同时,我国对东盟的投资从 2003 年的 2.3 亿美元,增长到 2008 年 21.8 亿美元,增长近九倍。2009 年,因全球经济危机造成双边贸易额略有下降,但 2010 年再次回到高速增长轨道。图 11.2 显示了中国与东盟的贸易增长情况。

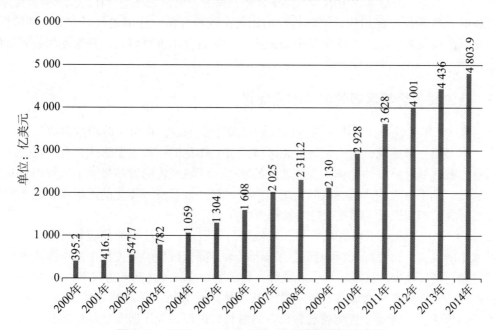

图 11.2　2000—2014 年中国—东盟贸易额增长情况

[资料来源:商务部《中国商务年鉴》(历年)。]

【拓展视频】

2010年1月1日，中国—东盟自贸区全面建成，中国和东盟六个老成员(即文莱、菲律宾、印尼、马来西亚、泰国和新加坡)之间有超过90%的产品实行零关税。中国对东盟平均关税将从目前的9.8%降到0.1%，东盟六个老成员对中国的平均关税将从目前的12.8%降到0.6%。自贸区建成以来，双方贸易投资增长加快，经济融合程度加深。2010年上半年，中国对东盟新增非金融类直接投资金额12.2亿美元，同比增长125.7%。东盟已成为中国企业赴海外投资兴业的主要目的地之一，未来还有很大潜力。

4) CAFTA 发展的启示

(1) 双方的贸易将有更大的增长，贸易结构进一步合理化。随着入世后中国的产业结构调整和经济增长加快，特别是中国的制造业将会有快速发展，将带动对能源和原材料需求的增加。由于劳动密集型产业在中国占很大比重，而这一产业多为对原材料和中间产品的加工，这将导致相关原材料和中间产品进口的增多。

伴随着双边贸易的增长，贸易结构也将进一步优化，各国具有比较优势的产品相互出口增多，机电产品特别是高新技术产品的比重将会有明显增大。

(2) 双方的相互直接投资将逐步扩大。尽管目前东盟和中国都不是对方投资的主要市场，特别是中国对东盟的投资更少，但随着双方市场的进一步开放，投资壁垒的逐渐消除，相互投资将会增多。中国实施"走出去"战略，海外投资是重要的措施，投资的重点区域今后首先将是东南亚国家，特别是周边的越南、老挝、柬埔寨和缅甸等东盟新成员国。随着中国电信、金融、保险和服务业的开放，一些较发达的东盟成员国也将扩大对中国的投资。

(3) 经济合作领域将日益拓宽。随着双方自由贸易区协定谈判的正式启动和实施，双方的经济合作将进入一个全面深化发展的新阶段，服务贸易的比重将进一步加大，投资合作方式将更加多元化。另外，金融和科技领域的合作将会全面展开，特别是随着《清迈协议》的实施和"电子东盟"的启动，中国与东盟在金融、保险与电信领域的合作将更大规模地展开。基础设施的合作步伐也将加快，同时将带动相关次区域经济合作的进展。农业、环境保护、能源、知识产权及企业之间，特别是中小企业等方面的合作也将启动，并推动相关领域的发展和合作。

11.1.4 自由贸易区与区域物流的相互促进

20 世纪 90 年代以来，自由贸易区的发展形势非常迅猛，在全球范围内其数量已经达到数十个。本书第一章述及，自由贸易区是区域经济一体化的一种主要形式，自由贸易区的迅猛发展标志着区域经济一体化进入快速发展的轨道。区域经济的发展带动了区域内贸易量的增长，从而产生了巨大的区域物流的需求，由此，在区域经济一体化的进程中，区域贸易和区域物流形成了相互依托、相互促进的紧密关系。

(1) 区域经济发展会带动区域贸易，区域贸易发展后，区域物流伴随其发展。区域物流能力和水平的提高，可以降低资源配置的物流成本，降低区域经济发展中的交易成本，从而促进贸易和经济的发展。区域经济、区域贸易和区域物流三者之间互为因果，相辅相成。

(2) 区域贸易和区域物流具有互补性，从贸易理论分析，区域物流属于服务贸易领域。区域经济一体化直接带动了货物贸易和投资的增长，进而带动了服务贸易的增长。物流服务于货物贸易，货物贸易促进物流发展。

(3) 区域一体化经济大多因为地理位置、交通运输条件、民族习俗和文化、资源状况、经济基础、人才技术等多种因素而形成，这些因素是共同促进货物贸易和物流发展的要素。

(4) 区域贸易和区域物流可以优先于多边贸易和全球物流的发展。区域内的成员因为地理、社会、文化、历史等因素比多边国家的贸易自由化更容易取得进展，因此在全球多边贸易谈判进展困难的情况下，自由贸易区的发展却如火如荼。另外，区域内的地理相邻性使得区域物流的管理比全球物流更便捷，区域物流系统的建设也更有效率。

因此，在重视国际物流管理水平的前提下，有必要对区域物流进行单独的分析和讨论。

11.2 国际区域物流的概念与特征

经济全球化背景下，由于各地区在资源禀赋和发展水平上的差异，一些区域性经济组织应运而生。这些区域经济组织中影响较大的有欧盟、北美自由贸易区和亚太经济合作组织等。这些经济合作组织的建立与发展，促进了区域经济与贸易的发展，同时也推动了国际区域物流的发展。国际区域物流是伴随国际贸易的发展而发展起来的，是指国际贸易中区域之间及区域内部的一切物流活动。国际区域物流对于提高地区企业物流活动的效率、保障居民的生活水平和保护环境具有重要作用。

11.2.1 国际区域物流的概念

国际区域物流是指国际贸易中区域之间及区域内部的一切物流活动，包括运输、仓储、装卸搬运、流通加工和信息传递等功能实体性的流通，以及物流过程中各个环节的货物运动。它侧重于城市之间、城乡之间的从供应者到需求者的物流的运输与集散一体化的过程，目的是运用区域概念和战略的手法解决有关大范围物流的各种主要问题，实现区域物流的最佳化。

国际区域物流是国民经济活动的动脉，是连接生产和消费的纽带，它的发展有利于构筑货畅其流、方便及时、经济合理、用户满意的社会化物流体系。深化国内外区域物流合作已经得到了国家的高度重视，并写入政府的重要文件之中。

2014 年，我国政府明确提出"一带一路"区域发展战略，即建设"丝绸之路经济带"和"21 世纪海上丝绸之路"。"一带一路"描绘出一幅从波罗的海到太平洋、从中亚到印度洋和波斯湾的交通运输经济大走廊，其东西贯穿欧亚大陆，南北与中巴经济走廊、中印孟缅经济走廊相连接的新蓝图。"一带一路"地区覆盖总人口约 46 亿，超过世界人口 60%，GDP 总量达 20 万亿美元，约占全球 1/3。根据世界银行数据计算，1990—2013 年，"一带一路"相关 65 个国家的对外贸易和对外直接投资的年均增长速度分别为 13.1% 和 16.5%，均高于同期全球贸易、跨境直接投资年均增长速度的 7.8% 和 9.7%[①]。2015 年，我国同"一带一路"沿线国家进出口贸易总额近 1 万亿美元。"一带一路"是多边区域合作与发展机制，与自由贸易区 (FTA) 相互补充促进，将会促进我国区域经济和区域物流的发展。

---

① 世界银行数据库，http://data.worldbank.org.cn/。

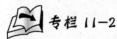

专栏 11-2

"一带一路"倡议给新亚欧大陆桥物流带来的机遇

【拓展视频】

"一带一路"是我国政府提出的区域发展倡议，致力于亚欧非大陆及附近海洋的互联互通，建立和加强沿线各国互联互通伙伴关系，构建全方位、多层次、复合型的互联互通网络，实现沿线各国多元、自主、平衡、可持续的发展。欧亚大陆桥是连接欧洲与亚洲两侧海上运输线的陆上铁路运输通道。新亚欧大陆桥，是指经我国陇海铁路、兰新铁路与哈萨克斯坦铁路接轨的亚欧大陆桥，是亚欧大陆桥东西最为便捷的通道。"一带一路"倡议的实施将给新亚欧大陆桥物流带来重要发展机遇。

1. 随着经济技术合作的深化，大陆桥物流的量和质会大幅提升丝绸之路经济带建设，以综合交通通道为展开空间，依托沿线交通基础设施和中心城市，对域内贸易和生产要素进行优化配置，这其中物流、人流、资金流、信息流的有序流动，对大陆桥物流是利好。

2. 贸易投资便利化会使大陆桥基础设施建设得到快速发展

一是铁路基础建设。新丝绸之路经济带正在谋划四大跨境高铁。计划中的欧亚高铁从伦敦出发，经巴黎、柏林、华沙、基辅，过莫斯科后分成两支，一支入哈萨克斯坦，另一支遥指远东的哈巴罗夫斯克，之后进入中国境内的满洲里。高铁建设增加了大陆桥运输的能力，即便主要用于客运，但其释放出来的运能将缓解大陆桥运输长期存在的压力。2014年上半年，中巴两国元首共同见证了《中国和巴基斯坦关于拉合尔轨道交通橙线项目的政府间框架协议》的签署。二是园区建设。2013年9月，习近平主席提出构建丝绸之路经济带的演讲刚结束，在哈萨克斯坦，丝绸之路经济带第一个合作项目——中哈(连云港)物流合作基地项目在中哈两国元首的见证下签署。2014年5月20日，在上海，两国元首按下启动按钮，中哈(连云港)物流合作基地项目一期正式启用。三是贸易投资便利化会促进更多的大陆桥基础设施的跨境投资。一直困扰我国大陆桥物流运输的阿拉山口和霍尔果斯口岸哈萨克斯坦换装能力不足而压货的问题，在丝绸之路经济带建设的大战略下，可能获得最终解决。

3. 促进南亚大陆桥加快建设

丝绸之路经济带地域辽阔，有丰富的自然资源、矿产资源、能源资源，特别是南亚地区，近年来与我国的合作不断深化。今后中巴经济走廊、中缅孟印经济走廊的建设将促进中国与南亚地区的经济合作，推动各国经济发展。中亚、南亚地区随着丝绸之路经济带建设的深化，会催生物流业的跨越式提升发展，因而自然推进南亚大陆桥加快建设。与此同时，中国西部地区公路运输迎来机遇。

4. 促进港航企业服务"一带一路"倡议，多式联运模式发生变革

随着"一带一路"倡议的实施，港口、航运企业会制定一系列服务"一带一路"倡议的制度，更新和完善服务大陆桥物流运输的措施。与此同时，以港口为基础的海铁联运等多式联运体系也会日臻完善，并进一步促进多式联运模式发生变革。比如，延伸大陆桥东桥头堡至日韩，建立日韩到中国的铁路轮渡，日韩货物到达中国东部沿海港口以后火车直接上桥运输。

11.2.2 国际区域物流的特征

国际区域物流在很大程度上指的是地区物流、地方物流，具有以下基本特征。

1. 空间资源分布的差异性

空间资源分布的差异性是形成区域物流的经济基础。空间资源包括自然资源和社会资源。自然资源是天赋的，如土地、河流、海洋、森林、矿产、水源等，并非人力所能轻易改变；社会资源指劳动力、资金、科技教育、各种知识、经营管理、文化习俗、风土人情乃至思想观念等，是在长期历史过程中形成的，各地都有自身的特殊性。每个不同的区域都具有

由特定的自然资源和社会资源构成的空间资源。任何一个国家或地区的空间资源分布不可能完全等量、均质，因而区域物流表现出巨大的差异性和多样性。

2. 物流发展程度的差异性

物流发展程度的差异性是划分物流区域的重要标准。物流服务水平与社会经济发展程度密切相关，因此，物流区域的划分主要根据经济发展程度来确定，而经济发展程度又主要考察GDP（GNP）、人均GDP、财政收入（人均财政收入）、固定资产投资规模、社会消费水平、劳动生产率等经济指标。现实中，经济发展程度相差悬殊的地区将形成各自不同的物流区域，即在一个物流区域内部，物流在不同地方的发展程度是相近的，而不同的物流区域其物流发展程度往往差距很大。

3. 物流利益的相对独立性

区域物流作为区域经济大系统的子系统，是相对独立的经济利益主体，每个区域或地区都有其自身的经济利益。区域物流的形成与物流水平的提高是区域经济利益的反映，因而，区域之间的物流竞争是合理的，符合市场经济发展要求，有利于提高整个国民经济发展水平，应当受到鼓励、保护和正确引导。但在一国之内，区域物流应当接受国家宏观调控，相互之间的支持和帮助也是必要的。

4. 物流系统的完整性

区域物流内部由于自然资源基础和社会资源现实的不同，形成了自身的物流系统，而且具有一定的完整性。每一个区域物流都追求区域内各种物流活动结构上的合理组合与功能上的互补配套，对区域内外资源进行调剂余缺、优化配置，从而推动区域整体物流的增长与发展，产生任何单一经济组织都无法取得的物流效果。因此，尽管不同区域物流系统内涵和完整性有所不同，区域物流实质上是由区域内各种物流活动相互联系、相互制约而形成的具有自身结构和功能特色的物流系统。

11.3 我国发展区域物流的意义与作用

在区域经济一体化的背景下，区域物流成为现代物流发展中的一个重要领域，受到全世界的广泛关注。区域物流是指区域范围内的一切物流活动，包括运输、保管、包装、装卸、流通加工和信息传递等功能实体的流动以及物流过程中各环节的物品运动。区域物流的发展对提高区域经济运行质量，促进区域经济协调发展具有重要作用。

【拓展视频】

11.3.1 我国发展区域物流的意义

1. 有利于实现区域物流的集聚效应

区域物流能够把区域内的各种商品进行集中，这里说的商品集中可以是实物的集中，也可以是信息的集中，即区域物流不但是一个商品源，也是一个信息源。同时区域物流能把物流企业集中，形成合理化竞争，发挥整体优势和规模经济效益，向专业化、深度化发展。这样可以大大降低交易成本，具体表现为降低寻找合作伙伴的成本、获得各种服务信息的成本等。

2. 有利于实现区域物流的扩散效应

区域物流是跨区域物流或国际物流的有机组成部分，是不同区域间流通的窗口，具体表现为实物流动的辐射、信息流的辐射、资金流的辐射等。区域物流中心城市作为一个地区的代表，与区域外部企业进行谈判、交易等一系列活动。区域物流把混乱无序的交易关系转换为有机的稳定交易网络，不但发挥了规模经济效益，降低了交易成本，而且增强了信用体系的建设。

3. 有利于实现区域物流的前向效应

区域物流产业的前向效应通常是指区域物流产业的发展将促进物流装备制造业、物流系统业、物流新工艺和新技术的发展，提高物流活动的效率，促进物流产业优化，潜在地增进经济发展。

4. 有利于实现区域物流的后向效应

区域物流产业的后向效应是指区域物流产业的发展将带动公路、铁路、航空、管道、仓储、通讯等区域物流业的发展，进而拉动对钢铁、煤炭、水泥和制造业的需求。

5. 有利于实现区域物流的旁侧效应

区域物流产业的旁侧效应是指区域物流产业的发展将对所有区域的商业、供销、粮食、外贸等行业乃至区域内所有行业的供应、生产、销售中的物流活动产生积极影响，从而提高区域内各类经济活动的效率。

由此可见，区域物流的发展对区域产业结构升级有直接的影响，一个发达的经济区域必然存在完善的区域物流产业结构，形成区域支柱产业。

11.3.2 我国发展区域物流的作用

1. 区域物流中心增长极的作用[①]

根据美国经济学者赫希曼在"核心—边缘"理论中提出的观点，经济进步并不会同时在每个地方出现，而是在一个或几个区域经济实力中心(增长极)首先发展。然而，经济进步一旦出现，其巨大的经济推动力将会使经济成长围绕最初的增长极而发生集中。因此，在发展过程中，增长极的出现意味着经济增长在国际或区域之间的不均衡，而这种不均衡会使增长地区对落后地区产生涓滴效应和极化效应。其中，涓滴效应主要是指通过增长地区对落后地区购买力与投资的增加，并借此向落后地区扩散技术，增加落后地区的生产，提高其技术水准，带动经济增长。极化效应则是指由于增长地区生产效率较高，生产者可通过竞争使落后地区经济萎缩。在最初阶段，"极"的累积性集中增长会扩大核心增长区与边缘落后地区之间的差距。但就长期而言，一旦核心区域不断地扩大及厂商不断地集聚，将会产生"集聚不经济"，进而促使厂商分散，将经济增长的力量转到其他区域，促进落后区域的发展。

2. 区域物流产业的带动作用

现代物流业是一个新兴产业，本身具有很大的发展空间。同时，它还对其他产业的发展具有极强的关联与带动效应。从前向效应看，现代物流业不仅涉及所在区域的水路、公路、铁路、航空、管道、电信等基础设施的建设行业；还涉及交通、运输、仓储、包装、通讯等的设备制造和经营业。从后向效应看，现代物流业涉及所在区域的农业、工业、商贸业、邮政、外贸等生产和服务行业；从旁侧效应看，现代物流业还涉及金融、保险业和政府的税收、海关、检验检疫等管理部门以及人民生活质量等。现代物流业几乎与区域的所有其他产

[①] 姜华. 区域物流对区域经济发展的影响[J]. 发展研究, 2005(12): 12–14.

业和部门相关联。发展现代物流不仅能有效降低所在区域其他产业的经营成本、提高效率，而且能促进和诱导许多关联产业的发展，包括与物流相关的新技术、新材料、新能源、新装备等新兴工业的发展，并带动区域产业结构的调整和完善。事实上，现代物流业在区域发展中所起的积极作用，已为发达国家的实践所证明。如美国物流业规模已达到9 000亿美元，几乎是高技术产业的两倍，占美国国内生产总值的10%以上；日本在近20年内，物流业每增长2.6个百分点，经济总量就增加1%。

3. 区域物流网络的扩散效应

根据瑞典经济学家缪尔达尔在循环累积因果关系理论中提出的观点，区域发展的不平衡主要是市场力量发生作用的自然结果。在繁荣地区，由于经济活动的集中会提高生产效率，因而市场力量将促使经济活动更加集聚，导致报酬递增。由于经济集聚，繁荣地区将会持续累积而快速成长，同时又带来两种效应：扩散效应和回流效应。其中，扩散效应是指繁荣地区向落后地区购买原材料及农产品，促使落后地区收入水准提高、经济开始发达，再对其增加投资，输出技术而使落后地区受益，即资金和技术由中心向外围移动；回流效应是指落后地区的资金、劳动力等生产要素遵循价格定律中生产要素向收入高的地方移动的规律，由增长缓慢地区流向增长迅速地区，即资金和劳动力由外围向中心移动。区域物流的发展一方面会产生扩散效应，同时也会产生回流效应。

4. 区域物流对区域贸易的拉动作用

目前，我国也已经形成了几个经济发达地区。如以上海为龙头，包括南京、宁波、杭州等在内的长江三角洲地区；以北京为核心，北京、天津、廊坊、塘沽以及保定在内的华北经济圈地区；以广州和深圳为中心的珠江三角洲地区等。这些地区经济获得发展的原因既有共性，又有个性。就其共性来说，都是物流基础设施好，靠近海港，以港口为起点，形成扇面或条带形经济圈。长江三角洲区域经济的发展是以上海为龙头。华北的经济圈，虽以北京为主，但天津港的作用不可低估。广州一带的经济发展，除了广州港外，还依靠香港的支撑。由此可见，在区域经济形成过程中，海港、公路、铁路等物流设施是基础。区域物流水平的提高对区域贸易和区域经济发展具有直接的拉动作用。

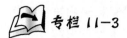
专栏11-3

京津冀区域物流的发展

京津冀地区是我国经济较发达的地区之一，外向型经济发达，与长三角和珠三角地区形成引领中国经济发展的三极。2014年，区域人均生产总值达24.35万亿元，区域进出口总额达6 088亿美元。

京津冀地区作为我国经济发展的第三极，物流市场潜力巨大，物流发展水平居全国前列。2006—2014年，京津冀地区的交通运输、仓储和邮政业增加值的年均增长率为12.08%，2014年，达到4 191万亿元。同年，该地区的货运量为29.2亿吨，2006—2014年期间的年均增长率为7.23%。同年，该地区机场货邮吞吐量达到216.6万吨，占全国机场货邮吞吐量的16%。该地区拥有天津港、秦皇岛港、唐山港和黄骅港4个货物吞吐量超亿吨的大港，2014年，4个港口的货物吞吐量占全国沿海港口货物吞吐量的13.4%。天津港是北方的综合性港口，2014年，货物吞吐量达到5.4亿吨，在世界港口中排名第四，集装箱吞吐量为1 400万标箱，世界排名第十位。唐山港是能源和原材料等大宗货物运输的重要节点，2014年，以5.01亿吨的货物吞吐量居全球港口的第五位。

京津冀地区物流园区及物流中心建设成果显著。仅以保税物流为例，北京拥有天竺综合保税区和北京经济技术开发区保税物流中心等具有保税功能的物流园区，天津市的东疆保税港区、滨海新区综合保税区、开发区保税物流中心等设立有多种类型海关特殊监管区，实现了海陆空重点物流园区保税、物流功能一体化。河北省正定空港、石家庄内陆港启动保税物流中心建设，为开展国际保税物流业奠定基础。

2015年4月审议通过的《京津冀协同发展规划纲要》，把推动京津冀协同发展上升为国家战略，京津冀区域物流一体化将迎来重要的发展机遇。京津冀区域物流将在口岸大通关联动发展、交通基础设施互联互通、港口一体化整合以及物流园区协同发展等方面大有作为。

2015年4月21日，中国(天津)自由贸易试验区正式挂牌成立。天津自贸区的战略定位将挂钩京津冀协同发展，借"一带一路"契机服务和带动环渤海经济，突出航运，打造航运税收、航运金融等特色，着力打造成为北方国际航运中心和国际物流中心，在国际船舶登记制度、国际航运税收、航运金融业务和租赁业务四个方面的政策创新试点。天津自贸区的成立必将促进京津冀区域国际物流的发展。

【拓展视频】

(资料来源：根据国家发改委经济运行调节司，南开大学现代物流研究中心.中国现代物流发展报告2015[M]. 北京：北京大学出版社，2015.)

本章小结

世界贸易组织(WTO)及其前身关贸总协定(GATT)关于自由贸易区的定义，在关贸总协定(GATT)第24条第8款中有相关规定，所谓自由贸易区(FTA，Free Trade Area)是指"由两个和两个以上关税领土所组成的，对这些成员领土间的产品的贸易，已实质上取消关税或其他贸易限制的集团"。

自由贸易区的产生和迅猛发展有其深刻的历史、经济、政治、文化原因。与多边贸易体制相比，区域内国家易于就自由贸易区达成协议并产生实效。我国在积极推动WTO框架下的多边贸易自由化的同时，也积极推动自由贸易区的建设。自由贸易区促进了区域经济的发展，区域贸易和区域物流互为因果，相辅相成。

国际区域物流是指国际贸易中区域之间及区域内部的一切物流活动，包括运输、仓储、装卸搬运、流通加工和信息传递等功能实体性的流通以及物流中各个环节的货物运动。国际区域物流是国民经济活动的动脉，是连接生产和消费的纽带，它的发展有利于构筑货畅其流、方便及时、经济合理、用户满意的社会化物流体系。国际区域物流具有空间资源分布的差异性、物流发展程度的差异性、物流利益的相对独立性、物流系统的完整性的特征。

随着经济全球化和区域经济一体化的发展，区域物流已成为现代物流发展的重要领域之一。区域物流发展的状况成为区域经济能否持续、快速、稳定、健康发展的重要因素之一。区域物流的发展有利于实现区域物流的集聚效应、扩散效应、前向效应、后向效应和旁侧效应。同时，区域物流的发展对于区域物流中心增长极的形成、区域物流产业的发展、区域物流网络的扩散效应的实现和区域贸易的拉动具有重要作用。

关键术语

自由贸易区　　贸易创造效应　　贸易转移效应　　国际区域物流

思 考 题

1. 自由贸易区的概念及其作用是什么?
2. 我国自由贸易区建设的情况和启示有哪些?
3. 北美自由贸易区的发展对我国建设与发展自由贸易区有哪些启示?
4. 自由贸易区的形成、发展与国际区域物流的关系是什么?
5. 如何理解国际区域物流的概念及其特征?
6. 结合"一带一路"战略,分析我国发展区域物流的意义与作用。

案例分析

自贸试验区辐射带动 对接"一带一路"倡议

2016年,广州海关将进一步发挥自贸试验区辐射带动作用,对接"一带一路"倡议,促进南沙、机场和佛山三大引擎强劲发力,支持加工贸易企业延长产业链、提升附加值、增强竞争力、开展国际产能合作,更好地服务国家促进加工贸易创新发展战略。同时,还将加大 AEO 认证力度,拓展"一带一路"沿线国家关际合作。

1."粤港跨境货栈"延伸物流终端

2015年,广州海关创新监管推动自贸试验区建设发展,除复制推广海关总署推出的11项自贸试验区海关监管创新制度外,在自贸区南沙片区陆续推出口岸查验配套服务费改革、"粤港跨境货栈""互联网+易通关"等8项再创新制度。

"粤港跨境货栈"项目是实现香港机场与南沙保税港区物流园区一站式空、陆联运的一种新型物流经营模式,相当于将香港空运货站货物的收发点延伸至南沙。据有关方面统计,目前香港有超过70%的空运货物是以珠江三角洲为来源地或目的地,单2014年,香港空运服务有限公司处理航空货物就达5万多吨。

以往,货代理需要把货物从香港机场提回仓库,甚至再派送到香港本地仓储运输代理仓库后才能安排转关运输,涉证类货物更需在香港等待最少2~3天获得许可证后才能安排转运。在"粤港跨境货栈"模式下,海关叠加"粤港两地海关监管互认""跨境快速通关""智能化卡口放行"等便利措施,货物运抵香港机场后,可以直接装车安排转运至南沙保税港区,最大程度降低仓储和物流成本,提高运输效率。

2.国际转运"自助通关"助物流提速

2015年,为助力广州建成国际航运物流贸易中心,广州海关着力提升通关效率,发挥港口货运物流集聚效应,支持建设南沙国际枢纽港。

国际转运自助通关新模式就是海关提速通关的重要举措。海关利用海港智能化管理系统,通过智能化管理与码头作业数据实时交换,取消了纸本申报和人工审核作业手续,国际转运货物可通过无纸化申报,通关数据自动转换、对碰,系统自动审核、放行、核销,实现24小时全天候自动通关。

广州海关还充分发挥南沙保税港区和机场综保区的引擎驱动作用,完成首架以保税融资租赁方式进口飞机办理快速通关手续,实现了广州飞机融资租赁业务的"零的突破"。支持广州港集团以南沙海港作为母港,在周边腹地建立"无水港",促进内陆地区建立具有"一站式"港口服务功能的物流中心,目前已建成10个"无水港"。海关还积极参与广州"港口城市联盟"计划,加强与联盟港口的通关协作,南沙对内陆腹地和国际航运物流吸引力和带动力更加明显,自贸试验区功能优势得到辐射拓展。目前,南沙港已有国际航线63条,逐步成为连接内河、贯通海上丝绸之路的航运新枢纽。

2016年,广州海关将加快推进"粤港跨境货栈"项目软硬件设施升级,全力推动南沙汽车和散货业务发展,推动"启运港退税"政策落地。继续落实"全链条智能化物流监控模式"改革,推动旅客智能分类便捷通关改革、快件智能一体化监管改革。推动自贸试验区南沙片区与机场综保区在海关政策功能、业务监管、信息平台等方面的联动发展,推动南沙保税港区、机场综保区做好二期规划建设和整合创新。

(资料来源:海关总署,http://www.customs.gov.cn/,2016-01-25.)

思考题:

1. 自由贸易区的国际物流有哪些特点?
2. "一带一路"倡议给国际物流带来哪些机遇与挑战?
3. 实现自由贸易区建设与"一带一路"倡议的对接,发展国际物流具有什么样的地位和意义?
4. 广州海关为提高通关效率做出了哪些努力?还有哪些机构需要提高效率?

第12章 国际物流规划与管理

【教学要点】

知识要点	掌握程度	相关知识	应用方向
国际物流规划与战略	掌握	国际物流战略规划的层次 国际物流战略规划的领域 国际物流战略的目标 国际物流战略的框架	国际物流战略规划
国际物流服务管理	掌握	国际物流服务内容 国际物流服务水平	国际物流服务水平的确定
国际物流质量管理	理解	国际物流质量管理的衡量 国际物流质量管理的途径	国际物流质量管理的衡量
国际物流成本控制	掌握	国际物流成本控制的方法 国际物流成本控制策略	国际物流成本的控制策略
国际第三方物流	理解	国际物流服务提供商	国际第三方物流的经营

导入案例

苏宁的物流战略

成立于1990年的苏宁集团，最初只是一家经营家用空调的专营店，经过二十多年的发展，到2015年，已经成为年销售收入超过3 000亿元人民币的中国最大的企业。这家互联网零售企业目前在中国和日本拥有两家上市公司，员工180 000余人，是中国最具价值的互联网零售品牌，在《中国500最具价值品牌》(2015年度)排行榜上，苏宁以1 167.81亿元的品牌价值，位居排行榜第13位。

苏宁的战略构想是，定位于"店商＋电商＋零售服务商"，立足线上和线下两大平台，开放物流、金融和数据等核心资源，服务于上游供应商(生产商、批发商和零售商)；整合各类实体产品、内容产品和服务产品，服务于下游消费者(个人、家庭和企事业单位)。在线上，苏宁以苏宁易购(suning.com)为平台，发展电子商务，在线下，拥有苏宁(Suning)和乐购仕(Laox)两个品牌，在中国大陆、香港和日本等700多个城市拥有1 800多家连锁店。

物流是零售业发展的基础能力。苏宁集团副董事长孙为民对创业初期苏宁家电物流作业之艰辛有着刻骨铭心的记忆："当时都是大大小小的电器，品种多且量又大，大家经常是累得人仰马翻。我们再下死命令说完成多少增加奖励，都没有人干得动的。"这或许是鼓励苏宁人坚决发展物流业务的原动力。苏宁先后在南京、杭州、北京等地开发建设了现代化物流基地，2013年2月，在接受路透社采访时，孙为民透露：未来三年公司将投资180～220亿元人民币发展物流项目，将打造60个区域性物流终端，10多个跨地区分拣中心及多个中转点等。

2014年2月，苏宁正式成立物流公司，标志着物流业务由成本中心转变为利润中心，在物流服务领域创造新的盈利增长点。苏宁物流的发展目标是成为第三方物流平台，加速将资源向社会开放。2015年1月，苏宁决定在南京物流中心的基础上建设全球最大物流中心。这座自动化仓库占地20万平方米，投入使用后，该物流中心存储能力可达到2 000万件商品，日发货量181万件。由于高度自动化，人均1小时就可以完成1 200件货物的出库。

在苏宁收购日本第二大家电零售企业乐购仕(Laox)之后，整合海内外零售物流就是苏宁一直追求的目标。2014年2月，苏宁获得了国家邮政局颁发的国际快递业务经营许可，成为国内电商企业中第一家取得国际快递业务经营许可的企业。这为苏宁实现海内海外、线上线下全方位电商和物流提供了契机。获得国际快递经营许可后，苏宁勾画出一个新的业务蓝图，电商平台上的第三方商户包括跨境电商的商品可直接入库，通过苏宁的国际快递转运业务和快递服务，为商户和个人消费者在全球范围内提供门到门服务的国际快递服务。

目前，苏宁已经建立覆盖全国的物流网络，实现立体化存储、自动化拣选、可视化配送，进一步完善跨境物流和农村物流，重点突破航空物流、冷链物流，为开放平台商户、上游供应商和社会用户提供安全、高效的物流服务。在跨境电商物流方面，苏宁开发了保税集货、保税备货、国际快件、保税直邮、邮政小包等服务，完成了海外代收、国际转运、保税仓管理和报关报检的业务能力建设。出口电商物流业务也成绩斐然，已经布局美国西部(洛杉矶)、日本、韩国、中国香港的海外仓，承担苏宁海外采购中心和海外仓商户的仓储、分拣、国际转运功能。

(资料来源：根据公开资料整理编写。)

【拓展视频】

现代物流被喻为企业的第三利润源泉，企业不仅需要在职能层面对物流进行管理，还需要在综合管理和战略层面对物流做出规划。导入案例中苏宁的物流改革就说明了物流在制造企业的发展中发挥着重要的作用。同时案例也进一步表明，制造企业的物流改革不是件容易的事情，需要从战略的高度进行规划与管理。国际物流的规划与企业的战略密切关联，规划的目标是提高物流服务水平和物流质量水平，并通过成本控制来提高盈利能力。在当前的经济环境下，企业为培养自己的核心竞争力纷纷将物流业务外包，这就需要对企业原来的物流系统进行新的规划和设计。本章就物流规划战略、物流服务管理、物流质量管理、物流成本控制等内容展开讨论。

12.1 国际物流规划与战略

物流规划是物流决策的关键，包括服务战略规划、服务质量规划、服务成本控制等内容。本节将就国际物流规划的层次、国际物流规划的领域、国际物流战略的目标和国际物流战略框架进行分析和介绍。

【拓展图文】

12.1.1 国际物流规划的层次

物流规划是对物流发展进行的规划和设计，是影响和制约物流发展的战略决策。从范围上看，它包括国家物流规划、省物流规划、市物流规划、县物流规划、集团物流规划、乡镇物流规划、企业物流规划等，规划需要解决服务目标规划、服务质量规划以及成本控制等问题。从规划的层次上看，它包括战略层面、策略层面和运作层面的规划。这三个层次的物流规划的区别在于计划的时间跨度差异。战略规划是长期的，时间跨度一般超过 5 年。策略规划是中期的，一般短于 1 年。运作规划是短期决策，是每个小时或者每天都要频繁进行的决策。不同层次规划的典型问题见表 12-1。

战略规划是比较宏观的、方向性的决策，由于数据的局限性，一般只要在合理范围内接近最优就认为规划达到了要求。运作计划要使用非常准确的数据，计划的方法应该既能处理大量数据，又能得出合理的计划。如战略规划可能是使整个企业的所有库存不超过一定的金额或者达到一定的库存周转率，而库存的运作计划却要求对每类产品分别管理。物流战略规划可以用一般化的方法加以探讨。运作计划和策略规划常常需要对具体问题做深入了解。

表 12-1 不同层次物流规划的典型问题

决策类型	战略层次	策略层次	运作层次
选址	设施的数量、规模和位置	库存定位	线路选择、发货、派车
运输	选择运输方式	服务的内容	确定补货数量和时间表
订单处理	选择和设计订单	确定处理客户订单先后顺序	发出订单
客户服务	设定标准	服务策略	服务执行
仓储	布局、地点选择	存储空间选择	订单履行
采购	制定采购政策	洽谈合同、选择供应商	发出订单

12.1.2 国际物流规划的领域

国际物流规划通常需要解决客户服务目标、设施选址战略、库存决策战略和运输战略等问题。物流客户服务是国际物流规划的核心问题，各领域相互影响、相互制约，需要作为一个整体来考虑。如图 12.1 所示。

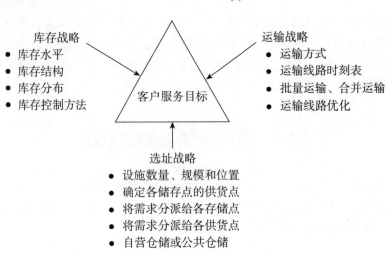

图12.1 物流规划决策三角形

1. 客户服务目标

物流战略规划的首要任务是确定适当的客户服务水平。物流客户服务水平较低，可以在较少的存储地点集中存货，利用较廉价的运输方式。物流客户服务水平高则会带来物流服务水平的增加。当物流客户服务水平接近上限时，物流成本的上升比服务水平上升更快。

2. 设施选址战略

设施选址是指确定在什么地方建立工厂或者服务设施。它不仅关系到建立设施的投资和建设速度，还影响着企业在将来提供产品或者服务的成本，从而影响企业的经济效益。尤其是服务设施选址，还影响到将来面临的需求量的大小，直接关系到营业额的多少。就物流设施选址而言，储存点及供货点的分布构成物流规划的基本框架，包括确定设施的数量、位置和规模，并分配各设施服务的市场范围，从而确定产品到市场之间的线路。好的物流设施选址应考虑所有的产品移动过程及相关成本，通过不同的渠道来满足客户需求。如直接由工厂供货、由供应商或港口供货或经过选定的储存点供货等，这些都会影响分拨成本。寻求成本最低的需求分配方案或利润最高的需求分配方式是选址战略的核心所在。

3. 库存战略

库存战略是指管理库存的方式。将库存分配到储存点和通过补货自发拉动库存代表着两种战略。其他方面的决策内容包括：产品系列中的不同品种分别在工厂、地区性仓库或基层仓库存放，运用各种方法来管理库存的水平。由于企业采用的具体政策将影响设施选址，所以必须在物流战略规划中予以考虑。

4. 运输战略

运输战略包括运输方式、运输批量和时间以及线路的选择与优化。这些决策受到仓库与客户以及仓库与工厂之间距离的影响。反过来运输战略决策又会影响仓库选址决策。库存水平的高低也会影响运输决策。

12.1.3 国际物流战略的目标

物流发展战略是企业为了实现其经营目标，通过企业的外部环境和内部资源的分析而制订的较长远的、全局性的重大物流发展决策。它主要追求3大目标。

1. 降低成本

物流战略规划通过评价各个备选方案，选择出最优的战略方案，以降低成本。如在不同的仓库选址方案中进行选择或者在不同的运输线路上做出选择，以形成最佳方案。

2. 减少投资

物流战略规划通过各种物流战略模式的选择，使企业物流系统投资最小化。如是自建仓库还是直接将产品送达顾客或者是租用公用仓库，是将物流企业外包还是自营，是大力提高客户服务水平扩大销售额还是保持现有服务水平不变等。

3. 改进服务

物流战略一般认为企业收入取决于所提供的物流服务水平。尽管提高物流服务水平可能会提高物流成本，但收入的增加可能会超过成本的上涨。在激烈的市场竞争中，差别化的物流客户服务对于企业的发展至关重要。

12.1.4　国际物流战略的框架

一个典型物流系统要素包括客户服务、需求预测、库存管理、物流信息、物料处理、订单管理、包装、仓库选址、采购、运输管理、仓储管理等。物流战略通常包括10个关键部分，分别被组织在不同的层次上，从而形成了不同的企业物流战略框架，如图12.2所示。

物流管理的最终目标是要满足客户需求，因此客户服务成为企业管理的最终目标，即全局性的战略目标。物流战略结构层由渠道设计和网络分析构成。渠道设计主要解决在明确客户服务水平的前提下，企业需要从事哪些活动及活动实施。网络分析主要解决设施布局、数量，如何控制每个设施的库存水平以及逆向物流网络设计等问题。物流战略的功能层包括物料管理、仓库管理和运输管理三个方面。主要工作内容体现在运输工具的使用与调度、运输线路的优化、采购与供应、库存控制的方法与策略、仓库的作业管理等。物流战略的基础层包括信息系统、组织结构和政策与策略。

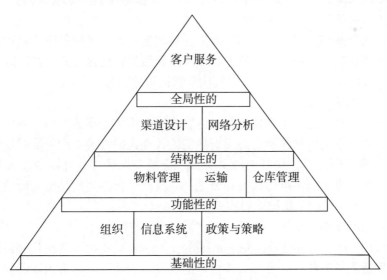

图12.2　企业国际物流战略框架

12.2 国际物流服务管理

【拓展视频】

国际物流服务规划与管理是国际物流规划的一项重要内容。国际物流服务为企业在客户心目中树立了良好的形象,对创造需求和保持客户对企业的忠诚有极大的影响。物流服务与成本、物流服务与企业盈利之间存在制约关系,如何制定合适的物流服务水平成为企业留住现有客户及吸引新客户的关键,直接影响企业的物流运营成本、企业的盈利和发展。本节将就国际物流服务的内容、国际物流服务与成本、国际物流服务与企业盈利、国际物流服务水平的确定和改进进行分析和介绍。

12.2.1 国际物流服务的概念与内容

在全球经济一体化刺激下,国际贸易发展以及企业实施全球经营战略,消费者需求个性化和多样化发展,带来了国际物流和国际物流服务的产生与发展。国际物流是国内物流的延伸和进一步扩展,是跨国界的、流通范围扩大的物的流通,是国际贸易的一个必然组成部分,各国之间的相互贸易最终都将通过国际物流来实现,国际贸易合同签订往往又是国际物流的先决条件。

国际物流服务除了一般的运输、仓储服务之外,其特殊的业务还包括进出口贸易的基本业务、国际交易商品的检验、报关纳税、货物运输保险、国际货运代理、外贸仓储与理货、增值加工与包装、货物的运输与配送、外轮代理以及口岸联检管理等服务。

1. 国际物流仓储服务

商品的储存和保管使商品在流通过程中处于一种或长或短的停留状态,这种停留不是可有可无的,而是商品从生产过程到消费过程所必需的。国际贸易和跨国经营中的商品从生产厂家或供应部门到装运港口,有时需要临时存放一段时间再出口,这就涉及国际物流的仓储服务。在国际物流仓储服务中,需要重点研究保税区和保税仓库中的仓储问题。

2. 国际物流运输服务

国际物流运输服务的主要方式有国际海上货物运输方式、国际航空货物运输方式、国际公路货物运输方式、国际铁路货物运输方式和国际管道货物运输方式。在国际物流运输服务中,需要结合不同的运输方式的特点,研究国际物流运输服务问题。

3. 国际物流报关报检服务

报关报检是国际物流业务中重要的服务内容之一。报关是指进出口货物收发货人、进出境运输工具负责人、进出境物品所有人或者他们的代理人向海关办理物品或运输工具进出境手续及相关海关事务的过程,包括向海关申报、交验单据证件,并接受海关的监管和检查等。报关是履行海关进出境手续的必要环节之一。报检是指办理商品出入境检验检疫业务的行为。报检单位一般是专门的报检公司或者货代。

4. 国际货运代理服务

国际货运代理 (International Freight Forwarding Agent) 是指国际货运代理组织接受进出口货物收货人、发货人的委托,以委托人或自己的名义,为委托人办理国际货物运输及相关业务,并收取劳务报酬的经济活动。国际货运代理的运输方式有大陆桥运输、海洋运输、铁路运输、航空运输和国际多式联运。

5. 国际货物运输保险服务

国际运输货物保险是以对外贸易货物运输过程中的各种货物作为保险标的的保险。国际货物的运送有海运、陆运、空运以及通过邮政送递等多种途径。国际货物运输保险的种类有很多，如海洋运输货物保险、陆上运输货物保险、航空运输货物保险、邮包保险等。

6. 国际多式联运服务

国际多式联运(International Multimodal Transport)简称多式联运，是在集装箱运输的基础上产生和发展起来的，是指按照多式联运合同，以至少两种不同的运输方式，由多式联运经营人将货物从一国境内的接管地点运至另一国境内指定交付地点的货物运输。国际多式联运适用于水路、公路、铁路和航空多种运输方式。

12.2.2 国际物流服务与成本、盈利

通常情况下，企业管理者可能更愿意将客户服务交给营销或者销售部门去负责，但随着经济的发展，他们越来越意识到物流在促进销售、降低成本、增加盈利和客户忠诚方面的重要性。

1. 国际物流服务与物流成本

物流管理的目标是以适当的成本实现适当的物流客户服务。通常情况下，服务水平与成本之间存在相互影响和制约关系，客户服务水平提高，物流成本就会上升，反之则反。一味地追求高服务水平，反而会因为成本的高速增加而使得服务效率没有多大变化，甚至下降。物流企业在提供物流服务的过程中，需要考虑以下几种情况。

(1) 既定服务水平下，降低物流成本。即不改变客户服务水平，通过对物流各环节运作成本的有效管理来降低物流的总成本，如图12.3(a)所示。

(2) 服务水平提高，成本增加。为了提高客户服务水平，不惜增加物流成本，这是大部分物流企业在发展中都会遇到的问题，是物流企业在特定客户或其特定服务项目面临竞争时，所采取的战略定位，如图12.3(b)所示。

(3) 既定成本下，提高物流服务水平。在成本不变的前提下，通过服务的改善提高客户的服务水平，这是一种强调服务效率的战略，如图12.3(c)所示。

(4) 成本降低，服务水平提高。用较低的物流成本，提供区别于竞争对手的较高的物流服务，从而增加企业的竞争力，这是物流企业在运营过程中的最优选择，如图12.3(d)所示。

2. 国际物流服务与企业盈利

物流服务对于企业盈利的影响通过收入和成本的变化来体现，即物流服务水平的变化会通过销售的变化和成本的变化来体现，如图12.4所示。实践表明，物流服务会对销售产生影响。斯特林的研究表明，营销服务会影响市场份额，而且营销组合中的各种因素都会对市场份额产生重要的影响，但这些营销服务都具有物流的属性。

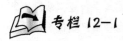
专栏12-1

服务至上的佐川急便

成立于1957年的佐川急便株式会社，是日本第二大综合物流公司，主营业务是提供门到门的配送业务，2015年，营业收入超过90亿美元，员工超过46 000人。公司的经营理念是"信赖、创造、挑战"，追求的目标是不断提高顾客服务水平，提供便捷有效的物流服务，为顾客创造价值，赢得顾客的广泛信赖。

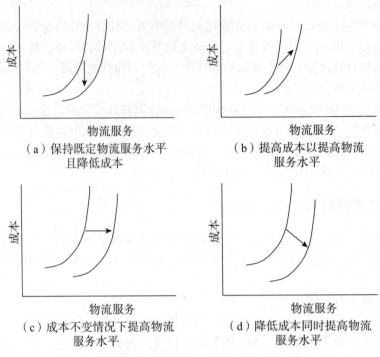

图 12.3　物流服务与物流成本的关系图

柔性管理是佐川急便响应差异化客户需求，提供灵活、高效的物流服务的管理手段。佐川物流中心是一种复合型物流中心，既能够兼顾不同行业客户的需求，又能够适应不同季节的业务增减，灵活地调整物流能力和成本(包括调节物流加工空间和员工数量)。物流中心既需要有规模，也需要灵活的运营。规模是降低成本的有效途径，在土地价格高企的日本，大规模的物流中心却可能是高成本的诱因，因此提高物流中心的效率，实施柔性调节就成为成本控制的手段。

先进的物流技术是提高优质顾客服务的保障。2014 年，佐川急便推出一个名叫 GOAL (Go Advanced Logistics)的项目建设，利用公司遍布全日本的物流网络、国际物流的综合流通加工能力、信息化技术以及综合物流解决方案的能力，为顾客提供优质的服务，帮助顾客扩大业务领域和规模。佐川急便自行开发的"E-Global"计算机物流信息管理系统，可保证对物流业务实行全程化跟踪管理、EDI 和电子结算等服务，充分满足客户的需求，并提高物流运作效率和可靠性，同时通过信息系统网和遍布日本的物流基地构成完备的物流体系，为顾客提供全面支援和服务，使顾客能随时掌握商品和原料的库存量，从而控制从订货到出库的流程。

完备的物流网络是佐川急便数十年物流运营经验和管理技能的结晶。经过半个多世纪的发展，佐川急便在日本国内业已形成星罗棋布的物流网点，可保证随时根据客户的要求快捷、准确地将各类货物运达任何地点。这并不是一件容易做到的事情。分散的网店和仓库，意味着需要更多的员工，在老龄化的日本社会，劳动力不足是一个大问题。通过仓库的集中管理，提高仓库的利用效率、降低仓储成本、推广机械化作业，是佐川急便不断改进运营和作业方法得出的最新经验总结。

个性化方案设计是佐川急便提高顾客服务水平的努力方向。佐川急便的顾客分布在各个行业，涉及的货物既有大型物品，也有纸箱包装，还有散装小件，有贵重商品，也有冷藏商品。佐川急便需要根据不同顾客的物流需求，制定个性化物流方案。佐川急便与日本最大的冷冻食品加工企业日冷集团合作，共同实施冷链运输服务，如今日冷的冷链运输已经成长壮大，不但是日本最大的食品运输业者，也是全球市场份额第六位的冷藏物流企业。

(资料来源：根据佐川急便 http://www.sagawa-exp.co.jp、日冷 http://www.nichirei.co.jp 官网公开资料整理编写。)

一般情况下，物流服务水平与企业投入和物流成本是正向关系，如为客户提供更加快捷的服务、更短的订货周期、更准确的单证等都涉及更多的人员培训、更严格的管理制度，需要更多的设备投入和网络设施的建设，因此，提高客户服务水平往往会带来企业各项成本的增加。但是，客户服务改善的提高一方面会增加现有客户的满意度，从而形成稳定的客户关系，增加企业的收入；另一方面，客户服务水平的提高有利于企业开拓新的市场和客户，从而增加企业的客户群体数，增加企业的收入。所以，从总体上来说，国际物流客户服务水平的提高有利于增加企业的盈利，如图 12.4 所示。

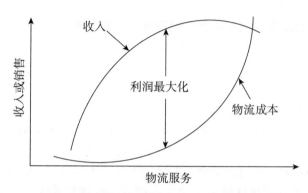

图 12.4　国际物流服务与企业盈利关系图

12.2.3　国际物流服务水平的确定

通过前面的分析可以看出，国际物流规划中并不是服务水平越高越好，而是要考虑物流成本要素，以确定合适的物流服务水平。确定合适的物流服务水平需要进行客户服务审查分析，并制定客户服务的绩效标准和考核办法，从而确定物流客户服务水平。

1. 客户服务审查分析

客户服务审查分析是评价企业客户服务水平的一种方法和企业客户服务策略调整效果的评价标尺。审查分析的目标是识别关键的客户服务要素，识别这些要素的控制机制，评价内部信息系统的质量和能力。客户服务审查分析可以分为内部审查分析和外部审查分析。

1) 外部客户服务审查分析

(1) 确定客户真正重视的客户服务要素。主要工作是对客户进行调查与访谈，需要邀请市场部门的职员参与。

(2) 对有代表性的客户群体进行问卷调查。主要评价客户对本企业及主要竞争对手各方面服务绩效的满意程度以及客户的购买意向。依据调查结果，企业加强受客户重视的要素。另外，问卷需要反映出客户对关键服务要素服务水平的期望值。

2) 内部客户服务审查分析

内部客户服务审查分析的主要目的是检查企业的客户服务现状与客户服务需求之间的差距。审查分析的主要内容是企业客户服务实际状况，考察客户与企业和企业内部之间的沟通渠道，包括客户服务绩效评价体系。对管理层做访谈调查是主要的信息来源，访谈调查涉及与物流活动的有关部门经理，范围包括订货处理、存货管理、仓库、运输、客户服务、财务、物料管理、生产、市场销售等。

2. 确定物流客户服务水平

客户服务审查的最后环节是制定客户服务绩效标准和考核方法，从而确定物流客户服务水平。外部客户服务审查分析找出了企业在客户服务和市场营销中存在的问题，结合企业的内部审查分析，可以帮助管理层针对客户服务要素和市场细分调整客户服务战略，提高企业的盈利能力。当管理层在借助内、外部市场客户服务审查分析所提供的信息制定新的物流客户服务战略时，要针对竞争对手做详细的比较。

12.2.4 国际物流服务水平的改进

如果通过前面的物流客户服务审查发现现有的物流服务水平不合适，那就需要对物流服务水平进行改进。一般而言，国际物流服务水平的改进有如下几个步骤。

1. 了解客户需求

物流服务内容广泛，涉及规章的制定、货物的交付、售后服务等多个环节。相应地，物流服务的衡量标准也多样化，如平均订货周期、订货周期偏差、发货准确率、订单信息的提供能力、投诉情况、产品回收政策和紧急订单的处理能力等。不同的物流服务对这些内容的要求存在很大的差异。

【拓展视频】

这种差异一方面源于企业的经营思路的不同，另一方面也与企业经营产品的特点，与市场整体环境密不可分。因此，改进物流服务应该从了解客户需求开始，要得到客户需求的具体、准确的信息。要获得客户的这些信息必须对主要客户进行市场调查。

2. 了解企业自身的表现

要确定合适的物流服务改进方案，仅仅了解客户的需求还不够，还要同时了解在客户的心目中，企业自身的表现如何，两者结合，才能制定出有效的物流服务改进方案。

3. 方案提出

最好的物流服务应能以最低的服务成本为企业留住及争取最有价值的客户群。制定有效的物流服务方案，提高客户服务绩效应满足以下要求。

(1) 能够及时反映客户的需求及观点。

(2) 能够为客户服务绩效提供可操作性和有针对性的评估的方案。

(3) 为管理层提供调整业务活动的线索和思路。

4. 方案执行与调整

制定物流服务战略不是一劳永逸的，市场总是在不断地发展变化，企业也就应当时刻准备进行一次、再次的调整。所以上述过程要不断地重复，以保证企业和物流服务方案方针总能跟上市场的变化，与客户的需要相一致。

12.3 国际物流质量管理

国际物流质量规划与管理是国际物流规划的一项重要内容，是企业物流管理的重要组成部分，它综合反映了物流服务水平、物流服务成本等方面。国际物流质量管理是以全面质量管理的思想，运用科学的管理方法和手段，对物流过程的质量及其影响因素进行计划、控

国际物流规划与管理 第12章

制,使物流质量不断得以改善和提高的过程。本节将就国际物流质量管理的原则、国际物流质量的衡量指标、国际物流质量的分析方法和国际物流质量管理的途径进行分析和介绍。

【拓展视频】

12.3.1 国际物流质量管理的概念、特点与原则

1. 物流质量管理的概念

在传统物流概念中,物流主要解决产、需在时间和空间上的分离问题,从而创造时间和空间效用,物流往往被认为是补足产、需之间的产品数量差额的主要手段,忽视了物流质量在创造时间和空间效用中的作用。物流质量管理包含以下要点。

(1) 物流质量管理是依据物流系统运动的客观规律,为了满足物流顾客的需要,通过制定科学合理的基本标准,运用经济办法实施计划、组织、协调和控制的活动过程。

(2) 物流质量管理是现代质量管理理论在物流作业和运筹优化全过程中的运用,是供应链上的一个满足客户需要的环节,是物流服务特性满足客户需求的程度。

(3) 物流质量管理是现代物流管理的核心,运作质量的好坏直接关系到物流整体绩效。

2. 物流质量管理的特点

(1) 全对象管理。物流质量管理不仅管理物流对象本身,还管理工作质量和工程质量、物流成本及交货期等,具有很强的全面性。

(2) 全范围管理。物流质量管理对流通对象的包装、装卸搬运、储存、运输、配送、流通加工等若干过程进行全过程的质量管理,同时又是对产品在社会再生产全过程中进行全面质量管理的重要一环。在这一全过程中,必须一环不漏地进行全过程管理才能保证最终的物流质量,达到目标质量。

(3) 全员参与管理。要保证物流质量,不是依靠哪个部门和少数人就能搞好的,它涉及有关环节的所有部门和所有人员,必须依靠各个环节中各部门和广大职工的共同努力。物流管理的全员性,正是由物流的综合性、物流质量问题的重要性和复杂性所决定的,反映了质量管理的客观要求。

3. 国际物流质量管理原则

国际物流质量管理属于质量管理的分支,需要遵循以下原则。

(1) 以顾客为中心。顾客是每一个组织存在的基础,顾客的要求是第一位的,组织应调查和研究顾客的需求和期望,并把它转化为质量要求。

(2) 领导作用。为了营造一个良好的环境,最高管理者应建立质量方针和目标,确保关注顾客要求,建立和实施一个有效的质量管理体系,并随时将组织运行的结果与目标比较,根据情况决定实现质量方针、实现目标的措施和决定持续改进的措施。

(3) 全员参与。各级人员是组织之本,只有他们的充分参与,才能使他们的才干为组织带来最大的收益。全体职工是每个组织的基础。组织的质量管理不仅需要最高管理者的正确领导,还有赖于全员的参与。所以要对职工进行质量意识、职业道德、以顾客为中心的意识和敬业精神的教育,还要激发他们的积极性和责任感。

(4) 过程方法。将相关的资源和活动作为过程进行管理,可以更高效地得到期望的结果。过程方法的原则不仅适用于某些简单的过程,也适用于由许多过程构成的过程网络。

(5) 管理的系统方法。针对设定的目标,识别、理解并管理一个由相互关联的过程所组

成的体系，有助于提高组织的有效性和效率。这种建立和实施质量管理体系的方法，既可用于新建体系，也可用于现有体系的改进。

(6) 持续改进。在质量管理体系中，改进产品质量，促进过程及体系有效性和效率的提高。持续改进包括了解现状，建立目标，寻找、评价和实施解决办法，测量、验证和分析结果，把更改纳入文件等活动。

(7) 基于事实的决策方法。以事实为依据做决策，可防止决策失误。在对信息和数据做科学分析时，统计技术是最重要的工具之一。统计技术可用来测量、分析和说明产品和过程的变异性，统计技术可以为持续改进的决策提供依据。

(8) 互利的供方关系。供方提供的产品将对组织向顾客提供满意的产品产生影响，因此处理好与供方的关系，影响到组织能否持续稳定地提供顾客满意的产品。对供方不能只讲控制不讲合作互利，特别对关键供方，更要建立互利关系。

12.3.2　国际物流质量管理的衡量指标

1. 物流质量管理的内容

(1) 商品的质量保证及改善。物流的对象是具有一定质量的实体，即有合乎要求的等级、尺寸、规格、性质、外观。这些质量是在生产过程中形成的，物流过程在于转移和保护这些质量，最后实现对用户的质量保证。因此，对用户的质量保证既依赖于生产，又依赖于流通。

(2) 物流服务质量。服务属性是物流的基本属性之一，整个物流的质量目标就是其服务质量。服务质量因不同用户而要求各异，因此需要掌握和了解用户要求。如配送额度、间隔期及交货期的保证程度，配送、运输方式的满足程度，成本水平及物流费用的满足程度，相关服务的满足程度。

(3) 物流工作质量。物流工作质量是指物流各环节、各工种、各岗位的具体工作质量。工作质量和物流服务质量是两个有关联但又不大相同的概念，物流服务质量水平取决于各个工作质量的总和。所以，工作质量是物流服务质量的某种保证和基础。重点抓好工作质量，物流服务质量也就有了一定程度的保证。

(4) 物流工程质量。物流质量不但取决于工作质量，而且取决于工程质量。在物流过程中，将对产品质量发生影响的各因素(人、体制、设备、工艺方法和环境因素等)统称为"工程"。

2. 国际物流服务质量的衡量维度

如何衡量物流质量是物流管理的重点。物流质量可以从 3 个维度衡量。

(1) 物流时间。时间的价值在现实社会的竞争中越来越凸显出来，谁能保证时间的准确性，谁就能获得客户。由于物流的重要目标是保证商品送交的及时性，因此时间成为衡量物流质量的重要因素。

(2) 物流成本。物流成本的降低不仅是企业获得利润的源泉，也是节约社会资源的有效途径。在国民经济各部门中，因各部门产品对运输的依赖程度不同，运输费用在生产费用中所占比重也不同。

(3) 物流效率。物流效率对于企业来说指的是物流系统能否在一定的服务水平下满足客户的要求，也指物流系统的整体构建。对于社会来说，衡量物流效率

【拓展视频】

是一件复杂的事情。因为社会经济活动中的物流过程非常复杂，物流活动内容和形式不同，必须采用不同的方法去分析物流效率。

3. 国际物流服务质量衡量指标

由于物流质量是衡量物流系统的重要方面，所以发展物流质量的指标体系对控制和管理物流系统至关重要。物流质量指标体系的建立必须以最终目标为中心，是围绕衡量维度发展出来的。

(1) 服务水平指标。满足客户的要求需要一定的成本，并且当客户服务达到一定的水平时，再想提高服务水平，企业就要付出更大的代价。所以企业出于利润最大化的考虑，往往只满足一定的订单，由此便产生了服务水平指标。服务水平越高，企业满足订单的次数与总服务次数之比就越高。

(2) 满足程度指标。服务水平指标衡量的是企业满足订单的次数的频率。但由于每次订货数量的不同，所以仅以此来衡量是不完全的，于是就产生了满足程度指标，即企业能够满足的订货数量与总的订单的订货数量之比。

(3) 交货水平指标。时间的准确性是衡量物流质量的重要方面。因此，交货水平指标对衡量物流服务水平也很重要，它是指按期交货次数与总交货次数的比率。

(4) 交货期质量指标。交货期质量指标衡量的是满足交货的时间因素的程度，即实际交货与规定交货期相差的日数或时数。

(5) 商品完好率指标。保持商品的完好对于客户来说是很重要的。该指标指交货时完好商品量或缺损商品量占总交货商品量的比率。也可以用"货损货差赔偿费率"来衡量商品的破损给公司带来的损失。

(6) 物流吨费用指标。物流吨费用指标即单位物流量的费用(元/吨)。如果这一指标比同行业的平均水平低，说明运送相同吨位货物费用较低，则此公司拥有更高的物流效率，其物流质量较高。

12.3.3 国际物流质量管理的分析方法

在国际物流质量管理中，统计分析方法运用的比较普遍，这是解决质量管理问题的一种比较好的方法。管理图表法是统计分析中进行研究分析的手段，本书主要介绍两种常用的方法。

1. 帕累托图

帕累托图又称主次因素排列图，最早由意大利经济学家帕累托(Vilfredo Pareto)提出，原先主要用于分析收入分配的平等性问题，后来人们觉得这个方法简单好用，逐渐把它应用到质量管理中。帕累托图是针对质量问题产生的原因，将其按影响大小进行排列而编制成的累积频数分布条形图。它的作用是，帮助人们发现或判断影响产品质量的少数关键性要素。

绘制帕累托图需要经过以下几个步骤。

(1) 明确要研究的问题，如缺陷和故障、损失等。

(2) 搜集数据资料，包括搜集资料的内容，搜集资料的方式，采用的分类原则，具体日期等。

(3) 编制数据统计表。按可能出现的原因分组，编制频数分布。

(4) 绘制帕累托图。

【例 12-1】根据以下资料绘制帕累托图,并指出造成缺陷的主要原因,如表 12-2 所示。

表 12-2 产品缺陷原因次数分布表

缺陷原因	发生次数	累计频数	频率 / %	累计频率 / %
变形	104	104	52	52
刮花	42	146	21	73
针眼	20	166	10	83
裂缝	10	176	5	88
斑点	6	182	3	91
有沟	4	186	2	93
其他	14	200	7	100
合计	200	—	100	—

解:由以上给定的资料,按以下步骤绘制。
(1) 绘制一个直角坐标系。
(2) 绘制条形图。
(3) 描绘出累积频数分布折线图。

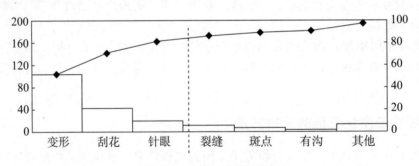

图 12.5 缺陷原因帕累托图

注:☐ 表示发生次数;◆ 表示累积频率。

从图 12.5 中可以看出,虚线右边的折线仍在上升,但总体比较缓慢,而左边的三个原因已占缺陷原因 80% 以上,所以变形、刮花和针眼是造成缺陷的主要原因。帕累托图实质上是一种频数分布图,绘制和识别都比较简单。应用帕累托图需要注意以下问题。
(1) 要从各个不同角度进行分类研究,并绘制相应的帕累托图,以利于找出关键原因。
(2) 不要把关键性原因列得太多,容易分散目标。
(3) "其他"一栏的频数不宜太大,若太大则说明分类不当,不利于找出原因。
(4) 采取措施前后的帕累托图要对照使用,以便于证实原因改善的效果。

2. 鱼刺图

鱼刺图,又称石川图、因果图,这种图绘制出来之后形似鱼的骨骼,它是日本质量管理专家石川蓉教授提出的。所谓鱼刺图是指表示质量特征与各种因素关系的图形。影响产品质量的因素非常多,要想把它们列举出来比较难,但鱼刺图却具有这样的功能,它能帮助人们循序渐进而又清晰地寻找产生质量问题的各种原因。绘制鱼刺图的基本思路是，边找原因边画图，过程如下。

(1) 选定产品的某一质量特征。

(2) 从左往右画一条水平直线并把它描粗，在线段的右端点标出质量特征，用方框框出以示醒目。

(3) 把影响该质量特征的几个主要因素在直线的上方或下方用粗线表示出来，在线的上端点标出原因的名称。

(4) 寻找影响主要原因的各次要原因，用细线表示。

鱼刺图的一般结构如图 12.6 所示。

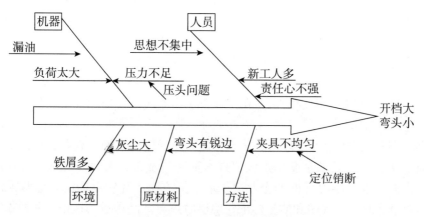

图 12.6 "开档大、弯头小"问题鱼刺图

绘制鱼刺图要注意以下事项。

(1) 质量特征必须明确具体。如果质量特征比较含糊笼统，那只能得到一个一般性的鱼刺图，尽管鱼刺图本身可能没有错，但对解决问题不会有太大的帮助。

(2) 应该集思广益，充分进行民主讨论，尽量把可能有关的因素全部找到。

(3) 有几个值得关注的质量特征，就应绘制几张鱼刺图。因为不同特征的影响因素的结构可能很不相同，把什么都绘制到一张图上，图就显得大而繁，从而不利于找出原因。

(4) 质量特征和因素都必须是可以度量的。因为鱼刺图绘好后，进一步地还要用数据来判断因果关系的强弱程度。

(5) 要找到可以采取措施的因素。如果找不到这样的因素，则无从下手也就无法解决质量问题。

(6) 将帕累托图和鱼刺图结合起来使用。

12.3.4 国际物流质量管理的途径

1. 物流整体质量管理的思想

(1) 形成物流整体质量管理的认识。企业物流活动就是为工商企业经营服务提供服务性活动，包括核心服务和辅助服务活动。不同企业的物流服务，物流服务功能构成和重要性不同，质量要求也不同，但都会影响客户对整体服务质量的感觉，影响客户的满意程度。强化企业物流质量管理必须从企业物流发展战略高度出发，真正树立整体质量管理思想。

(2) 做好物流服务过程的整体质量管理。从整体质量管理出发，要求物流管理人员深入了解物流服务全过程，并根据客户需求，认真做好物流服务网络体系设计工作和服务质量管理工作。企业在物流服务过程的各环节、各阶段都必须是以优质服务所组成的整体，为客户创造更大的物流价值，增强客户的信任感和忠诚感。

(3) 整体考核企业物流服务质量管理水平。企业要在激烈的市场竞争中取得长期优势，必须不断提高企业物流服务质量和生产效率。企业应确定物流服务质量标准，做好每一个关键环节的质量管理工作，促使服务符合或超过客户的期望。服务质量是服务客观现实和客户主观感觉融为一体的产物。企业须从整体角度客观地衡量物流服务质量管理水平，积极采用高新技术加强质量管理，提升企业物流服务的整体质量水平。

(4) 提高企业内部物流服务质量和外部物流服务质量。只有提高企业内部物流服务质量才能为企业外部客户提供优势服务。客户对服务质量的感觉是由企业物流员工和客户之间相互交往的结果决定的。员工的服务知识、服务技能、服务意识、服务行为对客户感受到的物流服务质量有极大的影响。客户的消费行为也会影响服务质量。

2. 加强企业国际物流质量管理的途径

(1) 根据全面质量管理理论，建立和完善企业物流质量管理的计量评估体系，切实消除企业物流过程中的差错。

(2) 积极引进现代质量管理理论和技术，提高质量管理水平。企业必须借助现代高新技术强化物流质量管理，要求企业真正认识技术推动的意义，大力开展技术创新活动。实际中，控制导向的企业与学习导向的企业应采取不同方法。控制导向的企业常采用基准比较法，了解其他企业的生产程序和质量标准，明确客户对产品质量的期望，并根据基准比较结果，采取改进措施。在学习导向的企业中，客户还无法想象新服务，质量管理工作的目标并不是使服务质量符合目前的标准。

(3) 运用有效的激励措施，实行全面质量管理。企业应根据客户需求环境的相对不确定性，运用有效的奖励和激励措施，激励员工提高学习能力和创新能力，鼓励员工承担风险，探索减少差错的新方法。在大多数企业里，控制导向的质量管理措施与学习导向的质量管理措施应相互补充，兼顾企业控制的需要和学习需要。

(4) 根据质量管理环境来确定质量管理措施。在质量管理文献中，许多学者认为所有企业都可以采用全面质量控制措施。企业只需加强全面质量控制，就能有效地做好质量管理工作。

12.4 国际物流成本控制

国际物流成本是实现国际贸易过程中物流服务的各项活动和过程所支付的费用的总和，它体现了国际物流管理的成效，同时直接影响到企业在竞争中的地位。国际物流成本控制是国际物流规划中的核心和根本问题，如何有效控制国际物流成本对企业发展至关重要。本节将就国际物流成本控制的定义、方法和策略进行分析与介绍。

【拓展视频】

12.4.1 国际物流成本控制的定义

1. 国际物流成本控制的定义

国际物流成本是指在国际贸易过程中，货物自供应地到接收地的整个物流过程中企业为国际贸易需要所支付的成本总和，是国际物流活动中的各环节，如采购、包装、装卸搬运、储存、流通加工、商检报关、国际运输、信息处理等所支出的人力、物力、财力的总和。国际物流成本包括从事国际物流工作人员的工资、奖金及各种补贴；国际物流过程中的物质消耗，如材料、电力、燃料的消耗，固定资产的磨损等；物资在运输、仓储保管等国际物流过程中的合理消耗；再分配项目支出，如支付银行贷款的利息等；国际物流过程中发生的其他支出，如办公费、差旅费等。

成本控制是国际物流规划的重点，是企业根据一定时期预先建立的成本管理目标，由成本控制主体在其职权范围内，在生产耗费发生以前和成本控制过程中，对各种影响成本的因素采取的一系列预防和调节措施，以保证成本管理目标实现的管理行为。

成本控制的过程是运用系统工程的原理对企业在生产经营过程中发生的各种耗费进行计算、调节和监督的过程，同时也是一个发现薄弱环节，挖掘内部潜力，寻找一切可能降低成本途径的过程。科学地组织实施成本控制，可以促进企业改善经营管理，转变经营机制和全面提高企业素质，使企业在市场竞争的环境下生存、发展和壮大。

2. 国际物流成本的构成

在国际贸易过程中，采购、包装、装卸搬运、储存、流通加工、商检报关、国际运输和信息处理等各个活动发生的费用都应被计入国际物流成本，但企业财务数据计算的物流费用只能反映国际物流成本的一部分，有相当数量的物流费用是不可见的。为了正确进行国际物流成本核算，需要掌握国际物流成本的分类。

1) 按费用支付形式分类

按费用支付形式分类的方法与财务会计统计方法一致，一般是将国际物流成本分为本企业支付的物流成本和支付给他人的物流成本两大项。这种分类使我们可以按支付形态计算物流成本。把国际物流成本分别按运费、保管费、包装材料费、商检报关费、人工费、物流管理费、物流利息等支付形态记账，从中可了解物流成本总额，也可以了解什么经费项目花费最多，从而便于检查国际物流成本在各项日常支出中的数额和所占比例，便于分析各项费用水平的变化情况，同时，此分类对于考虑在物流成本管理上应以何为重也十分有效。按费用支付形式分类适用于生产企业和专项物流部门。

2) 按成本会计核算分类

(1) 从事后是否可以控制的角度，国际物流成本可以划分为可控成本和不可控成本。这样划分，管理人员只需负责针对功能范围内的可以控制的成本做出有效决策。通常情况下，可控成本是指在会计期间内责任单位可以采取措施进行调整的成本。可控成本与不可控成本的划分，有利于区分成本控制责任。

(2) 固定成本和变动成本。成本的变动通常是由业务量的变动引起的，因此，理解国际物流成本需要在成本和适当的业务量间搭起一座桥梁。变动成本很大程度上随业务量而变，固定成本则不受业务量的影响。变动成本如存货搬运装卸费、物品的包装材料成本等，固定成本如运输设备的折旧费、仓储部门经理的工资等。

(3) 实际成本和机会成本。实际成本是由实际发生的业务所产生的成本。机会成本是指在备选方案中做出具体选择时，因放弃其他交易而牺牲的可能获取的价值量。根据有关会计准则，在企业的日常会计处理中，交易只能按照实际成本记录。机会成本并非一般意义上的成本，并不构成企业的实际支出，因此不能计入账簿和损益表，但却是正确进行决策时必须予以考虑的现实因素。为此，对管理决策的制定而言，不但要考虑实际成本，还要考虑机会成本。

(4) 相关成本和沉没成本。相关成本指企业进行决策时应当充分考虑各种形式的未来成本，它不包括任何不受决策影响的成本。不发生变动的成本是沉没成本。

3) 按物流管理方法的分类

以国际物流活动的几个基本环节为依据，可以将国际物流成本划分为物流环节成本、情报流通成本和物流管理成本三个方面。该种分类方法便于检查国际物流构成的各个环节的成本支出情况，对于安排国际物流资金、衔接各个环节的关系等十分方便，因而适合于综合性物流部门使用。同时，我们可以看出哪种功能更耗费成本，这比按支付形态计算成本的方法能更进一步找出实现国际物流合理化的途径。

从国际物流范围看，国际物流系统包括供应物流系统、生产物流系统、销售物流系统和废弃物流系统，相应的国际物流成本可以分为物流筹备成本、物流生产成本、物流销售成本、退货物流成本和废品物流成本。

从成本的显性程度，国际物流成本可分为显性物流成本和隐形物流成本。显性物流成本存在于运输、仓储、装卸搬运、配送、流通加工和信息处理等具体的基础设施、设备资源和运作过程中。隐形物流成本存在于由于物流运输不畅导致的库存费用增加所形成的资金利息成本、库存资金占用的机会成本和市场反应慢的损失及管理不善造成的货物损失和损坏的成本。

12.4.2 国际物流成本控制的原则与方法

为了有效管理物流成本，必须对国际物流成本进行事前控制。在既定物流服务水平下，要有效控制物流成本，需要掌握物流成本控制的原则、方法与策略(策略见 12.4.3 节内容)。

1. 控制原则

1) 全面介入原则

全面介入原则是指成本控制的全方面、全员、全过程的控制。对产品生产的全部费用加以控制，不仅对变动费用要控制，对固定费用也要进行控制。全员控制是要发动领导干部、管理人员、工程技术人员和广大职工建立成本意识，参与成本的控制，只有认识到成本控制的重要意义，才能付诸行动。全过程控制，对产品的设计、制造、销售过程进行控制，并将控制的成果在有关报表上加以反映，借以发现缺点和问题。

2) 例外管理原则

国际物流成本控制要将注意力集中在超乎寻常的情况。由于实际发生的费用往往与预算有差别，如发生的差异不大，就没有必要一一查明原因，而只要把注意力集中在非正常的例外事项上，并及时进行信息反馈。

3) 经济效益原则

提高经济效益，不单是依靠降低成本的绝对数，更重要的是实现相对的节约，取得最佳的经济效益，以较少的消耗，取得更多的成果。

2. 控制方法

总体而言，对于国际物流成本的控制应从综合的层面进行。国际物流成本的综合控制包括事前对物流成本进行预算制定，事中执行监督，事后进行信息反馈、偏差纠正等全过程的系统控制，以达到预期管理控制目标。综合控制有别于局部控制，具有系统性、综合性、战略性的特点，控制效率较高，其目标是局部控制的集成，实现企业物流成本最小化。物流成本的综合控制有以下两种方法。

1) 物流成本的横向控制

物流成本横向控制即对物流成本进行猜测和编制计划。物流成本猜测须在编制物流计划之前进行的。它是在对本年度物流成本进行分析和充分挖掘降低物流成本潜力的基础上，寻求降低物流成本的有关技术经济措施，以保证物流成本计划的先进性和可靠性。

2) 物流成本的纵向控制

用线性规划、非线性规划制定最优运输计划。物流过程中碰到最多的是运输问题，如某产品现由几个企业生产，又需供给几个客户，怎样才能使企业生产的产品运到客户所在地时总运费最小？假定这种产品在企业中的生产成本为已知，从某企业到消费地的单位运费和运输距离，以及各企业的生产能力和消费量都已确定，则可用线性规划来解决；假如企业的生产数量发生变化，生产费用函数是非线性的，就应使用非线性规划来解决。

运用系统分析技术，选择货物最佳的配比和配送线路，实现货物配送优化。配送线路是指各送货车辆向各个客户送货时所要经过的路线，它的合理与否，对配送速度、车辆的利用效率和配送费用都有直接影响。

运用存储论确定经济合理的库存量，实现存储优化。存储是物流系统的中心环节。物资从生产到客户之间需要经过几个阶段，几乎在每一个阶段都需要存储，究竟在每个阶段库存量保持多少为合理？为了保证供给，需隔多长时间补充库存？一次进货多少才能达到费用最省的目的？这些都是确定库存量的问题，也都可以在存储论中找到解决的方法，如经济订购批量模型。

12.4.3 国际物流成本控制的策略

1. 通过采用国际物流标准化控制国际物流成本

物流标准化能使货物在运输过程中实现无缝衔接，如现有托盘标准与各种运输装备、装卸设备标准之间能有效衔接，大大提高了托盘在整个物流过程中的通用性，也在一定程度上促进了货物运输、储存、搬运等过程的机械化和自动化水平的提高，有利于物流配送系统的运作效率，从而降低物流成本。

2. 通过实现供应链管理，提高对顾客物流服务的管理来控制国际物流成本

实行供应链管理不仅要求本企业的物流体制具有效率化，也需要企业协调与其他企业之间的关系，实现整个供应链的效率化。因此，追求成本的效率化，不仅企业中物流部门或生产部门要加强控制，同时采购部门等各职能部门也要加强成本控制。

3. 通过构筑现代信息系统来控制国际物流成本

通过现代物流信息技术可以将企业的订购意向、数量、价格等信息在网络上进行传输，从而使生产、流通全过程的企业或部门分享由此带来的利益，充分应对可能发生的各种需求，进而调整不同企业间的经营计划和行为，企业间的协调和合作有可能在短时间内迅速完成，这为整体控制物流成本提供了条件。

4. 从流通全过程的视角控制国际物流成本

控制物流成本不单是本企业的事情，而应该考虑从产品制成到最终用户整个流通过程的物流成本效率化，即物流设施的投资或扩建与否要视整个流通渠道的发展和要求而定。如有些厂商直接面对批发商经营，因此，很多物流中心与批发商物流中心相吻合，从事大批量的商品输送。然而，随着零售业便民店、折扣店的迅速发展，客观上要求厂商必须适应零售业这种新型的业态形式，开展直接面向零售店铺的物流活动。在此情况下，原来的投资就有可能沉淀，同时又要求建立新型的符合现代物流发展要求的物流中心。这些投资尽管从企业来看，增加了物流成本，但从整个流通过程来看，却大大提高了物流绩效。

5. 通过效率化的配送控制国际物流成本

企业要实现效率化的配送，就必须重视配车计划管理，提高装载率以及车辆运行管理。通过构筑有效的配送计划信息系统就可以使生产商配车计划的制订与生产计划联系起来进行，同时通过信息系统也能使批发商将配车计划或进货计划相匹配，从而提高配送效率，降低运输和进货成本。

6. 通过削减退货控制国际物流成本

退货成本是企业物流成本一项重要的组成部分，占有相当大的比例，因为随着退货会产生一系列的物流费、退货商品损伤或滞销而产生的经济费用以及处理退货商品所需的人员费和各种事务性费用，并且由于这类商品大多数量较少，配送费用有不断增加的趋势。由于这类商品规模较小，也很分散，商品入库、账单处理等业务也很复杂。因此，削减退货成本是国际物流成本控制中需要特别关注的问题。

12.4.4 国际物流成本的影响因素及降低的途径

1. 影响国际物流成本的因素

1）物流合理化

物流合理化就是使物流设备配置和一切物流活动趋于合理，具体表现为以尽可能低的物流成本获得尽可能高的服务水平。对于一个企业而言，物流合理化是影响物流成本的关键因素，它直接关系到企业的效益，是物流管理追求的总目标。

物流合理化不局限于运输、保管、装卸、搬运、包装、流通加工和信息处理等物流要素的合理化，应把物流设备和物流活动看作一个系统，各物流要素同处于该系统之中，发挥着各自的功能和作用。物流合理化要根据实际物流流程来规划、设计，不能单纯强调某环节的合理、有效和节省成本，应把物流合理化当做整个物流系统的优化。

设计物流服务方案，是实现物流合理化的关键，也是降低物流成本、获取更大"第三利润"的有效途径。设计一个合理的物流服务方案，需要广博的知识及广泛的调查，既包括运输方式、运输路线的选择，也包括仓库的选择、货物的堆码技术等。

2) 物流质量

只有不断提高物流质量，才能不断减少和消灭各种差错事故，降低各种不必要的费用支出；只有不断提高物流质量，才能降低物流过程的消耗，增加物流企业的赢利；只有不断提高物流质量，保持良好的信誉，才能吸引更多的客户，形成规模化的集约经营，提高物流效率，从根本上降低物流成本。

在物流质量管理的过程中，物流服务质量是物流企业所追求的目标，物流服务是物流成本的一项内涵。物流服务质量的好坏，直接影响着物流企业在市场上的竞争力。一般情况下，提高物流服务质量，物流成本就会增加；降低物流服务质量，物流成本也相应会降低。由此可见，在降低物流成本与提高物流服务质量之间存在一种矛盾对立的关系。所以，在确定物流服务质量时，要以得到用户满意为前提，同时兼顾物流成本的合理性，使两者的利益达到协调统一。

3) 物流效率

提高物流效率可以减少资金占用，缩短物流周期，降低储存费用，从而节省物流成本。物流企业应注重对现有的资源和流程不断进行改造，提高作业效率，同时，配置一些基础性的设施。电子商务已在各行各业兴起，它也应成为物流业努力的方向。用电子商务促进物流业的发展，可以节约大量的人力、时间，从而可以提高物流的整体效率，并使物流成本降到最低。

4) 物流人才

提高物流服务质量及物流效率，这些都需要专业的人员去做，他们工作的方法、态度将间接影响企业物流成本的大小。重视物流人才，可以节省许多机会成本。他们的一个好建议或者合理优化的方案，都会给企业带来巨大的效益，所以，物流人才是物流企业的宝贵资源，是一种潜在的效益。要发展物流，实现物流现代化，必须重视物流人才的培养与培训，同时给他们创造一个良好的工作环境，制定培养人才、留住人才、使用人才的人才管理办法。通过优秀物流人才的努力工作，去实现物流成本的降低，实现物流企业的效益，实现物流企业的现代化。

2. 降低国际物流成本的主要途径

由于实际物流情况的复杂性和多变性，降低国际物流成本的方法也是多种多样。针对上述影响物流成本的因素，常用的降低国际物流成本的途径有以下 5 种。

1) 加快物流速度，扩大物流量

物流成本可以大体划分为可变成本和固定成本两部分。运输费、包装费、保管费等属于可变成本，它们随物流量的变化而变化，即物流量增加时，物流成本的绝对值也随之增加，反之则减少。但它们的物流成本水平，即占物流成本数量的百分比相对比较固定。工资、固定资产折旧费、管理费等属于固定成本，在物流量变动时，其绝对值通常保持不变或变化较小，即相对比较固定。因此，其费用水平与物流量的变化呈现反比例关系，即物流量增加时，费用水平下降。

根据这两种成本的特点，可以采取加快物流速度、扩大物流量的方法来降低成本。当物流速度加快时，虽然可变成本也增加，但其增加幅度小于物流量的增加幅度，而固定成本部分则与物流量成反比，即物流速度越快，物流量越大，单位物流量的固定成本越小。从物流速度与流动资金需要量的关系来看，在其他条件不变的情况下，物流速度越快，则所需要的流动资金越少,即减少了资金占用,也就减少了利息支出,从而使物流成本得以降低。

2) 减少物的周转环节

物在从生产领域进入国际消费领域、到达消费者手中之前,需要经过许多相互区别而又相互衔接的中间环节。这些环节越多,物的流通时间也就越长,国际物流成本就必然相应增加。因此,尽可能地减少流通环节和物流时间,尽可能地直达供货,尽可能地减少物的集中和分散,就会使物流速度加快,从而减少物流成本。

3) 采用先进、合理的物流技术

采用先进、合理的物流技术是减少物流成本的根本性措施,它不仅可以不断提高物流速度,增加物流量,而且可以大大减少物流损失。如先进合理的装卸、运输机械、集装箱、托盘技术的推广,以及科学合理的运输路线,库存量(软技术)等都对减少物流成本具有十分重要的影响。

4) 改善物流管理,加强经济核算

物流管理水平的高低是影响物流成本的最直接因素。虽然管理本身不直接产生效益,但它却能通过其他具体的物流执行部门对物流成本产生影响。因此,加强国际物流管理,实现国际物流管理的现代化,是降低国际物流成本的最直接有效的方法。在具体实施过程中,建立岗位责任制加强经济核算,对原材料消耗、资金、人员、物流各个环节的支出等进行层层分解,实行目标管理是行之有效的好办法。

5) 追求国际物流系统更加合理

追求国际物流系统的更加合理,可采取以下几项措施。

(1) 合理选择和布局国内外的物流网点,扩大国际贸易的范围、规模,以达到费用省、服务好、信誉高、效益佳、创汇多的物流总体目标。

(2) 采用先进的运输方式、运输工具和运输设施,加速进出口货物的流转,充分利用海运、多式联运方式,不断扩大集装箱运输和大陆桥运输的规模,增加物流量,扩大进出口贸易额。

(3) 缩短进出口商品的在途积压,包括进货在途、销售在途、结算在途,以便节省时间,加速商品和资金的周转。

(4) 改进运输路线,减少相向、迂回运输。

(5) 改进包装,增大技术装载量,多装载货物,减少损耗。

(6) 改进港口装卸作业,有条件时要扩建港口设施,合理利用泊位与船舶的停靠时间,尽量减少港口杂费,吸引更多的买卖双方入港。

(7) 改进海运配载,避免空舱或船货不相适应的状况。

(8) 综合考虑国内物流运输,在出口时,有条件的要尽量采用就地就近收购、就地加工、就地包装、就地检验、直接出口的物流策略。

12.5 国际第三方物流

国际货运代理、船舶代理以及无船承运人等国际物流中介商所提供的只是一些功能性的物流服务，这些单纯的功能性服务难以适应当前国际物流服务市场的发展需要。国际物流的发展趋势是从单纯的物流服务向综合性物流服务的转变。国际第三方物流的产生与发展已成为国际综合物流服务的主要形式。本节将就国际第三方物流的定义、作用、内容、经营和国际物流服务的中间商进行分析和介绍。

12.5.1 国际第三方物流概述

1. 第三方物流的定义与作用

第三方物流(Third Party Logistics，TPL)的思想源自业务外包(Outsourcing)。将业务外包引入物流管理领域，就产生了第三方物流。第三方物流的定义有很多种，代表性的定义有两种：一种是第三方物流是通过合同的方式确定回报，承担货主企业全部或一部分物流活动的企业。提供的服务形态可以分为与运营相关的服务、与管理相关的服务以及两者兼而有之的服务三种类型。无论哪种形态都必须高于过去的物流形态所提供的服务。另一种定义是第三方物流是由供方与需方以外的物流企业提供物流服务的业务模式《物流术语》(GB/T18354—2006)。本书采用第二种定义。第三方物流作为一种新型的物流形态，使物流从一般制造业和商业活动中分离出来，形成有新的利润源泉的新兴商务活动，在全球范围内得到了蓬勃发展，受到了物流产业界和理论界的广泛关注。尤其是在供应链管理中，是选择自营物流服务还是外包物流服务成为企业的战略决策之一。物流业务外包，第三方物流的发展有利于货主企业降低成本、提高利润和提升核心竞争力。

(1) 外包能使企业集中精力于主业。企业通过物流外包能够实现资源优化配置，从非核心业务中解放出来，将有限的资源集中于核心业务，努力开发出新产品参与市场竞争。例如国内家电行业的小天鹅和科龙两家大公司每年的物流成本超过 4 亿元，占生产成本的 4%，为了更好地发展，两家公司都将自己的非核心的物流部分外包给安泰达物流公司，不仅有效降低了成本，而且使企业取得了更好的发展。

(2) 加快产品流通速度，降低风险，节省费用。第三方物流企业能将产品及时送达消费者手中，加快了产品的流通速度，而且合同中规定了双方的责任和义务，大大降低了企业承担的风险；同时它的专业和规模能够压缩物流管理费用，减少额外开支，最大限度地盘活库存，改善企业现金流。

(3) 提升企业形象。第三方物流企业门对门的配送服务及时周到、保质保量，有的甚至还能够提供一些增值性的物流服务，这使消费者享受高效优质服务的同时对于企业的忠诚度越来越高，这对于企业来讲是一种无形财富，在一定意义上提升了企业形象。

物流业务外包已经成为一种潮流和趋势，很多大型企业都选择将物流外包。如上海通用将物流外包给中远物流公司，联合利华将物流外包给上海友谊，上海惠尔物流有限公司已经同上海家化合作五年等。物流业务外包尽管具有很多优势，但也存在一定的风险，如成本增加、用户满意度降低等。这是有些企业努力发展自营物流的原因之一，如鄂尔多斯集团拥有全国羊绒行业最大的企业内销网络，营销服务点覆盖了国内县级以上的大中城市。集团在全国设有 32 个销售公司、19 个业务代表处、31 家物流中心和 3 000 多家经营网点，形成旗舰店、商场专厅、加盟店、自营店有机配合的营销网络格局。自营物流在鄂尔多斯经营和管理中发挥了重要的作用。因此，物流业务是自营还是外包需要企业认真分析。

2. 国际第三方物流的特点

国际第三方物流具有以下特点。

1) 关系契约化与合同导向化

第三方物流是通过契约形式来规范物流经营者与物流消费者之间关系的。物流经营者根据契约规定的要求，提供多功能甚至全方位一体化物流服务，并以契约来管理所提供的物流服务活动及其过程。第三方物流企业发展物流联盟也是通过契约的形式来明确各物流联盟参加者之间责权利相互关系。

2) 服务个性化与专业化

不同的物流消费者存在不同的物流服务要求，第三方物流企业需要根据不同物流消费者在企业形象、业务流程、产品特征、顾客需求特征、竞争需要等方面的不同要求，提供针对性强的个性化物流服务和增值服务。由于市场竞争、物流资源、物流能力的影响，第三方物流企业需要形成核心业务，不断强化服务的个性化和特色化，以增强物流市场竞争能力。第三方物流企业所提供的是专业的物流服务，从物流设计、物流操作过程、物流技术工具、物流设施到物流管理必须体现专门化和专业水平，这既是物流消费者的需要，也是第三方物流自身发展的基本要求。

3) 强调企业之间的动态联盟

依靠现代信息技术的支撑，第三方物流企业与委托方之间应充分实现共享信息，这就要求双方互相信任合作，以达到单独从事物流活动所无法取得的双赢效果。而且，从物流服务提供者的收费源来看，第三方物流企业与委托方之间是共担风险、共享收益的关系。同时，企业之间所发生的关联并非局限于少量的市场交易，在交易维持一段时间之后，可以互相更换交易对象。在行为上，各自既非单纯追求自身利益最大化，也非完全追求共同利益最大化，而是通过契约结成优势互补、风险共担、要素双向或多向流动的伙伴关系。

4) 基于现代电子信息技术基础的运作

信息技术实现了数据的快速、准确传递，提高了仓库管理、装卸运输、采购、订货、配送发运、订单处理的自动化水平，使订货、保管、运输、流通加工实现一体化。其次，企业可以更方便地使用信息技术与物流企业进行交流与协作，企业间的协调和合作有可能在短时间内迅速完成。电脑软件的发展，能有效管理物流渠道中的商流，这就使企业有可能把原来在内部完成的作业交由物流公司运作。

12.5.2　国际第三方物流的内容

国际第三方物流企业应该能够为货主企业提供原材料采购、原材料或产成品的储存保管、装卸、包装、租船、订舱、配载、制单、报关、报检、集港、疏港、运输、结汇、货物跟踪直至货物送达目的地的最终用户手中等一系列物流服务。国际物流服务的一般内容如表 12-3 所示。

表 12-3　国际第三方物流服务内容

项目	具体内容	项目	具体内容
咨询	物流方案咨询	配送	货物配送
	智能仓库设计		信息配送
	流程设计	增值服务	流通加工
装卸	货架至货架		附加值服务
	起运地到目的地		物流金融
运输	多式联运	信息服务	信息发布
	联合运输		信息处理
	单一运输		信息管理
包装	创造包装		信息联网
	储存包装	报关报检	通关
	运输包装		商检、卫生、检验检疫
	再包装	代理	保险、银行
保管	在库保管		船代、货代
	库存控制	培训	高级物流管理人员
	堆场货运站		一般物流管理人员

12.5.3　国际第三方物流的模式

第三方物流是指生产经营企业为集中精力搞好主业，把原来属于自己处理的物流活动，以合同方式委托给专业物流服务企业，同时通过信息系统与物流企业保持密切联系，以达到对物流全程管理控制的一种物流运作与管理方式。国际第三方物流在提供服务的过程中有三种运作模式可供选择。

1. 传统外包型物流的运作模式

传统外包型物流是最简单普遍的物流运作模式，是指第三方物流企业独立承包一家或多家生产商或经销商的部分或全部物流业务。企业外包物流业务，降低了库存，甚至达到"零库存"，节约物流成本，同时可精简部门，集中资金、设备于核心业务，提高企业竞争力。第三方物流企业各自以契约形式与客户形成长期合作关系，保证了自己稳定的业务量，避免了设备闲置。这种模式以生产商或经销商为中心，第三方物流企业几乎不需专门添置设备和业务训练，管理过程简单。订单由产销双方完成，第三方物流只完成承包服务，不介入企业的生产和销售计划。

目前我国大多数物流业务采取这种模式，实际上这种方式比传统的运输、仓储业并没有走多远。这种方式以生产商或经销商为中心，企业之间缺少协作，没有实现资源更大范围的优化。这种模式最大的缺陷是生产企业与销售企业以及与第三方物流之间缺少沟通的信息平台，会造成生产的盲目和运力的浪费或不足，以及库存结构的不合理。

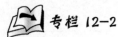

专栏 12-2

通用汽车的物流外包

在全球著名的汽车公司当中,美国通用汽车(GM)的生产外包比重恐怕是最低的,相比较于日本丰田汽车高达70%的零件外购比例,通用汽车仅有30%的零部件是外部供应商制造的,这个数字也远低于福特汽车的50%。但是,通用汽车却把物流业务外包作为降低成本和改善效率的管理手段。

通用汽车在美国大约有400家供应商分布在全美14个州。以前,这些供应商负责把各自的零部件产品送到通用汽车的30个装配工厂进行组装。由于卡车满载率很低,使得库存和配送成本急剧上升。为降低成本,改进内部物流管理,提高运输和库存效率,改善信息处理能力,通用公司委托潘世奇物流公司(Penske Logistics)为它提供第三方物流服务。

潘世奇物流公司是世界领先的物流服务提供商,提供卡车运输、租赁和仓储管理等综合物流服务,年营业收入超过230亿美元。

在调查了解零部件及半成品的配送路线之后,潘世奇公司建议通用汽车公司在克利夫兰建设一家有战略意义的配送中心,配送中心负责接受、处理、组配半成品,由潘世奇公司实施运营管理,潘世奇公司提供60辆卡车和72辆拖车负责运输和配送,通过 EOI (EDI Over Internet) 系统帮助通用汽车公司调度供应商的运输车辆以便实现 JIT 送货。潘世奇公司设计了一套最优送货路线,增加供应商的送货频率,减少库存水平,改进外部物流活动,并运用全球卫星定位技术,使供应商随时了解行驶中的送货车辆的方位。与此同时,通过在配送中心组配半成品后,对装配工厂实施共同配送的方式,既降低卡车空载率,也减少通用汽车公司的运输车辆和运输单据处理费用。

(资料来源:根据通用汽车 gm.com、潘世奇 penske.com 及其他公开材料整理编写。)

2. 战略联盟型物流的运作模式

第二种就是第三方物流企业,包括运输、仓储、信息经营者等以契约形式结成战略联盟,内部信息共享和信息交流,相互间协作,形成第三方物流网络系统。联盟可包括多家同地和异地的各类运输企业、场站、仓储经营者,理论上联盟规模越大,可获得的总体效益越大。信息处理部分,可以共同租用某信息经营商的信息平台,由信息经营商负责收集处理信息,也可连接联盟内部各成员的共享数据库(技术上已可实现)实现信息共享和信息沟通。目前我国的一些电子商务网站普遍采用这种模式。

这种模式比起第一种有两方面改善:首先系统中加入了信息平台,实现了信息共享和信息交流,各单项实体以信息为指导制定运营计划,在联盟内部优化资源。同时信息平台可作为交易系统,完成产销双方的订单和对第三方物流服务的预定购买。其次,联盟内部各实体实行协作,某些票据联盟内部通用,可减少中间手续,提高效率,使得供应链衔接更顺畅。例如,联盟内部各种方式经营的运输企业进行合作,实现多式联运,一票到底,大大节约运输成本。

这种方式联盟成员是合作伙伴关系,实行独立核算,彼此间服务租用,因此有时很难协调彼此的利益。在彼此利益不一致的情况下,要实现资源更大范围的优化就存在一定的局限。例如A地某运输企业运送一批货物到B地,而B地恰有一批货物运往A地,为减少空驶率,B地承包这项业务的某运输企业应转包这次运输,但A、B两家在利益协调上也许很难达成共识。

3. 综合物流运作模式

第三种模式就是组建综合物流公司或集团。综合物流公司集成物流的多种功能——仓储、运输、配送、信息处理和其他辅助功能,如包装、装卸、流通加工等,组建完成各相应功能的部门，综合第三方物流大大扩展了物流服务范围，对上家生产商可提供产品代理、管理服务和原材料供应，对下家经销商可全权代理为其提供配货送货业务，可同时完成商流、信息流、资金流、物流的传递。

综合物流项目必须进行整体网络设计，即确定每一种设施的数量、地理位置、各自承担的工作。其中信息中心的系统设计和功能设计以及配送中心的选址流程设计都是非常重要的问题。物流信息系统基本功能应包括信息采集、信息处理、调控和管理，物流系统的信息交换目前主要利用 EDI、无线电和 Internet，Internet 因为其成本较低(相对于 EDI 技术)、信息量大，已成为物流信息平台发展趋势。配送中心是综合物流的体现，它衔接物流运输、仓储等各环节，综合物流是第三方物流发展的趋势，组建方式有多种渠道。

12.5.4 国际物流服务的中介商

1. 国际船舶代理

船舶代理是指船舶代理机构或代理人接受船舶所有人(船公司)、船舶经营人、承租人或货主的委托，在授权范围内代表委托人(被代理人)办理与在港船舶有关的业务、提供有关的服务或完成与在港船舶有关的其他经济法律行为的代理行为。船舶代理人则是指接受委托人的授权，代理委托人办理与在港船舶有关的业务和服务，并进行与在港船舶有关的其他经济法律行为的法人和公民。

船舶代理业属于国际航运服务业，船舶代理机构可以接受与船舶有关的任何人的委托，办理各种航运业务。设在各港口的船舶代理机构，熟悉本港和本地区有关机构情况，了解本国法律、法规和习惯，长期从事代理工作，积累了丰富经验，因此往往能比船方更有效地办理船舶在港的各种业务，节省船舶停港时间，加快船舶周转，提高船舶营运经济效益。国际船舶代理的主要业务有以下几种。

(1) 船舶进港手续。凡航行于国际航线的船舶，无论是外籍船还是本国船，在进出港口前，船舶理应事先联系边防检查站(移民机构)、检验检疫机构、港口海事机构和海关等口岸机构办理船舶进出港手续。我国遵循《便利国际海上运输公约》的原则，为船舶进出港制定了相应的便利办理有关手续的规定。船舶进港手续包括海关手续、检验检疫手续、边防检查手续、海事监督手续。

(2) 船舶出港手续。船舶出港手续比船舶进口手续简便，除向海关、海事监督机构和港口当局提出出港申请，并向海关交验、缴纳吨税收据以外，货物装船完毕，还需编制出口货物清单(舱单)，经船长签字后，向海关办理船舶出口报关。海关查验无问题后，船舶可以起航出港。

(3) 出口货运业务。出口货运业务主要包括货物承运、联运货物的中转换装、绘制积载图、编制货运单证及计算运费。在班轮运输和租船运输中，承运人和租船人都可委托代理代办这些业务。

(4) 进口货运业务。进口货运业务主要包括接收载货运费清单、接收积载图、催提、签发提货单和受理进口货物索赔等。在班轮运输和租船运输中，承运人或租船人都可委托船舶代理办理这些业务。

(5) 船舶现场管理。船舶现场管理工作主要有指定调度部门掌握现场作业情况、指挥协调现场各种工作，如船舶靠泊、装卸货物、开航。此外，还要安排人员驻船，现场处理各种业务，掌握进度，做好装货准备。

(6) 供应工作。供应工作主要包括安排供应船用燃油、淡水，安排供应船舶物料、垫料，安排供应船员伙食，应船长要求联系安排清舱、洗舱。

(7) 其他服务工作。其他服务工作主要包括安排船员遣返，办理船员登陆或出入境手续，安排船员就医、住院，联系安排船员其他事宜。

2. 报关行

报关行（Customs Broker）是指经海关准予注册登记，接受进出口货物收发货人的委托，以进出口货物收发货人名义或者以自己的名义，向海关办理代理报关业务，从事报关服务的境内企业法人。报关企业应当具备以下条件。

(1) 具备境内企业法人资格条件。

(2) 企业注册资本不低于人民币 150 万元。

(3) 健全的组织机构和财务管理制度。

(4) 报关员人数不少于 5 名。

(5) 投资者、报关业务负责人、报关员无走私记录。

(6) 报关业务负责人具有五年以上从事对外贸易工作经验或者报关工作经验。

(7) 无因走私违法行为被海关撤销注册登记许可记录。

(8) 有符合从事报关服务所必需的固定经营场所和设施。

(9) 海关监管所需要的其他条件。

3. 无船承运人

承运人一般是指与发货人订立运输合同的人或者实际完成运输的人。国际货运代理人进入运输领域，开展单一方式运输或多式联运业务时，由于与委托人订立运输合同，并签发运输单证（FCT、FBL 等），对运输负有责任，因而已经成为承运人。但是，由于他们一般并不拥有或掌握运输工具，只能通过与拥有运输工具的承运人订立运输合同，由他人实际完成运输，这种承运人一般称为无船承运人。无船承运人在实际业务中只是契约承运人，而实际完成运输的承运人是实际承运人。

由于经济、技术实务不同，无论在国内还是在国外，无船承运人经营业务的范围有较大区别，有的无船承运人兼办货物报关、货物交接、短程拖运、货物转运和分拨、订舱及各种不同运输方式代理业务，有的只办理其中的一项或几项业务。但一般来讲，无船承运人的主要业务有以下几个方面。

(1) 作为承运人与货物托运人订立运输合同，签发货运单据（提单、运单），并对从接受货物地点到目的地交付货物地点的运输负责。

(2) 作为总承运人组织货物全程运输，制订全程运输计划，并组织各项活动的实施。

(3) 根据托运人要求及货物的具体情况，与实际承运人洽定运输工具（订舱）。

(4) 从托运人手中接受货物，组织安排或代办到出口港的运输，订立运输合同（以本人的名义），并把货物交给已订舱的海运承运人。在上述交接过程中，代货主办理报关、检验、理货等手续。

(5) 如有必要，办理货物储存和出库业务。

(6) 在目的港从海运承运人手中接收货物后，向收货人交付货物。对于货主来讲，将货物交给无船承运人运输，比交给传统意义上的承运人运输在手续上要简便得多，而且可省去委托货运代理人这一环节。

本章小结

　　国际物流规划是对物流发展进行的规划和设计。从物流规划的层次看，它包括战略层面、策略层面和运作层面的规划。三个层次物流规划的区别在于时间跨度差异，战略规划是长期的，策略规划是中期的，运作规划是短期的。而且，三个层次规划中需要解决的典型问题也有所不同。物流客户服务是国际物流规划的核心问题，围绕物流客户服务战略目标，国际物流规划需要制订设施选址战略、库存战略和运输战略。国际物流战略实现了降低成本、减少投资、改进服务的物流发展目标；战略架构包括全局性、结构性、功能性、基础性四个方面。

　　国际物流服务为企业在客户心目中树立了良好的形象，对创造需求和保持客户对企业的忠诚产生重要影响。国际物流服务包括国际仓储服务、国际运输服务、国际报关报检服务、国际货运代理服务、国际货物运输保险服务、国际多式联运服务等内容。国际物流服务与成本，与企业盈利之间存在制约关系，如何制定合适的物流服务水平成为企业留住现有客户及吸引新客户的关键，直接影响企业的物流运营成本、企业的盈利和发展。国际物流服务水平的确定需要进行客户服务审查分析，并制定客户服务的绩效标准和考核办法。国际物流服务水平的改进包括了解客户需求、了解企业自身表现、服务方案的提出、服务方案的执行与调整四个步骤。

　　国际物流质量管理是企业物流管理的重要组成部分，综合反映了物流服务水平与成本等方面，具有全对象、全范围和全员参与管理的特点，它以顾客为中心、领导作用、全员参与、持续改进等为实施原则。国际物流质量管理包括商品的质量保证及改善、物流服务质量、物流工作质量、物流工程质量四项内容，包括物流时间、物流成本和物流效率三个衡量维度，包括服务水平、满足程度、交货水平、交货期质量、商品完好率和物流吨费用六个指标。帕累托分析和鱼刺图分析是国际物流质量管理中的常用方法。根据全面质量管理理论，建立和完善企业物流质量管理的计量评估体系、引进现代质量管理理论和技术、运用有效的激励措施，实行全面质量管理等是加强国际物流质量管理的有效途径。

　　国际物流成本是实现国际贸易过程中物流服务的各项活动和过程所支付的费用的总和，如采购、包装、装卸搬运、储存、流通加工、商检报关、国际运输和信息处理等费用。国际物流成本要遵循全面介入、例外管理和经济效益原则的控制原则，可以采取横向和纵向两种成本控制方法，可以采用国际物流标准化、实现供应链管理、构筑现代信息系统、效率化的配送等控制策略。国际物流成本的影响因素包括物流合理化、物流质量、物流效率、物流人才。针对影响国际物流成本的因素，常用的降低国际物流成本的途径有加快物流速度，扩大物流量，减少物的周转环节，采用先进、合理的物流技术，改善物流管理，加强经济核算等。

　　第三方物流是由供方与需方以外的物流企业提供物流服务的业务模式，具有关系契约化与合同导向化、服务个性化与专业化、强调企业之间的动态联盟、基于现代电子信息技术基础的运作特点，包括提供原材料采购、原材料或产成品的储存保管、装卸、包装、租船、订舱、配载、制单、报关、报检、集港、疏港、运输、结汇、货物跟踪直至货物送达目的地的最终用户手中等一系列物流服务。国际第三方物流在提供服务的过程中有传统外包型物流运作、战略联盟型物流运作和综合物流运作三种模式。在国际物流服务中，除了国际第三方物流之外，还包括国际船舶代理、报关行和无船承运人等国际物流服务中介商。

关键术语

物流规划　　物流战略　　国际物流服务　　国际物流质量　　国际物流成本控制
国际第三方物流　　无船承运人　　船舶代理　　报关行

思 考 题

1. 简述国际物流规划的不同层次及其典型问题。
2. 国际物流规划需要解决的关键问题及其内容。
3. 国际物流服务的内容与层次有哪些？
4. 如何确定和改进国际物流服务水平？
5. 如何分析与衡量国际物流质量水平？
6. 简述国际第三方物流的特征及服务内容。
7. 国际物流服务的中间商类型主要有哪些？

信可物流：植根铁路的全球物流专家

信可物流（Schenker）是隶属德国铁路集团的综合物流企业，提供专业的综合运输和物流管理服务。按收益和业绩计算，信可物流是世界上第二大的运输和物流服务供应商，2014 年，德铁信可的营业收入 198 亿欧元，在全球 140 多个国家设有 2 000 个办事处，拥有 95 700 名员工。

信可物流创立于 1872 年，拥有 140 多年的历史，从初期的铁路运输服务商，发展成为全球领先的综合物流服务专家，本身就是一部全球物流发展史。公司创建之初，从事路货运代理业务，1931 年，被德国铁路公司收购，成为德国铁路公司的物流部门，逐步涉足海运集装箱和空运代理业务，利用自身的铁路运输能力，开展铁路、海运和空运的一体化运输服务。1947 年，在美国建立分公司，专业处理空运货物及国际运输服务，成为国际综合运输服务提供商。1966 年，在香港成立分公司，主要从事航空货运代理业务，后来逐步扩展到开展海运及工程项目运输服务。70 年代开始在中国设立办事处，是首批在中国开设办事处的主要国际货运代理供应商之一。1972 年，信可物流正式成为国际奥委会的合作伙伴，为慕尼黑奥运会提供货运代理及清关服务。至此，信可物流形成了快捷空运服务、海运服务及欧洲陆路运输服务的综合能力，成为业界空运、海运、铁路和陆路运输的典范。以奥运物流为代表的会展物流服务，让信可物流彻底变身为一家提供多式联运服务的货运代理及综合物流服务供应商。2008 年，信可物流毫无悬念地成为北京奥运会的货运代理及清关服务供应商。进入 21 世纪，通过收购施廷内斯（Stinnes）、伯灵顿（Bax Global）等一系列扩张，业务范围涵盖货运代理、综合运输、供应链管理方案、体育及会展物流等综合物流服务。

信可物流现在拥有三个业务部门，包括欧洲陆运部、全球空运和海运部以及成熟物流解决方案和全球供应链管理部。三个业务部门组成了一个无缝隙的一体化物流服务链，把货运列车、客货车、船舶或是客机间的无缝式运输与多样的附加物流服务融合在一起。

在欧洲陆运方面，信可物流在欧洲设有 720 个办事处，拥有近 25 000 名员工，每周有 32 000 次定期运输列车穿梭于欧洲，运送一般货物。针对一般货物、零散货物、整箱货物，德铁信可物流为客户提供时间和成本优化服务。凭借紧密的运输网络连接着 40 多个欧洲国家的主要经济地区，在欧洲的铁路和陆上货运量均排名第一。在欧洲和跨大陆市场，德铁信可也具备铁路运输强劲的物流链，将铁路和货车运输的优势加强结合。德铁信可物流在欧洲拥有密集的运输网络，提供高质量、高标准且一致性的一站式服务。

在空运和海运货物方面，信可物流是全球当之无愧的物流领导者，在全球空运和海运分别拥有第二和第三的市场地位。在全球有800个办事处，近21 000员工，每年有1 200架包机航班承载着信可物流的货物，每周定期往返于七大洲的物流枢纽，为客户提供充足的运力。是全方位的全球空运及海运服务领先企业。

在合同物流方面，信可物流在全球50多个国家设有570个办事处，雇佣19 000名员工，仓储空间多达710万平方米，为工业和贸易提供定制化的物流解决方案。在全球合同物流市场，信可物流排名世界第五，并为汽车、消费品、电子产品、工业产品和医疗产品推出个性化且全面的解决方案组合。信可物流所提供的服务贯穿价值链的每一个步骤，从采购、生产、分销到售后服务。其核心竞争力在于能够为客户规划和执行复杂的全球供应链。

多年来对于行业的专注成就了信可物流与各行业的广泛合作，包括汽车业、消费品业、高科技行业、会展业、特殊运输以及大型体育赛事服务等。针对各细分市场，信可物流提供越来越多的一体化行业解决方案。

在新兴市场，信可物流把新兴国际市场迅猛增长的货物流转视为机遇，并展示出充分的竞争力。信可物流70年代末进军中国市场，成为首批在中国开设办事处的主要国际货运代理供应商，并于1981年在广州成立了办事处。信可物流现已在中国超过60个主要城市设立了办事处及仓储物流设施，员工逾5 000名，建立起了一个跨越全中国的综合物流服务网络。

在北京取得2008年奥运会主办权后，信可物流和北京国际技术合作中心成立合资公司，投资在北京首都机场附近建立了物流中心，信可物流在其中占有70%的股权。该中心于2005年9月正式落成，拥有13 000平方米的仓库，超过10 000个货盘空位和13个起卸区，是北京2008年奥运会的主要物流基地。继首都机场的物流中心之后，信可物流在上海外高桥保税区设立面积达15 000平方米的物流中心，处理包括汽车、半导体、化学品和机械产品在内的大件货品，在上海世博会的物流服务方面显露出其传统的竞争优势。

信可物流相信，中国第三方物流市场每年总金额达200亿美元，并将以每年30%的增长速度增长。伴随着"一带一路"倡议的实施，在横跨欧亚大陆的广阔市场上，信可物流跃跃欲试。

(资料来源：根据德铁信可官网 http://www.dbschenker.com 公开资料整理编写。)

思考题：

1. 信可物流成长为世界领先的物流企业的经验有哪些？对中铁物流这样的中国本土物流企业有哪些启示意义？

2. "一带一路"倡议的框架中，信可物流将会面临什么样的机遇与挑战？

第13章 国际物流发展的新趋势

【教学要点】

知识要点	掌握程度	相关知识	应用方向
国际逆向物流	掌握	逆向物流的产生背景 逆向物流的内涵 逆向物流的分类 逆向物流的特征与环节	我国逆向物流的发展
国际绿色物流	了解	绿色物流产生的背景 绿色物流的内涵 绿色物流的发展现状	节能环保与绿色物流
国际精益物流	了解	精益物流产生的背景 精益物流的内涵 精益物流的目标与特点 精益物流系统的基本框架	精益物流历史和趋势
国际电子物流	了解	电子物流产生的背景 电子物流的优势与特征 电子物流的核心技术支持与发展模式 电子物流发展现状	电子物流的前景

利盟的逆向物流

没有哪家制造商喜欢接收和处理返回的零件或产品,这一环节通常被称为逆向物流。逆向物流中的许多细节都会把配送中心弄得焦头烂额,相当多数量的返回物品,缺少有效地接收和处理它们所必要的信息。如果连一个退货编号都没有,就会花费大量的人力和时间去追索返回货品的源头,以及确定该货品是否存在功能性缺陷。配送中心要给返回货品制作两份物流单据——运输标签和包装清单,这需要不同类型的打印机,必然产生相关的耗材和维修费用。全球打印机领导者利盟(Lexmark)曾饱受逆向物流的困惑,最终利用其擅长的激光打印技术和文档解决方案,通过减少单证印刷数量和提高工作流程效率,加快了逆向物流的处理流程和效率。

利盟成立于1991年,其基础是从IBM公司独立出来的打印事业部。如今利盟已经成长为一家集打印机研发、制造、营销、服务为一体的国际知名企业。产品行销全球170多个国家,2014年的营业收入为37亿美元,其中57%来自美国以外的国际市场。

利盟公司的总部设在美国肯塔基州莱克星顿,最大的零部件配送中心位于肯塔基州路易斯维尔市,距离其公司总部约100公里。该设施是由迪克西仓储服务管理,雇用约60名工人从事仓库配送作业。这家配送中心负责向利盟售后服务部门提供利盟产品的零部件,每天成百上千件零件运往位于美国和海外的售后服务部。

利盟公司的制造顾问瑞克·凯乐普在参观这家配送中心的时候发现,这里消耗大量的纸张用于打印各种单证,但更严重的问题是,纷杂的单据上并没有恰当准确地记录回收零件的信息。凯乐普意识到是到了改善仓库业务流程的时候了。他和他的团队花了无数的时间来研究路易斯维尔配送中心的零件进出流程以及那些纷杂的纸质单据。

当零件到达工厂时,很难确定哪个零件属于哪一项售后服务。单据上很难找到关于零件品质是好是坏的信息,特别是在拆除原包装之后。一大半的零部件上找不到对应的售后服务处理编号,无从知道这些零件是从哪个客户处退回的,也不知道零件是否存在功能性缺陷。如果零件是有缺陷的,就会被运送到制造商处进行测试。制造商需要判断什么原因导致故障,以及是否可以修复。缺陷零件测试的成本非常高,但却非常必要的。配送中心经常出现的错误是弄混了新旧零件,一些新零件会被误认为是有缺陷的零件,并送去检验。该仓库每年花费数百万美元用来测试和返工零件。利盟的团队认为,如果建立良好有效的档案记录,这笔费用可以大幅度降低。

解决问题的第一步是确定哪些信息是必要的,并减少打印纸质单证的数量。凯乐普说:如果我们设计一个带有条形码的集成标签,就可以解决这个问题,这不仅是少浪费几张纸的事情,它将提供更多的有价值的信息。通过扫描条形码,可以大大加快返回零件的接收过程,条形码中包含的信息还会自动把返回的零件与售后服务项目编号相对应。

利盟当然不会忘记它的核心能力——先进的打印技术。点阵打印机已过时,不能处理复杂介质。利用激光技术是必然的,将提供更高的速度,更多的纸张、标签尺寸和类型的选择,更具易读性,以及更少的维护时间和费用。

凯乐普领导项目组提出的解决方案就是建立在先进的打印输出技术之上的。解决方案中包括一个利用利盟OptraForms软件设计的集成标签。当一个处理订单从主机发送到打印机,OptraForms会根据售后服务部门的需要自动打印装运单据。新的标签包含了丰富的信息,配送中心的处理人员和现场的售后服务人员都能够方便地识别。

集成标签上的信息包括:用于锁定售后服务项目编号和对应零件的条形码;可以轻松识别新旧零件的易撕彩色标签;将会送去检测和返工的缺陷零件信息标签。这个集成标签能够很方便地与现有的基础设施整合在一起的，而且很容易达到他们的目标：提高生产率和工作效率，提高零件的回收率，减少不必要的零件检验数量。

解决方案实施的第一年，路易斯维尔配送中心的返回零件的有效回收率提高了54%，用于检测返回零件的费用节省了90万美元，用于回收和处理的时间省了83%。

利盟公司相信这套解决方案可以显著地节约成本、提高生产率以及运作效率。这个解决方案的关键是一个单一的、集成的运输/装箱单，单据上的条形码可以锁定退货号码以及对应的零件和服务项目。解决方案还包括自动打印定制的彩色易撕标签，以方便识别有缺陷的货品信息，从而加快逆向物流的处理流程。

【拓展文本】

（资料来源：根据利盟官网 http://www.lexmark.com 公开资料整理编写。）

21世纪的经济发展使物流行业每天都面临着新的挑战。导入案例中的利盟公司尝试用自身擅长的打印输出技术来改善逆向物流的效率，并把它作为一种解决方案推广给更多的制造型企业。再比如，随着社会的发展，电子废弃物已经对各国环境构成了很大威胁，欧洲大多数国家已经建立了相应的回收体系，并不断探索新的回收方式，逆向物流同样是国际物流发展的重要趋势。绿色物流和逆向物流是交叉发展的，绿色物流包括正向绿色物流和逆向绿色物流，逆向物流的实现吸收了绿色物流的发展理念。此外，在国际物流活动中，不仅要降低物流费用，而且要考虑提高顾客服务水平，提高销售竞争能力和扩大销售效益，即提高国际物流系统的整体效益，由此精益物流、电子物流等新的物流思想也应运而生。因此，本章重点介绍逆向物流、绿色物流、精益物流和电子物流等国际物流发展的几个重要趋势。作为我国的物流企业，只有积极寻求创新、顺应时代变革的企业才能真正做到基业长青。

13.1 国际逆向物流

13.1.1 逆向物流的产生背景与内涵

随着工业化进程的加快，人们的生活水平不断提高，消费需求也逐渐多元化、快速化。越来越多的产品及其包装被报废与淘汰。这种大量生产、大量消费导致的大量废弃不可避免地带来资源枯竭、环境污染等生态问题。为了扭转这种局面，各国和各经济体相继制定出了一系列对废弃品回收再利用的规定。欧盟根据供应链环节中不同成员的地位和年收入，提出了企业每年进行垃圾回收和产品再生的数量要求；1997年，日本国会通过了强制回收某些物资的法案；美国在过去的几年中引入了超过2 000个固体废品的处理法案。上述法规都明确了生产者要共同承担产品在废弃环节的责任，为实现利润最大化，企业逐步将回收再制造环节纳入整体运营，逆向物流逐渐成为企业的一项重要管理职能。

"逆向物流"这个名词最早出现在20世纪90年代初，美国物流管理协会（Council of Logistics Management，2005年更名为美国供应链管理协会）的一份研究报告中，该报告指出：逆向物流是对原材料、加工库存品、产成品以及相关信息从消费地到起始地高效率低成本地流动而进行规划、实施和控制的过程。

Dekker et al. 认为"逆向物流是计划、实施和控制原材料、过程中的库存、产成品从制造分销和使用节点向回收或者恰当处理节点流动的过程。"这一定义主要强调了逆向物流的结构和库存管理。

Giuntinia 和 Andel（1995 年）对逆向物流的定义是："组织对来源与客户手中的物资的管理。逆向物流包含来自于客户手中的物资、包装品和产品。"

我们将逆向物流的定义概括为：与传统供应链反向，为价值恢复或合理处置而对原材料、中间库存、最终产品及相关信息从消费地到起始地的有效实际流动所进行的计划、管理和控制的过程。

13.1.2 逆向物流的分类

1. 按照回收物品的渠道来分

按照回收物品的特点可分为退货逆向物流和回收逆向物流两部分。退货逆向物流是指下游顾客将不符合订单要求的产品退回给上游供应商，其流程与常规产品流向正好相反。回收逆向物流是指将最终顾客所持有的废旧物品回收到供应链上各节点企业。

无论是退货逆向物流还是回收逆向物流，均强调在产品的处理过程中遵循无害化处理和循环利用的原则。随着人们生活水平和文化素质的提高，环保意识日益增强，消费观念发生了巨大变化，顾客对环境的期望越来越高。另外，由于不可再生资源的稀缺以及对环境污染日益加重，各国都制订了许多环境保护法规，为企业的环境行为规定了一个约束性标准。企业的环境业绩已成为评价企业运营绩效的重要指标。因此，企业在采取逆向物流战略时，应以减少产品对环境的污染及资源的消耗为基本原则。

此外，在当今顾客驱动的经济环境下，顾客价值是决定企业生存和发展的关键因素。众多企业通过逆向物流提高顾客对产品或服务的满意度，赢得顾客的信任，从而增加其竞争优势。对于最终顾客来说，逆向物流能够确保不符合订单要求的产品及时退货，有利于消除顾客的后顾之忧，增加其对企业的信任感及回头率，扩大企业的市场份额。如果一个公司要赢得顾客，它必须保证顾客在整个交易过程中心情舒畅，而逆向物流战略是达到这一目标的有效手段。另外，对于供应链上的企业客户来说，上游企业采取宽松的退货策略，能够减少下游客户的经营风险，改善供需关系，促进企业间战略合作，强化整个供应链的竞争优势。特别对于过时性风险比较大的产品，退货策略所带来的竞争优势更加明显。

2. 按照逆向物流材料的物理属性分

按照逆向物流材料的物理属性可分为钢铁和有色金属制品逆向物流、橡胶制品逆向物流、木制品逆向物流、玻璃制品逆向物流等。

3. 按成因、途径和处置方式及其产业形态来分

按成因、途径和处置方式的不同，逆向物流被学者们区分为投诉退货、终端使用退回、商业退回、维修退回、生产报废与副品，以及包装 6 大类别。这 6 大类别的特点见表 13-1。

表 13-1 逆向物流分类

类别	周期时间	驱动因素	处理方式	例证
投诉退货 运输短少、偷盗、质量问题、重复运输等	短期	市场营销 客户满意服务	确认检查，退换货，补货	电子消费如手机，录音笔等
终端退回 经完全使用后需处理的产品	长期	经济 市场营销	再生产，再循环	电子设备的再生产，地毯循环，轮胎修复
		法规条例	再循环	白色和黑色家用电器
		资产恢复	再生产，再循环，处理	电脑元件及打印硒鼓
商业退回 未使用商品退回还款	短到中期	市场营销	再使用，再生产，再循环，处理	零售商积压库存，时装，化妆品
维修退回 缺陷或损坏产品	中期	市场营销 法规条例	维修，处理	有缺陷的家用电器，零部件，手机
生产报废和副品 生产过程的废品和副品	较短期	经济 法规条例	再循环，再生产	药品行业，钢铁业
包装 包装材料和产品载体	短期	经济 法规条例	再使用 再循环	托盘，条板箱，器皿包装袋

这几种比较典型的逆向物流普遍存在于企业的经营活动中，其所涉及的部门从采购、配送、仓储、生产、营销到财务，需要大量的协调、安排和处置管理跟踪工作来监督和配合才能完成资源的价值再生。可是在许多企业的物流实践活动中，这些活动不仅被忽视和简单化，甚至被认为是多余的，由此造成巨大的浪费和资产流失。

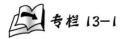

专栏 13-1

欧盟电子垃圾回收法案

2003 年 2 月 13 日，欧盟正式公布了两项电子环保指令，即《关于报废电子电器设备指令》(WEEE) 和《关于在电子电器设备中禁止使用某些有害物质指令》(ROHS)。WEEE 和 ROHS 规定了废弃电子电气产品的回收、处理、回收再利用以及禁止在电子电气产品中使用铅、汞、镉等有害物质。两指令有以下主要内容。

(1) 生产商负责分类收集、处理以及回收废弃电子电气设备并负担相关费用。
(2) 处理废弃电子电气设备的机构应获得主管机关的许可。

(3) 自 2006 年 7 月 1 日起，投放市场的新的电子电气设备 (除 ROHS 附件所列以外) 不含铅、汞、镉、六价铬、聚溴联苯 (PBB) 以及聚溴二苯醚 (PBDE)。

指令规定了电子电气设备在使用寿命结束的阶段必须进行收集、再使用、循环再用和能源回收。此举防止了报废的电子电气设备遭受填埋，最大程度减少了废弃电子电气设备对环境的影响，提高了电子电气设备从制造到废弃整个过程的环保功效。

表 13-2 为 WEEE 指令覆盖的电气电子设备的回收率和再利用再循环率。

表 13-2 WEEE 指令覆盖的电气电子设备的回收率和再利用再循环率 (2015 年 8 月 15 日起执行)

种类	回收率	再利用再循环率
大型家用电器	85%	80%
小型家用电器	75%	55%
IT 及通信设备	80%	70%
消费设备	80%	70%
照明设备	75%	55%
电子电气工具	75%	55%
玩具、休闲和运动设备	75%	55%
医用器材	75%	55%
监控设备	75%	55%
自动售货机	85%	80%

经过数年的实践，欧盟对两指令进行了修订，于 2011 年和 2012 年分别发布新版 ROHS 和新版 WEEE。新版指令对适用范围分类和回收率、再生利用率指均作出了调整。

13.1.3 逆向物流的特征与环节

逆向物流是在正向物流运作过程中产生和形成的，没有正向物流就没有逆向物流，二者相互联系、相互影响。逆向物流的流向、流量、流速等特性是由正向物流的属性决定的。如果正向物流利用效率高、损耗小，则逆向物流必然流量小，成本低。但是逆向物流作为企业价值链中特殊的一环，与正向物流相比，又有自己鲜明的特点。

(1) 逆向物流产生的地点、时间和数量难以预见。
(2) 发生逆向物流的地点比较分散、无序，不可能集中一次向接受地点转移。
(3) 逆向物流发生的原因通常与产品的质量或数量的异常有关。
(4) 逆向物流的处理系统与方式复杂多样，不同处理手段恢复资源价值的效果不同。

逆向物流包括退货逆向物流和回收逆向物流两部分。退货逆向物流是指下游顾客将不符合订单要求的产品退回给上游供应商，其流程与常规产品的流向正好相反。回收逆向物流是指将最终顾客所持有的废旧物品回收到供应链上各节点企业，它包括五种物资流：直接再售产品流 (回收 – 检验 – 配送)，再加工产品流 (回收 – 检验 – 再加工)，再加工零部件流 (回收 – 检验 – 分拆 – 再加工)，报废产品流 (回收 – 检验 – 处理)，报废零部件流 (回收 – 检验 – 分拆 – 处理)，如图 13.1 所示。

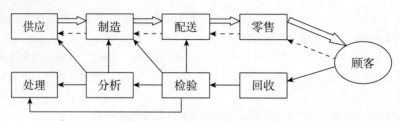

图 13.1 逆向物流网络示意图

注：——→表示回收逆向物流；---→表示退货逆向物流；⇒表示正向物流（包括常规物流及回收品正向流）。

逆向物流主要包括以下几个环节。

（1）回收。回收是将顾客所持有的产品通过有偿或无偿的方式返回销售方。这里的销售方可能是供应链上任何一个节点，如来自顾客的产品可能返回到上游的供应商、制造商、也可能是下游的配送商、零售商。

（2）检验与处理决策。该环节是对回收品的功能进行测试分析，并根据产品结构特点以及产品和各零部件的性能确定可行的处理方案，包括直接再销售、再加工后销售、分拆后零部件再利用和产品或零部件报废处理等。然后，对各个方案进行成本效益分析，确定最优处理方案。

（3）分拆。按产品结构的特点将产品分拆成零部件。

（4）再加工。对回收产品或分拆后的零部件进行加工，恢复其价值。再加工则意味着将已使用过的或存在各类其他问题的退回产品进行加工，从而转换成再次可用产品的生产过程。

（5）再分销。这是指将可再度使用的产品返回潜在市场并进行物理上的转移，到未来使用者手中的过程。这个过程包括销售、运输和储存活动。材料的循环使用和再生产的复印机租赁就是典型的例子。

（6）报废处理。对那些没有经济价值或严重危害环境的回收品或零部件，通过机械处理、地下掩埋或焚烧等方式进行销毁。西方国家对环保的要求越来越高，而后两种方式会对环境带来一些不利影响，如占有土地、污染空气等。因此，目前西方国家主要采取机械处理方式。

13.1.4 电子商务环境下的逆向物流

1. 电子商务与逆向物流之间的关系

电子商务是在 Internet 网上进行商务活动的，主要功能包括网上广告、订货、付款、客户服务和货物递交以及市场调查分析、信息收集等活动。电子商务信息及时性的特点，对逆向物流至关重要。因为逆向物流和正向物流的最大区别是：反向物流的信息来源主要是产品的消费者；而正向物流的信息来源主要是产品制造者。相对于制造者，消费者的信息更是难以收集。因此，电子商务的优势在逆向物流中更显突出。表 13-3 归纳了电子商务与逆向物流之间的关系。

表 13-3 电子商务与逆向物流之间的关系

电子商务的功能	逆向物流目标
广告	通过广告为逆向物流收集信息，并为逆向物流的产品做宣传
交易	寻找供应者或用户、进行信息交换、谈判、结算、送货等
售后服务	对产品进行售后跟踪、信息反馈、对用户进行服务支持等

2. 电子商务环境下的退货逆向物流

1) 产生退货的原因

在现实生活中，退货是不可避免的。因特网的零售商们要想在竞争激烈的市场中立足，就必须建立完善的逆向物流系统，及时处理顾客的退货要求。建立逆向物流系统的首要条件就是要了解顾客退货的原因。一般情况下，顾客要求退货的原因归纳起来主要有：产品本身存在缺陷或质量问题、缺少部件、运输途中产品部件遗失、产品过期、尺寸大小不符合、订单输入时出现产品或数量错误、同一订单错误地重复送货等。

2) 电子商务环境下退货逆向物流网络的设计

对于退货逆向物流网络而言，并不存在最佳的设计方案，应视具体情况具体分析。但一般的购物网站的建设都应该考虑以下几个方面的问题。

(1) 在设计系统时，就应该考虑到退货的可能性，从仓库开始反方向设计，因为无论网站设计的多么吸引人，如果不能处理退货政策，人们最多也只是观众，不会成为顾客。以销售服装的电子零售商为例，顾客是无法在网上试穿衣服的，有的顾客为能买到尺码适合的衣服，便购买同一款衣服的各种尺码，然后将不合适的退回。为了降低退货率，就要保证在网上提供的样品的颜色、大小与实物的一样。在设计网站时，要尽量避免那些由于顾客一时冲动购买产品导致的退货情况，这样就需要在"购买"键旁边创建一个"取消"键，让顾客有改变其主意的可能。

(2) 应该在产品的包装盒中提供具体的退货规定。如何种情况可退货，怎样退货以及退回的商品的包装要求等方面的问题。为了保证顾客购买的商品能及时到达顾客手中，供应商应提供在线订单追踪，还应通过电子邮件、传真等方式积极地征询顾客意见。

(3) 网站应能提供在线产品配置的站点。在线产品配置对需要进行组装的产品尤其重要。顾客在配置产品的过程中有充足的时间来考虑和比较，经过深思熟虑后购买的产品，其退货率也就大大降低了。

(4) 顾客退货要求的实现方式。顾客退货要求的实现方式通常有在线处理和离线处理两种。在线处理即电子零售商在设计购物网站时，就建立一个在线退货管理系统。这样顾客可以在线向供应商提出其退货要求。电子零售商就可以在其信息系统里找到客户有关退货的详细资料，并及时处理退货。离线处理主要是通过第三方来实现的，如设立退货服务代办点，这样要求要退货的顾客便可以在实际地点退回产品而不使用包裹交货服务。

退货逆向物流的市场是巨大的，它不仅可以使不适合的产品得到回收，以免危害环境，还可以为企业保持老顾客，吸引新顾客群，创造顾客价值，增加企业的竞争优势。随着电子商务的进一步发展，退货逆向物流将成为电子零售商的又一巨大竞争优势。只有处理好退货，电子零售商才能争取更多顾客，在竞争中取胜。

13.1.5 逆向物流的原则

1. "事前防范重于事后处理"原则

逆向物流实施过程中的基本原则是"事前防范重于事后处理"，即"预防为主、防治结合"的原则。因为对回收的各种物料进行处理往往给企业带来许多额外的经济损失，这势必增加供应链的总物流成本，与物流管理的总目标相违背。因而，对生产企业来说要做好逆向物流一定要注意遵循"事前防范重于事后处理"的基本原则。循环经济、清洁生产都是实践这一原则的生动例证。

2. 绿色原则（"5R"原则）

绿色原则即将环境保护的思想观念融入企业物流管理过程中。在逆向物流的实现过程中，应主要坚持无公害处理和循环利用两大原则。无害化处理即保证垃圾不再污染环境，可以通过填埋、焚烧、堆肥等方式处理。循环利用即是将废品等变为可利用的材料，从而减少垃圾填埋和节约自然资源。

3. 效益原则

生态经济学认为，在现代经济、社会条件下，现代企业是一个由生态系统与经济系统复合组成的生态经济系统。物流是社会再生产过程中的重要一环，物流过程中不仅有物质循环利用、能源转化，而且有价值的转移和价值的实现。因此，现代物流涉及了经济与生态环境两大系统，理所当然地架起了经济效益与生态环境效益之间联系的桥梁。经济效益涉及目前和局部的更密切相关的利益，而环境效益则关系更宏观和长远的利益。经济效益与环境效益是对立统一的。后者是前者的自然基础和物质源泉，而前者是后者的经济表现形式。

4. 信息化原则

尽管逆向物流具有极大的不确定性，但是通过信息技术的应用（例如使用条形码技术、GPS技术、EDI技术等）可以帮助企业大大提高逆向物流系统的效率和效益。因为使用条形码可以储存更多的商品信息，这样有关商品的结构、生产时间、材料组成、销售状况、处理建议等信息就可以通过条形码加注在商品上，也便于对进入回收流通的商品进行有效及时的追踪。

5. 法制化原则

尽管逆向物流还只是一个新兴产业，但是从逆向物流活动的来源可以看出，它就如同环境问题一样并非新生事物，是伴随着人类的社会实践活动而生，只不过在工业化迅猛发展的过程中使这一"暗礁"浮出水面而已。然而，正是由于人们以往对这一问题的关注较少，所以市场自发产生的逆向物流活动难免带有盲目性和无序化的特点。如近年来我国废旧家电业异常火爆，据分析调查往往是通过对旧家电"穿"新衣来牟取利润的，这是以侵犯广大农户和城市低收入家庭等低收入消费群体的合法权益为基础的，这亟须政府制定相应的法律法规来引导和约束。而具有暴利的"礼品回收"则会助长腐败，是违法的逆向物流，应坚决予以取缔。还有废旧轮胎的回收利用，固体废物走私犯罪活动滋生蔓延势头，如废旧机电、衣物及车辆的流通，汽车黑市等违法的逆向物流活动都亟须相关的法规来约束。

6. 社会化原则

从本质上讲，社会物流的发展是由社会生产的发展带动的，当企业物流管理达到一定水平，对社会物流服务就会提出更高的数量和质量要求。企业回收物流的有效实施离不开社会物流的发展，更离不开公众的积极参与。在国外企业与公众参与回收物流的积极性较高，在许多民间环保组织如绿色和平组织（Green Peace）的巨大影响力下，已有不少企业参与了绿色联盟。

13.1.6 国际物流中的逆向物流

严格地说，并没有关于所谓"国际逆向物流"的准确定义，但是，作为一个新的概念，逆向物流在不同国家一定会经历不同的发展历程，这个历程对于国际企业来说需要支付高昂的学习成本。

影响逆向物流在不同国家发展路径的因素，可以分为两大类，一类是各个国家经济、科技、文化等因素的影响，这些是外部因素；另一类是资金流、物流和信息流，以及技术和利益相关者的战略，这些是内部因素。以欧盟实行的《关于报废电子电器设备指令》(WEEE)和《关于在电子电器设备中禁止使用某些有害物质指令》(ROHS) 为例，首先欧盟内部各个国家转化国内法的时间并不一致，执行效果也存在差异。对于欧盟以外的国家来说，影响也不相同。比如，电子产品生产和出口大国日本，早在 1998 年 5 月，就制定了《特定家用机器再商品化法》，并于 2001 年 4 月 1 日正式实施。欧盟 WEEE 和 ROHS 指令的实施，对日本厂商的物流成本影响并不大。2008 年 8 月，我国颁布《废旧家电及电子产品的回收处理管理条例》并于 2011 年起施行，我国电子垃圾处理技术和设施与欧盟都有很大差距，这造成我国出口欧盟电子产品的成本的上升，另外也导致国外废旧电子产品流入中国。有资料显示，由于欧盟实施 WEEE 和 ROHS 指令，中国出口欧盟电子产品的成本将上升 10%。另外的信息表明，全球废弃的旧电子中的 80% 流入了亚洲，而其中 90% 流入中国。这样算来，近年来，我国每年要容纳全世界 70% 以上的电子垃圾。由此看来，逆向物流管理，不仅能影响企业的市场拓展，还在左右全球废弃物流的流向。

目前，许多国际知名的 IT 企业已将逆向物流战略作为强化其竞争优势的主要手段。例如，太阳微系统 (Sun Microsystems) 拥有国际零部件翻修中心，来自亚洲或拉丁美洲的零件经过翻新，可以达到最新设计的要求；惠普 (HP) 也经常采用翻新或改制的零件，以不同的方式再销售其产品；Thomson 家用电器公司委托第三方物流企业，将可回收的零部件运往墨西哥进行翻新 (Beltran，2002)。因此，我国正在实施国际化战略的企业应该从外部和内部两个方面认真应对逆向物流的挑战。

13.2 国际绿色物流

13.2.1 绿色物流产生的背景

20 世纪 90 年代，全球兴起了一股"绿色浪潮"。以可持续发展为目标的"绿色"革命成为各国政府、企业和公众广为关注和共同追求的事业。各种冠以绿色的名词层出不穷，例如，绿色产品、绿色消费、绿色设计与绿色流通等，绿色化运动正向各领域渗透。绿色物流正是这种绿色化运动向物流领域的延伸。

绿色物流是建立在维护全球环境和可持续发展的基础上的一种企业新的物流管理理念。

它是物流学一个"年轻"的分支，从诞生至今仅有短短十几年的历史，促使绿色物流发展的主要社会因素有以下几种。

1. 不合理的物流方式导致严重的环境问题和资源浪费

随着社会的发展，能源日益消耗，相伴而生的是日益增多的废气、废物充斥着现代人的生活。物流业造成的环境污染主要表现在：

(1) 交通工具造成的污染。交通网络的建设和交通工具的大量使用在大大增强企业物流能力的同时，也为环境污染埋下了隐患。比如大气污染，汽车尾气经阳光照射后形成的光、雾，长期污染城市空气，还有废弃的机油、柴油渗入到土壤和河水中造成的土壤污染和水污染等。

(2) 有毒有害物质造成的污染。油类、放射性物品等对环境构成威胁的物质，如果在运输过程中发生泄漏，会对环境造成严重的破坏。尽管国际组织和各国政府为此制订了严格的法律法规，并准备了完善的预防措施，但此类事故仍然时有发生。

(3) 废旧物质造成的污染。废旧物质对环境的污染是全方位的。比如，城市生活垃圾所产生的污水中含有各种重金属和有机物质，严重污染了水源与土壤。大多数工业废旧物质的利用既存在经济和技术上的难点，也存在管理上的种种不足，加之许多经营者往往忽视废旧物资的再利用，此类污染问题一直没有得到有效地解决。

2. 物流市场不断拓展

从传统物流到现代物流，物流市场在不断地扩张和发展。传统物流只是关注从生产到消费的流通过程，而现代物流将这一过程延伸到从消费到再生产的流通。"逆向物流"由此诞生。它包括废旧物资的循环流通和废弃物的处理、处置、运输、管理。逆向物流可以减少资源消耗，控制有害废弃物的污染，因此也属于绿色物流的范畴，物流绿色化也是物流不断发展壮大的根本保障。物流作为现代新兴行业，有赖于社会化大生产的专业分工和经济的高速发展。而物流要发展，一定要与绿色生产、绿色营销、绿色消费紧密衔接，人类的经济活动绝不能因物流而过分的消耗资源、破坏环境，以致造成再次重复污染。可见，绿色物流是国际物流发展的必然趋势。

3. 适应可持续发展的要求

可持续发展突破了狭隘的"经济资源论"，赋予了自然资源以经济学的意义和价值，通过自然资源来实现生态系统的动态平衡和社会经济系统的动态平衡，实现生态持续、经济持续和社会持续的统一。

粗放型的生产方式在生态经济上的表现就是视环境资源无价值，以牺牲环境价值来换取社会经济价值。而生态环境的污染又将"蚕食"甚至加速动植物品种的减少，威胁人类生存环境。粗放的物流方式就是一种粗放的生产方式，为实现某一主体的经济利益，过分依赖资源投入和能源消耗，不顾对环境造成的危害。这种物流方式应该摒弃。将绿色物流引入物流管理，可以改变以往高投入、高消耗的粗放型经济产生的弊端，这是社会经济可持续发展的必然选择。

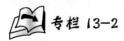
专栏 13-2

UPS 的绿色物流

美国的联合包裹服务公司 (UPS) 是最大的包裹快递公司，公司在全球拥有 10 万辆车辆，奔跑在全球 220 个国家和地区，每天 270 万份包裹及文件。2015 年，年营业收入 584 亿美元。

UPS 自 20 世纪 90 年代起，开始考虑在环保的前提下，建立绿色供应链，打造绿色工作环境。

自 1998 年开始，UPS 与戴姆勒克莱斯勒、美国环境保护局合作，研究开发替代型能源的运输工具；2001 年，公司开始使用油电混合车，创下美国运输业界的先例；2003 年，公司运用无害环境的酵素来清洗运输工具，此举每年约节省 100 万美元的洗车剂和水的费用；2005 年，在与美国环境保护局的合作下，公司开始测试第一台通过水力发电的油电混合车，力图降低运输工具对环境的污染。截至 2015 年，投入使用的替代型能源汽车超过 5 000 辆，有效地减少了温室气体的排放。

利用信息技术等先进的科学技术营造绿色工作环境，是 UPS 的另一个努力方向。UPS 通过无线传输、卫星定位等科技，追踪车辆、飞机等，以规划出最经济的行程路线；并依照天气、风速、飓风或其他因素，选择最有效率的飞航路径，既能节省油料、降低成本，又能减少废气的排放，达到环境保护的目的。此外，

UPS 每一位快递员随身配备的手提式"速递资料收集器 (DIAD)"，不仅便于交易，也可以及时与公司保持联系。因为 DIAD 的研发与使用，让公司每年节省了约 5 900 万张纸张的用量，平均每年少砍伐 5 187 棵树木。

UPS 还把绿色物流的理念推广到合作伙伴，为合作伙伴提供相关的服务。2000 年，UPS 开始推动 "e-waste"项目，将其内部所有不再使用的主机、屏幕等计算机设备取出零件循环使用，6 年下来，将原先可能变成垃圾并污染环境的 1 209 万磅电子零件废弃物回收再利用，成为有价值的物品。对外，公司也开始为客户或制造商提供资源回收的服务，包括：墨盒、计算机器材、书本、录像带、汽车零件、医疗器材等，将这些报废或使用完的资源重新利用或制造，与合作伙伴一起尽企业公民的责任。例如：惠普公司与 UPS 有一项合作，称为 HP 星球伙伴 (HP Planet Partners) 的计划——当消费者购买 HP 墨盒时，每个墨盒的包装盒里都贴有一枚预付运费的 UPS 回程快递标签，消费者用完墨粉盒后，直接寄还给制造商，公司就会在后端协助处理这些计算机废弃物品。

(资料来源：根据联合包裹官网 http://www.ups.com 及其他公开资料编写。)

13.2.2　绿色物流的内涵

绿色物流 (Green Logistics) 是 20 世纪 90 年代中期才被提出的一个新概念。H. J. Wu 和 S. Dunn[①]认为绿色物流就是对环境负责的物流系统，既包括从原材料的获取、产品生产、包装、运输、仓储、直至送达最终用户手中的前向物流过程的绿色化，也包括废弃物回收与处置的逆向物流。

Jean Paul Rodrigue，Brain Slack 和 Claude Comtois[②]对绿色物流的概括是：绿色物流是与环境相协调的物流系统，是一种环境友好而有效的物流系统。

《2001 年中国物流发展研究报告》关于绿色物流作了如下解释："绿色物流"是在物流过程中抑制物流对环境造成损害的同时，实现物流环境的净化，使物流资源得到充分的利用。其目标是将环境管理导入物流业的各个系统，加强物流业中保管、运输、包装、装卸搬运、流通加工等各个作业环节的环境管理和监督，有效遏止物流业发展造成的污染和能源浪费。

绿色物流可以定义为：以降低污染物排放、减少资源消耗为目标，通过先进的物流技术和面向环境管理的理念，进行物流系统的规划、控制、管理和实施的过程。

绿色物流是一个多层次的概念，它既包括企业的绿色物流活动，又包括社会对绿色物流活动的管理、规范和控制。从绿色物流活动的范围来看，它既包括各个单项的绿色物流作业，还包括实现资源再利用而进行的废弃物循环物流。

13.2.3　绿色物流的特点

1. 绿色运输管理

1) 开展共同配送

共同配送 (Joint Distribution) 指由多个企业联合组织实施的配送活动。几个中小型配送中心联合起来，分工合作，对某一地区客户进行配送，它主要是针对某一地区的客户所需要

[①] H. J. Wu 和 S. Dunn. *Environmentally Responsible Logistics Systems. International Journal of Physical Distribution and Logistics Management*，1995，Vol.25(2)：20.

[②] Jean Paul Rodrigue，Brain Slack，Claude Comtois. *Green Logistics*. Published in A. M. Brewer, K. J. Button and D. A. Hensher (eds)(2001) "The Handbook of Logistics and Supply-Chain Management". London：Pergamon/Elsevier. 2001.

物品数量较少而使用车辆不满载、配送车辆利用率不高等情况。共同配送可以分为以货主为主体的共同配送和以物流企业为主体的共同配送两种类型。从货主的角度来说，通过共同配送可以提高物流效率。如中小批发者，如果各自配送难以满足零售商多批次、小批量的配送要求。而采取共同配送，送货者可以实现少量配送，收货方可以进行统一验货，从而达到提高物流服务水平的目的。从物流企业角度来说，特别是一些中小物流企业，由于受资金、人才、管理等方面制约，运量少、效率低，使用车辆多、独自承揽业务，难以达到物流合理化和提高物流效率。如果彼此合作，采用共同配送，则可以筹集资金、运输大宗货物，通过信息网络提高车辆使用率。因此，共同配送可以最大限度地提高人员、物资、资金等资源的利用效率，使经济效益最大化。同时，可以避免多余的交错运输，并取得缓解交通、保护环境等社会效益。

2) 采取复合一贯制运输方式

复合一贯制运输(Combined Transportation)是指吸取铁路、汽车、船舶、飞机等基本运输方式的长处，将其有机地结合起来，实行多环节、多区段、多种运输工具相互衔接进行商品运输的一种方式。这种运输方式以集装箱作为连接各种工具的通用媒介，起到促进复合直达运输的作用。为此，要求装载工具及包装尺寸都要做到标准化。全程采用集装箱等包装形式，可以减少包装支出，降低运输过程中的货损、货差。复合一贯制运输方式的优势还表现在：它克服了单个运输方式固有的缺陷，从而在整体上保证了运输过程的最优化和效率化；另外，从物流渠道看，它有效地解决了由于地理、气候、基础设施建设等各种市场环境差异造成的商品在产销空间、时间上的分离，促进了产销之间紧密结合以及企业生产经营的有效运转。

3) 大力发展第三方物流

第三方物流(Third Party Logistics)是由供方与需方以外的物流企业提供物流服务的业务方式。发展第三方物流，由这些专门从事物流业务的企业为供方或需方提供物流服务，可以更广泛地考虑物流合理化问题，简化配送环节，进行合理运输，有利于在更广泛的范围内对物流资源进行合理利用和配置，可以避免自有物流带来的资金占用、运输效率低、配送环节烦琐、企业负担加重、城市污染加剧等问题。当一些大城市的车辆配送趋于饱和时，专业物流企业的出现使得在大城市的运输车量减少，从而缓解了物流对城市、环境污染的压力。除此之外，企业对各种运输工具还应采用节约资源、减少污染和环境的原料作动力，如使用液化气、太阳能作为城市运输工具的动力；或响应政府的号召，加快运输工具的更新换代。

2. 绿色包装管理

绿色包装是指采用节约资源、保护环境的包装。生产部门应采用尽量简化的以及由可降解材料制成的包装；在流通过程中，应采取措施实现包装的合理化与现代化。

(1) 包装模数化。确定包装基础尺寸的标准，即包装模数化。包装模数标准确定以后，各种进入流通领域的产品便需要按模数规定的尺寸包装。模数化包装有利于小包装的集合，利用集装箱及托盘装箱、装盘。包装模数和仓库设施、运输设施尺寸模数统一化，有利于运输和保管，从而实现物流系统的合理化。

(2) 包装的大型化和集装化。有利于物流系统在装卸、搬迁、保管、运输等过程的机械化，加快这些环节的作业速度，有利于减少单位包装，节约包装材料和包装费用，有利于保护货体。如采用集装箱、集装袋、托盘等集装方式。

(3) 包装多次、反复使用和废弃包装的处理。采用通用包装，不用专门安排回返使用；采用周转包装，可多次反复使用，如饮料、啤酒瓶等；梯级利用，一次使用后的包装物，用毕转化作他用或简单处理后转作他用；对废弃包装物经再生处理，转化为其他用途或制作新材料。

(4) 开发新的包装材料和包装器具。其发展趋势是，包装物的高功能化，用较少的材料实现多种包装功能。

3. 绿色流通加工

流通加工 (Distribution Processing) 指物品在从生产地到使用地过程中，根据需要施加包装、分割、计量、分拣、组装、价格贴付、标签贴付、商品检验等简单作业的总称。流通加工具有较强的生产性，也是流通部门对环境保护可以大有作为的领域。绿色流通加工主要包括两个方面措施：一是变消费者加工为专业集中加工，以规模作业方式提高资源利用效率，减少环境污染。如饮食服务业对食品进行集中加工，以减少家庭分散烹调所带来的能源和空气污染；二是集中处理消费品加工中产生的边角废料，以减少消费者分散加工所造成的废弃物的污染，如流通部门对蔬菜集中加工，可减少居民分散加工所带来的垃圾丢放及相应的环境治理问题。

4. 废弃物物流的管理

从环境的角度看，今后大量生产、大量消费的结果必然导致大量废弃物的产生，尽管目前已经采取了许多措施加速废弃物的处理并控制废弃物物流，但从总体上看，大量废弃物的出现仍然对社会产生了严重的消极影响，导致废弃物处理的困难，而且会引发社会资源的枯竭以及自然资源的恶化。因此，21 世纪的物流活动必须有利于有效利用资源和维护地球环境。

13.2.4 绿色物流发展现状

1. 国外绿色物流发展现状

美国经济高度发达，也是世界上最早发展物流业的国家之一。美国政府推行自由经济政策，其物流业务数量巨大且异常频繁，因而就决定了美国对绿色物流的更大关注。美国政府在物流高度发达的经济社会环境下，不断通过政府宏观政策的引导，确立以现代物流发展带动社会经济发展的战略目标，其近景远景目标十分明确。美国在其到 2025 年的《国家运输科技发展战略》中规定，交通产业结构或交通科技进步的总目标是："建立安全、高效、充足和可靠的运输系统，其范围是国际性的，形式是综合性的，特点是智能性的，性质是环境友善。"一般企业在实际物流活动中对物流的运输、配送、包装等方面应用诸多的先进技术，如：电子数据交换 (EDI)、准时制生产 (JIT)、配送规划、绿色包装等，为物流活动的绿色化提供强有力的技术支持和保障。

【拓展视频】

欧洲是引进"物流"概念较早的地区之一，而且也是较早将现代技术用于物流管理、提高物流绿色化的先锋。20 世纪 80 年代，欧洲就开始探索一种新的联盟型或合作式的物流新体系，及综合物流供应链管理。它的目的是实现最终消费者和最初供应商之间的物流与信息流的整合，即在商品流通过程中加强企业间的合作，改变原先各企业分散的物流管理方式，通过合作形式实现原来不可能达到的物流效率，从而减少无序物流对环境的影响。欧洲的运输与物流业组织——欧洲货代组织 (FFE) 也很重视绿色物流的推进和发展，对运输、装卸、管理过程制定出相应的绿色标准，加强政府和企业协会对绿色物流的引导与规划作用，同时鼓励企业运用绿色物流的全新理念来经营物流活动，加大对绿色物流新技术的研究和应用，如对运输规划进行研究，积极开发和试验包装材料等。

日本自1956年从美国全面引进现代物流管理理念之后，大力进行本国的物流现代化建设。1989年，日本提出了10年内三项绿色物流推进目标，即含氮化合物排除标准降低3~6成，颗粒物排出降低6成以上，汽油中的硫成分降低1/10；1992年日本政府公布了汽车二氧化氮限制法，并规定了允许企业使用的5种货车车型，同时，在大多数特定区域内强制推行排污标准较低的货车允许形式的规则；1993年除了部分货车外，要求其也必须承担更新旧车辆，使用新式符合环境标准的货车任务。另外，为解决温室效应、大气污染等各种社会问题，日本政府与物流业界在控制污染排放方面，积极实施在干线运输方面推动模式转换和干线共同运行系统的构建。1997年4月，日本政府出台了第一份《综合物流施政大纲》，提出在2001年前各相关政府部门协调一致，共同完成三大目标：一是向亚洲、太平洋地区提供最便利的物流服务；二是以不妨碍产业布局竞争力水平的成本为前提，提供物流服务；三是解决好与物流相关的能源问题、环境问题以及交通安全问题。2001年7月6日，日本国会又通过了《新综合物流施政大纲》，指出如何加强国际竞争力，适应世界经济一体化新形势；如何加强环保，构筑循环型社会；如何开发现代信息技术，促进物流事业发展；如何发展物流业，满足国民的需求，与国民生活相和谐四个问题，并确定了今后5年的奋斗目标，即创建符合日本经济社会要求的新物流体系，从提供不亚于国际水平的物流服务目标出发，全方位推进各项施政措施，通过降低物流成本等措施，构筑具有国际竞争力的物流市场。

2. 我国绿色物流发展现状

我国物流业起步较晚，绿色物流还刚刚兴起，人们对它的认识非常有限，在绿色物流的服务水平和研究方面处于起步阶段，与发达国家在绿色物流的观念上、政策上以及技术上存在较大差距。缩小并消除这些差距，是全面实施绿色物流管理战略首先要解决的问题。这些差距主要表现在以下方面。

(1) 观念上的差距。一方面，部分领导和政府的观念仍未改变，绿色物流的思想还没有确立，对物流的推进尚且放任自流。另一方面，经营者和消费者对绿色物流的经营消费理念还非常淡薄。绿色物流是绿色产品与绿色消费之间的绿色通道，必须引起政府及企业的重视。

(2) 政策上的差距。绿色物流对社会经济的可持续发展和人类生活质量的持续提高具有重要意义。绿色物流的实施不仅是企业的事情，还必须加强政府约束，对现有的物流体制强化管理，构筑绿色物流建立与发展的框架，做好绿色物流的政策性建设。一些发达国家制定了诸如控制污染发生源，限制交通流量等政策法规，从物流业发展的合理布局上为物流的绿色化铺平道路。尽管我国自20世纪90年代以来，也一直在致力于环境污染方面的政策法规的制定和颁布，但针对物流行业的还不多。另外，由于物流涉及的有关行业、部门、系统过多，而这些部门又都自成体系、独立运作，导致物流业的无序发展，造成资源配置的巨大浪费。因此，打破地区、部门和行业的局限，按照大流通、绿色化的思路来进行全国的物流规划整体设计，是我国发展物流在政策性问题上必须正视的问题。

(3) 技术上的差距。绿色物流的贯彻实施，不仅依赖于绿色物流理念的建立和政策的制定，还离不开绿色技术的支撑。与发达国家相比，我国的物流技术绿色化还有很大差距。例如，在物流系统规划方面，缺乏全局性的统一规划；在物流设备方面，设备的省力化、清洁化技术水平还需要进一步提高；另外，信息技术和信息系统功能的限制，也会导致物流路径的不合理。

由此可见，我国绿色物流还有一段漫长之路要走。因此，大力加强对物流绿色化的政策和理论体系的建立和完善，对物流系统目标、物流实施设备和物流活动组织等进行改进与调整，实现物流系统整体最优化和对环境的最低损害，将有利于我国物流管理水平的提高，对于经济的可持续发展具有重大意义。

13.3 国际精益物流

13.3.1 精益物流产生的背景与内涵

精益物流是起源于日本丰田汽车公司的一种物流管理思想，它产生于日本丰田公司在20世纪70年代所独创的"丰田生产系统"，后经美国麻省理工学院教授研究和总结，正式发表在1990年出版的《改变世界的机器》一书中。其核心是追求消灭包括库存在内的一切浪费，并围绕此目标发展的一系列具体方法。他是从精益生产的理念中蜕变而来的，是精益思想在物流管理中的应用。

精益物流是物流发展中的必然反映。因此可以把精益物流概括为：通过消除生产和供应过程中的非增值浪费，以减少备货时间，提高客户满意度。

作为一种新型的生产组织方式，精益制造的概念给物流级供应链管理提供了一种新的思维方式。它包括以下几个方面。

(1) 以客户需求为中心。要从客户的立场，而不是仅从企业的立场或一个功能系统的立场，来确定什么创造价值，什么不创造价值。

(2) 对价值链中的产品设计、制造和订货等的每一个环节进行分析，找出不能提供增值的浪费所在。

(3) 根据不间断、不迂回、不倒流、不等待和不出废品的原则制定创造价值流的行动方案。

(4) 及时创造仅由顾客驱动的价值。

(5) 一旦发现有造成浪费的环节就及时消除，努力追求完美。

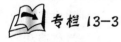
专栏13-3

丰田汽车的精益生产模式

第二次世界大战以后，丰田汽车公司的丰田和大野考察了福特汽车公司轿车厂。当时，这个厂日产7 000辆轿车，比丰田公司一年的产量还多。但丰田却没有想到仅简单地照搬福特的生产模式，他认为"那里的生产体制还有些改进的可能"。回到日本后，丰田和大野进行了一系列的探索和实验，根据日本国情(社会和文化背景、严格的上下级关系、团队工作精神)，建立了一整套新的生产管理体制，采用精益生产方式组织生产和管理，使丰田汽车的质量、产量和效益都跃上一个新台阶，变成世界汽车之王。与此同时，其他的汽车公司和别的行业也纷纷采用这种组织管理方式，使日本经济得到飞速发展。

与大批量生产不同，精益生产的一切都是"精简"的：与大批大量生产相比，只需要一半的劳动强度、一半的制造空间、一半的工具投资、一半的产品开发时间、库存的大量减少、废品大量的减少和品种大量的增加。两者的最大区别在于它们的最终目标上：大量生产强调"足够"好的质量，因此总是存在缺陷；而精益生产则追求完美性(不断降低价格、零缺陷、零库存和无限多的品种)。

汽车制造包括生产超过 10 000 个零件，并把它们组装成 100 多个主要部件，最后组装成产品。要使所需要的零件具有高的质量、低的价格，并在正好需要的时间到达装配工位，这是一个复杂的供货大系统。丰田公司把厂内自制的配套部分分离出去，成为准独立的第一层次的协作单位，并且丰田公司与第一层协作厂之间都相互有对方的股份。此外，丰田公司还与它的协作厂(集团)在人员方面进行交流。当短期内负荷太大时，把自己的人员借给协作厂，有时，把丰田公司的高级管理人员输送到协作厂去担任高级职务。同时，各协作单位都需密切参与丰田的新产品开发，持有丰田公司和丰田集团其他成员的股份。这样，各协作厂与丰田公司之间互相依赖、生死与共。于是，丰田公司内部推行的一些管理体制，如 JIT，也可以推行到其协作单位，构成一个一环套一环的有机整体。在这种环境下，丰田公司以天为基础的实时供货制才得以顺利推行。只有当下一个工序需要时才向上一个工序提出供货要求，上道工序可以在极短的时间内制造出所需要的零件并恰好在需要时送到下道工序。这就是著名的"拉动"式实时供货系统。与大批大量生产中的"推动"式(采用 MRP Ⅱ 系统)具有本质性的区别。但是，这种系统的推行既困难，也面临着极大的风险，因为它几乎取消所有库存，当一个很小的部分发生故障，整个生产系统都会停止。但对于大野，他认为这正是 JIT 系统的优越性所在，由于取消了所有的安全措施，它就要求所有的人都时刻密切注意寻找系统可能出现的问题，将它们消灭在"萌芽"状态。总之，经过 20 年的努力，丰田公司终于成功实施了实时供货制，在生产率、产品质量以及对市场的应变能力方面都取得世人瞩目的成就。

【拓展视频】

13.3.2 精益物流的目标与特点

1. 精益物流的目标

精益物流的目标在于根据顾客需求，提供顾客满意的物流服务，同时追求把提供物流服务过程中的浪费和延迟降至最低程度，不断提高物流服务过程的增值效益。企业物流活动中的浪费现象很多，常见的有：不满意的顾客服务、无需求的造成的积压和多余的库存、实际不需要的流通加工程序、不需要的物料移动、因供应链上游不能按时交货或提供服务而等候、提供顾客不需要的服务等，努力消除这些浪费现象是精益物流最重要的内容。实现精益物流必须正确认识以下几个问题。

(1) 精益物流的前提：正确认识价值流。价值流是企业产生价值的所有活动过程，这些活动主要体现在三项关键的流向上：从概念设想、产品设计、工艺设计到投产的产品流；从顾客订单到制定详细进度到送货的全过程信息流；从原材料制成最终产品、送到用户手中的物流。因此，认识价值流必须超出企业这个世界上公认的划分单位的标准，去查看创造和生产一个特定产品所必需的全部活动，搞清每一步骤和环节，并对他们进行描述和分析。

(2) 精益物流的保证：价值流的顺畅流动。消除浪费的关键是让完成某一项工作所需步骤以最优的方式连接起来，形成无中断、无绕流和排除等候的连续流动，让价值流顺畅流动起来。具体实施是，首先要明确流动过程的目标，使价值流动朝向明确。其次，把沿价值流的所有参与企业集成起来，摒弃传统的各自追求利润极大化而相互对立的观点，以最终顾客的需求为共同目标，共同探讨最优物流路径，消除一切不产生价值的行为。

(3) 精益物流的关键：顾客需求作为价值流动力。在精益物流模式中，价值流的流动要靠下游顾客的拉动，而不是靠上游来推动，当顾客没有发出需求指令时，上游的任何部分都不要去生产产品，而当顾客的需求指令发出后，则快速生产产品，提供服务。当然，这不是绝对的现象，在实际操作中，要区分是哪一种类型的产品，如是需求稳定、可预测性较强的功能型产品，可以根据准确预测进行生产，而需求波动较大、可预测性不强的创新型产品，则要采用精确反应、延迟技术、缩短反应时间，提高顾客服务水平。

(4) 精益物流的生命：不断改进，追求完善。精益物流是动态管理，对物流活动的改进和完善是不断循环的，每一次改进，消除一批浪费，形成新的价值流的流动，同时又存在新的浪费而需要不断改进，这种改进使物流总成本不断降低，提前期不断缩短而使浪费不断减少，实现这种不断改进需要全体人员的参与，上下一心，各司其职，各尽其责，达到全面物流管理的境界。

2. 精益物流的特点

精益物流系统具备以下 4 个特点。

(1) 拉动型的物流系统。在精益物流系统中，顾客需求是驱动生产的动力源，是价值流的出发点。价值流的流动要靠下游顾客来拉动，而不是依靠上游的推动，当顾客没有发出需求指令时，上游的任何部分都不提供服务，而当顾客需求指令发出后，则快速提供服务。

(2) 高质量的物流系统。在精益物流系统中，电子化的信息流保证了信息流动的迅速、准确无误，还可有效减少冗余信息的传递，减少作业环节，消除操作延迟，这使得物流服务准时、准确、快速，具备高质量的特性。

(3) 低成本的物流系统。精益物流系统通过合理配置基本资源，以需定产，充分合理地运用优势和实力，通过电子化的信息流，进行快速反应、准时化生产，从而消除诸如设施设备空耗、人员冗余、操作延迟和资源浪费，保证物流服务的低成本。

(4) 不断完善的物流系统。在精益物流系统中，员工理解并接受精益思想的精髓，领导者制定能够使系统实现"精益"效益的决策，并在执行过程中不断改进，达到全面物流管理的境界。

13.3.3 精益物流系统的基本框架

1. 以顾客需求为中心

在精益物流系统中，顾客需求是驱动生产的原动力，是价值流的出发点。价值流的流动要靠下游顾客来拉动，而不是依靠上游的推动，当顾客没有发出需求指令时，上游的任何部分都不提供服务，而当顾客的需求指令发出后，则快速提供服务。系统的生产是通过顾客需求拉动的。

2. 准时

在精益物流系统中，电子化的信息流保证了信息流动的迅速、准确无误，还可有效减少冗余信息传递，较少作业环节，消除操作延迟，这使得物流服务准时、准确、快速，具备高质量的特性。

3. 准确

准确包括：准确的信息传递，准确的库存，准确的客户需求预测，准确的送货数量等，准确是保证物流精益化的重要条件之一。

4. 快速

精益物流系统的快速包括两方面含义：第一是物流系统对客户需求反应速度，第二是货品在流通过程中的速度。物流系统对客户需求的反应速度取决于系统的功能和流程。当客户提出需求时，系统应能对客户的需求进行快速识别、分类，并制定出与客户要求相适应的物流方案。客户历史信息的统计、积累会帮助制定快速的物流服务方案。

货品在物流链中的快速性包括货物停留的节点最少，流通所经路径最短，仓储时间最合理，并达到整体物流的快速。速度体现在产品和服务上是影响成本和价值的重要因素，特别是市场竞争日趋激烈的今天，速度也是竞争的强有力手段。快速的物流系统是实现货品在流通中增加价值的重要保证。

5. 降低成本、提高效率

精益物流系统通过合理配置基本资源，以需定产，充分合理地运用优势和实力，通过电子化的信息流，进行快速反应、准时化生产，从而消除诸如设施设备空耗、人员冗余、操作延迟和资源浪费，保证物流服务的低成本。

6. 系统集成

精益系统是由资源、信息流和能够使企业实现"精益"效益的决策规则所组成的系统。具有能够提供物流服务的基本资源是建立精益物流系统的基本前提。在此基础上，需要对这些资源进行最佳配置，资源配置的范围包括设施设备共享、信息共享、利益共享等。只有这样才可以最充分地调动优势和实力，合理运用这些资源，消除浪费，最经济合理地提供满足客户要求的优质服务。

7. 信息化

高质量的物流服务有赖于信息的电子化。物流服务是一个复杂的系统项目，涉及大量繁杂的信息。电子化的信息便于传递，减少作业环节，降低人力浪费。此外，传统的物流运作方式已不适应全球化、知识化的物流业市场竞争，必须实现信息的电子化，不断改进传统业务项目，寻找传统物流产业与新经济的结合点，提供增值物流服务。

【拓展视频】

总之，精益物流作为一种全新的管理思想，势必会对我国的物流企业产生深远的影响，它的出现将改变企业粗放式的管理观念，使企业尽快适应加入WTO后的竞争影响，保持企业的核心竞争力。

13.4 国际电子物流

13.4.1 国际电子物流产生的背景与内涵

物流业的发展经历了军事后勤、商业后勤、电子物流三个阶段。军事物流开始于第二次世界大战，当时美国军队建立了后勤理论，并将其用于战争活动中。军事后勤是指将战争时物资生产、采购、运输、配给等活动作为一个整体进行统一布置，以求战略物资补给的费用最低、速度更快、服务更好。第二个阶段商业后勤，它包含了生产过程和流通过程的物流，因而范围更加广泛了。第三个阶段是电子物流，社会的信息化和管理方式的变革对物流需求发生了质的变化，电子物流对传统物流的流程进行了自动化、集成化改造和重组，适应了现代社会对物流速度、安全、可靠、低费用的需求，成为物流业发展的新阶段。

电子物流 (E-Logistics) 是物流电子化最新出现的名词，它是利用电子化的手段，尤其是利用互联网技术来完成物流全过程的协调、控制和管理，实现从网络前段到最终客户端的所有中间过程服务。最显著的特点就是各种软件技术与物流服务的融合应用。而新的电子物流提供商，则是借助电子物流技术，在供应链可视化和一体化的基础上，为客户提供点到点的解决方案。

13.4.2 电子物流的优势与特征

1. 电子物流的独特优势

电子物流与传统物流相比，其具有以下显著优势。

(1) 电子物流企业通过互联网加强了企业内部、企业与供应商、企业与消费者、企业与政府部门的联系沟通、相互协调、相互合作。实现系统之间、企业之间、以及资金流、物流、信息流之间的无缝链接。消费者可以直接在网上获取有关产品或服务信息，实现网上购物。这种网上的"直通方式"也能迅速、准确、全面地了解需求信息，实现基于客户订货的生产模式和物流服务。

(2) 电子物流可以在线跟踪发出的货物，联机地实现投递路线的规划、物流调度以及货品检查等。实现对货物的实时监控，即货物从厂家运出，到达用户的全过程也能时刻监控。美国联合包裹服务公司 (UPS) 在由传统物流企业向电子物流企业跨越的过程中，斥巨资进行设备和技术人员的投入，实现了对每件货物运输及时状况的掌握，UPS 能够对每日运送的 1 300 万个邮包进行电子跟踪。同样，亚马逊 (Amazon) 的成功也不仅仅是因为它的捷足先登，而更关键的是它近乎完美的全新电子物流的服务流程。

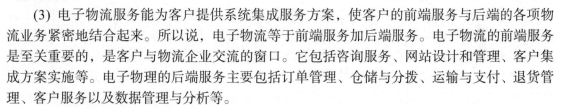

【拓展视频】

(3) 电子物流服务能为客户提供系统集成服务方案，使客户的前端服务与后端的各项物流业务紧密地结合起来。所以说，电子物流等于前端服务加后端服务。电子物流的前端服务是至关重要的，是客户与物流企业交流的窗口。它包括咨询服务、网站设计和管理、客户集成方案实施等。电子物理的后端服务主要包括订单管理、仓储与分拨、运输与支付、退货管理、客户服务以及数据管理与分析等。

2. 电子物流的特征

电子物流的显著特征有以下几点。

(1) 物流信息高度透明。现代物流信息技术突飞猛进，条形码、EDI 电子数据交换、GPS 和 RFID (无线射频技术) 等信息技术的应用为企业提高服务水平，实现速度反应 (QR) 和有效的客户反映 (ECR) 提供了条件。其次，电子物流要求供应链节点企业信息共享，有效地解决了供应链中信息传递的失真问题，从而大大减弱了供应链中"牛鞭效应"。

(2) 订单处理电子化。在大量的网上交易中，顾客的个性化消费趋势逐渐凸显出来。过去的订单以大批量、小批次、品种单一为主，而电子物流在网上随时可以实现，呈现出小批量、大批次、个性化的特点。

(3) 第三方物流趋势明显。随着电子商务的快速发展，网络交易的快速、便捷越来越受到消费者的青睐。为了保证物品及时送到顾客手中，第三方物流企业应时而生，他们负责运输、仓储等环节，并对客户服务提供更加灵活的方案。

3. 国际物流的电子化

(1) 物流系统中的信息变成了整个供应链运营的环境基础。网络是平台，供应链是主体，电子商务是手段。信息环境对供应链的一体化起着控制和主导的作用。

(2) 企业的市场竞争将更多地表现为以互联网为代表的企业联盟的竞争。更多的企业将以其商品或服务的专业化比较优势，参加到以核心企业或有品牌优势，或有知识管理优势为龙头的分工协作的物流体系中去，在更大的范围内建成一体化的供应链。

(3) 市场竞争的优势将不再是企业拥有的物质资源有多少，而在于它能调动、协调、最后是能整合多少社会资源来增强自己的市场竞争力。因此，企业的竞争将是以物流系统为依托的信息联盟或知识联盟的竞争。物流系统的管理也从对有形资产存货的管理转为对无形资产信息或知识的管理。

(4) 物流系统面临的基本技术经济问题，是如何在供应链之间有效地分配信息资源，使得全系统的客户服务水平最高，即在追求物流总成本最低的同时为客户提供个性化的服务。

(5) 物流系统由供给推动变为需求拉动，当物流系统内的所有方面都得到网络技术的支持时，产品对客户的可得性将极大地提高。同时，将在物流系统的各个功能环节上极大地降低成本，如降低采购成本、减少库存成本、缩短产品开发周期、为客户提供有效的服务、降低销售和营销成本以及增加销售的机会等。

13.4.3 电子物流的核心技术支持与发展模式

1. 电子物流的核心技术支持

电子物流透明的可视化功能充分满足了供应链上各企业对物料准备、生产制造、仓储运输、市场销售、售后服务等方面的信息管理需求。电子物流应用的信息技术有很多，其中核心的信息技术有如下几项。

(1) 条码技术。条码技术是自动识别和数据采集技术，是对信息自动扫描，快速、准确而可靠的采集数据的有效手段。它是实现 POS 系统、EDI、电子商务、供应链管理的基础。

(2) 电子数据交换技术。电子数据交换技术是通过计算机网络和通信技术的结合，将规范化、格式化的数据和信息在不同的计算机之间进行交换和处理。它可以为企业的商务数据交换和客户及合作伙伴提供服务，并且不受空间的限制。EDI 是实现快速反应、高效客户反映、高效补货等必不可少的技术。

(3) 射频识别技术。射频识别技术是一种利用无线射频进行非接触双向通信的识别方式。RFID 系统至少包含电子标签、天线和阅读器三部分。其特点是可以非接触识别、可识别高速运动物体、抗恶劣环境、保密性强等。主要应用于运输工具的自动识别、物流操作工具的标识和操作的自动识别等。

(4) 全球卫星定位系统。全球卫星定位系统是利用导航卫星进行测时和测距，认为地球上的任何用户都能确定自己所处的方位。应用 GPS 可以对运输工具和物资进行动态的调度管理和监控，以确保各个物流环节的安全；同时，被授权的客户可以对物流服务实现有效监督。

(5) 地理信息系统。地理信息系统是对具有地理特征的电子地理空间数据进行处理，适时提供多种空间的和动态的地理信息。主要应用于分析车辆路线、最短路径、网络物流和设施定位等。

2. 电子物流发展的模式

电子物流的发展模式主要有以下两种。

(1) 定位在电子物流信息市场以互联网为媒体建立的新型信息系统。是将企业或货主的物流信息及运输公司可调动的车辆信息上网确认后，双方签订运输合同。即货主将要运输货物的种类，数量及目的地等上网，运输公司将其现有车辆的位置及可承接运输任务的车辆信息通过互联网提供给货主，依据这些信息，双方签订运输合同。其主要功能有信息查询、发布和竞标，附属功能有行业信息、货物保险、物流跟踪、路况信息、GPS 等。

(2) 定位在为专业物流企业提供供应链管理的电子物流系统，它的特点是利用电子化的手段，尤其是利用互联网技术来完成物流全过程的协调、控制和管理，实现从网络前段到最终客户端的所有中间过程服务，最显著的特点是各种软件技术与物流服务的融合应用，它能够实现系统之间，企业之间以及资金流、物流、信息流之间的无缝链接，而且这种链接同时还具备预见功能，可以在上下游企业间提供一种透明的可见性功能，帮助企业最大限度地控制和管理库存。

同时，由于全面应用了客户关系管理、商业智能、计算机电话集成、地理信息系统、全球定位系统、互联网、无线互联技术等先进的信息技术手段，以及配送优化调度、动态监控、智能交通、仓储优化配置等物流管理技术和物流模式，电子物流提供了一套先进的、集成化的物流管理系统，从而为企业建立敏捷的供应链系统提供了强大的技术支持。

目前，国际上许多著名的专业物流企业都不同程度地应用了这类电子物流系统，如美国联邦快递(FedEx)。而最具代表性的是第三方物流，第三方物流把原来属于自己处理的物流活动，以合同方式委托给专业物流服务企业，同时通过信息系统与物流服务企业保持密切联系，以达到对物流全过程的管理和控制的一种物流运作与管理方式，它主要定位于供应链环节。

13.4.4 跨境电商与电子物流

电子商务是指利用互联网等电子手段进行交易活动，其特征是商务流程的电子化和数字化。电子物流的特征之一也是电子化和数字化，商务活动的电子化和物流作业的电子化，以电子数据交互为平台基础，可以实现商流与物流的一体化电子发展路径。

跨境电商是指利用互联网以及计算机等技术手段实现国际贸易活动的电子化。2008 年以来，我国跨境电商呈现高速发展的态势，跨境电商交易规模从 2008 年的 0.8 万亿元增长到 2014 年为 4.2 万亿元，年均增长率超过 30%。2014 年，跨境电商的交易额已经占到我国进出口总额的 16%。在第 10 章中已经介绍过跨境电商的国际物流的主要方式，包括邮政包裹、跨境直邮、专线物流和海外仓，这些模式基本上还都是延续了传统物流运作方式。但是，无论是电子商务的巨头如亚马逊、阿里巴巴，还是国际物流的领导者如美国 UPS、日本通运，甚至是电子技术企业如飞利浦、富士通，与电子商务和物流技术相关的行业企业都已经意识到电子物流的未来发展潜力，发力开发和应用诸如条码技术、数据库技术、数据交换技术、自动化技术、网络技术等，未来基于跨境电商的电子物流一定会迎来一波发展的高潮。

专栏 13-4

京东与日本雅玛多展开合作

日本物流企业雅玛多(黑猫宅急便,Yamato)于2016年4月与中国第二大电商企业京东集团开展合作。中国消费者在网上购买日本商品的到货时间最快可缩短至4天。随着拥有购买力的中产阶层迅速崛起,化妆品和消费品等高质量的日本商品在中国的人气迅速高涨。跨境物流服务有望为日本企业带来更大的商机。

据报道,雅玛多集团旗下的日本雅玛多全球物流有限公司与京东集团合作,从5月开展针对中国的跨境电商业务。这是中国大型电商首次与日本大型物流公司在该领域合作。

中国复杂的报关手续等由雅玛多代理,以此来缩短配送时间。日本国内的集货和发往中国站点的运输由雅玛多负责,在中国国内的运输则由中国邮政集团负责。此前,中国的网店大都是单独委托快递公司进行配送,从下单到收货平均需要8天时间。

雅玛多通过利用上海的保税仓库来减少增值税和进口关税等成本。以化妆品为例,与网店单独交由快递公司发货相比,雅玛多的配送成本可降低20%~30%。除京东外,雅玛多还在考虑与中国其他电商合作。

拥有购买力的中国中产阶层正在迅速膨胀,跨境电商的市场持续扩大。花王和狮王等进驻中国的日本企业也在不断增加。日本商品通过这一渠道的销售额估计为8 000亿日元左右,与2015年中国游客赴日购物的消费规模相当。也有预测认为到2018年将达到1.4万亿日元。

京东在中国网购市场上占有20%的份额,仅次于阿里巴巴位居第二。由于日本商品在中国大受欢迎,京东开设了"日本馆"等专用页面。京东商城CEO沈皓瑜强调,世界上最值得信赖的日本产品在中国市场的需求将持续扩大。

2014年,日本著名物流企业雅玛多控股公司与中国最大物流公司"中国邮政集团"合作,4月起推出日本对华网购商品配送服务,助阵日本电商扩大经营业务。

此次负责对华物流业务的具体公司是雅玛多集团旗下位于东京的"雅玛多全球物流日本",第一个年度的目标为150家日企客户。雅玛多将使用"宅急便"网络从日企揽收货物,经羽田机场空运至中国上海。中国邮政接到包裹后把货物分发至全国各地,耗时大约3~5天。新服务的配送费为1公斤以下约2 000日元(约合120元人民币),1~2公斤约3 500日元。大型客户享有折扣。电商向雅玛多支付配送费,向买家收取商品费用。雅玛多将事先告知客户公司大概的关税费用,以防止因补缴税款等原因导致延误配送。

(资料来源:环球网 http://www.huanqiu.com, 2016-04-16.)

13.4.5 电子物流发展现状

电子商务在世界各大发达国家如火如荼地发展,促使现代物流上升到了前所未有的重要地位。从美国、欧洲各国和日本的情况来看,国外物流企业的技术装备已达到相当高的水平。目前已经形成以信息技术为核心,以运输技术、配送技术、装卸搬运技术、自动化仓储技术、库存控制技术、包装技术等专业技术为支撑的现代化物流装备技术格局。同时,欧美的一些大型物流企业跨越国境,展开连横合纵式的并购,大力拓展国际物流市场,以争取更大的市场份额。这些都促使物流企业向集约化、协同化、全球化的方向发展。而基于互联网络的电子商务的迅速发展,必将促使电子物流的兴起。可以说,电子物流已经成为21世纪物流发展的大趋势。

从电子物流发展的角度来看,中国的物流企业还处于相对初级的阶段。目前,我国电子物流发展主要存在以下问题。

(1)没有统一的物流信息标准。物流信息的标准化是实现电子物流的基础。在我国,尽管部分国际标准已经颁布,但部分行业的局部标准仍是空白。EDI 发展的地区差异较大,沿海地区发展快,而内地由于进出口贸易量的限制,发展缓慢。目前 EDI 应用收益仍限于减少终端重复输入、减少人工出错及纸张作业等,而不能与用户端计算机应用系统相结合,从而难以真正发挥 EDI 的优势。

(2) 企业对信息的利用能力不强。我国物流企业的运作成本居高不下,除了与自身管理水平低有关外,很大程度上归结于企业对信息的利用和掌握能力弱,以至于在很多时候,由于没有快速掌握所需信息而不得不支付比同行高出几倍的运输、仓储费用。在某些方面,企业为员工配备的移动通信工具或建立的信息化平台不能满足企业提高运作效率、降低成本的需求。

(3) 不完善的通信基础设施、物流信息技术应用仍很局限、IT 人才资源稀缺以及信用问题、法规、立法障碍仍然是我国电子物流发展中必须逾越的障碍。

这些电子物流发展障碍的形成是一个长期的过程。要想消除这些障碍,企业自身在优化电子物流系统网络,充分发挥第三方物流的作用,建立适合电子商务要求的物流信息系统的同时,必须依靠政府政策的支持、法令法规的完善以及整个社会网络发展,才能使我国的电子物流跻身于发达国家之列。

本章小结

逆向物流与传统供应链反向,是企业价值链中特殊的一环。现代物流作为社会物资流通的重要环节,同样也存在高效节能、绿色环保等可持续发展问题,于是绿色物流应运而生。绿色物流模式适应了世界社会发展的潮流,是全球经济一体化和可持续发展的必然要求。如何运用循环经济和可持续发展的科学思想,构建一种高效有序的绿色物流模式,对于推进社会经济发展以及促进和谐社会建设进程具有重要的理论意义和实践意义。精益物流则是精益思想在物流管理中的应用,是物流发展中的必然反映。因此可以把精益物流概括为:通过消除生产和供应过程中的非增值浪费,以减少备货时间,提高客户满意度。作为一种新型的生产组织方式,精益制造的概念给物流级供应链管理提供了一种新的思维方式。它的出现将改变企业粗放式的管理观念,使企业尽快适应加入 WTO 后的竞争影响,保持企业的核心竞争力,势必会对我国的物流企业产生深远的影响。电子物流应用了电子化手段,实现了物流商务运作的过程,包含了物流的运输、仓储、配送等各业务流程中组织方式、交易方式、服务方式的电子化。通过开展电子物流,可以改革现行物流体系的组织结构;通过规范、有序的电子化物流程序,可以使物流进入一个充分利用现有资源,降低物流成本,提高物流运行效率的良性轨道。因此,电子物流代表了物流业的未来。

关键术语

逆向物流　　　绿色物流　　　国际精益物流　　　国际电子物流

思 考 题

1. 逆向物流与正向物流有什么不同？
2. 我国应当如何解决绿色物流发展中遇到的问题？
3. 逆向物流与绿色物流的关系如何？
4. 调查我国精益物流的发展现状。
5. 什么是电子物流？电子物流的特点是什么？
6. 电子物流将如何促进电子商务的发展？

 案例分析

跨境电商物流的"海外仓"

跨境出口电商竞争的日益激烈，对本土化物流服务的要求也愈加严苛。一直以来，跨境物流存在各式各样的问题，无论是独立站、第三方平台或是物流服务商都在寻找有效的解决方案。而近年来被称为"标配"的海外仓，似乎已被许多行业人士认为是解决物流弊端的"良方"。一时间，不少平台方纷纷斥资建仓。比如，兰亭集势的海外仓从欧洲拓展到了北美，后来又建立物流开放平台；第三方平台的亚马逊、速卖通、eBay 等也陆续发展了海外仓业务。

1. 海外仓：提升本土化，拓宽选品思维

依靠降低清关障碍，减少转运流程，降低破损丢包率，以及更好地进行退换货服务等优势，海外仓在短短几年内成为业界的"标配"。但更为重要的是，目前跨境电商选品方面，多数卖家还是关注在体积小、价格低的产品，对于像家具、大型 LED 等海外高需求的产品，由于受限于运输条件，不少卖家望而却步。

对于这种固定的，甚至是偏执的选品思维，东莞和旺电器冯朝辉在"雨果论坛 No.7"上就曾表示，"做跨境电商的卖家，未来一定不能被限制在包裹盲区里，比如限制 2KG 或是体积，这样选品思维将会被慢慢淘汰，因为把许多好的产品限制住。"

现在许多邮政的大小包和国际专线对运输物流的重量、体积等方面都有所限制，而海外仓的出现不仅突破了以上限制，还拓展了选品品类，相对于国际快递则降低了物流成本。

由此看来，海外仓几乎把跨境物流中的所有痛点都解决了，还进一步提升了本土化服务的体验度，有利于刺激客户二次购买，难怪海外仓如此火爆。

既然海外仓有如此多的优势，那么海外仓究竟适合哪些产品？

2. 海外仓选品，精打细算才正确

海外仓储费用包括头程费用、仓储及处理费用以及本地配送费用组成，因此对于海外仓的选品，需要精打细算一番才有用。

雨果网观察员周洪在"雨果论坛 No.4"曾做过"海外仓选品"的主题演讲。他表示，选品可分为四类：A 类是体积大，超重大件物品，如灯具等；B 类是国内小包跨地无法运到，比如危险产品，美容美甲等；C 类是日用快销品类，还有工具类和家具；D 类是国外市场热销的产品，批量送更具优势。

"总的来说，海外仓则最适合 A 类，高风险和高利润的产品，其他的则需要考虑。"他说，"除此之外，海外仓选址也需要重点考虑，尽量大范围覆盖周围的市场。"

3. 福祸相依的海外仓

海外仓的优势显而易见，但其所带来的负面效应也不容忽视，特别是库存和资金的占用，还有各国政策问题等都浮出水面。

深圳某 3C 卖家陈先生告诉雨果网，随着越来越多的人加入到跨境电商行业，原本的价格战争已经升级

到服务竞争，本土化的优势往往起着决定性的作用。"为了提升竞争力，我往往会将一些卖得不错的产品放到美国的海外仓。"他说，"前期效果很明显，在速卖通等平台上，如果支持本土发货是能得到一定的曝光的，订单也确实有一定的增加。但是，库存量往往很难把握，无论是滞销还是脱销对卖家本身来说都很不利。另外，前期在海外仓囤积一定的货物也让资金格外的紧张。这还是选对品的情况下，如果选错了，那付出的代价会更大。"

除了资金和库存的挤压外，业内人士表示，海外仓在欧美成熟市场确实值得使用的，但是在类似巴西这样国情特殊的国家，则是有待考量。巴西市场由于税收政策严格，海关也是严密监管，存在法律风险。即使在附近国家建仓，利用南美自由贸易协定空运货物进入巴西也有操作上的复杂度。

"另外，产品是否符合当地质量标准也是很重要的。"该人士表示，"前段时间中国某卖家在美国海外仓的上百万的LED产品，由于客户投诉产品质量问题而遭到查封，也给国内的海外仓用户敲响了警钟。海外仓固然好，但并非是一劳永逸的做法，关键还是要回归到产品本身。"

另外部分物流服务商向雨果网反映，现在欧美地区的海外仓都较为成熟，类似拉美、非洲、东南亚地区仍在筹备计划当中。对于已经初具规模，且想要自建海外仓的卖家，他们建议如果订单不是很多，不要过早建设海外仓，但未来一定是趋势，即使目前增加了一些成本，然而好处也是很多的。

(资料来源：中国物流与采购网，http://www.chinawuliu.com.cn，2015-10-13.)

思考题：
1. 跨境电商的国际物流面临的最大挑战是什么？海外仓能在多大程度上应对这些挑战？
2. 电子物流能否成为跨境电商物流发展的趋势？电子物流面临的挑战有哪些？

参 考 文 献

[1] [加] 米歇尔·R. 利恩德斯, [美] 哈罗德·E. 费伦. 采购与供应管理 [M]. 12 版. 赵树峰, 译. 北京: 机械工业出版社, 2003.

[2] [美] 戴维, 斯图尔特. 国际物流——国际贸易中的运作管理 [M]. 2 版. 王爱虎, 译. 北京: 清华大学出版社, 2011.

[3] [美] 肖德尔. 运营管理新概念与案例 [M]. 张耀平, 杨玲莉, 译. 北京: 清华大学出版社, 2003.

[4] [美] 马克·莱文森. 集装箱改变世界 [M]. 姜文波, 译. 北京: 机械工业出版社, 2008.

[5] [美] Ronald H. Ballou. 企业物流管理: 供应链的规划组织和控制 [M]. 王晓东, 胡瑞娟, 译. 北京: 机械工业出版社, 2006.

[6] [英] 艾伦·哈里森. 物流管理 [M]. 4 版. 北京: 机械工业出版社, 2013.

[7] 安昌锋. 区域物流对区域经济发展的影响 [D]. 南昌: 江西师范大学, 2009.

[8] [美] 鲍尔索克斯. 物流管理: 供应链过程的一体化 [M]. 北京: 机械工业出版社, 1999.

[9] 毕功兵, 王慧玲. 国际物流 [M]. 北京: 中国物资出版社, 2007.

[10] 陈明蔚. 国际物流实务 [M]. 北京: 北京理工大学出版社, 2009.

[11] 陈启申. ERP——从内部集成起步 [M]. 2 版. 北京: 电子工业出版社, 2005.

[12] 陈荣秋, 马士华. 生产与运作管理 [M]. 北京: 高等教育出版社, 1999.

[13] 初良勇. 物流信息系统 [M]. 北京: 机械工业出版社, 2012.

[14] [美] 道格拉斯·朗, 刘凯. 国际物流: 全球供应链管理 [M]. 北京: 电子工业出版社, 2006.

[15] 丁立言, 张铎. 国际物流学 [M]. 北京: 清华大学出版社, 2000.

[16] 董千里. 供应链管理 [M]. 大连: 东北财经大学出版社, 2009.

[17] 冯德连, 查道中. 国际贸易理论与实务 [M]. 北京: 中国科学技术大学出版社, 2015.

[18] 冯湛青. 国际物流与风险管理 [M]. 北京: 北京大学出版社, 2014.

[19] 傅纯恒. 进出口报关实务 [M]. 北京: 中国商务出版社, 2015.

[20] 顾永才, 高倩倩. 国际货物运输与保险 [M]. 北京: 首都经济贸易大学出版社, 2009.

[21] 顾永才, 王斌义. 国际物流实务 [M]. 北京: 首都经贸大学出版社, 2014.

[22] 郭海峰. 供应链系统中牛鞭效应问题分析与控制方法研究 [D]. 沈阳: 东北大学, 2007.

[23] 国家发改委经济运行调节局, 南开大学现代物流研究中心. 中国现代物流发展报告 2015[M]. 北京: 北京大学出版社, 2015.

[24] 国务院发展研究中心课题组. 金融危机对全球供应链的影响于中国的战略 [M]. 北京: 中国发展出版社, 2013.

[25] 黄新祥, 陈雅萍, 施丽华. 国际物流 [M]. 北京: 清华大学出版社, 2014.

[26] 贾丹. 全球供应链环境下的全球采购研究 [D]. 镇江: 江苏大学, 2006.

[27] 江春雨, 王春萍. 国际物流理论与实务 [M]. 北京: 北京大学出版社, 2008.

[28] 姜华. 区域物流对区域经济发展的作用 [J], 发展研究, 2005(12)12–14.

[29] 蒋勇. 论国际贸易结算方式的综合使用 [J]. 黑龙江对外经贸, 2009(3): 68-69.

[30] 蒋元涛. 国际物流运营与电子商务管理 [M]. 北京: 光明日报出版社, 2013.

[31] 金蕊. 略谈当代国际贸易方式的创新 [J]. 商场现代化, 2007(7): 30.

[32] 景瑞琴. 中国对外贸易 [M]. 上海: 复旦大学出版社, 2014.

[33] [美] 肯尼思·劳东，卡罗尔. 电子商务：商务、技术、社会 [M]. 7版. 劳帼龄，译. 北京：中国人民大学出版社，2014.

[34] 赖瑾瑜，姚大伟. 国际物流实务 [M]. 北京：中国商务出版社，2006.

[35] 黎孝先. 国际贸易实务 [M]. 3版. 北京：对外经济贸易大学出版社，2006.

[36] 李海刚. 电子商务物流与供应链管理 [M]. 北京：北京大学出版社，2014.

[37] 李华敏. 国际物流学 [M]. 广东：中山大学出版社，2007.

[38] 李明. 国际货物运输与保险 [M]. 北京：中国金融出版社，2014.

[39] 李秀章. 国际贸易中不同结算方式的风险防范 [D]. 济南：山东大学，2007.

[40] 李玉萍，张晓琳. 物流管理 [M]. 北京：中国农业大学出版社，2014.

[41] 栗丽. 国际货物运输与保险 [M]. 北京：中国人民大学出版社，2007.

[42] 梁心琴. 空港物流规划与运作实务 [M]. 北京：中国物资出版社，2008.

[43] 刘宝红. 采购与供应链管理——一个实践者的角度 [M]. 北京：机械工业出版社，2015.

[44] 刘金章，王晓珊. 海上货物运输与运输工具保险 [M]. 北京：北京交通大学出版社，2011.

[45] 刘晓鲁. 贸易单证电子流转服务系统分析与设计 [D]. 北京：对外经济贸易大学，2007.

[46] 刘新红. 供应链环境下订单处理决策分析 [D]. 长春：吉林大学，2007.

[47] 刘彦平. 仓储和配送管理 [M]. 北京：电子工业出版社，2006.

[48] 柳林，詹放. 国际物流管理 [M]. 成都：西南交通大学出版社，2006.

[49] 逯宇铎. 国际物流 [M]. 北京：科学出版社，2011.

[50] 罗鸿. ERP原理·设计·实施 [M]. 2版. 北京：电子工业出版社，2003.

[51] [美] 罗纳德·H. 巴罗. 企业物流管理——供应链的规划、组织和控制 [M]. 王晓东，译. 北京：机械工业出版社，2006.

[52] 骆念蓓. 国际物流管理 [M]. 北京：北京大学出版社，2008.

[53] 美国供应链管理专业协会 (中方官方网站): http://www.cscmpchina.org/

[54] 齐二石. 生产与运作管理教程 [M]. 北京：清华大学出版社，2006.

[55] 冉文学，李严锋，等. 物流质量管理 [M]. 北京：科学出版社，2008.

[56] 饶坤罗. 国际物流实务 [M]. 武汉：武汉理工大学出版社，2008.

[57] 商玮. 电子商务物流管理 [M]. 北京：中国财政经济出版社，2008.

[58] 沈厚才. 需求链管理理论和方法 [J]. 中国管理科学，2006，14(6)：61-65.

[59] 石林，陈明志. 物流管理信息系统 [M]. 北京：经济科学出版社，2007.

[60] 首都空港自由贸易区发展战略研究课题组. 空港自由贸易区理论与实践探索 [M]. 北京：中国经济出版社，2008.

[61] 孙晓程. 国际货物运输与保险 [M]. 大连：大连理工大学出版社，2009.

[62] 田源，张文杰. 仓储规划与管理 [M]. 北京：清华大学出版社，2009.

[63] 田肇云. 生产物流管理 [M]. 北京：社会科学文献出版社，2006.

[64] 王斌义. 国际物流人员业务操作指引 [M]. 北京：对外经济贸易大学出版社，2003.

[65] 王道平. 物流管理信息系统 [M]. 北京：机械工业出版社，2015.

[66] 王国文. 仓储规划与运作 [M]. 北京：中国物资出版社，2009.

[67] 王金旺. 供应链环境下市场需求预测体系研究 [D]. 北京：北京交通大学，2008.

[68] 王时晖. 国际物流管理 [M]. 天津：天津大学出版社，2012.

[69] 王爽，鲁艳萍. 物流信息技术 [M]. 北京：水利水电出版社，2014.

[70] 王涛生，吴建功. 新编国际贸易实务 [M]. 北京：科学出版社，2014.

[71] 王小宁. 电子商务物流管理 [M]. 北京：北京大学出版社，2012.

[72] 王晓东，赵忠秀. 国际物流与商务 [M]. 北京：清华大学出版社，2008.

[73] 王长琼. 逆向物流 [M]. 北京：中国物资出版社，2007.

[74] 王昭凤. 国际物流管理 [M]. 北京：电子工业出版社，2013.

[75] 邬跃. 论精益物流系统 [J]. 中国流通经济，2001(5)11-13.

[76] 吴刚. 逆向物流规划体系及其基础理论研究 [M]. 成都：西南交通大学出版社，2009.

[77] 吴健. 电子商务与现代物流 [M]. 北京：北京大学出版社，2014.

[78] 吴群. 物流案例分析 [M]. 北京：北京大学出版社，2014.

[79] 谢凤燕. 国际贸易货物的报关与通关 [M]. 成都：西南财经出版社，2009.

[80] 谢海真. 全球供应链中协调策略及激励机制研究 [D]. 厦门：厦门大学，2007.

[81] 修桂华，王淞春. 物流信息系统与应用案例 [M]. 北京：清华大学出版社，2015.

[82] 徐复. 中国对外贸易概论 [M]. 天津：南开大学出版社，2012.

[83] 徐瑞华. 交通运输组织基础 [M]. 北京：清华大学出版社，2008.

[84] 徐晓刚. 面向全球制造的供应链设计与评价 [D]. 天津：天津理工大学，2006.

[85] 徐勇谋. 国际物流 [M]. 上海：上海财经大学出版社，2005.

[86] 杨长春. 国际物流 [M]. 北京：首都经济贸易大学出版社，2003.

[87] 杨长春. 论国际贸易与国际物流的关系 [J]. 国际贸易，2007 (10)：28-31.

[88] 姚新超. 国际贸易保险 [M]. 北京：对外经济贸易大学出版社，2012.

[89] 张倩，张世宁. 物流管理 [M]. 开封：河南大学出版社，2014.

[90] 张淑君，林光. 企业运作管理 [M]. 北京：清华大学出版社，2004.

[91] 张思颖，胡酉华. 国际物流 [M]. 武汉：华中科技大学出版社，2015.

[92] [美] 道格拉斯·兰伯特. 物流管理 [M]. 张文杰，译. 北京：电子工业出版社，2003.

[93] 张晓芬，程春梅. 现代海关通关实务 [M]. 沈阳：东北大学出版社，2015.

[94] 张新. BTO 供应链的订单接受决策与收益分析 [D]. 武汉：华中科技大学，2007.

[95] 张雪梅. 报关实务 [M]. 北京：对外经济贸易大学出版社，2007.

[96] 中国物流与采购联合会，中国物流学会. 中国物流重点课题报告 [M]. 北京：中国物资出版社，2008.

[97] 周训武. 电子商务物流与实务 [M]. 北京：化学工业出版社，2009.

[98] 周艳军，蒋云贵. 物流保险实务 [M]. 北京：清华大学出版社，2015.

[99] 周哲，申雅君. 国际物流 [M]. 北京：清华大学出版社，2007.

北大社·物流专业规划教材

精美课件　在线答题　图文案例　教学视频　课程平台　三维模型

本科物流

物流信息管理　物流项目管理　物流运作管理　物流运筹学　供应链管理　交通运输工程学

第三方物流　国际物流管理　采购管理与库存控制　物流配送中心规划与设计　航空物流管理　现代物流信息技术

高职物流

物流设备技术与应用　采购管理实务　物流系统筹规划　采购与仓储管理实务　采购与仓储管理实务　企业物流管理

 电子书架

扫码进入电子书架查看更多专业教材，如需申请样书、获取配套教学资源或在使用过程中遇到任何问题，请添加客服咨询。